高职高专土建专业“互联网+”创新规划教材

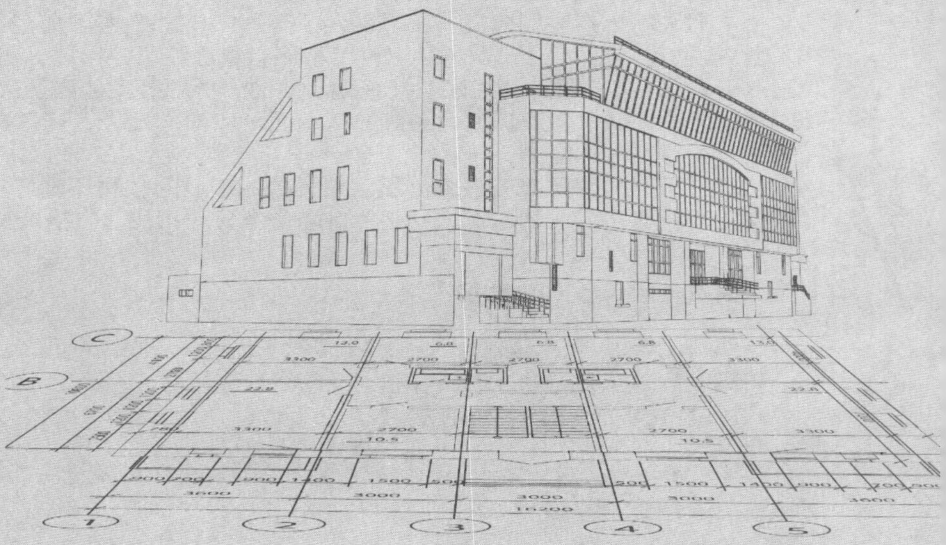

第二版

建筑工程经济

主　编◎刘晓丽　谷莹莹
副主编◎曹　玉　栗　建　赫　璐　郑文宣
主　审◎冯　钢

北京大学出版社
PEKING UNIVERSITY PRESS

内容简介

本书共分11个情境，系统地阐述了建筑工程经济的主要内容，具体包括绪论、工程经济评价要素、现金流量与资金的时间价值、工程项目方案的经济评价、工程项目的融资方案、工程项目的可行性研究与财务分析、设备更新分析、不确定性分析与风险分析、工程项目的经济分析、价值工程和项目后评价。

本书采用全新体例编写，除附有大量工程案例外，还增加了思维导图、情境导读、导入案例、观察与思考、知识链接、应用案例、课堂练习等模块。此外，每个学习情境后还附有单选题、多选题、简答题、计算题、案例分析题等多种题型供读者练习。通过本书的学习，读者可以掌握建筑工程经济的基本理论和操作技能，具备自行编制可行性研究报告及进行项目评价的能力。

本书可作为高职高专院校工程管理类相关专业的教材和辅导书，也可作为建筑工程类各专业执业资格考试的培训教材，还可为备考从业和执业资格考试的人员提供参考。

图书在版编目(CIP)数据

建筑工程经济/刘晓丽，谷莹莹主编．—2版．—北京：北京大学出版社，2021.5
高职高专土建专业“互联网+”创新规划教材
ISBN 978-7-301-32175-1

Ⅰ．①建…　Ⅱ．①刘…②谷…　Ⅲ．①建筑经济学—工程经济学—高等职业教育—教材　Ⅳ．①F407.9

中国版本图书馆CIP数据核字(2021)第085062号

书　　名　建筑工程经济（第二版）
JIANZHU GONGCHENG JINGJI（DI-ER BAN）
著作责任者　刘晓丽　谷莹莹　主　编
策划编辑　杨星璐　刘健军
责任编辑　伍大维
数字编辑　蒙俞材
标准书号　ISBN 978-7-301-32175-1
出版发行　北京大学出版社
地　　址　北京市海淀区成府路205号　100871
网　　址　http://www.pup.cn　新浪官方微博：@北京大学出版社
电子信箱　pup_6@163.com
电　　话　邮购部010-62752015　发行部010-62750672　编辑部010-62750667
印刷者　北京溢漾印刷有限公司
经销者　新华书店
787毫米×1092毫米　16开本　20.25印张　486千字
2014年7月第1版
2021年5月第2版　2022年8月第2次印刷
定　　价　56.00元

第二版前言

本书以培养高质量的工程技术类人才为目标，以国家现行建设工程法律、法规、规范及标准为依据，在第一版教材的基础上融入了建筑工程经济理论的新发展、新应用，更新了部分应用案例，通过二维码的形式链接了丰富的学习资源，使之更加符合高等职业教育人才培养的要求。

本书在编写过程中以“必需、够用”为度，以“实用”为准，关注现代建筑工程经济理论与实践的发展趋势及专业发展动向，及时吸收专业前沿知识，不断进行内容更新。本书重视案例的引导，使学生明确建筑工程经济的学习目的，并掌握建筑工程经济的学习方法。编者及时将学科最新发展成果引入书中，更新、充实本书内容，科学处理了内容的基础性与先进性、经典与现代的关系，突出了内容的针对性和实用性，便于读者学习。同时，结合相关从业和执业资格考试中的考点和内容，编者选取了难度适宜的理论知识、习题和案例充实到本书中，方便备考从业和执业资格考试的人员参考。

本书内容可按照 48～80 学时安排授课，推荐学时分配：学习情境 1，2～4 学时；学习情境 2，4～6 学时；学习情境 3，6～10 学时；学习情境 4，6～10 学时；学习情境 5，6～10 学时；学习情境 6，6～8 学时；学习情境 7，6～10 学时；学习情境 8，4～6 学时；学习情境 9，2～6 学时；学习情境 10，4～6 学时；学习情境 11，2～4 学时。教师可根据不同的专业灵活安排学时，课堂重点讲解主要知识模块，其中的知识链接、应用案例、习题等模块，以及书中的二维码内容可安排学生课后阅读和练习。

本书由济南工程职业技术学院刘晓丽和谷莹莹担任主编，济南工程职业技术学院曹玉、大连职业技术学院栗建、辽宁城市建设职业技术学院赫璐、山东招标股份有限公司郑文宣担任副主编，济南工程职业技术学院冯钢担任主审。全书由刘晓丽负责统稿。本书具体的编写分工如下：刘晓丽编写学习情境 3 和学习情境 5，谷莹莹编写学习情境 7、学习情境 9 和学习情境 11，曹玉编写学习情境 2 和学习情境 6，栗建编写学习情境 8 和学习情境 10，赫璐编写学习情境 1 和学习情境 4，郑文宣为本书提供了大量案例。

资源索引

本书引用了大量相关专业的文献和资料，未在书中一一注明出处，在此对有关文献的作者和资料的整理者表示深深的感谢。由于编者水平有限，加之时间仓促，书中难免存在不足之处，恳请广大读者批评指正。

编　者

2021 年 1 月

目录

学情习境1 绪论

思维导图

- 绪论
  - 知识要点
    - 工程经济学的概念
      - 工程经济学的含义、特点
      - 工程经济学的发展历程
      - 工程经济分析的一般原则
    - 工程经济分析的过程
      - 工程经济分析的一般程序
      - 学习工程经济学的意义
  - 能力要求
    - 能分析工程经济学运用的领域及研究的对象
    - 能熟练地掌握工程经济分析的一般程序
    - 能深刻地明白学习工程经济学的重要性

情境导读

某项目为了输送某数量的物料浆，既可以使用大口径管道，也可以使用多条小口径管道，那么哪种方案经济？从建设到运行5年或10年后，哪种方案花费的基建费用和运行费用少？大管道需要大功率泵，比几个小功率泵加起来要贵，且大管道的安装费用及管道价格要贵，所以大管道的基建费用比多条小管道基建费用要多。但运行中，大管道阻力小、动力消耗小，小管道阻力大、动力消耗大；大管道操作工少、维修工少，小管道操作工多、维修工多。在规定时间内两种方案孰优孰劣，需要用花费的资金的多少进行比较。

我们现在通过系统的学习了解什么是工程经济学，工程经济分析是在什么领域按照什么程序采用什么分析方法对建设项目可行性进行分析，作为一名工程类的学生为什么要学习工程经济学。

1.1 工程经济学的含义

导入案例

最早讨论工程经济学的一本著作是1887年惠灵顿所著的《铁路选线经济理论》，很明显，铁路的线路选择是一个包含多条线路的建设方案的选择问题。然而，作为铁路工程师的惠灵顿却注意到，许多选线工程师几乎完全忽视了他们所做的决策对铁路未来运营费用和收益的影响。

惠灵顿在书中给工程经济学下了一个简明的定义，即“一门少花钱多办事的艺术”。

观察与思考

工程经济学涉及哪些学科知识？研究的对象是什么？作为工程类专业的学生，你会怎样定义工程经济学？

1.1.1 工程经济概述

1. 工程技术的概念

工程技术是为实现投资目标的系统的物质形态技术、社会形态技术和组织形态技术等，它不仅包括相应的生产工具和物资设备，还包括生产的工艺过程或作业程序及方法，以及在劳动生产方面的经验、知识、能力和技巧。

工程技术不仅包括劳动者的技艺，还包括部分取代这些技艺的物质手段。从另一个角度来分，工程技术又可分为自然技术和社会技术。

工程技术的先进性表现在两个方面：一方面是它能够创造原有技术所不能创造的产品或劳务，如宇航技术、海洋技术、微电子技术、新材料、新能源等；另一方面是它能用更少的人力、物力、财力和时间创造出相同的产品或劳务。

2. 经济的概念

“经济”一词，在不同的范畴内有不同的含义。“经济”的概念在我国古代有“经邦济世”“经世济民”的意义，指的是治理国家、拯救黎庶的意思，与现代的“经济”含义完全不同。而在西方，“经济”一词原指家庭管理，也有的人将其定义为谋生手段。

概括起来，“经济”一般有以下几种含义。

（1）经济最初的含义是指节约、节省，即用较少的人力、物力、财力和时间获得较大的成果，如经济实惠。

（2）经济是指社会关系的总和，如经济基础、经济制度。

（3）经济是指社会物质生产和再生产的活动，即包括生产、分配、交换、消费的社会经济活动，如国民经济、工业经济、农业经济。

（4）经济是指对国民经济的利害关系，如经济作物。

（5）经济是指一般意义上的财富，如经济富裕、经济增长。

工程经济学中的“经济”，主要是指节约、节省，在工程建设的寿命周期内为实现投资目标或获得单位效用而对投入资源的节约，即用较少的人力、物力、财力和时间获得较大的成果。

3. 工程技术和经济的关系

工程技术和经济虽是两个不同的概念，但两者存在着极为密切的关系。它们处于相互依存、相互制约、互为因果、相互促进的对立统一体中。任何技术的发展和应用既是一个技术问题，也是一个经济问题，技术具有强烈的应用性和明显的经济目的性，技术的进步要受到经济条件的制约，没有应用价值和经济效益的技术是没有生命力的；而经济的发展必须依靠一定的技术，科学技术是第一生产力，世界上不存在没有技术基础的经济发展。

工程技术和经济关系案例

纵观世界经济发展史与技术发展史，无论从世界层面上还是从国家、企业层面上都可以清晰地看到工程技术和经济极为密切的关系。从世界层面上看，科技革命导致了产业革命，产业革命引起的经济高涨又对技术提出了更高的需求，同时也提供了更好的经济支持，从而引发了新一轮的技术革命，每一轮技术革命又会引发新兴产业的形成与发展，世界经济就在这种周而复始的运动中得到高涨、繁荣与发展。从国家、企业层面上看，一个国家、一个企业的兴衰从根本上是由技术创新及其有效性决定的。综上可以得出结论：一方面，科学技术是第一生产力，发展经济必须依靠一定的技术；另一方面，技术的进步也会受到经济条件的制约。技术与经济的这种相互促进、相互制约的关系，使任何技术的发展和应用既是一个技术问题，也是一个经济问题。

1.1.2 工程经济学的定义

国外对工程经济的论述

工程经济学（Engineering Economics）也称技术经济学（Technical Economics），是介于自然科学和社会科学之间、工程技术学科与经济学科之间的边缘学科。工程经济学是一门研究工程技术领域经济问题和经济规律的学科，即为实现一定投资目标和功能，提出在技术上可行的各种技术方案，从经济性的角度出发，研究如何进行计算、分析、比较和评价。也可以说，它是以工程技术为主体，以技术经济系统为核心，研究如何优选出技术上可行、经济上有利的方案，为正确地投资决策提供科学依据的一门应用性经济学科。在这门学科中，工程技术是基础，经济则处于支配地位。

1.1.3 工程经济学的特点

1. 综合性

从自身的内容构成上说，工程经济学是由工程技术学科、经济学科及管理学科互相交叉相结合而形成的综合边缘学科，是一门学科采用另一门学科的理论和方法，或涉及各学科的不同内容“整合”而成的新学科，因此，它具有边缘学科的特点，是以自然规律为基础，以经济学为理论指导和方法论，对成熟的技术、技术政策、技术措施进行经济性分析、比较和评价。

工程经济学的综合性案例

从研究的范围来讲，工程经济学的研究涵盖了工程建设经济活动中的所有领域，既涉及微观企业（包括产品、设备等）、中观产业、宏观制度等各个层次，又涉及工程建设项目的前期、中期、后期等各个阶段。

从研究的方法来看，任何技术经济问题都是由若干因素组成的有机整体。当进行方案决策时，需要从整个系统的技术经济效果出发，求得技术方案在全过程中的整体最优化。

所以，工程经济学是一门综合性学科。

2. 实用性

工程经济学研究的课题、分析的方案都来源于生产建设实际，并紧密结合生产技术和经济活动，而它的分析和研究成果又都直接用于并指导生产实践。

3. 定量性

工程经济学的研究方法是定性分析与定量分析相结合，且以定量分析为主。

4. 比较性

工程经济学结构图示

世上万物只有通过比较才能辨别孰优孰劣。工程经济学研究的实质是进行经济效果比较。工程经济分析通过经济效果的比较，从众多可行的技术方案中选择满意的可行方案。

5. 预测性

工程经济分析活动大多在事件发生之前进行。通过预测，使技术方案更接近实际，避免盲目性，尽量减少决策的失误。

工程经济学的预测性主要有两个特点：①尽可能准确地预见某一经济事件的发展趋势和前景，充分掌握各种必要的信息资料，尽量避免由于决策失误所造成的经济损失；②预测性包含一定的假设和近似性，它只能要求对某项工程或某一方案的分析结果尽可能地接近实际，而不能要求其绝对准确。

1.2 工程经济学的产生和发展

1.2.1 国外工程经济学的产生与发展

工程经济分析起源于西方发达国家，以下是国外重要历史人物在工程经济分析领域做出的贡献，见表1-1。

表1-1 国外重要历史人物在工程经济分析领域做出的贡献

重要的历史人物	主要贡献
惠灵顿	公认的最早探讨工程经济问题的人物。首次将成本分析方法应用于铁路的最佳长度和路线的曲率选择问题，并提出了工程利息的概念，开创了工程领域中的经济评价工作，并于1887年出版了《铁路选线经济理论》
菲什	20世纪20年代系统地阐述了与债券市场相联系的工程投资模型
戈尔德曼	20世纪20年代出版了《财务工程》，第一次提出用复利法来确定方案的比较值和进行投资方案评价的思想，并且批评了当时研究工程技术问题不考虑成本、不讲究节约的错误倾向
格兰特	1930年出版了教科书《工程经济学原理》，奠定了经典工程经济学的基础。他指出了古典工程经济学的局限性，并以复利计算为基础，对固定资产投资的经济评价原理做了阐述，同时指出人的经验判断在投资决策中具有重要作用，被誉为“工程经济学之父”
迪安	在凯恩斯经济理论的基础上，分析了市场供求状况对企业有限投资分配的影响；1951年出版了《投资预算》，阐述了动态经济评价法及合理分配资金的一些方法及其在工程经济中的应用
布西	1978年出版了《工业投资项目的经济分析》，全面系统地总结了工程项目的资金筹集、经济评价、优化决策及项目的风险和不确定性分析等
里格斯	1982年出版了《工程经济学》，系统地阐述了货币的时间价值、时间的货币价值、货币理论、经济决策和风险及不确定性等工程经济学的内容，把工程经济学的学科水平向前推进了一大步

1.2.2 我国工程经济学的发展概况

我国工程经济学诞生于20世纪50年代，是具有中国特色的应用经济学的一个分支。它是在我国经济建设和社会经济发展的实践之中，经不断总结和吸收国外相关学科的理论与方法，逐步发展形成的一门跨技术学科和经济学科的新兴综合性交叉学科。我国在第一个五年计划期间，从苏联引进156个大型项目的同时，也引进了苏联对工程项目的技术经济分析方法。由于采用了工程项目的技术经济析方法，这些项目的实施取得了较好的经济效果。改革开放以来，我国经济进入快速发展期。在《1978—1985年全国科学技术发展规划纲要》中，技术经济与管理现代化被列为重点研究项目之一。自20世纪80年代以来，大量现代经济理论、经济分析和项目评价方法被引入我国的技术经济学，形成了技术经济学科发展的新高潮。

从研究方法来看，在20世纪80年代之前，主要以逻辑推理、案例研究和数据分析为主，分析的指标也多以静态分析指标为主。20世纪80年代以后，随着西方经济学思想的引进，西方的经济分析方法也逐渐被工程经济研究者所接纳，项目评价指标已采用市场价格、净现值和动态投资回收期等作为评价指标，与国际通用的研究方法逐渐接轨，逐步形成了有体系的、符合我国国情的工程经济学。

1.3 工程经济学的研究对象及一般程序

1.3.1 工程经济学的研究对象

21世纪是知识经济时代，科学技术已成为推动经济、社会发展的决定性因素。世界各国对科学技术与经济、社会协调发展的研究有了前所未有的重视。这些问题涉及的范围很广（有宏观的，也有微观的；有理论方面的，也有方法与应用方面的），大体上包括工程技术与经济相互关系的研究，科技与经济、社会协调发展的研究，技术政策与经济政策协调的研究，工程技术结构与产业结构相互关系的研究，技术规划、技术方案经济效果的研究等。这些问题都是工程技术学科与经济学科、社会学科交叉的研究领域。工程经济学作为工程技术学科与经济学科的交叉学科，必然以这一交叉领域作为自己的研究领域，这一交叉领域就是实践中常说的“工程经济问题”。因此，工程经济学要研究工程技术发展及应用的规律、经济发展的规律，以及两者结合的规律。工程经济学从技术的可行性和经济的合理性出发，运用经济理论和定量分析方法，研究工程技术投资和经济效益的关系。例如，各种技术在使用过程中，如何以最小的投入取得最大的产出；如何用最低的寿命周期成本实现产品、作业或服务的必要功能。工程经济学既不研究工程技术原理与应用本身，也不研究影响经济效果的各种因素本身，而是研究这些因素对工程项目产生的影响，研究工程项目的经济效果，具体内容包括对工程项目的资金筹集、经济评价、优化决策，以及风险和不确定性分析等。

1.3.2 工程经济学研究的一般程序

工程经济学研究的一般程序如图1.1所示。

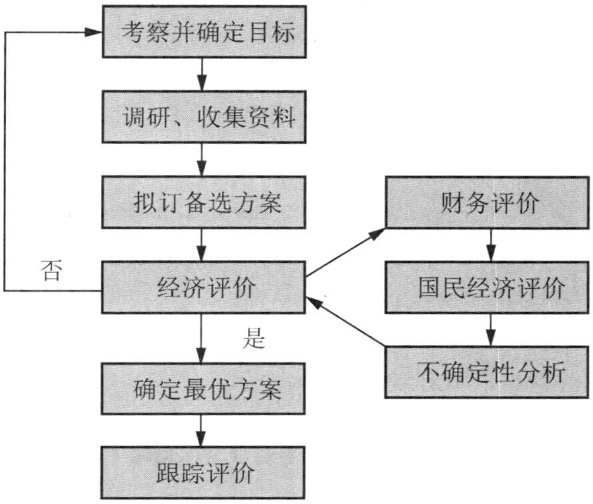

图1.1 工程经济学研究的一般程序

工程经济学研究的一般程序是按照分析工作的时间先后依次安排的工作步骤，通常是从确定目标开始，一个项目或是一个技术方案的目标，既可以是单目标，也可以是多目标。为了实现目标，工程经济学研究工作要有针对性地进行调查研究，广泛收集有关信息、资料和数据，如通过市场调查了解实现目标所需要的各项经济要素，如总投资、年收益、年经营费用、寿命期限、基准收益率等，这些调研资料既可以用于探索和拟订各种备选方案，也可以用作评价时的参考。

当方案有多个目标时，应该确定实现目标的具体指标和具体内容。例如，为了解决某省城市交通拥堵问题，既可以选择扩宽现有公路，也可以选择修建地铁，还可以既修建地铁又扩宽现有公路等。哪一种方案经济？在一个规定时间内各种方案孰优孰劣，可以用花费的资金的多少进行比较。当然，对个人投资而言，有时方案只考虑经济效益，而不考虑特定的社会效益。例如，某公司现有4亿元资金寻找投资项目，其目的只有一个，即能取得较好的投资回报。在涉及大型工程建设项目时，除了对项目进行财务评价外，还应对项目进行国民经济分析。此外，为了投资的稳定性或者降低投资的风险，还建议对投资项目进行风险分析。

在进行方案评价时，特别是大型工程建设项目，可建立评价指标体系对建设项目进行定量分析，寻求各种影响因素之间的数量关系和最优条件，从备选方案中选择最优方案，在实施过程中进行跟踪评价。

导入案例

城市轨道交通地铁建设，从社会效益来看，具有安全舒适、快捷高效、节能环保、运量大等优点；从投资的角度看，则存在建造成本昂贵、运营收入相对很低等缺点。但地铁能够给沿线土地（房地产）带来显著的增值效益。例如，香港机场地铁线全长34千米，建设成本为351亿港元。在地铁附近共有5个联合开发的房地产项目，总建筑面积360万平方米，可以为香港地铁公司带来180亿～200亿港元的收益，超过机场地铁建设成本的50%。

观察与思考

香港地铁的投资模式为“地铁＋物业”，是世界上少数盈利的地铁项目之一，现在在杭州等内地城市，地铁或多或少也借鉴了这种投资模式，结果却没有香港地铁理想，那么在进行相关的经济分析时应遵循什么原则？

1.4 工程经济分析的一般性原则

1. 技术与经济相结合的原则

技术和经济的关系是一种辩证的关系，它们之间既相互统一，又相互矛盾。人们为了达到一定的目的和满足一定的需要，就必须采用一定的技术，而任何技术的社会实践在所有条件下都必须消耗人力、物力和财力。换句话说，不能脱离开经济，这就是技术和经济之间互相制约和相互统一的关系。许多先进的技术往往同时有着很好的经济效益，在生产实践中得到了广泛的应用和推广，促进了国民经济的发展；同时，反过来国民经济的发展也推动了先进技术的提高和发展。这反映了技术和经济之间相互促进、共同发展的辩证关系。

2. 定性分析与定量分析相结合的原则

定性分析是指主要凭分析者的直觉、经验，凭分析对象过去和现在的延续状况及最新的信息资料，对分析对象的性质、特点、发展变化规律做出判断的一种方法。定量分析是指依据统计数据，建立数学模型，并用数学模型计算出分析对象的各项指标及其数值的一种方法。两者相辅相成，定性分析是定量分析的依据，定量分析是定性分析的具体化，两者结合起来灵活运用才能取得最佳效果。

3. 财务分析与国民经济分析相结合的原则

在评价方案时，既要考虑各部门的经济效益，又要考虑整个国民经济的经济效果。

观察与思考

在对甲方案和乙方案的经济效果进行比较时，能不能针对甲方案计算其5年的经济效果，而针对乙方案计算其10年的经济效果？

4. 可比性原则

工程经济分析中的可比性原则包括满足需要可比性原则、消耗费用可比性原则、时间可比性原则和价格可比性原则。

（1）所谓满足需要可比性原则，是指相互比较的各个技术方案必须满足同样的实际需要，因而各备选方案可以相互替代，这是所有可能采用的方案参与比较的首要条件，为了实现同一经济目标，所有的技术方案都是以产品一定的产量、品种和一定的质量（功能）满足需要。所以，满足需要可比性原则就表现在产品产量（或工作量）可比、品种可比和质量（功能）可比等几个方面。

（2）所谓消耗费用可比性原则，是指在计算和比较费用指标时，不仅要计算和比较方案本身的各种费用，还应考虑相关费用，并且应采用统一的计算原则和方法来计算各种费用。

（3）所谓时间可比性原则，一是指在对经济寿命不同的技术方案进行比较时，应采用相同的计算期作为基础；二是指对于技术方案在不同时期内发生的效益与费用，不能直接相加，而必须考虑时间因素。

（4）所谓价格可比性原则，是指在对技术方案进行经济计算时，必须采用合理的、一致的价格。合理的价格是指价格能够较真实地反映价值和供求关系，有关产品之间的比价要合理。为避免价格背离对经济效益计算的影响，除使用现行价格外，还可采用计算价格或称影子价格代替现行价格；对涉及产品进出口或利用外资、技术引进等的项目的投入与产出价格，可采用国际贸易价格进行分析和评价的修正计算。所谓价格一致，指的是由于科技进步和社会劳动生产率的提高，产品的价格要发生变化，因此在计算和比较工程技术方案的经济效益时，要考虑不同时期的价格变动问题，注意采用相应时期的价格指标。

导入案例

英法两国联合试制的“协和”超音速客机在技术上完全达到了原来的设计要求，是当时世界上最先进的客机。但是，由于它耗油量太大、票价太高、噪声太大，尽管飞行速度快，却不能吸引足够的客商，因此蒙受了极大的损失。

观察与思考

由上可知，在参与工程项目建设时，除了要考虑项目的技术和工艺的先进性、可行性外，还应考虑项目本身的费用、效益，以及项目本身对国家、社会的贡献。

1.5 学习工程经济学的意义

工程类专业的培养目标是未来的工程师，作为工程师肩负着三项使命，即技术使命、经济使命与社会使命。

工程师不同于其他的从业者，他们所从事的工作是以技术为手段，把自然资源转变为有益于人类的产品或服务，以满足人们的物质和文化生活需要，这就是工程师的技术使命。工程师以发明、革新和应用为己任，为此，他们必须具有广泛而扎实的基础理论知识，要精通本门类工程领域的技术知识和相关领域知识，具备本门类工程技术和能力，掌握当代科技发展趋势，具有适应 21 世纪需要的人文知识、经济知识和工程素质，有将创新成果“工程化”的能力。

技术作为人类发展生产力的强有力的手段，具有十分明显和突出的经济目的。由于工程师的每项成果都涉及经济问题，都涉及投入产出和经济效益的问题，因此工程师的工作离不开经济，工程师必须掌握常用的、基本的经济学理论与技术方案评价的知识和方法。在一级建造师、造价工程师、房地产估价师、咨询工程师等执业资格考试中，对工程经济学的理念及分析方法都做了严格的要求。在工程师的脑海中，不但要有技术的“弦”，还要有经济的“弦”，提出的技术方案除了要考虑功能、性能、质量、效率、精度、寿命、可靠性等技术指标外，还要考虑投资多大、成本多高、运行费用多少、利润如何、在市场上有没有竞争力等一系列的经济性评价问题。因此，工程师必须具有强烈的经济意识，掌握技术经济的基本理论和方法。

此外，现代工程技术与人类社会的关系十分密切，与人类的生存环境、文化发展相关，工程师除了要为人类提供物美价廉的产品和服务外，还必须关注环境保护和资源利用，走可持续发展的道路。

工程经济学是连接技术与经济的桥梁和纽带，是使技术与经济两者有机结合的直接途径。大力推广工程经济学这门学科，就能迅速培养出既懂技术又懂经济的社会急需的实用人才，这对我国经济的发展不仅是重要的，而且是不可缺少的。

工程经济学家们把工程经济学作为为工程师准备的经济学而创立了一门独立的经济学，这就是为什么工程类专业的学生要学习工程经济学的原因。

情境小结

(1) 工程经济学又叫技术经济学，是一门研究工程技术领域经济问题和经济规律的学科，即为实现一定投资目标和功能，提出在技术上可行的各种技术方案，从经济性的角度出发，研究如何进行计算、分析、比较和评价。

(2) 工程经济学的特点有综合性、实用性、定量性、比较性、预测性。

(3) 工程经济分析的一般性原则有技术与经济相结合的原则、定性分析与定量分析相结合的原则、财务分析与国民经济分析相结合的原则、可比性原则。

(4) 作为工程师，在做项目时应做到以下两点：一是应分析项目的成本，以达到真正的经济性；二是除对项目进行财务评价外，还应对项目进行国民经济评价。

习　题

一、单选题

1. 被誉为“工程经济学之父”的是（　　）。

A. 戈尔德曼　　B. 格兰特　　C. 惠灵顿　　D. 麦尔斯

2. 工程经济是一门少花钱多办事的艺术，这是由（　　）提出的。

A. 戈尔德曼　　B. 格兰特　　C. 惠灵顿　　D. 麦尔斯

二、简答题

1. 工程经济学的定义是什么？

2. 工程经济学的学科特点有哪些？

3. 工程经济分析的一般性原则有哪些？

三、思考题

作为一名工程类专业的学生，为什么要学习工程经济学？

学习情境1
在线答题

学习情境2 工程经济评价要素

思维导图

- 工程经济评价要素
  - 知识要点
    - 建设项目投资估算的内容
      - 建设项目总投资的构成
      - 建设期利息估算公式
      - 流动资金估算公式
    - 建设项目总成本估算的内容
      - 建设项目总成本的构成
      - 固定资产折旧的方法及对应的公式
    - 营业收入、税金及附加、利润的估算
      - 营业收入、税金及附加、净利润及利润分配的概念
      - 营业收入、税金及附加、净利润及利润分配的计算公式
  - 能力要求
    - 能根据给定资料或市场调查资料分析、估算某建设项目的总投资
    - 能根据给定资料或市场调查资料估算某项目的总成本
    - 能合理且正确计算固定资产应提折旧
    - 能合理且正确计算年摊销费
    - 能正确估算营业收入、税金及附加、净利润及利润分配

情境导读

香港地铁是世界上少数盈利的地铁项目之一，其投资模式为“地铁＋物业”。其中，香港机场地铁线的建设成本共351亿港元，而房地产开发总投资估计为1500亿～2000亿港元，为地铁公司带来了180亿～200亿港元的收益，超过机场地铁建设成本的50%。香港地铁公司在资金管理方面的经验主要有：在项目启动期，香港地铁公司的资金主要依靠银行授信融资，主要以地铁沿线物业发展统筹商的地位和物业发展的利润预期为资本，向银行申请信用贷款；在项目发展期，当沿线物业发展到具有一定的品牌而具有较高的赢利性时，香港地铁公司采取入干股的方式，即不投入实际资金，而以项目发展权获得收益分配，避免资金运作风险；在项目完成后，香港地铁公司则以物业经营收入及物业管理收入支持新项目发展，从而将融资风险降到最低。香港地铁公司还对债务结构采取多元化的控制，以均衡的还款期、定息贷款略大于浮息贷款，以及其他多种金融衍生工具管理利率和汇率风险，使公司债务长期保持合理结构。

本学习情境的学习重点是要通过系统的学习以掌握建设项目总投资包括的内容，项目在运营期的运营成本、营业收入等经济因素如何估算。

2.1 投资构成及其估算

导入案例

长沙市规划新建轨道交通1号线一期工程和2号线一期工程，估算总投资221.71亿元。根据长沙市政府批复的资金筹措方案，两个项目资本金共95.33亿元，占总投资的43%。

观察与思考

从投资估算的构成方面思考，1号线一期工程和2号线一期工程的总投资的内容有哪些？

2.1.1 投资及其构成

1. 投资的概念

投资是技术经济分析中重要的经济概念。广义的投资是指一切为了获得收益或避免风险而进行的资金经营活动；狭义的投资是指投放的资金，是为了保证项目投产和生产经营活动的正常进行而投入的活劳动和物化劳动价值的总和，即为了未来获取收益而预先垫付的资金。

预备费

价差预备费

2. 投资的构成

建设项目总投资由建设投资、建设期利息和流动资金构成，如图 2.1 所示。

(1) 建设投资是指在项目筹建与建设期间所花费的全部建设费用，包括工程费用、工程建设其他费用和预备费用。其中，工程费用包括建筑安装工程费和设备及工、器具购置费，预备费用包括基本预备费和价差预备费。

(2) 建设期利息是指债务资金在建设期内发生并应计入固定资产原值的利息，包括借款（或债券）利息及手续费、承诺费、管理费等。

(3) 流动资金是指项目运营期内长期占用并周转使用的营运资金。

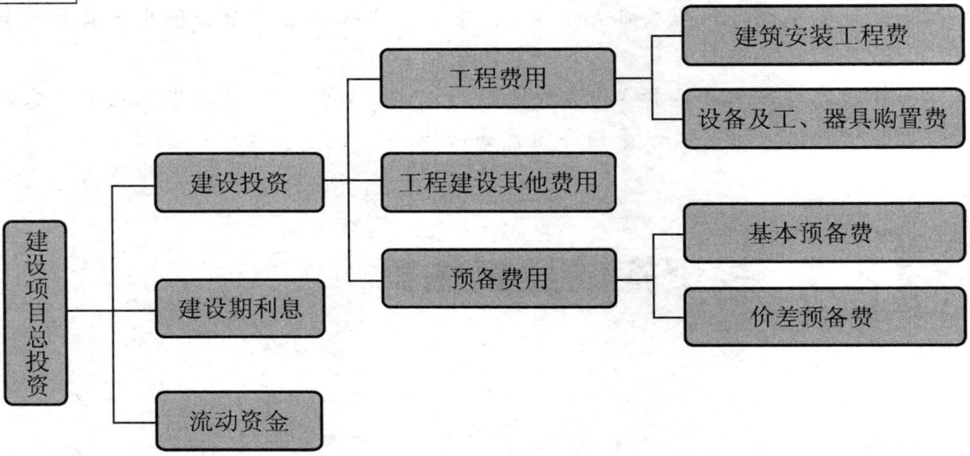

图 2.1　建设项目总投资的构成

观察与思考

思考投资估算的精度有什么要求。

2.1.2　投资估算

根据国家规定，从满足建设项目投资设计和投资规模的角度，建设项目投资的估算包括固定资产投资估算和流动资产投资估算，其中固定资产投资估算又包括建设投资估算和建设期利息估算。

1. 建设投资估算

在估算出投资后，须编制建设投资估算表，以便为后期融资决策提供依据。按照费用归集形式不同，建设投资可按概算法或按形成资产法分类。

(1) 按概算法分类，建设投资由工程费用、工程建设其他费用和预备费用构成。按概算法编制的建设投资估算表见表 2－1。

表 2-1　建设投资估算表（概算法）

人民币单位：万元，外币单位：

序号	工程或费用名称	建筑工程费	设备购置费	安装工程费	其他费用	合计	其中：外币	比例/%
1	工程费用							
1.1	主体工程							
1.1.1	×××							
	……							
1.2	辅助工程							
1.2.1	×××							
	……							
1.3	公用工程							
1.3.1	×××							
	……							
1.4	服务性工程							
1.4.1	×××							
	……							
1.5	厂外工程							
1.5.1	×××							
	……							
1.6	……							
2	工程建设其他费用							
2.1	×××							
	……							
3	预备费用							
3.1	基本预备费							
3.2	价差预备费							
4	建设投资合计							
	比例/%							

（2）按形成资产法分类，建设投资由固定资产费用、无形资产费用、其他资产费用和预备费用四部分组成。按形成资产法编制的建设投资估算表见表 2-2。

表 2－2　建设投资估算表（形成资产法）

人民币单位：万元，外币单位：

序号	工程或费用名称	建筑工程费	设备购置费	安装工程费	其他费用	合计	其中：外币	比例/%
1	固定资产费用							
1.1	工程费用							
1.1.1	×××							
1.1.2	×××							
1.1.3	×××							
	……							
1.2	固定资产其他费用							
	×××							
	……							
2	无形资产费用							
2.1	×××							
	……							
3	其他资产费用							
3.1	×××							
	……							
4	预备费用							
4.1	基本预备费							
4.2	价差预备费							
5	建设投资合计							
	比例/%							

建设期利息

2. 建设期利息估算

在建设投资分年计划的基础上可设定初步融资方案，对采用债务融资的项目应估算建设期利息。建设期利息是指筹措债务资金时在建设期内发生并按规定允许在投产后计入固定资产原值的利息，即资本化利息，包括借款（或债券）利息和融资费用（如手续费、承诺费、发行费、管理费等）。

在估算建设期利息时，须编制建设期利息估算表（表 2－3）。

表 2－3　建设期利息估算表　　单位：万元

序号	项　目	合　计	建设期/年				
			1	2	3	…	*n*
1	借款						
1.1	建设期利息						
1.1.1	期初借款余额						

续表

序号	项　目	合　计	建设期/年				
			1	2	3	…	n
1.1.2	当期借款						
1.1.3	当期应计利息						
1.1.4	期末借款余额						
1.2	其他融资费用						
1.3	小计（1.1+1.2）						
2	债券						
2.1	建设期利息						
2.1.1	期初债券余额						
2.1.2	当期债券金额						
2.1.3	当期应计利息						
2.1.4	期末债券余额						
2.2	其他融资费用						
2.3	小计（2.1+2.2）						
3	合计（1.3+2.3）						
3.1	建设期利息合计（1.1+2.1）						
3.2	其他融资费用合计（1.2+2.2）						

当计算建设期利息时，为了简化计算，通常假定借款均在每年的年中支用，借款当年按半年计息，其余各年份按全年计息，其计算公式为

建筑期各年应计利息=(年初借款本息累计+本年借款金额/2)×有效年利率

$$q_j=\left(P_{j-1}+\frac{1}{2}A_j\right)i \tag{2-1}$$

式中　q_j——建设期第 j 年应计利息；

P_{j-1}——建设期第（$j-1$）年年末借款累计金额与利息累计金额之和；

A_j——建设期第 j 年借款金额；

i——有效年利率。

注意：按是否考虑利息的时间价值，利息的计算有单利和复利两种计算方法。项目在建设期内如能按期支付利息，应按单利计息；项目在建设期内如不能按期支付利息，则应按复利计息，且年利率采用有效年利率。

应用案例 2-1

某新建项目，建设期为 3 年，分年均衡借款，第 1 年借款 300 万元，第 2 年借款 600

万元，第 3 年借款 400 万元，年利率为 12%，建设期内利息只计息不支付，计算建设期借款利息。

【解】第 1 年借款利息：$q_1=\frac{1}{2}A_1 i=\frac{1}{2}\times300\times12\%=18$(万元)

第 2 年借款利息：$q_2=(P_1+\frac{1}{2}A_2)i=(300+18+\frac{1}{2}\times600)\times12\%=74.16$(万元)

第 3 年借款利息：$q_3=(P_2+\frac{1}{2}A_3)i=(318+600+74.16+\frac{1}{2}\times400)\times12\%\approx143.06$(万元)

该项目的建设期利息：$q_1+q_2+q_3=18+74.16+143.06=235.22$(万元)

3. 流动资金估算

观察与思考

为保证企业正常生产经营的需要，必须有一定量的流动资金维持其周转，在周转过程中流动资金不断改变其自身的实物形态，其价值也随着实物形态的变化而转移到新产品中，并随着销售的实现而回收。那么，我们该如何进行流动资金的估算呢？

流动资金

流动资金是指企业全部的流动资产和流动负债，包括现金、存货（材料、在产品及产成品）、应收账款、有价证券、预付款等项目。以上项目皆属业务经营所必需，故又称其为营业周转资金。

按行业或前期研究阶段的不同，流动资金估算可选用分项详细估算法或扩大指标估算法。

（1）分项详细估算法。

分项详细估算法是对流动资产和流动负债主要构成要素，即现金、存货、应收账款、预付账款、应付账款、预收账款等项内容分项进行估算，最后得出项目所需要的流动资金数额。

$$流动资金=流动资产-流动负债 \tag{2-2}$$

$$流动资产=应收账款+预付账款+现金+存货 \tag{2-3}$$

$$流动负债=应付账款+预收账款 \tag{2-4}$$

$$流动资金本年增加额=本年流动资金-上年流动资金 \tag{2-5}$$

流动资金估算首先要确定各分项的最低周转天数，计算出各分项的年周转次数，然后再分项估算流动资产和流动负债。

（2）扩大指标估算法。

扩大指标估算法是指在对已建同类项目的实际投资指标进行大量积累和科学整理分析的基础上，采用其典型指标对拟投资项目所需投资进行套用估算的方法。

根据流动资金各项估算的结果编制流动资金估算表（表 2-4）。

表 2-4 流动资金估算表 单位：万元

序号	项目	最低周转天数	周转次数	计算期				
				1	2	3	…	*n*
1	流动资金							
1.1	应收账款							
1.2	存货							
1.2.1	原材料							
1.2.2	×××							
	……							
1.2.3	燃料							
	×××							
	……							
1.2.4	在产品							
1.2.5	产成品							
1.3	现金							
1.4	预付账款							
2	流动负债							
2.1	应付账款							
2.2	预收账款							
3	流动资金（1—2）							
4	流动资金当期增加额							

4. 项目总投资与分年投资计划

（1）项目总投资。将建设投资、建设期利息和流动资金的估算结果进行汇总，编制项目总投资估算汇总表，见表 2-5。

表 2-5 项目总投资估算汇总表 人民币单位：万元，外币单位：

序号	费用名称	投资额		估算说明
		合计	其中：外币	
1	建设投资			
1.1	建设投资静态部分			
1.1.1	建筑工程费			
1.1.2	设备及工、器具购置费			
1.1.3	安装工程费			
1.1.4	工程建设其他费用			

续表

序号	费用名称	投资额		估算说明
		合计	其中：外币	
1.1.5	基本预备费			
1.2	建设投资动态部分			
1.2.1	价差预备费			
2	建设期利息			
3	流动资金			
	项目总投资（1+2+3）			

（2）分年投资计划。估算出项目总投资后，应根据项目计划进度的安排编制分年投资计划表，见表2-6。

表2-6　分年投资计划表　　人民币单位：万元，外币单位：

序号	项目	人民币				外币			
		第1年	第2年	第3年	…	第1年	第2年	第3年	…
	分年计划/%								
1	建设投资								
2	建设期利息								
3	流动资金								
4	项目总投资（1+2+3）								

表2-6中的分年建设投资可以作为安排融资计划、估算建设期利息的基础。

知识链接

（1）投资估算用的项目总投资包括建设投资、建设期利息和流动资金。

（2）作为计算资本金基数的总投资是指投资项目的固定资产投资与铺底流动资金之和，铺底流动资金指的是流动资金中的非债务资金，占全部流动资金的30%，而投资估算用的项目总投资则包含了全部流动资金。

（3）《投资项目可行性研究指南》中的建设投资由建筑工程费，设备及工、器具购置费，安装工程费，工程建设其他费用，基本预备费，价差预备费和建设期利息共7项内容构成，其中前5项构成静态投资部分，后2项构成动态投资部分。本书采用的是《建设项目经济评价方法与参数》（第三版）中的用法，即建设投资由建筑工程费，设备及工、器具购置费，安装工程费，工程建设其他费用，基本预备费，价差预备费等内容构成，不包括建设期利息。

应用案例 2-2

某新建项目工程费用为6000万元，工程建设其他费用为2000万元，建设期为3年，基本预备费为400万元，价差预备费为376.06万元。该项目的实施计划进度如下：第1年完成项目全部投资的20%，第2年完成项目全部投资的55%，第3年完成项目全部投资的25%。本项目有自有资金4000万元，其余为借款，借款年利率为5%（按半年计息）。在投资过程中，先使用自有资金，然后向银行借款，该项目流动资金为1032.58万元，试估算该项目的总投资。

【解】(1) 基本预备费＝400(万元)

(2) 价差预备费＝376.06(万元)

(3) 建设投资＝工程费＋工程建设其他费＋基本预备费＋价差预备费

＝6000＋2000＋400＋376.06＝8776.06(万元)

(4) 建设期借款利息。

有效年利率＝$\left(1+\frac{5\%}{2}\right)^2-1\approx 5.06\%$

第1年投资计划额＝8776.06×20%＝1755.21(万元)

第1年不需要借款。

第2年投资计划额＝8776.06×55%≈4826.83(万元)

第2年借款额＝1755.21＋4826.83－4000＝2582.04(万元)

第2年借款利息 $q_2=\left(P_1+\frac{1}{2}A_2\right)i=\left(\frac{1}{2}\times 2582.04\right)\times 5.06\%\approx 65.33$(万元)

第3年投资计划额＝8776.06×25%≈2194.02(万元)

第3年借款额＝2194.02万元

第3年借款利息 $q_3=\left(P_2+\frac{1}{2}A_3\right)i=\left(2582.04+65.33+\frac{1}{2}\times 2194.02\right)\times 5.06\%\approx$ 189.47(万元)

该项目的建设期利息＝$q_1+q_2+q_3$＝65.33＋189.47＝254.8(万元)

(5) 项目总投资。

项目总投资＝建设投资＋建设期利息＋流动资金＝8776.06＋254.8＋1032.58＝10063.44(万元)

2.2 总成本构成及其估算

2.2.1 总成本及其构成

总成本是指项目在运营期内为生产产品或提供服务所发生的全部费用，等于经营成本、折旧费、摊销费和财务费之和。

2.2.2 总成本估算

总成本按成本与生产过程的关系分为生产成本和期间费用，按成本与产量的关系分为固定成本和可变成本等。总成本估算应与营业收入的计算口径相对应，各项费用应划分清楚，防止重复或者漏算成本支出。

总成本的估算常采用以下两种方法。

1. 生产成本加期间费用估算法

生产成本

制造费用

所谓生产成本加期间费用估算法，是指在核算产品成本时只分配与生产经营最直接和关系密切的费用，即将直接材料、直接工资、其他直接支出和制造费用计入产品生产成本。企业一定期间所发生的不能直接归属于某个特定产品的生产成本的费用，包括企业为组织和管理生产经营活动等所发生的管理费用；筹集生产经营所需资金等所发生的财务费用，以及销售商品或提供劳务过程中所发生的营业费用，则归属于期间费用，在发生时直接计入当期损益。其计算公式为

$$总成本=生产成本+期间费用 \tag{2-6}$$

其中，生产成本=直接材料费+直接燃料及动力费+直接工资及福利费+制造费用+其他直接支出；期间费用=管理费用+财务费用+营业费用。

按照生产成本加期间费用估算法估算的总成本费用估算表见表2-7。

表2-7　总成本费用估算表（生产成本加期间费用估算法）

单位：万元

序号	项目	合计	计算期/年				
			1	2	3	…	n
1	生产成本						
1.1	直接材料费						
1.2	直接燃料及动力费						
1.3	直接工资及福利费						
1.4	制造费用						
1.4.1	折旧费						
1.4.2	修理费						
1.4.3	其他制造费用						
1.5	其他直接支出						
2	管理费用						
2.1	无形资产摊销费						
2.2	其他资产摊销费						
2.3	其他管理费用						
3	财务费用						

续表

序号	项目	合计	计算期/年				
			1	2	3	…	n
3.1	利息支出						
3.1.1	长期借款利息						
3.1.2	流动资金借款利息						
3.1.3	短期借款利息						
4	营业费用						
5	总成本费用合计（1+2+3+4）						
5.1	其中：可变成本						
5.2	固定成本						
6	经营成本（5－1.4.1－2.1－2.2－3.1）						

2. 生产要素估算法

按照生产要素估算法估算的总成本费用估算表见表2-8。

表2-8　总成本费用估算表（生产要素估算法）　　单位：万元

序号	项目	合计	计算期/年				
			1	2	3	…	n
1	外购原材料费						
2	外购燃料及动力费						
3	工资及福利费						
4	修理费						
5	其他费用						
6	经营成本（1+2+3+4+5）						
7	折旧费						
8	摊销费						
9	利息支出						
10	总成本费用合计（6+7+8+9）						
	其中：可变成本						
	固定成本						

总成本费用＝外购原材料费＋外购燃料及动力费＋工资及福利费＋修理费＋其他费用＋折旧费＋摊销费＋利息支出　　(2-7)

(1) 外购原材料费、外购燃料及动力费的估算。在按生产要素估算法估算总成本费用时，原材料系指外购的部分，外购原材料费的估算需要相关专业所提出的外购原材料年耗用量、燃料及动力年耗用量，以及在选定价格体系下的预测价格，该价格应按入库价格计算，即到厂价格并考虑途库损耗。采用的价格时点和价格体系应与营业收入的估算一致。

外购原材料费的估算公式为

$$外购原材料费=全年产量\times单位产品原材料成本 \tag{2-8}$$

外购燃料及动力费的估算公式为

$$外购燃料及动力费=全年产量\times单位产品燃料及动力成本 \tag{2-9}$$

其中，全年产量可根据测定的设计生产能力和投产期各年的生产负荷加以确定；单位产品原材料成本是依据原材料、燃料及动力消耗定额和单价确定的。

(2) 工资及福利费的估算。工资及福利费是指企业为获得职工提供的服务而给予各种形式的报酬及其他相关的支出，通常包括职工工资、奖金、津贴和补贴，职工福利费，医疗保险费、养老保险费、失业保险费、工伤保险费、生育保险费等。按生产要素估算法估算总成本费用时，工资及福利费是按项目全部人员估算的。

职工福利费主要用于职工的医药费、医务经费、职工生活困难补助及按国家规定开支的其他职工福利费支出，一般按职工工资总额的一定比例计算。

(3) 折旧费的估算。固定资产在使用过程中会受到磨损，最终会报废，将其价值逐步定期地转移到产品价值中去的部分称为折旧费。折旧费是对固定资产有形磨损和无形磨损的补偿。将折旧费计入成本费用是企业回收固定资产的一种手段。

① 影响折旧费的因素。

a. 固定资产原值。计算折旧费，需要先计算固定资产原值。固定资产原值是指项目投产（达到预定可使用状态）时按规定由投资形成固定资产的部分。

b. 固定资产估计使用年限。固定资产折旧年限可在税法允许的范围内由企业自行确定或按行业规定。

国家有关部门在考虑到现代生产技术发展快、世界各国实行加速折旧的情况下，为适应资产更新和资本回收的需要，对各类固定资产折旧的最低年限做出了如下规定：企业房屋、建筑物最低折旧年限为 20 年；企业拥有的火车、轮船、机器、机械和其他生产设备最低折旧年限为 10 年；企业拥有的器具、工具、家具等与生产经营活动有关，最低折旧年限为 5 年。

c. 预计净残值率。预计净残值率可在税法允许的范围内由企业自行确定或按行业规定。根据企业会计制度规定，企业预计净残值率按照固定资产原值的 3%～5%确定。对于特殊情况，如预计净残值率低于 3%或高于 5%的，由企业自主确定，报主管财政机关备案。

② 折旧方法。固定资产的折旧方法可在税法允许的范围内由企业自行确定，一般采用直线法（包括年限平均法和工作量法）。我国税法也允许对某些机器设备采用快速折旧法，即双倍余额递减法和年数总和法。

③ 固定资产折旧的范围。企业拥有或控制的固定资产并不都需要计提折旧，按有关财务会计制度，除以下情况外，企业应对所有固定资产计提折旧。

a. 房屋建筑物（无论使用与否）。

b. 在用的机器设备、仪器仪表、运输工具、工具器具。

c. 季节性停用和大修理停用的设备。

d. 以融资租赁方式租入的固定资产和以经营租赁方式租出的固定资产。

观察与思考

以融资租赁方式租出的固定资产和以经营租赁方式租入的固定资产提不提折旧？

④ 固定资产折旧的计算。

a. 年限平均法，又称直线折旧法，是指将固定资产的应记折旧额均衡地分摊到固定资产折旧年限（预计使用寿命）的一种方法。其计算公式为

$$D_{平}=\frac{V_E-V_L}{N}=V_E\frac{(1-\rho)}{N} \qquad (2-10)$$

式中 $D_{平}$——固定资产年折旧额；

V_E——固定资产原值；

V_L——预计净残值；

N——折旧年限；

ρ——预计净残值率。

$$固定资产年折旧率=\frac{1-\rho}{N}=\frac{1-预计净残值率}{折旧年限}\times 100\% \qquad (2-11)$$

$$固定资产年折旧额=固定资产原值\times 固定资产年折旧率 \qquad (2-12)$$

$$固定资产月折旧率=固定资产年折旧率/12 \qquad (2-13)$$

$$固定资产月折旧额=固定资产原价\times 固定资产月折旧率 \qquad (2-14)$$

应用案例 2-3

企业的某项固定资产原值为74000元，折旧年限为6年，预计残值收入3000元，预计清理费用1000元，该固定资产采用年限平均法计提折旧，试计算其每月应计提的折旧额。

【解】 $D_{平}=\frac{V_E-V_L}{N}=[74000-(3000-1000)]\div 6=12000(元)$

该固定资产月折旧额 $=12000\div 12=1000(元)$

年限平均法是应用最为广泛的一种计算折旧的方法。

b. 工作量法。它是根据设备实际工作量计提折旧的一种方法。其计算公式为

$$D_I=\frac{V_E(1-V_L)}{预计总工作量} \qquad (2-15)$$

式中 D_I——固定资产单位工作量折旧额。

对于交通运输企业和其他企业专用车队的客货运汽车等专用设备，可采用工作量法计提折旧，即按照行驶单位里程计算折旧额。

$$单位里程折旧额=原值\times(1-预计净残值率)\div总行驶里程 \tag{2-16}$$

$$年折旧额=单位里程折旧额\times年行驶里程 \tag{2-17}$$

对于大型专用设备，可根据工作小时计算折旧额。其计算公式为

$$每工作小时折旧额=原值\times(1-预计净残值率)\div总工作小时 \tag{2-18}$$

应用案例 2-4

某公司有一辆运输汽车，原值为 150000 元，预计净残值率为 5%，预计总行驶里程为 600000 千米，当月行驶 5000 千米，则月计提折旧额是多少？

【解】$D_I=\dfrac{V_E\ (1-V_L)}{预计总工作量}=150000\times\ (1-5\%)\ \div 600000=0.2375$(元/千米)

本月折旧额＝5000×0.2375＝1187.5（元）

工作量法也是直线法的一种，只不过它不是以时间来计算折旧额，而是以工作量来计算折旧额。

c. 年数总和法，也称年数总额法。该方法是根据固定资产原值减去预计净残值后的余额，按照逐年递减的分数（即年折旧率）计算折旧的。其计算公式为

$$年折旧率=\frac{折旧年限-已使用年限}{折旧年限\times(1+折旧年限)/2}\times100\% \tag{2-19}$$

$$年折旧额=(V_E-V_L)\times年折旧率 \tag{2-20}$$

应用案例 2-5

某项固定资产原值为 50000 元，预计净残值为 2000 元，折旧年限为 5 年，采用年数总和法计算各年的折旧额。

【解】在年数总和法中，设备年折旧率为一组递减的分数。这组分数的分子，第一项为固定资产耐用年限，以后各年依次减少 1。在本例中，这组分数的分子为 5、4、3、2、1。分数的分母是这一列数之和，即 5＋4＋3＋2＋1＝15，故各年的折旧率分别为 5/15、4/15、3/15、2/15、1/15，则

第 1 年的折旧额＝（50000－2000）×5/15＝16000(元)

第 2 年的折旧额＝（50000－2000）×4/15＝12800(元)

同理，第 3、4、5 年的折旧额分别为 96000 元、6400 元、3200 元。

d. 双倍余额递减法，又称递减折旧法。该方法是在不考虑固定资产净残值的情况下，根据每期期初固定资产账面净值和双倍的直线法折旧率计算固定资产折旧的一种方法。其计算公式为

$$年折旧率=\frac{2}{折旧年限}\times100\% \tag{2-21}$$

$$年折旧额=固定资产账面净值\times年折旧率 \tag{2-22}$$

$$最后两年每年折旧额=（固定资产原值-累计折旧-预计净残值)/2 \tag{2-23}$$

应用案例 2-6

某项固定资产原值为 50000 元，预计净残值为 2000 元，折旧年限为 5 年，采用双倍余额递减法计算各年的折旧额。

【解】年折旧率 $=\frac{2}{5}\times100\%=40\%$

第 1 年折旧额 $=50000\times40\%=20000$(元)

第 2 年折旧额 $=(50000-20000)\times40\%=12000$(元)

第 3 年折旧额 $=(50000-20000-12000)\times40\%=7200$(元)

第 4 年折旧额 $=[(50000-20000-12000-7200)-2000]/2=5400$(元)

第 5 年折旧额 $=5400$ 元

知识链接

我国相关制度规定，实行双倍余额递减法的固定资产，应当在其固定资产折旧年限到期前两年内将固定资产账面净值扣除预计净残值后的净额平均摊销，即从折旧年限到期前两年开始改用直线法计提折旧，以满足残值的要求（不能使年末固定资产账面净值低于其预计残值）。

(4) 摊销费的估算。摊销费是指无形资产和开办费在一定期限内分期摊销的费用，摊销费包括无形资产、开办费、借款利息及维简费（固定资产大修理支出），这里主要介绍前两项。

无形资产是指企业拥有的、不具有实物形态，能对生产经营长期、持续发挥作用的资产，如商标权、专利权、土地使用权及非专有技术和商誉等。开办费是指项目筹建期间，除应计入有关财产物资价值以外所发生的各项费用，包括人员工资、培训费、办公费、差旅费、印刷费、注册费及不计入固定资产价值的借款费用等。因为它们的受益期超过一个会计年度，因此属于资本性支出，应当进行摊销。

无形资产

无形资产的摊销方法：不留残值，采用直线法计算。

无形资产摊销的关键是确定摊销期限。无形资产应按规定期限分期摊销，即法律和合同或者企业申请书分别规定有法定有效期和受益年限的，按照法定有效期与合同或者企业申请书规定的收益年限缩短的原则确定；没有规定期限的，按不少于 10 年的期限分期摊销。

开办费按照不短于 5 年的期限分期摊销。

无形资产和开办费发生在项目建设期或筹建期间，应在生产期分期平均摊入管理费用中。

应用案例 2-7

某项目筹建期间发生注册登记费 2000 元，培训费 1800 元，印刷费 2200 元，验资费

3000 元，差旅费 3600 元，筹建人工工资 12000 元，长期借款利息 8400 元，规定在项目运营当月起 5 年内摊销开办费，试计算运营开始后 5 年内每月应摊销入管理费用的开办费数额。

【解】 开办费总额＝2000＋1800＋2200＋3000＋3600＋12000＋8400＝33000（元）

每月摊销费＝33000÷5÷12＝550（元）

（5）财务费用（利息）的估算。财务费用是指在生产经营期间发生的利息支出、汇兑损失及相关的手续费。在大多数项目的财务分析中，通常只考虑利息支出。利息支出估算包括长期借款利息、流动资金借款利息和短期借款利息三部分。

（6）固定成本与可变成本估算。在进行盈亏平衡分析和不确定性分析中，须将总成本费用分解为固定成本和可变成本。

固定成本是指成本总额不随产品产量及销量的增减发生变化的各项成本费用，一般包括折旧费、摊销费、修理费、工资及福利费和其他费用等。可变成本是指成本总额随产品产量和销售量增减而成正比例变化的各项费用，主要包括外购原材料费、燃料及动力费和计件工资等。有些成本费用属于半固定半可变成本，必要时，可进一步将其分解为固定成本和可变成本。

长期借款利息应视为固定成本，流动资金借款利息和短期借款利息可能部分与产品产量相关，其利息可视为半可变（或半固定）成本，为简化起见，一般也将其作为固定成本。

知识链接

机会成本和沉没成本

机会成本是指为了得到某种东西而所要放弃另一些东西的最大价值；也可以理解为在面临多方案择一决策时，被舍弃的选项中的最高价值者是本次决策的机会成本。

沉没成本是指由于过去的决策已经发生了的，而不能由现在或将来的任何决策改变的成本。如人们常把一些已经发生且不可收回的支出，如时间、金钱、精力等称为沉没成本。

2.3 营业收入、税金及附加

导入案例

××股份有限公司的财务报表中，2020 年 1～9 月实现营业收入 299.02 亿元，营业总成本 265.89 亿元，营业利润 32.07 亿元。

2.3.1 营业收入

营业收入是指通过销售产品或者提供服务所获得的收入，它既是现金流量表中现金流

入的主体，也是利润表的主要项目。营业收入估算的基础数据包括产品或服务的数量和价格。其计算公式为

营业收入＝产品销售量(或服务数量)×产品单价(或服务单价)　　(2-24)

在确定数量时，为计算简便，假定年生产量即为年销售量，不考虑库存，即当期的产出（扣除自用量后）当期全部销售，也就是当期产品产量等于当期销售量；在确定单价时，产品销售价格一般采用出厂价。

观察与思考

作为房地产开发商，从购买土地到建设好房屋进行出售，不同的阶段各须缴纳哪些税种？

2.3.2 税金及附加

税金及附加是指新建项目生产经营期内因销售产品而发生的消费税、资源税、城市维护建设税、教育费附加，以及房产税、土地使用税、车船使用税、印花税等相关税费。下面主要介绍前 4 种。

1. 消费税

消费税是指对在中国境内生产、委托加工和进口特定消费品的单位和个人征收的一种税。消费税是在对货物普遍征收增值税的基础上，选择少数消费品再征收的一个税种，主要是为了调节产品结构、引导消费方向、保证国家财政收入。现行消费税的征收范围主要包括烟、酒及酒精、鞭炮、焰火制品、化妆品、成品油、贵重首饰及珠宝玉石、高尔夫球及球具、高档手表、游艇、木制一次性筷子、实木地板、汽车轮胎、摩托车、小汽车等税目，有的税目还可进一步划分为若干子目。

2. 资源税

资源税是以各种应税自然资源为课税对象，为了调节资源级差收入并体现国有资源有偿使用而征收的一种税。国有资源是指我国宪法规定的城市土地、矿藏、水流、森林、山岭、草原、荒地、滩涂等，根据国家的需要，对使用某种自然资源的单位和个人，为取得应税资源的使用权而征收的一种税。

3. 城市维护建设税

城市维护建设税是我国为了加强城市的维护建设、扩大和稳定城市维护建设资金的来源，而对从事工商经营，缴纳消费税、增值税的单位和个人征收的一种税。

城市维护建设税实行地区差别的三档比例税率，具体规定如下。

① 纳税人所在地为市区的，税率为 7%。

② 纳税人所在地在县城、镇的，税率为 5%。

③ 纳税人所在地不在市区、县城或镇的，税率为 1%。

4. 教育费附加

教育费附加是为了发展地方性教育事业，扩大地方教育经费的资金来源而征收的一项专用基金。

2.4 利润

观察与思考

企业股东利润的分配是税前利润还是税后利润?

利润是企业在一定会计期间经营成果的综合反映，包括营业利润、利润总额和净利润。

营业利润＝营业收入－营业成本－税金及附加－销售费用－管理费用－财务费用－资产减值损失＋公允价值变动净收益＋投资净收益　　(2－25)

2.4.1 利润总额的核算

利润总额

利润总额是指企业在生产经营过程中各种收入扣除各种耗费后的盈余，反映企业在报告期内实现的盈亏总额。其计算公式为

利润总额＝营业利润＋营业外收入－营业外支出　　(2－26)

2.4.2 所得税的核算

所得税是指企业根据应纳税所得额的一定比例上交的一种税金。规定一般企业所得税的税率为25%。

应纳所得税额＝当期应纳税所得额×适用税率　　(2－27)

应纳税所得额＝收入总额－准予扣除项目金额　　(2－28)

2.4.3 净利润的计算及利润的分配

1. 净利润的计算

净利润是指在利润总额中按规定交纳了所得税后公司的利润留成，一般也称为税后利润或净收入。其计算公式为

净利润＝利润总额×(1－所得税税率)　　(2－29)

净利润是一个企业经营的最终成果，净利润越多，企业的经营效益就越好；净利润越少，企业的经营效益就越差，它是衡量一个企业经营效益的主要指标。

净利润

2. 利润的分配

利润分配是将企业实现的净利润按照国家财务制度规定的分配形式和分配顺序，在企业和投资者之间进行的分配。利润分配的过程与结果，是关系到所有者的合法权益能否得到保护，企业能否长期、稳定发展的重要问题，

为此，企业必须加强利润分配的管理和核算。

利润分配的顺序根据《中华人民共和国公司法》等有关法规的规定，企业当年实现的净利润，一般应按照下列内容、顺序和金额进行分配。

（1）计算可供分配的利润。

将本年净利润（或亏损）与年初未分配利润（或亏损）合并，计算出可供分配的利润。如果可供分配的利润为负数（即亏损），则不能进行后续分配；如果可供分配利润为正数（即本年累计盈利），则进行后续分配。

（2）提取法定盈余公积金。

在不存在年初累计亏损的前提下，法定盈余公积金按照税后净利润的10%提取。当法定盈余公积金已达注册资本的50%时，可不再提取。提取的法定盈余公积金用于弥补以前年度亏损或转增资本金。但转增资本金后留存的法定盈余公积金不得低于注册资本的25%。

（3）提取任意盈余公积金。

任意盈余公积金又称公司的储备金，是指公司为增强自身财产能力、扩大生产经营和预防意外亏损，依法从公司利润中提取的一种款项，不作为股利分配的部分所得或收益。任意盈余公积金计提标准由股东大会确定，如确因需要，经股东大会同意后，也可用于分配。

任意盈余公积金主要用于弥补公司亏损、扩大公司生产经营、转增公司资本。

（4）向股东（投资者）支付股利（分配利润）。

企业以前年度未分配的利润，可以并入本年度分配。

公司股东会或董事会违反上述利润分配顺序，在抵补亏损和提取法定公积金之前向股东分配利润的，必须将违反规定发放的利润退还公司。

可供投资者分配的利润，按下列顺序分配。

① 应付优先股股利。优先股股利是指按利润分配方案分配给优先股股东的现金股利。

② 提取任意盈余公积金。

③ 应付普通股股利。普通股股利是指企业按利润分配方案分配给普通股股东的现金股利。企业分配给投资者的利润，也在此核算。

④ 经过上述分配后的剩余部分为未分配利润。

知识链接

普通股是指在公司的经营管理和盈利及财产的分配上享有普通权利的股份，代表满足所有债权偿付要求及优先股东的收益权与求偿权要求后对企业盈利和剩余财产的索取权，它构成公司资本的基础，既是股票的一种基本形式，也是发行量最大、最为重要的股票。目前，在上海和深圳证券交易所中交易的股票，都是普通股。

普通股股东的权利：①有权获得股利；②当公司因破产或结业而进行清算时，普通股股东有权分得公司剩余资产；③有发言权和表决权；④具有优先认股权。

优先股是相对于普通股而言的，主要指在利润分红及剩余财产分配的权利方面，优先于普通股。优先股股东没有选举权及被选举权，一般来说对公司的经营没有参与权，优先股股东不能退股，只能通过优先股的赎回条款被公司赎回，但是能稳定分红。

公司利润和利润分配表见表2-9。

表2-9　公司利润和利润分配表　　单位：万元

序号	项　　目	合计	计算期				
			1	2	3	…	*n*
1	营业收入						
2	税金及附加						
3	总成本费用						
4	补贴收入						
5	利润总额（1－2－3＋4）						
6	弥补以前年度亏损						
7	应纳税所得额（5－6）						
8	所得税						
9	净利润（5－8）						
10	期初未分配利润						
11	可供分配利润（9＋10）						
12	提取法定盈余公积金						
13	可供投资者分配的利润（11－12）						
14	应付优先股股利						
15	提取任意盈余公积金						
16	应付普通股股利（13－14－15）						
17	各投资方利润分配						
	其中：　　　方						
	方						
	方						
	方						
	方						
18	未分配利润（13－14－15－17）						
19	息税前利润（利润总额＋利息支出）						
20	息税折旧推销前利润（19＋折旧＋摊销）						

应用案例 2-8

某企业2020年的利润总额为255000元，年初未分配利润为30000元，所得税税率为25%，假设利润总额等于应纳税所得额，按净利润的10%提取法定盈余公积金，提取任意盈余公积金20000元，向投资者分配利润100000元，试计算2020年年末未分配利润。

【解】(1) 企业应交所得税＝255000×25%＝63750（元）

(2) 企业净利润＝255000－63750＝191250（元）

(3) 可供分配的利润＝191250＋30000＝221250（元）

(4) 提取法定盈余公积金＝191250×10%＝19125（元）

(5) 可供投资者分配的利润＝221250－19125＝202125（元）

(6) 提取任意盈余公积金＝20000元

(7) 向投资者分配利润＝100000元

(8) 年末未分配利润＝202125－20000－100000＝82125（元）

情境小结

(1) 项目总投资由建设投资、建设期利息和流动资金构成。

(2) 建设投资的估算方法有概算法和形成资产法两种。

(3) 建设期利息是债务资金在建设期内发生并应计入固定资产原值的利息，包括借款（或债券）利息和融资费用（如手续费、承诺费、发行费、管理费等）。

为了简化计算，建设期借款一般按借款计划分年均衡发放，建设期利息的计算通常假设借款发生当年均在年中使用，按半年计息，其后年份按全年计息。对借款额在建设期各年年初发生的项目，则应按全年计息。

(4) 流动资金是指项目运营期内长期占用并周转使用的营运资金，不包括运营中临时性需要的资金。流动资金估算的基础主要是营业收入和经营成本。因此，应在营业收入和经营成本估算之后进行流动资金估算。流动资金估算方法包括分项详细估算法和扩大指标估算法，应依据行业或前期研究的不同阶段分别选用。

(5) 总成本是指项目在运营期内为生产产品或提供服务所发生的全部费用，等于经营成本与折旧费、摊销费和财务费之和。

(6) 固定资产在使用过程中会受到磨损，最终会报废，将其价值逐步定期地转移到产品价值中去的部分称为折旧费。折旧的方法有直线法、快速折旧法，其中快速折旧法又包括年数总和法及双倍余额递减法。

(7) 摊销费是指无形资产和开办费在一定期限内分期摊销的费用，摊销费包括无形资产、开办费、借款利息及维简费。

(8) 财务费用是指在生产经营期间发生的利息支出、汇兑损失及相关的手续费。在大多数项目的财务分析中，通常只考虑利息支出。利息支出估算包括长期借款利息、流动资金借款利息和短期借款利息三部分。

(9) 总成本费用分解为固定成本和可变成本。固定成本是指成本总额不随产品产量及销量的增减发生变化的各项成本费用，一般包括折旧费、摊销费、修理费、工资及福利费和其他费用等。可变成本是指成本总额随产品产量和销售量增减而成正比例变化的各项费用，主要包括外购原材料费、燃料及动力费和计件工资等。

(10) 营业收入是指销售产品或者提供服务所获得的收入，既是现金流量表中现金流入的主体，也是利润表的主要科目。

(11) 税金及附加是指新建项目生产经营期内因销售产品而发生的消费税、资源税、城市维护建设税、教育费附加，以及房产税、土地使用税、车船使用税、印花税等相关税费。

(12) 利润是企业在一定会计期间经营成果的综合反映，包括营业利润、利润总额和净利润。

(13) 净利润一般应按照如下顺序进行分配：计算可供分配的利润；提取法定盈余公积金；提取任意盈余公积金；向股东（投资者）支付股利（分配利润）。

习　题

一、单选题

1. 在现金流量表的构成要素中，经营成本的计算公式为（　　）。

A. 经营成本＝总成本费用－折旧费

B. 经营成本＝总成本费用－折旧费－摊销费

C. 经营成本＝总成本费用－折旧费－摊销费－利息支出

D. 经营成本＝总成本费用－折旧费－摊销费－利息支出－修理费

2. 技术方案建成后形成的固定资产原值可用于计算（　　）。

A. 摊销费　　B. 折旧费　　C. 管理费　　D. 修理费

3. 下列费用中，属于经营成本的是（　　）。

A. 摊销费　　B. 折旧费　　C. 福利费　　D. 利息支出

4. 某企业新实施技术方案年总成本费用为 300 万元，销售费用、管理费用合计为总成本费用的 15%，固定资产折旧费为 35 万元，摊销费为 15 万元，利息支出为 8 万元，则该技术方案年经营成本为（　　）。

A. 197 万元　　B. 220 万元　　C. 242 万元　　D. 250 万元

二、多选题

1. 技术方案经济效果评价中的总投资包括（　　）。

A. 建筑安装工程费　　B. 建设期利息

C. 流动资金　　D. 设备及工、器具购置费

E. 预备费

2. 流动资产的构成要素包括（　　）。

A. 应收账款　　B. 存货

C. 应付账款　　D. 预付账款

E. 库存现金

3. 经营成本是工程经济分析中经济评价的专用术语，用技术方案经济效果评价的现金流量分析。经营成本包括（　　）。

A. 燃料及动力费　　B. 设备折旧费

C. 外购原材料费　　D. 营业税

E. 修理费

三、简答题

1. 建设项目总投资包括哪些内容?

2. 建设期利息如何计算?

3. 流动资金如何估算?

四、计算题

1. 某新建项目，建设期为3年，在建设期第1年借款600万元，第2年借款1200万元，第3年借款800万元，年利率为12%，试用复利法分别计算建设期各年的借款利息。

2. 某设备原值为60000元，折旧年限为5年，预计净残值率为5%，试分别用年限平均法、年数总和法和双倍余额递减法计算各年的折旧额。

五、案例分析题

【项目背景】

某公司拟投资建设一个生物化工厂，这一建设项目的基础数据如下。

1. 项目实施计划

该项目建设期为3年，实施计划进度如下：第1年完成项目全部投资的20%，第2年完成项目全部投资的55%，第3年完成项目全部投资的25%，第4年项目投产，投产当年项目的生产负荷达到设计生产能力的70%，第5年项目的生产负荷达到设计生产能力的90%，第6年项目的生产负荷达到设计生产能力。项目的运营期总计为15年。

2. 建设投资估算

本项目工程费与工程建设其他费的估算额为52180万元，预备费（包括基本预备费和价差预备费）为5000万元。

3. 建设资金来源

本项目的资金来源为自有资金和借款，借款总额为40000万元，其中外汇借款为2300万美元。外汇牌价为1美元兑换6.5元人民币。借款的人民币部分，从中国建设银行获得，年利率为12.48%（按季度计息）。借款的外汇部分，从中国银行获得，年利率为8%（按年计息）。

4. 生产经营费用估计

建设项目达到设计生产能力以后，全厂定员为1100人，工资及福利费按照每人每年

72000元估算。每年的其他费用为860万元。年外购原材料费、燃料及动力费估算为19200万元。年经营成本为21000万元，年修理费占年经营成本的10%。各项流动资金的最低周转天数分别如下：应收账款30天，现金40天，应付账款30天，存货40天。

【问题】

1. 估算拟建项目的建设期借款利息。
2. 用分项详细估算法估算拟建项目的流动资金。
3. 估算拟建项目的总投资。

学习情境2
在线答题

学情习境3 现金流量与资金的时间价值

思维导图

- 现金流量与资金时间价值
  - 知识要点
    - 现金流量
      - 现金流量表
      - 现金流量图
    - 资金的时间价值
      - 资金的时间价值的概念
      - 研究资金的时间价值的意义
    - 利息公式
      - 利息与利率
      - 单利法
      - 复利法
    - 等值计算
      - 等值的含义
      - 复利的计算公式
    - 常用的还本付息方式
      - 等额本息还款方式
      - 等额本金还款方式
  - 能力要求
    - 掌握现金流量表和现金流量图的绘制
    - 熟悉资金的时间价值的概念
    - 掌握利息公式的运用
    - 掌握资金等值计算
    - 掌握名义利率和有效利率的计算
    - 掌握复利的计算公式
    - 熟悉常用的还本付息方式

情境导读

拿破仑1797年3月在卢森堡第一国立小学演讲时说了这样一番话:“为了答谢贵校对我,尤其是对我夫人约瑟芬的盛情款待,我不仅今天呈上一束玫瑰花,并且在未来的日子里,只要我们法兰西存在一天,每年的今天我将亲自派人送给贵校一束价值相等的玫瑰花,作为法兰西与卢森堡友谊的象征。”时过境迁,拿破仑穷于应付连绵的战争和此起彼伏的政治事件,最终惨败而流放到圣赫勒拿岛,而把对卢森堡的诺言忘得一干二净。

可卢森堡这个小国对这位“欧洲巨人与卢森堡孩子亲切、和谐相处的一刻”念念不忘,并载入他们的史册。1984年年底,卢森堡旧事重提,向法国提出违背“赠送玫瑰花”诺言的索赔:要么从1797年起,用3路易作为一束玫瑰花的本金,以5厘(即年利率5%)复利计息全部清偿这笔“玫瑰花”债;要么法国政府在法国政府各大报刊上公开承认拿破仑是个言而无信的小人。

起初,法国政府准备不惜重金赎回拿破仑的声誉,但却又被计算机算出的数字惊呆了:原本3路易的许诺,本息竟高达1375596法郎。经过苦思冥想,法国政府斟词酌句地答复如下:“以后,无论在精神上还是在物质上,法国将始终不渝地对卢森堡大公国的中小学教育事业予以支持与赞助,来兑现我们的拿破仑将军那一诺千金的玫瑰花信誉。”这一措辞最终得到了卢森堡人民的谅解。

请同学们思考:为何本案例中每年赠送价值3路易的玫瑰花相当于在187年后一次性支付1375596法郎?

3.1 现金流量

3.1.1 现金流量的相关概念

现金流量(Cash Flow)管理是现代企业理财活动的一项重要职能,建立完善的现金流量管理体系,是确保企业生存与发展、提高企业市场竞争力的重要保障。衡量企业经营状况是否良好、是否有足够的现金偿还债务、资产的变现能力如何等,现金流量是非常重要的指标。

1. 现金流量的概念

在进行工程经济分析时,可把所考察的对象视为一个系统,这个系统既可以是一个建设项目、一个企业,也可以是一个地区、一个国家。而投入的资金、花费的成本、获取的收益,均可看成是以资金形式体现的该系统的资金流入或资金流出,这种在考察对象整个期间各时点 t 上实际发生的资金流入或资金流出称为现金流量。

如果以一个工程项目作为考察对象,则拟建项目在建设或运营中实际发生的以现金或现金等价物表现的资金流入和资金流出的总称即为现金流量。现金流量可以分为现金流入量、现金流出量和净现金流量。

(1) 现金流入量 (Cash Inflow): 即在整个计算期内所发生的实际现金流入，用符号 CI_t 表示。现金流入量主要包括产品营业收入、回收固定资产残值、回收流动资金。

(2) 现金流出量 (Cash Outflow): 即在整个计算期内所发生的实际现金流出，用符号 CO_t 表示。现金流出量主要包括固定资产投资、投资利息、流动资金、经营成本、销售税金及附加、所得税、借款本金偿还。

(3) 净现金流量 (Net Cash Flow, NCF): 即一定期间内现金流入量与现金流出量之差，用符号 $(CI-CO)_t$ 表示。当现金流入量大于现金流出量时，其值为正；反之，其值为负。

确定现金流量时应注意的问题如下：①现金流量必须是实际发生的现金流入或者现金流出（如应收账款或应付账款就不能作为现金流量体现在现金流量表或现金流量图上）；②从不同角度分析通常有不同的结果（如购房借款，从购房者角度来看，是现金流入；从贷款银行来看，则是现金流出）。

知识链接

现金流量是指资本循环过程中现金流入、现金流出的数量，而利润则是一定时期内的经营成果。利润是通过会计制度规范由会计人员计算出来的，它只是一个账面的结果；而净现金流量是通过实实在在的现金流入与现金流出表现出来的，它不单表现在账面上，而且还表现在企业的银行账户中，它是企业经理人员可以随时动用的企业资源。

2. 现金流量的时间选择

建设项目的现金流量是以项目作为一个独立系统，反映项目整个计算期内的实际收入或实际支出的现金活动。项目计算期也称项目寿命期，是指对拟建项目进行现金流量分析时应确定的项目的服务年限。项目计算期的长短取决于项目的性质，或根据产品的寿命周期，或根据主要生产设备的经济寿命，或根据合资合作年限，一般取上述考虑事项中的较短者，最长不超过 20 年。

在工程经济分析中，必须正确地分析现金流量发生的时间。由于资金具有时间价值，而投资项目的现金流量可能发生在投资期间的任何时点，为便于分析，当按投资各年归集现金流量时，我们人为地将整个计算期分为若干期，并假定现金的流入和流出是在期初和期末发生的。通常以一年为一期，即把所有一年间产生的现金流入和现金流出累积到那年的年初或者年末。第一年年初发生的现金流量可另行处理，可作为“0”年。如果有必要和可能，也可以按照半年、季度和月为单位进行分析。

3.1.2 现金流量表

现金流量表是指能够直接、清楚地反映出项目在整个计算期内各年现金流量（资金收支）情况的一种表格，利用它可以进行现金流量分析，计算各项静态和动态评价指标，是评价项目投资方案经济效果的主要依据，即用表格的形式描述不同时点上发生的各种现金流量的大小和方向。现金流量表由现金流入、现金流出和净现金流量构成，其具体内容随工程经济分析的范围和经济评价方法不同而不同。其中，财务现金流量表主要用于财务评价。

财务现金流量表的计算方法与常规会计方法不同，前者是只计算现金收支，不计算非现金收支（如折旧费和应收应付账款等），现金收支按发生的时间列入相应的年份。

财务现金流量表按其评价的角度不同，分为项目财务现金流量表、资本金财务现金流量表、投资各方财务现金流量表、项目增量财务现金流量表和资本金增量财务现金流量表。现金流量表的一般形式见表 3－1。

表 3－1　现金流量表　　单位：万元

序号	项　目	年份								合计
		建设期		投产期		达到设计能力生产期				
		1	2	3	4	5	6	…	*n*	
1	现金流入									
1.1	产品营业收入									
1.2	回收固定资产余值									
1.3	回收流动资金									
2	现金流出									
2.1	固定资产投资									
2.2	流动资金									
2.3	经营成本									
2.4	税金及附加									
2.5	所得税									
3	净现金流量（1－2）									
4	累计净现金流量									
5	所得税前净现金流量（3＋2.5）									
6	所得税前累计净现金流量									

从表 3－1 中可以看出，现金流量表的纵列是现金流量的项目，其编排按现金流入、现金流出、净现金流量的顺序进行；表的横行是年份，按项目计算期的各个阶段来排列。整个现金流量表中既包含现金流量各个项目的基础数据，又包含计算的结果；既可纵向看各年的现金流动情况，又可横向看各个项目的发展变化，直观方便、综合性强。

各年现金流入和现金流出的具体内容和确定方法将在以后各情境中详细讨论，根据现金流量表中的净现金流量，可直接计算净现值、静态投资回收期、动态投资回收期等主要的经济评价指标，非常直观、清晰，是实际操作中常用的分析方法。

3.1.3 现金流量图

对于一个经济系统，其现金流量的流向（流入或流出）、数额和发生时点都不尽相同，为了正确地进行经济效果评价，有必要借助现金流量图来进行分析。现金流量图是一种反映经济系统资金运动状态的图式，即把经济系统的现金流量绘入时间坐标图中，以表示出各现金流入、现金流出与相应时间的对应关系。运用现金流量图可全面、形象、直观地表达经济系统的资金运动状态，如图 3.1 所示。

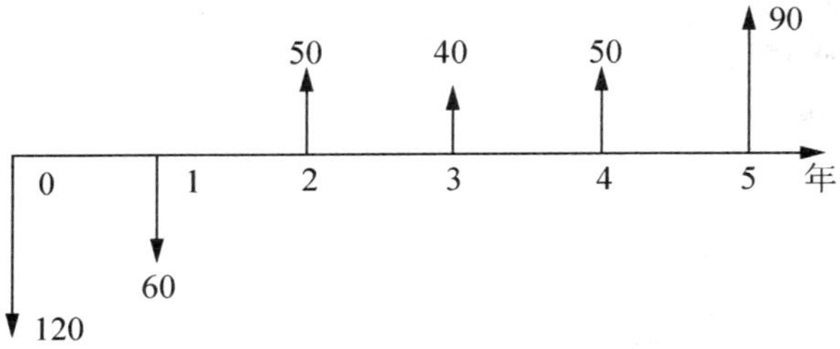

图 3.1 现金流量图（单位：万元）

现金流量图包括 3 个要素，即大小、方向和时点。其中，大小即现金流量的数额，方向即现金流入或现金流出，时点即现金流入或现金流出所发生的时间点，如图 3.2 所示。

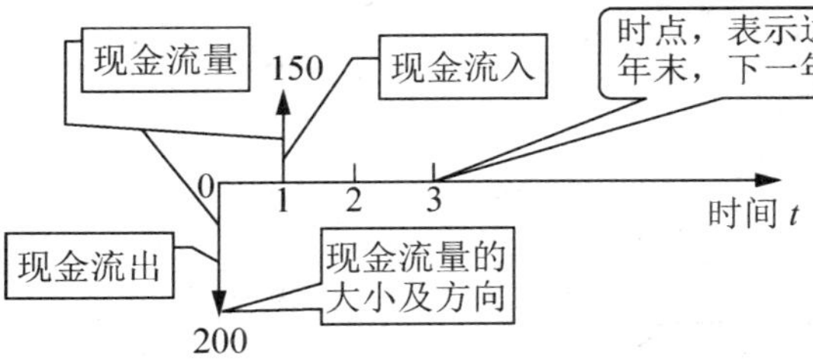

图 3.2 现金流量图的三要素（单位：万元）

在考察不同投资方案的经济效果时，利用现金流量图把各个方案的现金流入和现金流出情况表示出来，是一种简单易行的方法。图 3.3 所示为同一经营活动从两种立脚点绘制的现金流量图。

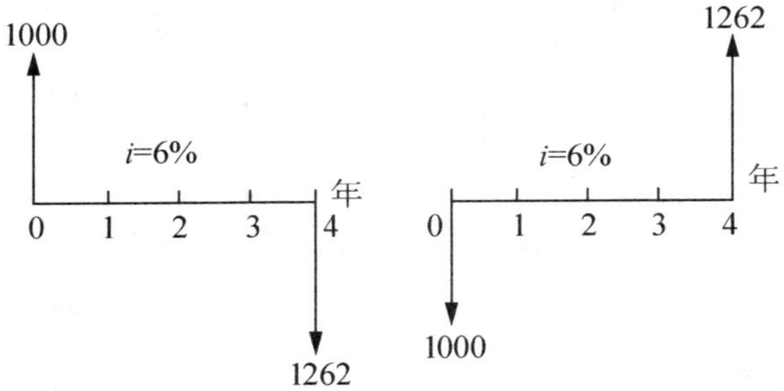

(a) 借款人的现金流量图　　(b) 贷款人的现金流量图

图 3.3 同一经营活动从两种立脚点绘制的现金流量图（单位：万元）

下面具体说明现金流量图的作图方法和规则。

(1) 以横轴为时间轴，向右延伸表示时间的延续，轴上每一刻度表示一个时间单位，可取年、半年、季度或月等；零表示时间序列的起点，也叫基准点。

(2) 相对于时间坐标的垂直箭线代表不同时点的现金流量，在横轴上方的箭线表示现金流入，即表示效益；在横轴下方的箭线表示现金流出，即表示费用或损失。

(3) 现金流量的方向（流入与流出）是对特定的系统而言的。借款方的流入就是贷款方的流出，反之亦然。

(4) 在现金流量图中，箭线长短与现金流量数值大小应成比例，并在各箭线上方或下方注明其现金流量的数值即可。

(5) 箭线与时间轴的交点即为现金流量发生的时点。尤其要注意发生时点的期初、期末。本期末即为下期初。

课堂练习 3-1

某建设项目投资总额为 1000 万元，建设期为 3 年，各年投资比例分别为 20%、50%、30%，项目从第 4 年开始产生效益，每年的净现金流量为 300 万元，项目计算期为 10 年，在最后一年可收回固定资产余值及流动资金 100 万元。该项目的现金流量图为（　　）。

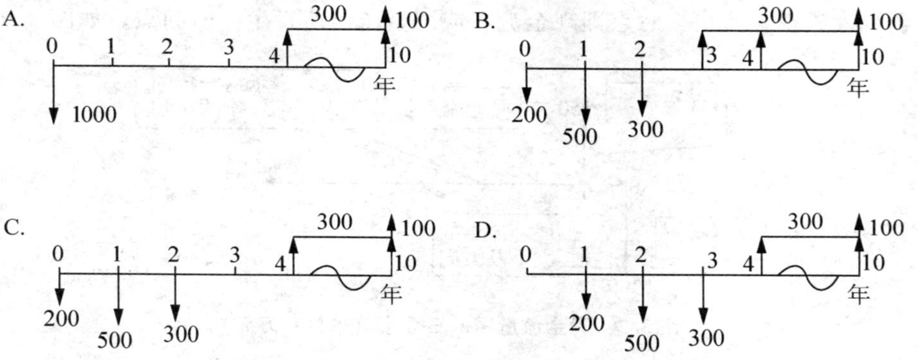

【正确答案】C

项目计算期一般分为 4 个时期：建设期、投产期、达产期和回收处理期，一般项目投资过程的现金流量图如图 3.4 所示。

现金流量图的绘制

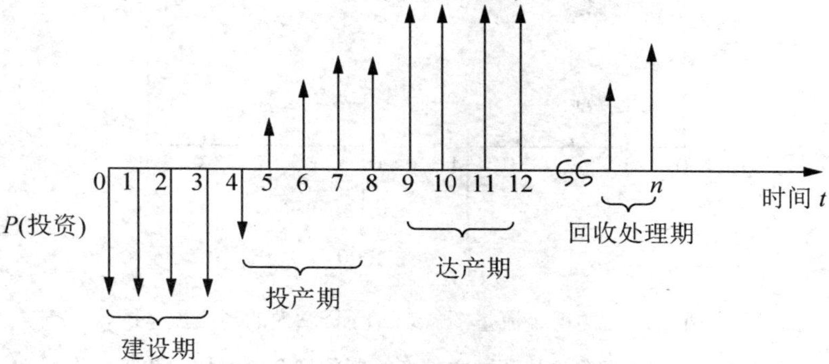

图 3.4　一般项目投资过程的现金流量图

知识链接

在项目的计算期内，由于现金流入和现金流出错综复杂导致现金流量图看起来较烦琐，下面介绍现金流量图的几种简略画法，如图3.5所示。

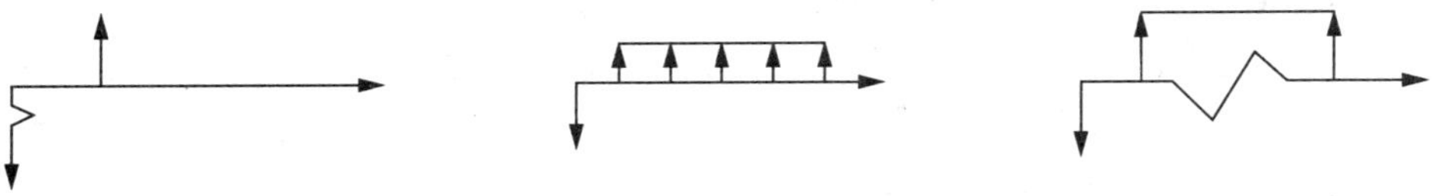

(a) (b) (c)

图3.5 现金流量图的几种简略画法

现金流量图绘制简单，能够直观明了地表示项目寿命中不同时点上发生的现金流量，但不能直接提供工程经济分析中所需的数据，因此它常与现金流量表结合起来使用。

3.2 资金的时间价值

3.2.1 资金的时间价值的概念

导入案例

某公司面临两个投资方案A、B，方案的寿命期都是4年，初始投资也相同，均为10000元。实现利润的总数也相同，但每年数字不同，具体数据见表3-2。如果其他条件都相同，应该选用哪个方案呢？

表3-2 A方案、B方案现金流量表 单位：元

年末	A方案	B方案
0	−10000	−10000
1	+7000	+1000
2	+5000	+3000
3	+3000	+5000
4	+1000	+7000

资金的收入和支出的经济效应不仅与资金量的大小有关，而且与发生的时间有关。在不同时间付出或得到同样数额的资金在价值上是不相等的，也就是说，资金的价值会随着时间的变化而变化，是时间的函数，随时间的推移而发生增值，增加的那部分价值就是原

有资金的时间价值。例如，某人年初存入银行 100 元，假设年利率为 10%，则年末可从银行取出本息共计 110 元，这里出现了 10 元的增值，这 10 元是利息，这个利息就是资金的时间价值。

资金的时间价值是指资金经过一段时间的投资和再投资所增加的价值，表现为一定量的资金在不同时点上具有不同的价值。

在不考虑风险因素和通货膨胀的条件下，只要将货币进行有目的的投资，就会产生资金的时间价值，它会随时间的推移而发生增值。资金具有时间价值，即使两笔金额相等的资金，如果发生在不同时期，其实际价值量是不相等的。因此，一定金额的资金必须注明其发生的时间，才能表明其准确的价值。

知识链接

西方国家的传统说法：牺牲了现在使用或消费这 1 元钱的机会或权利，对投资者推迟消费的耐心应给予报酬，这种报酬的量应与推迟的时间成正比，按推迟时间计算的这种牺牲的代价或报酬就是资金的时间价值。

马克思劳动价值理论：剩余价值转化为利润及利润转化为平均利润的过程，揭示了在没有风险和通货膨胀的情况下，投资于不同行业的资金会获得大体相当的投资报酬率或社会平均资金利润率，也就是资金的时间价值。马克思揭示了资金的时间价值的真正来源是工人创造的剩余价值的一部分。

在市场经济条件下，资金增值有两种主要方式：一种是将现有资金存入银行，可以取得利息；另一种是将现有资金用于生产建设（投资），可以取得利润，如图 3.6 所示。

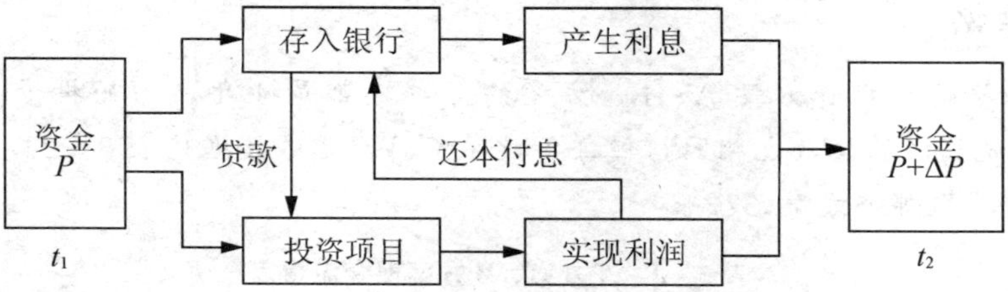

图 3.6　资金增值示意

资金的时间价值

资金的运动规律就是资金的价值随时间的变化而变化的规律，影响其变化的原因还包括如下两个方面：①通货膨胀、货币贬值——今年的 10 元钱比明年的 10 元钱价值大；②承担风险——明年得到 10 元钱不如现在拿到 10 元钱保险。

观察与思考

小明将 10 万元现金存入了银行，这种理财行为一定是划算的吗？

3.2.2 研究资金的时间价值的意义

在方案的经济评价中，时间是一项重要的因素，研究资金时间因素就是研究时间因素对方案经济效果（或经济效益）的影响，从而正确评价投资方案的经济效果（或经济效益）。

具体来讲，研究资金的时间价值，在宏观方面，可以促进有限的资金得到更加合理的利用。因为时间是市场经济的一个经济范畴，我国的建设资金有限，考虑资金的时间价值，可以充分发挥建设资金的效用；在微观方面，研究资金的时间价值可以使方案评价更加合理、更加切合实际。

总之，无论进行什么样的经济活动，都必须认真考虑资金的时间价值，千方百计缩短建设周期、加速资金周转、节省资金占用数量和时间、提高资金的经济效益。

应用案例 3-1

今天你是否应当消费或者是把钱存起来以后再消费？不同的行为会导致不同的结果。

例如，现在你手中有 3000 元现金，并且你想购买售价 3000 元的冰箱。如果你立即购买，就分文不剩；如果你把 3000 元以 6%的利率进行投资，一年后你可以买到冰箱并有 180 元的结余（假设冰箱价格不变）。如果同时冰箱的价格由于通货膨胀而每年上涨 6%，那么一年后你投资得到的钱就刚刚够购买这台冰箱。

今天拟用于购买冰箱的 3000 元，与放弃购买去投资一个年收益率为 6%的项目在来年获得的 3180 元相比，两者具有相同的经济价值。

3.3 利息公式

3.3.1 利息与利率

衡量资金的时间价值的尺度有两种：其一为绝对尺度，即利息、盈利或收益；其二为相对尺度，即利率、盈利率或收益率。

利息是利润的一部分，是利润的分解或再分配。利率和利润率都是表示原投资所能增加的百分数，因此往往用这两个量来作为衡量资金的时间价值的相对尺度，并且经常两者不加区分，统称为利率。利率是指一定时期内积累的利息总额与原始资金的比值，即利息与本金之比。它是国家调控国民经济、协调部门经济的有效杠杆之一。

1. 利息

在借贷过程中，债务人支付给债权人超过原借贷金额（原借贷金额常称作本金）的部分就是利息。其计算公式为

$$I=F-P \tag{3-1}$$

式中 I——利息；

F——还本付息总额，即本利和；

P——本金。

从本质上看，利息是由贷款产生的利润的一种再分配。在工程经济学中，利息是指占用资金所付出的代价或是放弃现期消费所得到的补偿。

2. 利率

利率就是单位时间内（如年、半年、季度、月、周、日等）所得利息与本金之比，通常用百分数表示。其计算公式为

$$i=\frac{I_t}{P}\times 100\% \tag{3-2}$$

式中 i——利率；

I_t——单位时间内的利息；

P——本金。

用于表示计算利息的时间单位称为计息周期，计息周期通常为年、半年、季度，也可以为月、周或日。若一年计算一次利息，则 i 为年利率。

在工程经济分析中，利率与收益率是通用的，狭义的利率是指对银行储蓄或债务资本的支付，广义的利率则可表示收益率、报酬率、利润率等。

通常，利率高低的影响因素如下：①社会平均利润率（当利润率高于利率时，借款人才可能借款）；②金融市场上借贷资本的供求状况；③银行所承担的贷款风险；④通货膨胀率（资金贬值可能会使有效利率无形中成为负值）；⑤借出资本的期限长短。

3.3.2 单利法

单利和复制

利息的计算分为单利与复利两种方法。单利计息是指每期的利息都按照原始本金计息，不把先前计息周期中的利息累加到本金中去，利息不再计息，即通常所说的“利不生利”的计息方法。因此，每期的利息是固定不变的，其总利息与利息的期数成正比。其计算公式为

$$I=Pin \tag{3-3}$$

$$F=P(1+in) \tag{3-4}$$

式中 n——计息期数。

应用案例 3-2

某人以定期方式存入一笔 250 元的款项，按规定以单利计息，年利率为 10.44%，问 8 年期到期后总利息及本利和各为多少？

【解】 $P=250$，$i=10.44\%$，$n=8$

8 年期总利息：$I=250\times 0.1044\times 8=208.8$(元)

8 年期期末本利和：$F=250\times(1+0.1044\times 8)=458.8$(元)

当借入一项资金的时间等于 n 个利息周期时，应在每期末尾时计算利息。假如某人以年利率6%借入资金1000元，共借4年，其偿还的情况见表3-3。

表3-3 单利利息计算与偿付 单位：元

年	年初欠款	年末应付利息	年末欠款	年末偿还
1	1000	1000×0.06=60	1060	0
2	1060	1000×0.06=60	1120	0
3	1120	1000×0.06=60	1180	0
4	1180	1000×0.06=60	1240	1240

单利法虽然考虑了资金的时间价值，但仅是对本金而言，而没有考虑每期所得利息再进入社会再生产过程从而实现增值的可能性，这是不符合资金运动的实际情况的。因此，单利法不能完全反映资金的时间价值，在应用上有其局限性，通常仅适用于短期投资及期限不超过一年的借款项目。

3.3.3 复利法

导入案例

有一个古老的故事，一个爱下象棋的国王棋艺高超，在他的国度从未有过敌手。为了找到对手，他下了一道诏书，诏书中说无论是谁，只要打败他，国王就会答应他任何一个要求。一天，一个年轻人来到了皇宫，要求与国王下棋。经过紧张激战，年轻人终于赢了国王，国王问这个年轻人要什么样的奖赏，年轻人说他只要一点点小小的奖赏，就是在他们下的棋盘上，在棋盘的第一个格子中放上一颗麦子，在第二个格子中放上前一个格子的一倍，每一个格子中都是前一个格子中麦子数量的一倍，一直将棋盘每一个格子摆满（即1、2、4、8、16、32、64、128、256、512、1024…）。国王觉得很容易就可以满足他的要求，于是，就同意了。

但悲惨的是，国王并没有认识到复利可怕的力量。一粒麦子经过复利计算，即使一粒麦子只有1g重，最终也需要数十万亿吨的麦子才够，即使将国库中所有的粮食都给他，也不足1%。尽管从表面上看，年轻人的起点十分低，从一粒麦子开始，但是经过很多次的乘方，就能迅速变成庞大的数字。

复利法是在单利法的基础上发展起来的，它克服了单利法的缺点，其基本思路如下：将前一期的本金与利息之和（本利和）作为下一期的本金来计算下一期的利息，即通常所说的“利上加利”“利生利”“利滚利”的方法。其计算公式为

$$F=P(1+i)^n \tag{3-5}$$

$$I=F-P=P[(1+i)^n-1] \tag{3-6}$$

公式的推导过程见表3-4。

表 3-4 复利公式推导过程

年份	年初本金 P	当年利息 I	年末本利和 F
1	P	Pi	$P(1+i)$
2	$P(1+i)$	$P(1+i)i$	$P(1+i)^2$
⋮	⋮	⋮	⋮
$n-1$	$P(1+i)^{n-2}$	$P(1+i)^{n-2}i$	$P(1+i)^{n-1}$
n	$P(1+i)^{n-1}$	$P(1+i)^{n-1}i$	$P(1+i)^n$

应用案例 3-3

如果按复利计息，某人以年利率 6%借入资金 1000 元，共借 4 年，其偿还方式见表 3-5。

表 3-5 复利利息计算与偿付 单位：元

年	年初欠款	年末应付利息	年末欠款	年末偿还
1	1000	1000×0.06=60	1060	0
2	1060	1060×0.06=63.60	1123.60	0
3	1123.60	1123.60×0.06=67.42	1191.02	0
4	1191.02	1191.02×0.06=71.46	1262.48	1262.48

从表 3-3 和表 3-5 可以看出，同一笔借款，在 i、n 相同的情况下，用复利计算出的利息金额数比用单利计算出的利息金额数要大，当所借本金越大、利率越高、年数越多时，两者差距就越大。

应用案例 3-4

张某现在把 1000 元钱存入银行，假设年利率为 8%，问 4 年后张某的账户上有存款多少元?

【解】 $P=1000$，$i=8\%$，$n=4$

4 年期期末本利和：$F=1000\times(1+8\%)^4\approx1360.49$(元)

应用案例 3-5

1626 年，荷兰东印度公司花了 24 美元从印第安人手中买下了曼哈顿岛。而到 2000 年 1 月 1 日，曼哈顿岛的价值已经达到了约 2.5 万亿美元。这笔交易无疑很合算。

但是，如果改变一下思路，东印度公司也许并没有占到便宜。如果当时的印第安人拿着这 24 美元去投资，分别按照 8%的单利利率和复利利率计算，结果如下。

单利：24×(1+8%×374)≈742(美元)

复利：$F=24\times(1+8\%)^{374}\approx76$(万亿美元)

到2000年，这24美元复利计息将变成约76万亿美元，几乎是其2.5万亿美元价值的30倍。而按照单利计算这24美元仅变成742美元。爱因斯坦曾经说："复利是世界第八大奇迹，其威力比原子弹更大！"

复利的威力

观察与思考

目前，在我国银行存款采用的是单利计息还是复利计息呢？

现实生活中，一般都按复利计息，因为没有理由不让前期产生的利息作为下期的本金计算利息，除非每期都将利息取出。但是，为了储户方便和易于接受，我国银行目前名义上用的还是单利计算，只是通过存期的不同，规定不同的利率。

因此，本书以后除特别指明外，都是用复利计息。

3.4 等值计算

3.4.1 等值的含义

在某项经济活动中，如果两个方案的经济效果相同，就称这两个方案是等值的。例如，在年利率6%的情况下，现在的300元等值于第8年年末的$300\times(1+0.06)^8\approx$ 478.20（元）。这两个等值的现金流量如图3.7所示。

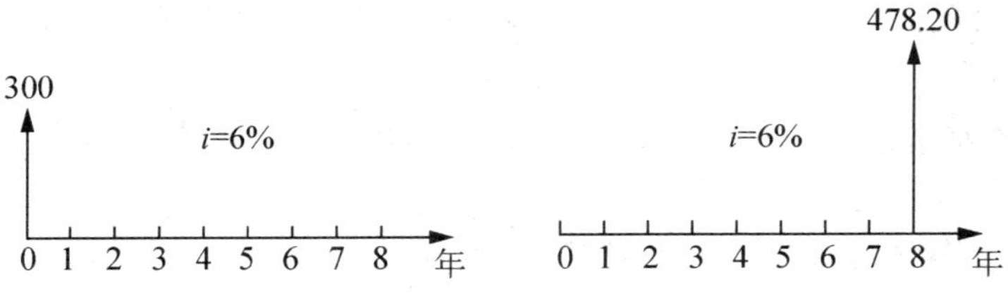

图3.7 同一利率下不同时间等值的现金流量（单位：元）

货币等值考虑了货币的时间价值。即使金额相等，但由于发生的时间不同，其价值并不一定相等；反之，不同时间上发生的金额不等，其货币的价值却可能相等。

决定资金等值的因素如下：①资金数额；②金额发生的时间；③利率。

利用等值的概念，可以把在一个（或一系列）时间点发生的资金金额换算成另一个（或一系列）时间点的等值的资金金额，这样的一个转换过程就称为资金的等值计算。把将来某一时点的资金金额换算成现在时点的等值金额称为"折现"或"贴现"。

3.4.2 复利的计算公式

复利的计算公式中采用的符号如下。

i——利率（折现率）

在工程经济分析中，把根据未来的现金流量求现在的现金流量时所使用的利率称为折现率。本书中利率和折现率一般不加以区分，均用 i 来表示，并且 i 一般指年利率（年折现率）。

n——计息次数

计息次数是指投资项目从开始投入资金（开始建设）到项目的寿命周期终结为止的整个期限，计算利息的次数，通常以“年”为单位。

P——现值

现值表示资金发生在某一特定时间序列始点上的价值，即相对于将来值的任何较早时间的价值。在工程经济分析中，现值表示在现金流量图中 0 点的投资数额或投资项目的现金流量折算到 0 点时的价值。

F——终值

终值表示资金发生在某一特定时间序列终点上的价值，即相对于现值的任何以后时间的价值。其含义是指期初投入或产出的资金转换为计算期末的期终值，即期末本利和的价值。

A——年金

年金是指各年等额收入或支付的金额，通常以等额序列表示，即在某一特定时间序列期内，每隔相同时间收支的等额款项。

根据现金的不同支付方式，常用的复利计算公式有如下 6 种。

1. 一次支付终值公式

如果有一笔资金，按年利率 i 进行投资，n 年后本利和应该是多少？也就是已知 P、i、n，求 F。解决此类问题的公式称为一次支付终值公式，其计算公式为

$$F=P(1+i)^n \tag{3-7}$$

式(3－7) 表示在利率为 i，计息次数为 n 的条件下，终值 F 和现值 P 之间的等值关系。

一次支付终值公式的现金流量图如图 3.8 所示。

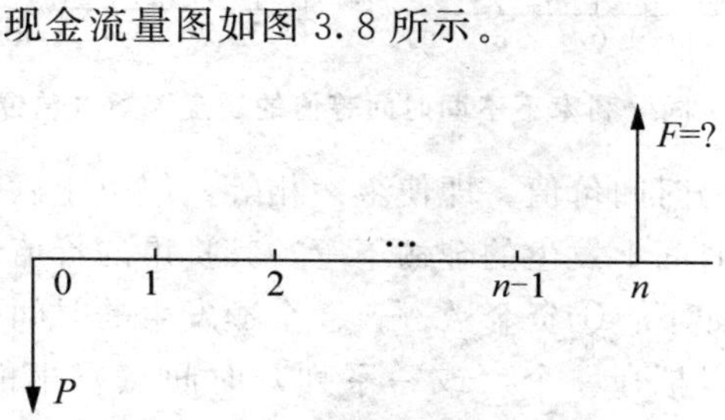

图 3.8 一次支付终值公式的现金流量图

在式(3－7) 中，$(1+i)^n$ 称为一次支付终值系数，记为 $(F/P, i, n)$，可通过查附录

中的复利系数表求得。因此，式(3-7)又可写为

$$F=P(F/P,i,n)$$

应用案例3-6

某工程项目需要投资，现在向银行借款100万元，年利率为10%，借款期为5年，一次还清。问第5年年末一次偿还银行的资金是多少？

【解】 其现金流量图如图3.9所示。

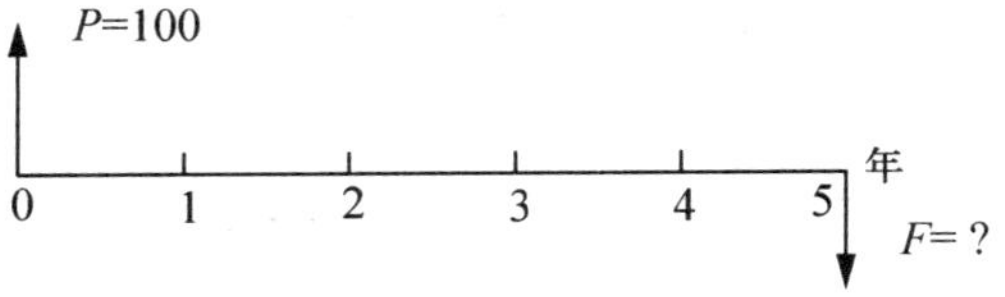

图3.9 现金流量图（单位：万元）

$$F=P(1+i)^n=P(F/P,i,n)=100(F/P,10\%,5)=100\times1.6105=161.05(\text{万元})$$

应用案例3-7

在第1年年初，以年利率6%投资1000元，则到第4年年末可得本利和为多少？

【解】 $F=P\ (1+i)^n=1000\ (1+6\%)^4\approx1262.4770(\text{元})$

2. 一次支付现值公式

如果希望在n年后得到一笔资金F，在年利率为i的情况下，现在应该投资多少？即已知F、i、n，求P。解决此类问题用到的公式称为一次支付现值公式，其计算公式为

$$P=F(1+i)^{-n} \tag{3-8}$$

一次支付现值公式的现金流量图如图3.10所示。

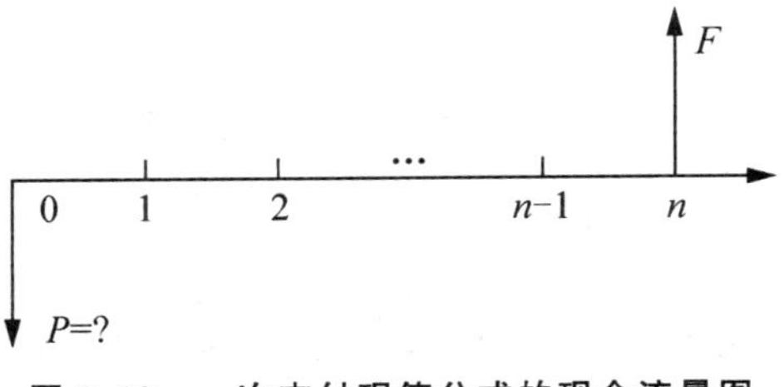

图3.10 一次支付现值公式的现金流量图

在式(3-8)中，$(1+i)^{-n}$称为一次支付现值系数，记为$(P/F,\ i,\ n)$，它与一次支付终值系数$(F/P,\ i,\ n)$互为倒数，可通过查附录中的复利系数表求得。因此，式(3-8)又可写为

$$P=F(P/F,i,n)$$

应用案例 3-8

某工厂拟在第 5 年年末能从银行取出 2 万元，购置一台设备，若年利率为 10%。那么现在应存入银行多少钱?

【解】其现金流量图如图 3.11 所示。

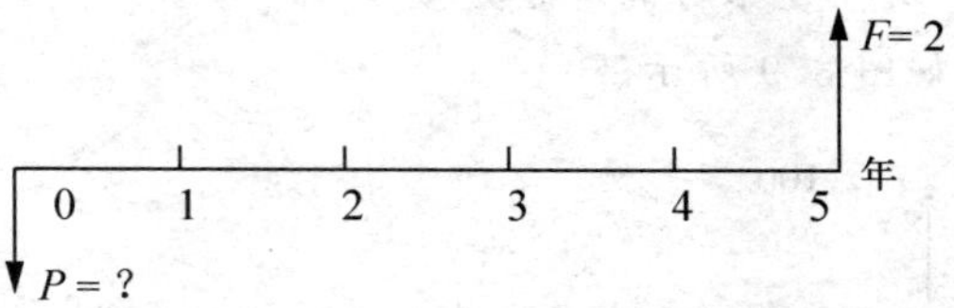

图 3.11 现金流量图（单位：万元）

$$P=F(1+i)^{-n}=F(P/F,i,n)=2(P/F,10\%,5)=2\times0.6209=1.2418(\text{万元})$$

应用案例 3-9

若年利率为 10%，如要在第 4 年年末得到的本利和为 1500 元，则第 1 年年初的投资为多少?

【解】$P=F\ (P/F,\ i,\ n)\ =1500\ (P/F,\ 10\%,\ 4)\ =1500\times0.683=1024.5(\text{元})$

3. 等额支付终值公式

在一个时间序列中，在利率为 i 的情况下连续在每个计息期的期末支付一笔等额的资金 A，求 n 年后由各年的本利和累计而成的终值 F，即已知 A、i、n，求 F。其现金流量图如图 3.12 所示。

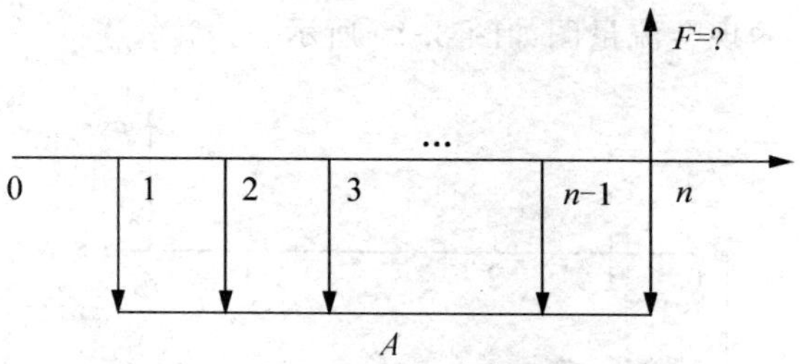

图 3.12 等额支付终值公式的现金流量图

在利率为 i 的情况下，第 n 年年末积累的资金为

$$F=A(1+i)^{n-1}+A(1+i)^{n-2}+A(1+i)^{n-3}+\cdots+A(1+i)+A$$

上式两边同时乘以（$1+i$），则有

$$F(1+i)=A(1+i)^{n}+A(1+i)^{n-1}+A(1+i)^{n-2}+A(1+i)^{n-3}+\cdots+A(1+i)$$

后式减前式，得

$$F(1+i)-F=A(1+i)^{n}-A$$

即

$$F=A\left[\frac{(1+i)^n-1}{i}\right] \tag{3-9}$$

在式(3-9)中，$\left[\frac{(1+i)^n-1}{i}\right]$称为等额支付终值系数，记为（$F/A$，$i$，$n$），可通过查附录中的复利系数表求得。因此，式(3-9)又可写为

$$F=A(F/A,i,n)$$

应用案例 3-10

某大型工程项目总投资10亿元，5年建成，每年年末投资2亿元，年利率为7%，求第5年年末的实际累计总投资额。

【解】 其现金流量图如图3.13所示。

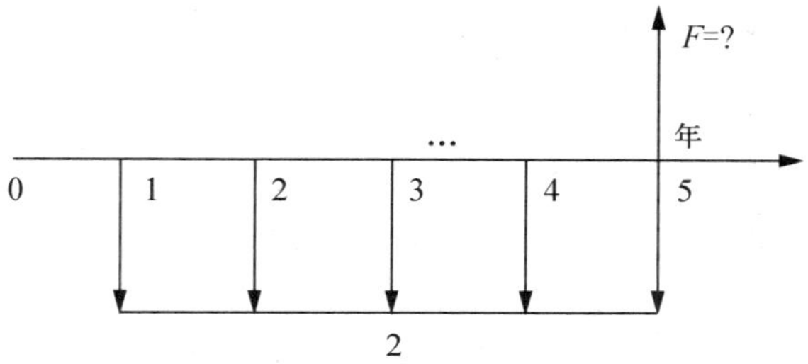

图3.13 现金流量图（单位：亿元）

$$F=A\left[\frac{(1+i)^n-1}{i}\right]=A(F/A,i,n)=2(F/A,7\%,5)=2\times5.7507=11.5014(\text{亿元})$$

应用案例 3-11

某企业在大学设立奖学金，每年年末存入银行2万元，若存款利率为3%，则第5年年末可得存款为多少？

【解】 $F=A(F/A,i,n)=2(F/A,3\%,5)=2\times5.309=10.618(\text{万元})$

4. 等额支付偿债基金公式

如为了在第n年年末能筹集一笔资金F，按年利率为i计算，从现在起每年年末必须存储多少资金？即已知F、i、n，求A。其现金流量图如图3.14所示。

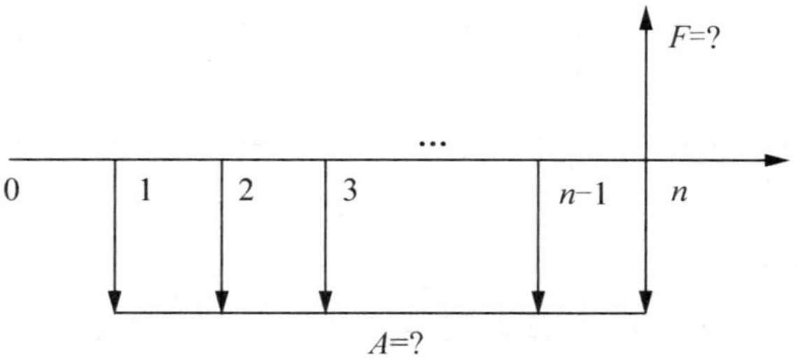

图3.14 等额支付偿债基金公式的现金流量图

将式(3-9)进行变换可得到等额支付偿债基金公式为

$$A=F\left[\frac{i}{(1+i)^n-1}\right] \tag{3-10}$$

式(3-10)中，$\left[\frac{i}{(1+i)^n-1}\right]$称为等额支付偿债基金系数，用符号（$A/F$，$i$，$n$）表示，可通过查附录中的复利系数表求得。因此，式(3-10)又可写为

$$A=F(A/F,i,n)$$

应用案例 3-12

某工厂计划自筹资金于5年后新建一个生产车间，预计需要投资5000万元，若年利率为5%，从现在起每年年末应等额存入银行多少钱才行？

【解】其现金流量图如图3.15所示。

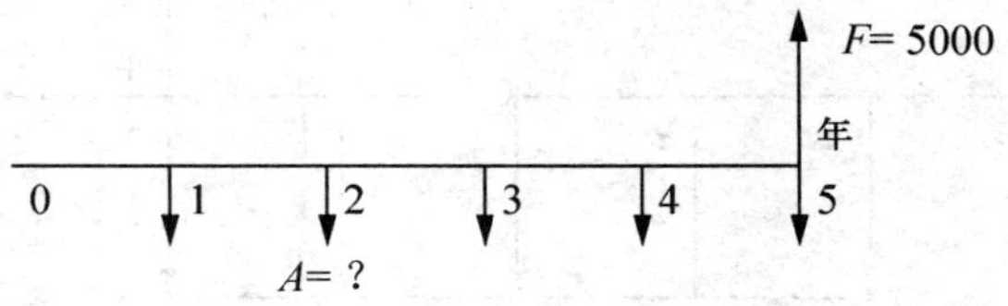

图3.15　现金流量图（单位：万元）

$$A=F\left[\frac{i}{(1+i)^n-1}\right]=F(A/F,i,n)=5000(A/F,5\%,5)=5000\times0.1810=905(万元)$$

应用案例 3-13

某公司5年后需一次性偿还一笔200万元的借款，借款利率为10%，从第1年年末起企业应每年等额存入银行多少偿债基金？

【解】$A=F(A/F,i,n)=200(A/F,10\%,5)=200\times0.1638=32.76$(万元)

5. 等额支付资金回收公式

期初一次投资数额为P，欲在n年内将投资全部收回，则在利率为i的情况下，求每年应等额回收的资金，即已知P、i、n，求A。其现金流量图如图3.16所示。

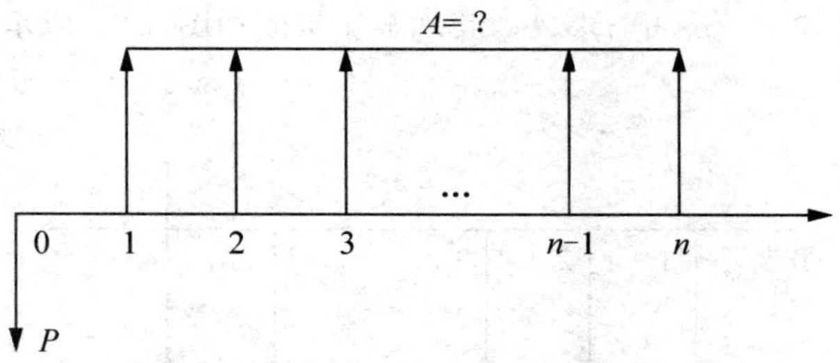

图3.16　等额支付资金回收公式的现金流量图

前面我们已知

$$F=A\left[\frac{(1+i)^n-1}{i}\right]$$

将 $F=P(1+i)^n$ 代入上式，即可得等额支付资金回收公式为

$$A=P\left[\frac{i(1+i)^n}{(1+i)^n-1}\right] \tag{3-11}$$

式(3－11）中，$\left[\frac{i(1+i)^n}{(1+i)^n-1}\right]$称为等额支付资金回收系数，用符号（$A/P$，$i$，$n$）表示，可通过查附录中的复利系数表求得。因此，式(3－11）又可写为

$$A=P(A/P,i,n)$$

应用案例 3－14

某项工程投资借款为50万元，年利率为10%，拟分5年年末等额偿还，求偿还金额是多少？

【解】其现金流量图如图3.17所示。

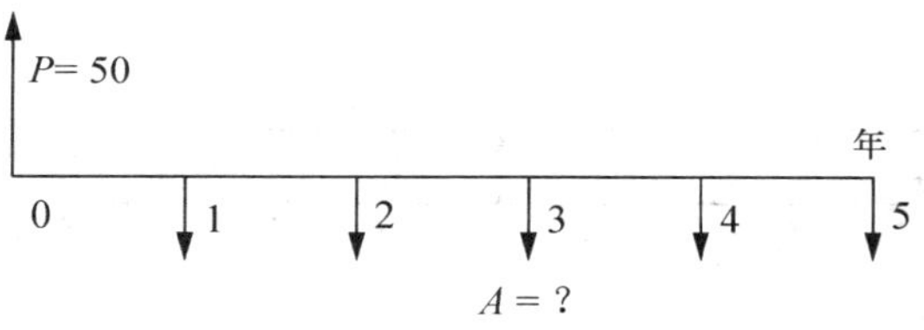

图3.17 现金流量图（单位：万元）

$$A=P\left[\frac{i(1+i)^n}{(1+i)^n-1}\right]=P(A/P,i,n)=50(A/P,10\%,5)=50\times0.2638=13.19(\text{万元})$$

应用案例 3－15

某投资人欲购一座游泳馆，期初投资1000万元，年利率为10%，若打算5年内收回全部投资，则该游泳馆每年至少要获利多少万元？

【解】$A=P(A/P,i,n)=1000(A/P,10\%,5)=1000\times0.2638=263.8(\text{万元})$

6. 等额支付现值公式

在 n 年内每年等额收支一笔资金 A，则在利率为 i 的情况下，求此等额年金收支的现值总额，即已知 A、i、n，求 P。其现金流量图如图3.18所示。

将式(3－11）进行变换，可得到等额支付现值公式为

$$P=A\left[\frac{(1+i)^n-1}{i(1+i)^n}\right] \tag{3-12}$$

式(3－12）中，$\left[\frac{(1+i)^n-1}{i(1+i)^n}\right]$称为等额支付现值系数，用符号（$P/A$，$i$，$n$）表示，可通过查附录中的复利系数表求得。因此，式(3－12）又可写为

$$P=A(P/A,i,n)$$

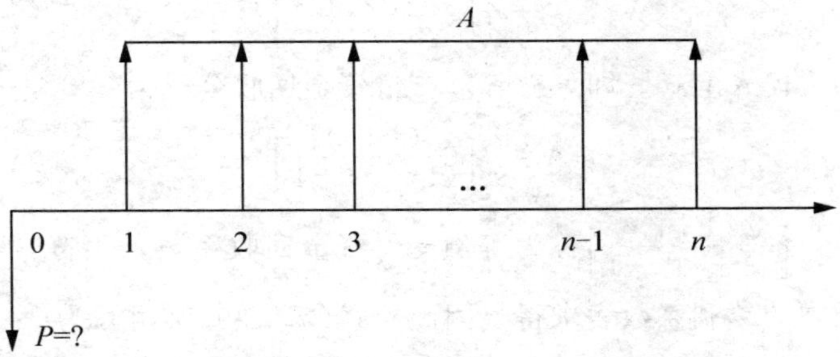

图 3.18 等额支付现值公式的现金流量图

应用案例 3-16

某项投资预计每年收益为 2 万元，当年利率为 10%时，10 年内可以全部收回投资，问期初的投资是多少？

【解】 其现金流量图如图 3.19 所示。

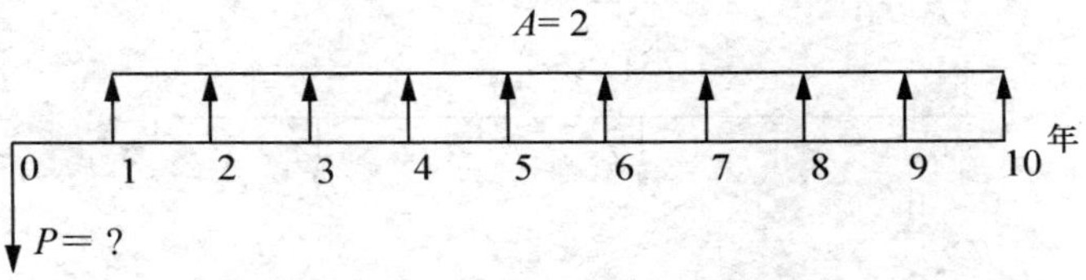

图 3.19 现金流量图（单位：万元）

$$P=A\left[\frac{(1+i)^n-1}{i(1+i)^n}\right]=A(P/A,i,n)=2(P/A,10\%,10)=2\times 6.1446=12.2892(\text{万元})$$

应用案例 3-17

15 年中，每年年末应为设备支付维修费 800 元，若年利率为 6%，现在应存入银行多少钱，才能满足每年有 800 元的维修费？

【解】 $P=A(P/A,i,n)=800(P/A,6\%,15)=800\times 9.7122=7769.76$（元）

运用利息公式应注意的问题如下。

(1) 为了实施方案的初始投资，假定发生在方案的寿命期初。

(2) 方案实施过程中的经常性支出，假定发生在计息期（年）末。

(3) 本年年末即是下一年年初。

(4) P 是在当前年度开始时发生。

(5) F 是在当前以后的第 n 年年末发生。

(6) A 是在考察期间各年年末发生的。当问题包括 P 和 A 时，系列的第一个 A 是在 P 发生一年后的年末发生的；当问题包括 F 和 A 时，系列的最后一个 A 是和 F 同时发生的。

知识链接

倒数关系：

$(F/P, i, n) = 1/(P/F, i, n)$

$(A/P, i, n) = 1/(P/A, i, n)$

$(A/F, i, n) = 1/(F/A, i, n)$

乘积关系：

$(F/A, i, n) = (P/A, i, n)(F/P, i, n)$

$(F/P, i, n) = (A/P, i, n)(F/A, i, n)$

3.4.3 名义利率和有效利率

在复利计算中，利率周期通常以年为单位，它既可以与计息周期相同，也可以不同。当利率周期与计息周期不一致时，就出现了名义利率和有效利率的概念。

1. 名义利率

所谓名义利率 r，是指计息周期利率 i 乘以一个利率周期内的计息周期数 m 所得的利率周期利率，即

$$r = im \tag{3-13}$$

例如，每月计息一次，月利率为1%，也就是说，一年中计息周期数为12次，每一计息期（月）利率为1%。于是，名义利率等于1%×12=12%。习惯上称为“年利率为12%，每月计息一次”。很显然，计算名义利率时忽略了前面各期利息再生的因素，这与单利的计算相同。

2. 有效利率

若用计息周期利率来计算利率周期利率，并将利率周期内的利息再生因素考虑进去，这时所得的利率周期利率称为利率周期有效利率，又称实际利率。

根据利率的概念，即可推导出有效利率的计算公式。

已知名义利率 r，一个利率周期内计息 m 次，则计息周期利率为 $i = r/m$，在某个利率周期期初有资金 P，根据一次支付终值公式可得该利率周期的本利和 F，即

$$F = P\left(1 + \frac{r}{m}\right)^m$$

根据利息的定义，可得该利率周期的利息 I 为

$$I = F - P = P\left(1 + \frac{r}{m}\right)^m - P = P\left[\left(1 + \frac{r}{m}\right)^m - 1\right]$$

再根据利率的定义，可得该利率周期的有效利率 i_{eff} 为

$$i_{\text{eff}} = \frac{I}{P} = \left(1 + \frac{r}{m}\right)^m - 1 \tag{3-14}$$

现设年名义利率 $r = 12\%$，则年、半年、季度、月、天的有效年利率见表3-6。

表 3-6　计息周期数不同时的有效利率

复利周期	每年计息周期数	各期有效利率	有效年利率
一年	1	12.0000%	12.0000%
半年	2	6.0000%	12.3600%
一季度	4	3.0000%	12.5509%
一月	12	1.0000%	12.6825%
一天	365	0.0329%	12.7475%

从表 3-6 可以看出，当计息周期为一年时，名义利率与有效利率相等；当计息周期短于一年时，有效利率大于名义利率。名义利率越大，一年中的计息周期数 m 越大，有效利率与名义利率的差值就越大。

所以，在工程经济分析中，如果各方案的计息周期不同，就不能简单地使用名义利率来评价，而必须换算成有效利率来进行评价，否则会得出错误的结论。

课堂练习 3-2

1. 若名义利率一定，则有效年利率与一年中计息周期数 m 的关系为（　　）。

A. 计息周期数增加，有效年利率不变

B. 计息周期数增加，有效年利率减小

C. 计息周期数增加，有效年利率增加

D. 计息周期数减小，有效年利率增加

2. 某笔贷款年名义利率为 10%，每季度复利计息，其贷款的有效年利率为（　　）。

A. 10.38%　　B. 10.46%　　C. 10.00%　　D. 10.25%

3. 已知某项目的计息周期为月，月利率为 8‰，则项目的年名义利率为（　　）。

A. 8%　　B. 8‰　　C. 9.6%　　D. 9.6‰

【正确答案】1. C　2. A　3. C

应用案例 3-18

某公司向国外银行借款 200 万元，借款期为 5 年，年利率为 15%，但每周复利计息一次。在进行资金运用效果评价时，该公司把年利率（名义利率）误认为有效利率。求该公司少算了多少利息？

连续复利

【解】该公司原计算的本利和为

$$F'=200(1+15\%)^5\approx402.27(\text{万元})$$

而有效利率应为

$$i_{\text{eff}}=(1+15\%/52)^{52}-1\approx16.16\%$$

这样，实际的本利和应为

$$F=200(1+0.1616)^5\approx422.97(\text{万元})$$

少算的利息为

$$F-F'=422.97-402.27=20.70(\text{万元})$$

3.5 等值计算实例

3.5.1 计息周期为一年的等值计算

当计息周期为一年时，名义利率与有效利率相同，利用上述复利计算公式可以直接进行等值计算。

应用案例 3-19

当年利率为8%时，从现在起连续6年的年末等额支付为多少时，与第6年年末的10000元等值？

【解】 其现金流量图如图3.20所示。

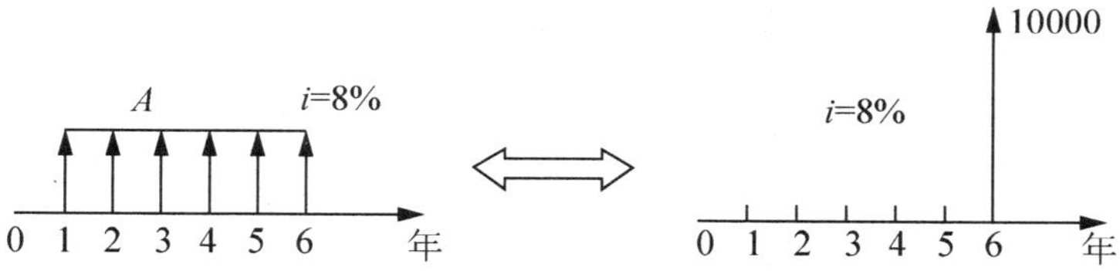

图3.20 现金流量图（单位：元）

$$A=F(A/F,8\%,6)=10000\times0.1363=1363(\text{元})$$

计算表明，当利率为8%时，从现在起连续6年的年末等额支付1363元与第6年年末的10000元等值。

应用案例 3-20

当利率为10%时，从现在起连续5年的年末等额支付为600元，问与其等值的第0年年末的现值为多少？

【解】 $P=A(P/A,10\%,5)=600\times3.7908=2274.48(\text{元})$

计算表明，当利率为10%时，从现在起连续5年的年末等额支付600元与第0年年末的现值2274.48元是等值的。

3.5.2 计息周期短于一年的等值计算

如计息周期短于一年，仍可利用以上的利息公式进行计算，这种计算通常会出现下列

3 种情况。

1. 计息周期等于支付周期

应用案例 3-21

按年利率为 12%，每半年计息一次，从现在起，连续 3 年，每半年以 100 元等额支付，问与其等值的第 0 年年末的现值为多少？

【解】 每计息周期的利率为

$$i=12\%/2=6\%(\text{每半年计息一次})$$

$$n=3\times 2=6(\text{期})$$

$$P=A(P/A,6\%,6)=100\times 4.9173=491.73(\text{元})$$

计算表明，按年利率 12%，每半年计息一次，从现在起，连续 3 年，每半年以 100 元等额支付与第 0 年年末的现值 491.73 元是等值的。

2. 计息周期短于支付周期

应用案例 3-22

按年利率为 12%，每季度计息一次，从现在起，连续 3 年，每年年末等额支付借款为 1000 元，问与其等值的第 3 年年末的借款金额为多少？

【解】 其现金流量图如图 3.21 所示。

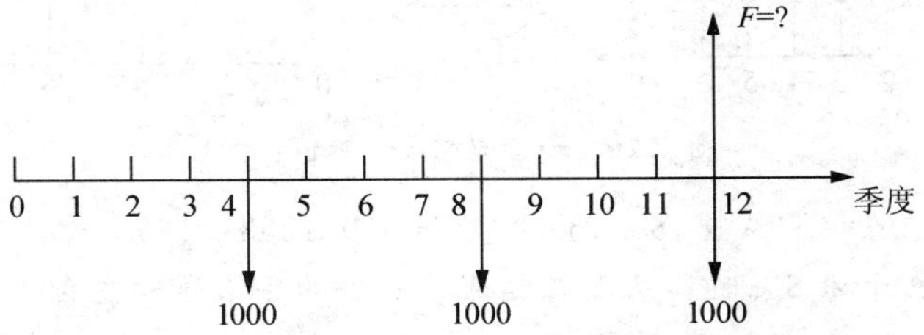

图 3.21 按季度计息年度支付的现金流量图（单位：元）

每年向银行借一次，支付周期为一年，年利率为 12%，每季度计息一次，计息周期为一个季度，计息周期短于支付周期。例题不能直接采用利息公式，需要进行修改，修改方法有如下 3 种。

第一种方法：取一个循环周期，使这个周期的年末支付转变成等值的计息周期期末的等额支付系列，其现金流量如图 3.22 所示。

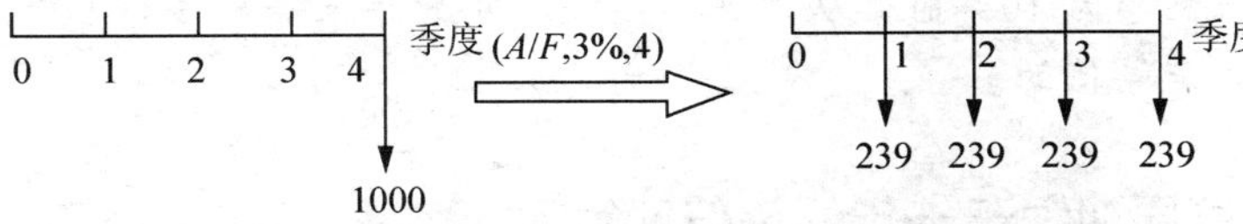

图 3.22 将年度支付转化为计息周期期末支付（单位：元）

$$A=F(A/F,3\%,4)=1000\times0.2390=239(\text{元})$$

式中 $r=12\%$，$n=4$，得

$$i=12\%\div4=3\%$$

经过转变后，计息周期和支付周期完全重合，可直接利用利息公式进行计算，现金流量图变为图 3.23。

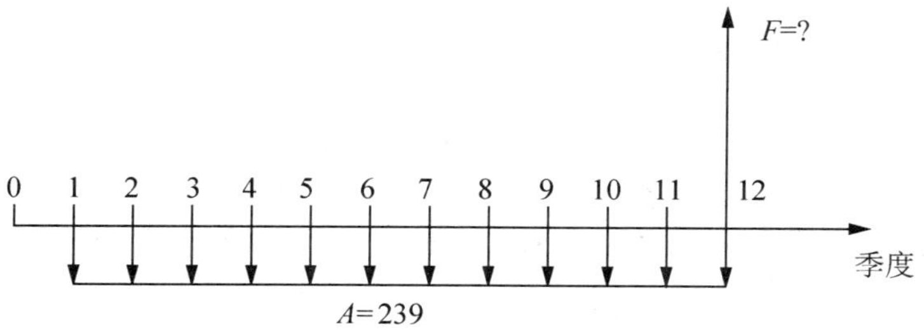

图 3.23　经转变后计息周期与支付周期重合（单位：元）

$$F=A(F/A,3\%,12)=239\times14.192\approx3392(\text{元})$$

第二种方法：把等额支付的每一个支付看作一次支付，求出每个支付的将来值，然后把将来值加起来，这个和就是等额支付的实际结果。

$$F=1000(F/P,3\%,8)+1000(F/P,3\%,4)+1000\approx3392(\text{元})$$

式中：第一项表示第 1 年年末借款 1000 元将计息 8 次，第二项表示第 2 年年末借款 1000 元将计息 4 次，第三项表示第 3 年年末借款 1000 元。

第三种方法：将名义利率转化为有效年利率，以一年为基础进行计算。有效年利率为

$$i=\left(1+\frac{r}{m}\right)^m-1=\left(1+\frac{0.12}{4}\right)^4-1\approx12.55\%$$

由此可得

$$F=A(F/A,12.55\%,3)=1000\times3.3923\approx3392(\text{元})$$

其中，$(F/A,\ 12.55\%,\ 3)=3.3923$ 可查附录中的复利系数表通过线性内插法求得，具体计算方法可参见 3.5.3 节。

通过以上 3 种方法计算表明，按年利率为 12%，每季度计息一次，从现在起连续 3 年的 1000 元等额年末借款与第 3 年年末的 3392 元等值。

3. 计息周期长于支付周期

通常规定存款必须存满一个计息周期时才计算利息。当计息周期长于支付周期时，在计息周期所收或付的款项不计算利息，也就是说，在某计息周期期间存入的款项相当于在下一个计息周期期初存入这笔金额，在计息周期内提取的款项相当于在前一个计息周期期末提取了这笔金额。

处理原则是，计息周期期间的存款或借款放在本期末，而取款或还款放在本期初。

3.5.3 综合计算实例

在计算技术方案的等值时，有时会遇到这样一种情况，即现金流量 P、F、A 及计息

次数 n 均为已知量，而利率 i 为待求的未知量。例如，求方案的收益率、国民经济的增长率等就属于这种情况。这时，可以借助查附录中的复利系数表利用线性内插法近似地求出 i 来。

应用案例 3-23

当利率为多大时，现在的 300 元等值于第 9 年年末的 525 元？

【解】

$$F=P(F/P,i,n)$$

$$525=300(F/P,i,9)$$

$$(F/P,i,9)=525/300=1.75$$

从附录的复利系数表中可以查到，当 $n=9$ 时，1.750 落在 6%和 7%之间。从 6%的表上查到 1.6895，从 7%的表上查到 1.8385，用线性内插法可得

$$i=6\%+\left(\frac{1.6895-1.75}{1.6895-1.8385}\right)\times 1\%\approx 6.41\%$$

计算表明，当利率为 6.41%时，现在的 300 元等值于第 9 年年末的 525 元。

在计算技术方案的等值中，另一种可能的情况是，已知方案现金流量 P、F 或 A 及方案的利率 i，而方案的计息次数 n 为待求的未知量。例如，要求计算方案的投资回收期、借款清偿期就属于这种情况。这时，仍可借助查复利系数表，利用线性内插法近似地求出 n 来。其求解基本思路与计算未知利率大体相同。

应用案例 3-24

某企业借款 200 万元用于工程建设，第 2 年年底建成投产，投产后每年收益 40 万元。若年利率为 10%，问在投产后多少年能归还 200 万元的本息？

【解】其现金流量图如图 3.24 所示。

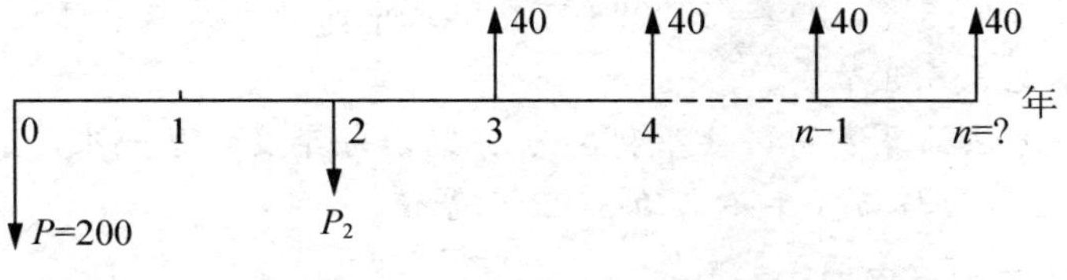

图 3.24 现金流量图（单位：万元）

计算借款在第 2 年年末的等值

$$F=200(F/P,10\%,2)=200\times 1.210=242(\text{万元})$$

为使方案的计算能利用公式，将第 2 年年末（第 3 年年初）作为基期，由 $P=A$（P/A，i，n）得

$$(P/A,i,n-2)=P/A=242/40=6.05$$

查附录的复利系数表得

$$(P/A,10\%,9)=5.7590$$

$$(P/A,10\%,10)=6.1446$$

由线性内插法求得

$n-2=9.7547$ 年，即在投产后 9.7547 年能全部还清贷款的本息。

应用案例 3-25

某项目第 1～4 年每年投资 50 万元，第 4 年建成投产，年净收益 40 万元，第 5～10 年生产达产后年均净收益为 70 万元。第 11～12 年生产略有下降，年均净收益为 50 万元，当年利率为 8%时，求现值、终值、第 4 年年末的等值资金。

【解】 其现金流量图如图 3.25 所示。

$P=-50+(-50)(P/A,8\%,3)+40(P/F,8\%,4)+70(P/A,8\%,6)(P/F,8\%,4)+50(P/A,8\%,2)(P/F,8\%,10)\approx129.6142$(万元)

$F=P(F/P,8\%,12)\approx326.3686$(万元)

$F_4=P(F/P,8\%,4)\approx176.2753$(万元)

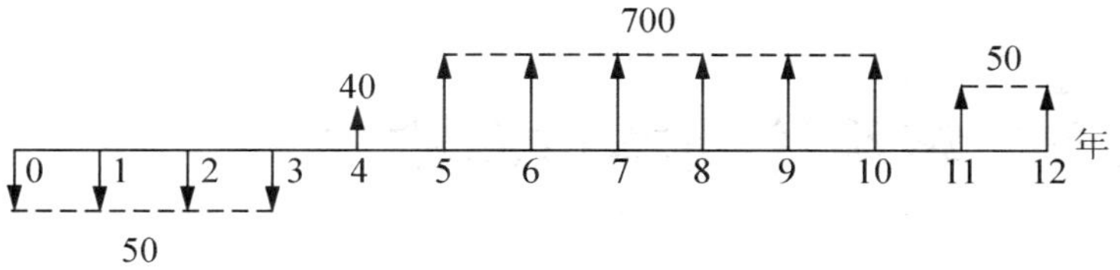

图 3.25　现金流量图（单位：万元）

应用案例 3-26

某工程项目建设采用银行借款，借款数额为每年年初借款 100 万元，连续 5 年向银行借款，年利率为 10%，求 5 年借款总额的现值及第 5 年年末的将来值各为多少？

【解】 其现金流量图如图 3.26 所示。

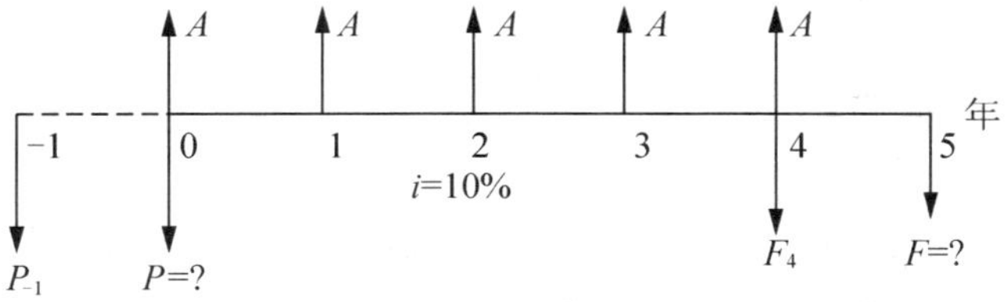

图 3.26　现金流量图（单位：万元）

解法 1：先求 P_{-1}，再求 P、F。

$$P_{-1}=A(P/A,10\%,5)=100\times3.7908=379.08(\text{万元})$$

$$P=P_{-1}(F/P,10\%,1)=379.08\times1.1000\approx416.99(\text{万元})$$

$$F=P_{-1}(F/P,10\%,6)=379.08\times1.7716\approx671.58(\text{万元})$$

解法 2：先求 F_4，再求 P、F。

$$F_4=A(F/A,10\%,5)=100\times6.1051=610.51(\text{万元})$$

$$P=F_4(P/F,10\%,4)=610.51\times0.6830\approx416.98(\text{万元})$$
$$F=F_4(F/P,10\%,1)=610.51\times1.1000\approx671.56(\text{万元})$$

应用案例 3－27

某企业准备引进一条生产线，引进此生产线需要花费 150 万元，企业可以有两种付款方式：一种是在签约时一次付清；另一种是签约的时候付 50 万元，生产线两年后投入运营，以后从每年的销售额 400 万元中提取 5%用于还款（第 3 年年末开始），共为期 8 年，年利率为 10%，问该企业采取何种付款方式较好？

【解】

$$P_1=150(\text{万元})$$
$$P_2=50+20(P/A,10\%,8)(P/F,10\%,2)$$
$$=50+20\times5.335\times0.8264\approx138.2(\text{万元})$$

因此，该企业采取第二种付款方式较好。

3.6 常用的还本付息方式

导入案例

王先生向银行申请了 20 年期 30 万元个人购房借款，银行提供了两种还款方式供李先生选择，即等额本息还款方式和等额本金还款方式，李先生选择哪一种还款方式更好呢？

在现代借贷市场中，债务人与债权人事先约定还款方式和还款期限，最常用的还款方式有等额本息还款方式和等额本金还款方式两种。

3.6.1 等额本息还款方式

等额本息还款方式是指借款人每期以相等的金额偿还借款本息，每期还款金额包括本期应还的本金和利息，在借款截止日期前全部还清本息，但每期利息和本金所占的比例不同。

等额本息还款方式还款额各期相等，其中每月借款利息按月初剩余借款本金计算并逐月结清。由于每月的还款额相等，因此，在借款初期每月的还款中，剔除按月结清的利息后，所还的借款本金就较少；而在借款后期因借款本金不断减少、每月的还款额中借款利息也不断减少，每月所还的借款本金就较多。这种还款方式，实际占用银行贷款的数量更多、占用的时间更长。

3.6.2 等额本金还款方式

等额本金还款方式就是借款人将借款额平均分摊到整个还款期内，每期归还，同时付清自上一个还款日至本次还款期间的借款余额所产生的利息的一种还款方式。等额本金还款方式还款额的计算采用单利法。每期归还本金数相等，当期应付利息是期初占用资金和当期适用利率的乘积，然后将两者相加得到当期还款额。这种还款方式相对等额本息而言，总的利息支出较低，但是前期支付的本金和利息较多，还款负担逐月递减。

3.6.3 不同还款方式现金流量分析

在等额本息还款方式下，借款人每期偿还的总金额相等，每期还款额中包括当期应偿还的本金和应承担的利息，前期支付的利息多本金少，后期支付的利息少本金多。

在等额本金还款方式下，本金在借款期内均匀偿还，每期偿还的本金相等，而本期支付的利息金额不同，因此本期还款金额各不相同。

为便于说明问题，现假设如下：某人借入 5 年期的借款 100 万元，借款年利率为10%，每年付息一次，相关数据见表 3－7。

表 3－7　两种还款方式下的现金流量情况　　单位：万元

年份	待还本金		每年还款额					
			每年还本额		每年利息额		合计数	
	等额本息还款方式	等额本金还款方式	等额本息还款方式	等额本金还款方式	等额本息还款方式	等额本金还款方式	等额本息还款方式	等额本金还款方式
0	100	100						
1	83.62	80	16.38	20	10	10	26.38	30
2	65.6	60	18.02	20	8.36	8	26.38	28
3	45.78	40	19.82	20	6.56	6	26.38	26
4	23.98	20	21.80	20	4.58	4	26.38	24
5	0	0	23.98	20	2.40	2	26.38	22
合计			100	100	31.90	30	131.90	130

由此可看出，等额本息还款方式首期还本最少，以后逐期增加；等额本金还款方式各期支付的本金相同。在还款期的前半期内，等额本息还款方式的还本额要低于等额本金还款方式，随着等额本息还款方式的还本额的逐期增加，在后半期，等额本息还款方式的还本额要高于等额本金还款方式。等额本息还款方式各期支付的利息非等额减少，前期利息差额较小，后期利息差额较大；而等额本金还款方式各期支付的利息等额减少，其差额为月支付本金与月利率的乘积。

综上所述，考虑到资金的时间价值，不能把发生在不同时间点的利息或还款额简单相加来判断还款方式的好坏，在实际应用中，应根据自身和企业的情况选择最适合的还款方式。

观察与思考

有人认为，在借款金额和借款期限相同的情况下，等额本息还款方式因为在还款初期占用银行资金相比等额本金还款方式要多，因此要多付利息，所以选择等额本金还款方式会节约利息。你认为这种说法是正确的吗？为什么？

应用案例 3-28

以按揭借款方式购房，借款 10 万元，假定年利率为 6%，15 年内按月等额本息分期付款，每月应付多少？

【解】

$$A=P\left[\frac{i(1+i)^n}{(1+i)^n-1}\right]=10\times\left[\frac{0.5\%\times(1+0.5\%)^{180}}{(1+0.5\%)^{180}-1}\right]$$

$$\approx 0.0844(\text{万元})$$

情境小结

(1) 现金流量包括现金流入量和现金流出量，可以用现金流量表和现金流量图来表示。净现金流量即一定期间内现金流入量与现金流出量之差。

(2) 资金的时间价值是指资金经过一段时间的投资和再投资所增加的价值，表现为一定量的资金在不同时点上具有不同的价值。

(3) 利息和利率是衡量资金的时间价值的尺度。债务人支付给债权人超过原借款金额的部分就是利息。利率就是单位时间内所得利息额与本金之比，通常用百分数表示。利息的计算有单利和复利两种方法。

(4) 常用的利息公式分为一次支付系列和等额支付系列共计 6 种，利用这些公式可进行资金等值计算。

(5) 当利率周期与计息周期不一致时，就出现了名义利率和有效利率的概念。若计息周期不同，则必须用有效利率进行分析。

(6) 最常用的还款方式有等额本息还款方式和等额本金还款方式两种。

习　题

一、单选题

1. 下面关于资金的时间价值的论述中，正确的是（　　）。

A. 资金的时间价值是资金随时间推移而产生的一种增值，因而它是由时间创造的

B. 资金作为生产要素，在任何情况下都能产生时间价值

C. 资金只有投入生产和流通才能增值，因此其时间价值是在生产、流通中创造的

D. 资金不能作为生产要素，在任何情况下都不会产生时间价值

2. 投资者为提高自有资金收益率，正确的选择是（　　）。

A. 尽量减少贷款，以减少利息支出

B. 在可能的情况下，尽量多贷款

C. 期初少贷款，期中多贷款

D. 根据利率与项目收益率状况选择贷款方案

3. 按复利6%将100万元存入银行，则第5年年末的本利和为（　　）万元。

A. 126.25　　B. 130.00　　C. 133.82　　D. 141.85

4. 将一笔资金按年利率6%存入银行要在5年后复本利和为100万元，则现在应存款（　　）万元。

A. 70.56　　B. 74.73　　C. 76.92　　D. 79.21

5. 若每年年末按年利率6%存入银行10万元，则5年后的复本利和为（　　）万元。

A. 43.75　　B. 50.60　　C. 56.37　　D. 69.75

6. 欲在5年后偿还100万元借款，拟在每年年末存入银行一定数额的款项，若存款年利率为6%，则每年年末存款额应为（　　）万元。

A. 14.34　　B. 17.74　　C. 19.76　　D. 22.86

7. 某人购买一套住宅，一次性付款15万元，若该住宅使用年限还有10年，资本利率为10%，则每年平均住房费用为（　　）万元。

A. 2.44　　B. 2.54　　C. 2.60　　D. 2.82

8. 某人拟购买一套住宅供出租用，预计每年平均可获净利2万元，该住宅使用年限还有20年，资本利率为10%，则购买此住宅时，投资额可为（　　）万元。

A. 16.04　　B. 16.40　　C. 16.73　　D. 17.03

9. 某企业第1年年初向银行借款100万元，第1年年末又借款100万元，第3年年初再次借款100万元，年利率均为10%，到第4年年末一次偿清，则应付本利和为（　　）万元。(按复利计算)

A. 300.91　　B. 273.55　　C. 331.00　　D. 364.1

10. 某笔贷款的利息按年利率为10%，每季度复利计息，该贷款的有效年利率为（　　）。

A. 10.38%　　B. 10%　　C. 10.46%　　D. 10.25%

11. 有4个借贷方案：甲方案年贷款利率为6.11%，每季度复利一次；乙方案年贷款利率为6%，每季度复利一次；丙方案年贷款利率为6%，每月复利一次；丁方案年贷款利率为6%，每半年复利一次，则贷款利率最少的方案是（　　）。

A. 甲　　B. 乙　　C. 丙　　D. 丁

12. 若想从现在起5年内，每年年末提款1000元，年利率为12%，复利半年计息一

次，则现在应存入银行（　　）元。

A. 3570　　B. 3605　　C. 4060　　D. 5070

二、计算题

1. 某人向银行借款 2000 元，借款期为 10 年，试分别用 9%的单利和 9%的复利计算该借款的利息。

2. 试分别计算：

(1) 年利率为 6%，借期为 10 年的 10000 元借款，其将来值为多少？

(2) 年利率为 9%，第 6 年年末的 9000 元，其现值为多少？

(3) 年利率为 8%，每年年末借款 4000 元，连续借 10 年，其将来值为多少？

(4) 年利率为 8%，每年年末支付一次，连续支付 9 年，第 9 年年末积累资金 10000 元，每年年末应支付多少？

(5) 借款 8000 元，借款后的第 1 年年末开始偿还，连续 5 年分 5 次还清，利息按利率为 6%计算，每年应还款多少？

(6) 年利率为 7%，每年年末支付 8000 元，连续支付 8 年，其等额本息支付的现值为多少？

(7) 连续 5 年每年年末借款 1000 元，按年利率为 6%计算，第 5 年年末累计借款为多少？

(8) 在第 1 年年初，以年利率 7%投资 10000 元，则到第 4 年年末可得本利和为多少？

(9) 按年利率 6%计算，如果为了能在今后 6 年中每年年末得到 100 万元的利润，现在应投资多少？

(10) 如果要在第 5 年年末得到资金 1000 元，按年利率为 6%计算，从现在起连续 5 年每年年末必须存储多少？

(11) 如果现在以年利率 5%投资 6000 元，在今后的 8 年中，每年年末以相等的数额提取回收本利和，则每年年末可以等额提取多少？

(12) 为了在第 6 年年末得到 5000 元，按年利率为 6%计算，则现在必须投资多少？

3. 年利率为 8%，半年计息一次，则有效年利率为多少？若年利率为 12%，每月计息一次，则有效年利率为多少？

4. 假定某人用 10000 元进行投资，时间为 10 年，利息按年利率为 8%，每季度计息一次计算，求第 10 年年末的将来值。

5. 年利率为 10%，每半年计息一次，从现在起，连续 3 年的等额年末借款为 3000 元，与其等值的第 3 年年末的借款金额为多少？

6. 假定现金流量如下：第 6 年年末支付 300 元，第 9、10、11、12 年年末各支付 60 元，第 13 年年末支付 210 元，第 15、16、17 年年末支付 80 元，如按年利率为 5%计息，与此等值的现金流量的现值 P 为多少？

7. 某企业欲投资购买一套设备进行电子产品加工，已知设备购置费为 25 万元，当年投产，寿命期为 6 年，年净收益分别为 3 万元、4 万元、5 万元、5 万元、5 万元、5 万元，期末残值为 4 万元。设行业基准收益率为 15%，则该企业的投资是否合理？

8. 某人购买一套住房总价 150 万元，其中 70％申请期限为 20 年、年利率为 5％的商业抵押借款，约定按月等额本息还款，则每月要还多少？这种借款的有效年利率是多少？

9. 某企业以年利率 8％向银行借款 10000 元，准备在 4 年内将本利和还清。还款方式有如下两种：①每年年末归还 2500 元借款，加上当年借款利息，4 年内还清；②每年等额偿还本息。试计算每年的还款额及其中的利息和本金各是多少？

学习情境3
在线答题

学情习境4 工程项目方案的经济评价

思维导图

- 工程项目方案的经济评价
  - 知识要点
    - 经济评价指标体系
      - 投资收益率
      - 投资回收期
      - 净现值
      - 内部收益率
      - 基准收益率
    - 各类型评价方案的经济评价
      - 独立型方案及其经济评价
      - 互斥型方案及其经济评价
      - 互补型方案及其经济评价
      - 现金流量相关型方案及其经济评价
      - 组合-互斥型方案及其经济评价
      - 混合相关型方案及其经济评价
  - 能力要求
    - 熟悉工程项目经济评价指标体系
    - 掌握工程项目经济评价指标的计算方法
    - 理解基准收益率的确定方法
    - 了解工程项目经济评价方案的分类
    - 掌握工程项目方案的经济评价

情境导读

某新合金铝皮生产厂，年产量2.5万吨，每吨售价15500元，正常年份营业收入35520万元。为了确保经济决策的正确性和科学性，进行了市场需求预测、生产规模、工艺技术方案、建厂条件和厂址方案、环境保护、工厂组织和劳动定员，以及项目实施规划诸方面的研究论证和多方案比较，并在此基础上进行了经济评价。经预测其建设投资为42553万元，建设期利息为4320万元，流动资金为7088万元。

我们现在学习的工程项目方案的经济评价就是通过系统的学习后了解项目评价还应预测哪些内容，应计算哪些评价指标，如何计算这些评价指标及项目如何进行经济效果的评价。

4.1 经济评价指标概述

导入案例

在正常情况下，年产100万吨水泥厂的建设期为2年，工程项目寿命期为18年，不包括建设期，全部投资在8年内（静态）可以回收。如果新建年产200万吨的水泥厂，建设期为3年，寿命期为20年，假定投资在第0年一次性投入。

观察与思考

思考一下这类工厂所能达到的内部收益率水平。为达到同样的投资效果，新建水泥厂需要多少年收回成本?

为了从经济角度对各种项目进行评价，首先需要确定进行经济评价的依据。这些依据被称为经济评价指标，它们分别反映项目经济效益的某一数值方面。下面将详细介绍项目经济评价的各种指标。

4.1.1 经济评价指标的分类

项目经济评价指标可以从不同角度进行分类。一般有以下两种划分办法。

1. 按评价指标所反映的经济性划分

项目的经济性一般表现在项目投资的回收速度、投资的盈利能力和资金的使用效率三个方面。与此相对应，可将评价指标划分为时间性评价指标、价值性评价指标和比率性评价指标，如图4.1所示。

时间性评价指标是指用时间长短来衡量项目对其投资回收或清偿能力的指标。常用的时间性评价指标有静态投资回收期、动态投资回收期、静态差额投资回收期、动态差额投资回收期等。

价值性评价指标是指反映项目投资的净收益绝对量大小的指标。常用的价值性评价指标有净现值、净年值、净终值、累计净现金流量等。

比率性评价指标是指反映项目单位投资获利能力或项目对贷款利率的最大承受能力的指标。常用的比率性指标有简单投资收益率、投资利润率、投资利税率、内部收益率、外部收益率、净现值率、费用效益比率等。

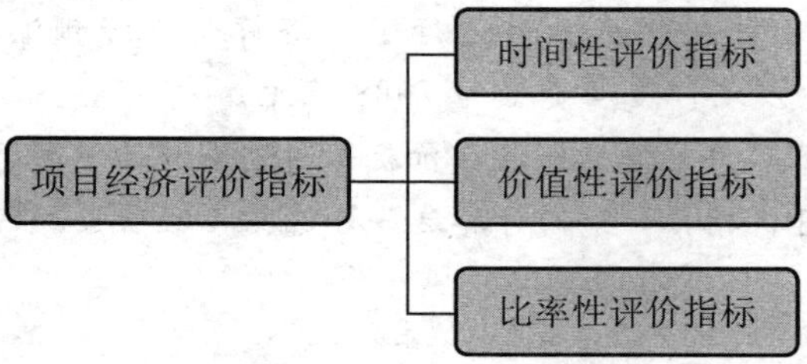

图 4.1 按经济性划分的项目经济评价指标

2. 按评价指标是否考虑资金的时间价值划分

项目经济评价指标按是否考虑资金的时间价值，可以划分为静态评价指标和动态评价指标两大类，如图 4.2 所示。

静态评价指标是指不考虑资金的时间价值的评价指标，如静态投资回收期、投资收益率、偿债能力等。静态评价指标的特点是计算简便、直观、易于掌握，所以传统的经济评价多采用静态评价指标。静态评价指标的缺点是反映项目投资经济效益不准确，以此作为投资决策的依据，容易导致资金的积压和浪费。

动态评价指标是指考虑资金的时间价值的指标，如动态投资回收期、净现值、净现值率、净年值、内部收益率等。动态评价指标克服了静态评价指标的缺点，但它需要较多的数据和资料，并且计算比较复杂。

动态评价指标和静态评价指标两者各有所长。在实际评价工作中，两种评价指标通常配合使用、相互补充。

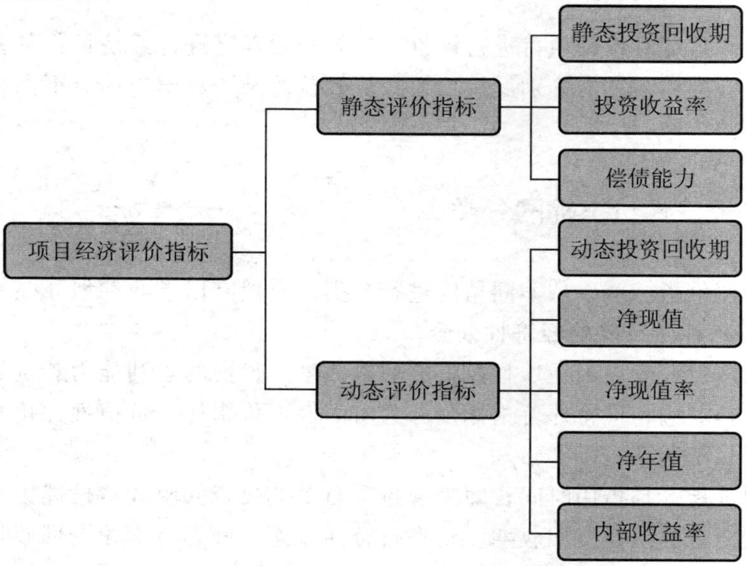

图 4.2 按是否考虑资金的时间价值划分的项目经济评价指标

4.1.2 时间性评价指标

投资回收期又称返本期，也称投资返本年限，是反映项目或方案投资回收速度的重要指标。它是指以项目的净收益抵偿其全部投资所需要的时间，通常以“年”表示。投资回收期一般从投资开始年算起，但也有从投产开始年算起的。为了避免误解，使用该指标时，应注明起算时间。

静态投资回收期

根据是否考虑资金的时间价值，投资回收期可以分为静态投资回收期和动态投资回收期。

1. 静态投资回收期

静态投资回收期是指在不考虑资金的时间价值的条件下，以项目净收益抵偿全部投资所需要的时间，一般用 P_t 表示。

静态投资回收期的表达式为

$$\sum_{t=0}^{P_t}(\mathrm{CI}-\mathrm{CO})_t=0 \tag{4-1}$$

式中 P_t——静态投资回收期；

CI——第 t 年的现金流入量；

CO——第 t 年的现金流出量。

静态投资回收期一般以年为单位。对建设项目来说，静态投资回收期一般自项目建设开始年算起，即包括建设期；也可以自项目建成投产年算起，但应加以说明。

计算静态投资回收期的方法有以下两种。

(1) 当项目建成投产后各年的净收益均相同时，计算公式为

$$P_t=\frac{I}{A} \tag{4-2}$$

式中 I——项目投入的全部资金；

A——每年的净现金流量，即 $A=(\mathrm{CI}-\mathrm{CO})_t$。

应用案例 4-1

一笔1000万元的投资，当年产生收益，以后每年的净现金收入为200万元，试求该投资的静态投资回收期。

【解】静态投资回收期 $P_t=1000/200=5$(年)。

(2) 当项目建成投产后各年的净收益不相同时，计算公式为

$$P_t=\text{累计净现金流量开始出现正值的年份}-1+\frac{|\text{上年累计净现金流量}|}{\text{当年的净现金流量}} \tag{4-3}$$

该方法通常用表格形式计算，是根据方案的净现金流量，从投资开始时刻（即零时点）依次求出以后各年的现金流量之和（即累计净现金流量），直至累计净现金流量等于零的时刻为止，对应于累计净现金流量等于零的时刻，即为该方案从投资开始年算起的静态投资回收期。

应用案例 4－2

用表 4－1 所示数据计算某项目的静态投资回收期。

表 4－1　某项目的投资及净现金流量　　　单位：万元

项目	年份						
	0	1	2	3	4	5	6
1. 总投资	600	400	—	—	—	—	—
2. 收入	—	—	500	600	800	800	750
3. 支出	—	—	200	250	300	350	350
4. 净现金流量（2－3－1）	－600	－400	300	350	500	450	400
5. 累计净现金流量	－600	－1000	－700	－350	150	600	1000

【解】 由表 4－1 可知，静态投资回收期在 3 年和 4 年之间，按照式(4－3)，该项目的静态投资回收期为

$$P_t = 4 - 1 + \frac{|-350|}{500} = 3.7(\text{年})$$

采用静态投资回收期进行单方案评价时，应该将计算的静态投资回收期 P_t 与所确定的基准投资回收期 P_c 进行比较。

若 $P_t \leqslant P_c$，则表明项目投入的总资金能在规定的时间内收回，则方案可以考虑接受。

若 $P_t > P_c$，则方案不可行。

基准投资回收期 P_c 既可以是国家或部门制定的标准，也可以是企业自己的标准，其确定的主要依据是全社会或全行业投资回收期的平均水平，或者是企业根据自己的目标期望的投资回收期水平。

投资回收期的经济意义明确，尤其是静态投资回收期，它具有直观、简单的特点，在一定程度上反映了方案经济效果的优劣和项目风险的大小。但是，投资回收期指标的最大缺陷就是没有反映出投资回收期后方案的经营情况，因而不能全面反映项目在整个寿命期内真实的经济效果。

2. 动态投资回收期

动态投资回收期

回收期

动态投资回收期是指在给定的基准收益率下，用方案各年净收益的现值来回收全部投资的现值所需的时间，一般用 P_t' 表示。

动态投资回收期的表达式为

$$\sum_{t=0}^{P_t'} (CI - CO)_t \, (1 + i_c)^{-t} = 0 \qquad (4-4)$$

式中　P_t'——动态投资回收期；

CI——第 t 年的现金流入量；

CO——第 t 年的现金流出量；

i_c——基准收益率。

在实际计算时，通常是根据方案的现金流量采用表格计算的方法，并用式(4－5)计算。

$$P_t' = \text{累计净现金流量折现值开始出现正值的年份} - 1 + \frac{|\text{上年累计净现金流量折现值}|}{\text{当年的净现金流量折现值}} \tag{4-5}$$

应用案例 4－3

用表 4－2 所示数据计算某项目的动态投资回收期。

表 4－2　某项目的投资及净现金流量　　单位：万元

项目	年份						
	0	1	2	3	4	5	6
1. 总投资	600	400	—	—	—	—	—
2. 收入	—	—	500	600	800	800	750
3. 支出	—	—	200	250	300	350	350
4. 净现金流量（2－3－1）	－600	400	300	350	500	450	400
5. 净现金流量折现值（i_c＝10%）	－600	－364	248	263	342	279	226
6. 累计净现金流量折现值	－600	－964	－716	－453	－111	168	394

【解】 由表 4－2 可知，该项目的动态投资回收期为

$$P_t' = 5 - 1 + \frac{|-111|}{279} \approx 4.4(\text{年})$$

动态投资回收期表明，在给定的折现率 i_c＝10%的条件下，经过 4.4 年可以使累计的现金流入折现值抵销累计的现金流出折现值。动态投资回收期反映了投资回收的快慢。

动态投资回收期的评价准则为

$$P_t' \leqslant P_c'$$

但动态基准投资回收期 P_c'一般未能给出，P_t'仍然与 P_c 比较，当 $P_t' \leqslant P_c$ 时，该方案是可行的；反之，则不可行。

4.1.3 价值性评价指标

价值性评价指标反映一个项目的现金流量相对于基准投资收益率所能实现的盈利水平。最主要、最常用的价值性评价指标是净现值；在多项目（或多方案）选优中常用的价值性评价指标是净年值。

1. 净现值

方案的净现值是指方案在寿命期内各年的净现金流量按照设定的折现率折现到期初时的现值之和。净现值是反映方案获利能力的动态指标，其表达式为

$$\text{NPV} = \sum_{t=0}^{n} (\text{CI} - \text{CO})_t (1 + i_c)^{-t} \tag{4-6}$$

式中　NPV——净现值；

CI——第 t 年的现金流入量；

CO——第 t 年的现金流出量；

n——该方案的计算期；

i_c——设定的折现率（同基准收益率）。

▶ 净现值

净现值表示在设定的折现率为 i_c 的情况下，方案在不同时点发生的净现金流量折现到期初时，整个寿命期内所能得到的净收益。如果方案的净现值等于零，则表示方案正好达到了基准收益率水平；如果方案的净现值大于零，则表示方案除能达到基准收益率外，还能得到超过期望的收益；如果方案的净现值小于零，则表示方案达不到基准收益率水平。

净现值（NPV）评价准则如下：若 NPV≥0，则方案可行；若 NPV<0，则方案不可行。

注意： 净现值采用基准收益率作为折现率。

应用案例 4-4

某项目总投资为 4500 万元，投产后每年的运营收入为 1300 万元，年运营支出为 400 万元，该项目寿命期为 10 年，10 年年末能回收净残值 300 万元。若基准收益率 $i_c=15\%$，此项目是否值得投资？

【解】 按净现值指标计算，有

$$\begin{aligned}NPV &= -4500+(1300-400)(P/A,15\%,10)+300(P/F,15\%,10)\\ &= -4500+900\times5.0188+300\times0.2472\\ &= 91.08(\text{万元})\end{aligned}$$

由于 NPV>0，故此项目值得投资。

应用案例 4-5

在应用案例 4-4 中，若其他情况相同，但基准收益率 $i_c=20\%$，问此项目是否可行？

【解】 计算此时的净现值，有

$$\begin{aligned}NPV &= -4500+(1300-400)(P/A,20\%,10)+300(P/F,20\%,10)\\ &= -4500+900\times4.1925+300\times0.1615\\ &= -678.30(\text{万元})\end{aligned}$$

由于 NPV<0，这意味着在基准收益率 $i_c=20\%$ 的情况下，此项目不可行。显然，净现值的大小与折现率 i_c 有很大的关系，当 i_c 变化时，NPV 也随之变化，对于具有常规现金流量（即在计算期内，开始时有支出而后才有收益，且方案的净现金流量序列的符号只改变一次的现金流量）的投资方案，其净现值的大小随着折现率的增大而单调减小，两者的关系如图 4.3 所示。

按照净现值的评价准则，只要 NPV(i_c)≥0，方案就可以被接受，但由于 NPV（i_c）是 i_c 的递减函数，故基准收益率定得越高，方案被接受的可能性也就越小。由应用案例 4-4 和应用案例 4-5 可以清楚地表明这一点。在图 4.3 中，在某一个 i^* 值上，净现值曲线和横坐标相交，表示该折现率下的净现值 NPV(i^*) =0，且当 $i_c<i^*$ 时，NPV(i_c)>0；$i_c>i^*$ 时，NPV(i_c)<0。i^* 是一个具有重要经济意义的折现率临界值，称为内部收益率。

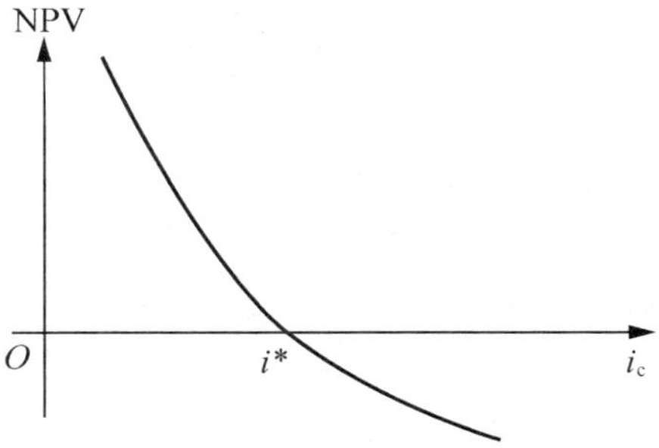

图 4.3 净现值与折现率的关系

NPV 之所以随着 i_c 的增大而减小，是因为具有常规现金流量的投资项目正的现金流入总是发生在负的现金流出之后，使得随着折现率的增加，正的现金流入折现到期初的值比负的现金流出折现到期初的值折减得更多，这样现值的代数和就随着 i_c 的增加而不断减小。

净现值指标是反映方案投资盈利能力的一个重要动态指标，广泛应用于方案的经济评价中。其优点是考虑了资金的时间价值，并全面考虑了项目在整个计算期内的经济状况；其经济意义明确，可直接用货币表示项目的盈利水平、评价标准简单易行。净现值指标的不足之处是必须首先确定一个符合经济现实的基准收益率，而基准收益率的确定往往比较复杂；净现值不能说明项目运营期间各年的经营效果；此外，净现值指标也不能直接反映项目投资中单位投资的使用效率。

2. 净年值

净年值也称净年金（记作 NAV），它是把项目寿命期内的净现金流量以设定的折现率为中介折算成与其等值的各年年末为等额的净现金流量值。

要求一个项目的净年值，可以先求该项目的净现值，然后乘以资金回收系数进行等值变换求解，即

$$NAV(i)=NPV(i)(A/P,i,n) \tag{4-7}$$

用净现值 NPV 和净年值 NAV 对一个项目进行评价，结论是一致的，因为当NPV(i)≥0 时，NAV(i)≥0；当 NPV(i)<0 时，NAV(i) <0。就一般项目的评价而言，要计算 NAV，一般先要计算 NPV。因此，在项目经济评价中，很少采用净年值指标。但是，对寿命不相同的多个互斥型方案进行选优时，净年值比净现值有独到的简便之处，下面举例说明。

应用案例 4-6

已知 A、B 两种设备均能满足使用要求，A 设备的市场价为 100 万元，使用寿命为 4 年，每年可带来收入 40 万元；B 设备的市场价为 200 万元，使用寿命为 6 年，每年可带来收入 53 万元，试在基准折现率为 10%的条件下选择经济上有利的方案。

【解】 在基准折现率为 10%的条件下，计算 A、B 两种设备的净年值。

$$NAV(A)=40-100(A/P,10\%,4)\approx 8.5(\text{万元})$$
$$NAV(B)=53-200(A/P,10\%,6)\approx 7.1(\text{万元})$$

因为 NAV(A)>NAV(B)，故选择 A 设备在经济上是有利的。

4.1.4 比率性评价指标

1. 投资收益率

投资收益率是指投资方案达到设计生产能力后一个正常生产年份的年净收益总额与方案投资总额的比率。它是评价投资方案盈利能力的静态指标，表明投资方案正常生产年份单位投资每年所创造的年净收益额。对运营期内各年的净收益额变化幅度较大的方案，可计算运营期年平均净收益额与投资总额的比率。其计算公式为

$$投资收益率\ R=\frac{年净收益额或年平均净收益额}{投资总额}\times 100\% \tag{4-8}$$

评价准则如下：将计算出的投资收益率（R）与所确定的基准投资收益率（R_e）进行比较，若 $R \geqslant R_e$，则方案在经济上可以考虑接受；若 $R < R_e$，则方案在经济上不可行。

投资收益率指标的优点与不足：投资收益率指标的经济意义明确、直观，计算简便，在一定程度上反映了投资效果的优劣，可适用于各种投资规模。但不足的是，没有考虑投资收益的时间因素，忽视了资金具有时间价值的重要性；指标计算的主观随意性太强，换句话说，就是正常生产年份的选择比较困难，如何确定带有一定的不确定性和人为因素。因此，以投资收益率指标作为主要的决策依据不太可靠。

2. 内部收益率

简单地说，内部收益率（IRR）就是净现值为零时的折现率。也就是说，在这个折现率时，项目的现金流入的现值和等于其现金流出的现值和。

内部收益率可以通过解如下方程求出。

$$\sum_{t=0}^{n}(\mathrm{CI}-\mathrm{CO})_t(1+\mathrm{IRR})^{-t}=0 \tag{4-9}$$

式中　IRR——内部收益率；

其余符号意义同前。

IRR 的值域是（-1，$+\infty$）。对于多数方案来说，IRR 的值域是（0，$+\infty$）。式(4-9)是一个高次方程，不容易直接求解，因此通常用试算内插法求 IRR 的近似解，其原理如图 4.4所示。

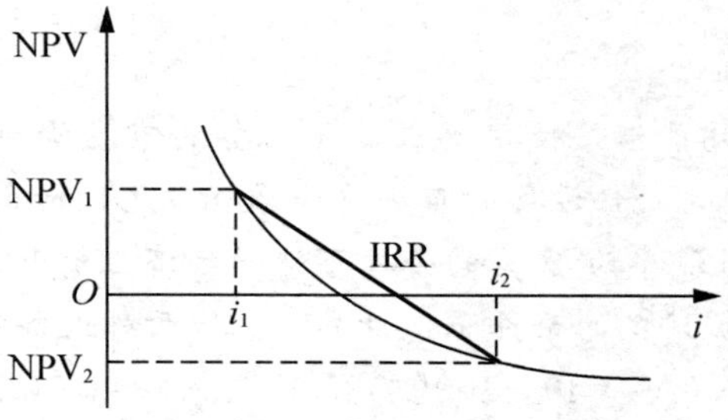

图 4.4　试算内插法求 IRR 图解

计算过程如下。

(1) 首先，试用 i_1 计算 NPV_1（i_1 的确定可以根据给出的基准收益率作为试算的第一步的依据）。

(2) 若得 $NPV_1=0$，对应的 i_1 即为内部收益率，计算结束。若得 $NPV_1\neq 0$，则根据 NPV_1 是否大于零，再设 i_2。若 $NPV_1>0$，则设 $i_2>i_1$；计算 NPV_2 的值，若 $NPV_2=0$，则对应的 i_2 即为内部收益率，计算结束；若 $NPV_2>0$，则将 i_2 的值赋给 i_1，即 $i_1=i_2$，再设下一个 $i_2>i_1$，直到计算得出 $NPV_2<0$ 为止。

若 $NPV_1<0$，则设 $i_2<i_1$，NPV_2 和上述步骤类似，直到找到一个 $NPV_2>0$ 的值为止。

计算 i_1 和 i_2 的差距取决于 NPV_1 绝对值的大小，较大的绝对值可以取较大的差距；反之，则取较小的差距。

(3) 通过多次计算，得出 $NPV_1>0$，$NPV_2<0$ 或者 $NPV_1<0$，$NPV_2>0$。由图 4.4 可知，NPV=0 所对应的 IRR 必然在 i_1 和 i_2 之间，将 i_1 和 i_2 对应的点用直线连起来，将其和横坐标的交点近似为曲线和横坐标的交点，此时可以用线性内插法求出直线和横坐标交点的横坐标值，以此作为 IRR 的近似值。

$$IRR=i_1+\frac{NPV_1}{NPV_1+|NPV_2|}(i_2-i_1) \tag{4-10}$$

当采用线性内插法计算 IRR 时，其计算精度与 $|i_2-i_1|$ 有关，因为折现率和净现值不是线性关系，因此 i_1 和 i_2 之间的差距越小，则内部收益率计算的精度就越好。为了保证 IRR 的精度，i_1 和 i_2 之间的差距一般控制在 5%以内。

若给定基准收益率为 i_c，用内部收益率指标评价单方案的判定准则如下：①若 $IRR\geq i_c$，则项目在经济上是可以接受的；②若 $IRR<i_c$，则项目在经济上应予否定。

应用案例 4-7

某项目现金流量见表 4-3，设基准折现率为 10%，试求其内部收益率 IRR，并判断项目的可行性。

表 4-3 某项目的投资及净现金收入 单位：万元

年份（年末）	0	1	2	3	4	5
现金流量	−2000	300	500	500	500	1200

【解】 方案的净现值表达式

$$NPV=-2000+300\times(P/F,i,1)+500\times(P/A,i,3)(P/F,i,1)+1200\times(P/F,i,5)$$

取 $i_1=12\%$ 代入上式计算得

$$NPV(i_1)=19>0$$

取 $i_2=14\%$ 代入上式计算得

$$NPV(i_2)=-84<0$$

$$NPV(i_1)\cdot NPV(i_2)<0$$

则根据式(4-10)得

$$\text{IRR}=12\%+(14\%-12\%)\times\frac{19}{19+84}\approx 12.4\%$$

由于该项目的 IRR＝12.4%＞10%，所以项目在经济上是可行的。

内部收益率的经济含义是，在项目的寿命周期内，项目投资将不断通过项目的净收益加以回收，其尚未回收的资金将以 IRR 的收益率获得收益，直到项目计算期结束时才回收全部投资。从这个角度来看，内部收益率反映了项目“偿付”未被收回的投资的能力。它不仅受项目初始投资规模的影响，而且受项目寿命周期内各年净收益大小的影响，取决于项目内部的状况。

▶ 内部收益率

内部收益率计算通常适用于常规投资项目，否则会出现内部收益率的多个解，造成评价指标失效。所谓常规投资项目，是指在项目寿命期内除了建设期或投产初期的净现金流量为负值外，其余年份的净现金流量均为正值，寿命期内净现金流量的正负号只从负到正变化一次，并且所有负现金流量都出现在正现金流量之前。

3. 净现值率

净现值率（NPVR）是在净现值的基础上发展起来的，可作为净现值的一种补充。净现值率是项目净现值与项目全部投资现值之比，其经济含义是单位投资现值所能带来的净现值，是一个考察项目单位投资盈利能力的指标。由于净现值不直接考虑项目投资额的大小，故为考虑投资的利用效率，常用净现值率作为净现值的辅助评价指标。

当对比的两个方案投资额不同时，如果仅以各方案的净现值大小来选择方案，则可能导致不正确的结论。因为净现值只表明盈利总额，而不能说明投资的利用效果。单纯以净现值最大作为方案选优的标准，往往会导致评价人趋向于选择投资大、盈利多的方案，而忽视盈利额较多，但投资更少、经济效果更好的方案。为此，可采用净现值的相对指标（单位投资的净现值）——净现值率来进行评价。

净现值率计算公式为

$$\text{NPVR}=\frac{\text{NPV}}{I_{\text{p}}}=\frac{\sum_{t=0}^{n}(\text{CI}-\text{CO})_t\,(1+i_{\text{c}})^{-t}}{\sum_{t=0}^{n}I_t\,(1+i_{\text{c}})^{-t}} \tag{4-11}$$

▶ 净现值率

式中　NPVR——净现值率；

I_{p}——总投资的现值；

I_t——第 t 年的投资。

评价准则如下：对于单一方案评价，只有 NPVR≥0，方案才能被接受。对于多方案比选，凡 NPVR＜0 的方案先行淘汰，然后在剩余方案中，与投资额、净现值结合起来选择方案。

4.1.5 基准收益率的确定

1. 基准收益率的影响因素

基准收益率是企业或行业或投资者以动态的观点所确定的投资方案最低标准收益水

平。它表明投资决策者对项目资金的时间价值的估价，是投资资金应当获得的最低盈利率水平，是评价和判断投资方案在经济上是否可行的依据，是一个重要的经济参数。基准收益率的确定一般以行业的平均收益率为基础，同时综合考虑资金成本、投资风险、通货膨胀及资金限制等影响因素。对于国家投资项目，进行经济评价时使用的基准收益率是由国家组织测定并发布的行业基准收益率；非国家投资项目，由投资者自行确定，但应考虑以下因素。

(1) 资金成本和机会成本 (i_1)。

资金成本是为取得资金使用权所支付的费用。项目投资后所获利润额必须能够补偿资金成本，然后才能有利可言。因此基准收益率最低限度不应小于资金成本，否则便无利可图。机会成本是指投资者将有限的资金用于除拟建项目以外的其他投资机会所能获得的最好收益。换言之，由于资金有限，当把资金投入拟建项目时，将失去从其他最好的投资机会中获得收益的机会。显然，基准收益率应不低于单位资金成本和单位投资机会成本，这样才能使资金得到最有效的利用，这一要求可用下式表达。

$$i_c \geqslant i_1 = \max\{\text{单位资金成本}, \text{单位投资机会成本}\} \tag{4-12}$$

当项目完全由企业自有资金投资建设时，可参考行业基准收益率确定项目基准收益率，这时可将机会成本等同于行业基准收益率；当投资项目资金来源包括自有资金和贷款时，最低收益率不应低于行业基准收益率与贷款利率的加权平均收益率（当有好几种贷款时，贷款利率应为加权平均贷款利率）。

(2) 风险贴补率 (i_2)。

在整个项目计算期内，存在着发生不利于项目的环境变化的可能性，这种变化难以预料，即投资者要冒着一定风险做决策。所以在确定基准收益率时，仅考虑资金成本、机会成本因素是不够的，还应考虑风险因素。通常，要以一个适当的风险贴补率 i_2 来提高 i_c 值。也就是说，以一个收益水平增量补偿投资者所承担的风险，风险越大，贴补率越高。为此，投资者自然就要求获得较高的利润，否则投资者是不愿去冒风险的。为了限制对风险大、盈利低的项目进行投资，可以采取提高基准收益率的办法来进行项目经济评价。

一般说来，从客观上看，资金密集型项目的风险高于劳动密集型项目的风险；资产专用性强的项目的风险高于资产通用性强的项目的风险；以降低生产成本为目的的项目的风险低于以扩大产量、扩大市场份额为目的的项目的风险。从主观上看，资金雄厚的投资主体的风险会低于资金拮据者的风险。

(3) 通货膨胀率 (i_3)。

在通货膨胀影响下，各种材料、设备、房屋、土地的价格及人工费都会上升。为反映和评价出拟建项目在未来的真实经济效果，在确定基准收益率时，应考虑通货膨胀因素。

通货膨胀以通货膨胀率 i_3 来表示，通货膨胀率主要表现为物价指数的变化，即通货膨胀率约等于物价指数变化率。由于通货膨胀年年存在，因此，通货膨胀的影响具有复利性质。一般每年的通货膨胀率是不同的，但为了便于研究，常取一段时间的平均通货膨胀率，即在所研究的计算期内，通货膨胀率可以视为固定的。

(4) 资金限制。

资金越少，越需要精打细算，以使之利用得更加有效。为此，在资金短缺时，应通过提高基准收益率的办法进行项目经济评价，以便筛选掉盈利能力较低的项目。

2. 基准收益率的确定方法

基准收益率的测定可采用代数和法、资本资产定价模型法、加权平均资金成本法、典型项目模拟法、德尔菲专家调查法等方法，也可同时采用多种方法进行测算，将不同方法测算的结果互相验证，经协调后确定。

(1) 代数和法。

若项目现金流量是按当年价格预测估算的，则应以年通货膨胀率 i_3 修正 i_c 值。这时，基准收益率可近似地用单位投资机会成本、风险贴补率、通货膨胀率的代数和表示，即

$$i_c=(1+i_1)(1+i_2)(1+i_3)-1\approx i_1+i_2+i_3 \tag{4-13}$$

若项目的现金流量是按基准年不变价格预测估算的，预测结果已排除通货膨胀因素的影响，就不再重复考虑通货膨胀的影响，即

$$i_c=(1+i_1)(1+i_2)-1\approx i_1+i_2 \tag{4-14}$$

上述近似计算的前提条件是 i_1、i_2、i_3 都为较小的数。

(2) 资本资产定价模型法。

采用资本资产定价模型法测算行业财务基准收益率的计算公式为

$$K=K_f+\beta(K_m-K_f) \tag{4-15}$$

式中 K——权益资金成本；

K_f——市场无风险收益率；

β——风险系数；

K_m——市场平均风险投资收益率。

式(4-15) 中的风险系数既是反映行业特点与风险的重要数值，也是测算工作的重点和基础。应在行业内抽取有代表性的企业样本，以若干年企业财务报表数据为基础数据，进行行业风险系数测算。

式(4-15) 中的市场无风险收益率，一般可采用政府发行的相应期限的国债利率；市场平均风险投资收益率可依据国家有关统计数据测定。

由式(4-15) 测算出的权益资金成本，可作为确定财务基准收益率的下限，再综合考虑采用其他方法测算得出的行业财务基准收益率并进行协调后，确定基准收益率的取值。

(3) 加权平均资金成本法。

采用加权平均资金成本法测算基准收益率的计算公式为

$$\mathrm{WACC}=K_e\cdot\frac{E}{E+D}+K_d\cdot\frac{D}{E+D} \tag{4-16}$$

式中 WACC——加权平均资金成本；

K_e——权益资金成本；

K_d——债务资金成本；

E——股东权益；

D——企业负债。

权益资金与负债的比例可采用行业统计平均值，或者由投资者进行合理设定。债务资金成本为公司所得税后债务资金成本。权益资金成本可采用式(4-15) 资本资产定价模型法确定。

根据式(4-16) 测算出的行业加权平均资金成本，可作为全部投资行业财务基准收益率的下限，再综合考虑其他方法得出的基准收益率进行调整后，确定全部投资行业财务基

准收益率的取值。

(4) 典型项目模拟法。

采用典型项目模拟法测算基准收益率，应在合理时间区段内，选择一定数量的具有行业代表性的已进入正常生产运营状态的典型项目，采集实际数据，计算项目的财务内部收益率，对结果进行必要的分析，并综合各种因素后确定基准收益率。

(5) 德尔菲专家调查法。

采用德尔菲（Delphi）专家调查法测算行业财务基准收益率，应统一设计调查问卷，征求一定数量的熟悉本行业情况的专家，依据系统的程序，采用匿名发表意见的方式，通过多轮次调查专家对本行业建设项目财务基准收益率取值的意见，逐步形成专家的集中意见，对调查结果进行必要的分析，并综合考虑各种因素后确定基准收益率。

通过上述讨论，可进一步认识到，要正确确定基准收益率，其基础是资金成本、机会成本，同时投资风险、通货膨胀和资金限制也是必须考虑的影响因素。

4.2 各类型评价方案的经济评价

导入案例

为修建某河的大桥，经考虑有A、B两处可供选点，在A处建桥，预计投资1200万元，年维护费2万元，水泥桥面每10年翻修一次，每次的翻修费为5万元；在B处建桥，预计投资1100万元，年维护费8万元，该桥每3年粉刷一次，每次的粉刷费为3万元，每10年整修一次，每次的整修费为4万元，利率为10%。

观察与思考

从工程项目方案的经济评价方面，试比较这两个方案哪个较优？

4.2.1 评价方案的分类

运用经济评价指标对投资方案进行评价，主要有两个用途：一是对某一方案进行分析，判断该方案在经济上是否可行（对于这种情况，需要选用适当的指标并计算其值，根据判断准则评价其经济性即可）；二是对多方案进行经济上的比选，此时，如果仅计算各种方案的评价指标并得出结论，其结论可能是不可靠的。在进行多方案比选时，首先必须了解方案所属的类型，从而按照方案的类型确定适合的评价方法和指标，为最终做出正确的投资决策提供科学依据。

所谓评价方案类型，是指一组备选方案之间所具有的相互关系。根据这种关系评价方案一般分为单一方案和多方案两类，其中单一方案主要是指独立型方案，而多方案又分为互斥型方案、互补型方案、现金流量相关型方案、组合-互斥型方案和混合相关型方案 5 种，如图 4.5 所示。

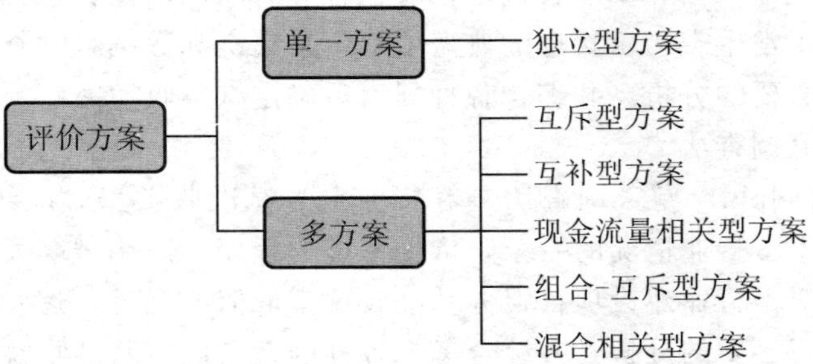

图 4.5　评价方案的分类

1. 独立型方案

独立型方案是指方案间互不干扰，在经济上互不相关的方案，选择或放弃其中一个方案，并不影响其他方案的选择。因此，其评价主要是针对每个方案自身的经济效果情况进行判断，相互之间不影响。

2. 互斥型方案

互斥型方案是指在若干备选方案中，各个方案彼此可以相互代替。选择其中任何一个方案，则其他方案必然被排斥。在工程建设中，互斥型方案还可按以下因素进行分类。

(1) 按服务寿命长短不同，投资方案可分为如下几种。

① 相同服务寿命的方案。即参与对比或评价的方案服务寿命均相同。

② 不同服务寿命的方案。即参与对比或评价的方案服务寿命均不相同。

③ 无限长寿命的方案。在工程建设中，永久性工程即可视为无限长寿命的工程，如大型水坝、运河工程等。

(2) 按规模不同，投资方案可分为如下几种。

① 相同规模的方案。即参与对比或评价的方案具有相同的产出量或容量，在满足相同功能要求的数量方面具有一致性和可比性。

② 不同规模的方案。即参与对比或评价的方案具有不同的产出量或容量，在满足相同功能要求的数量方面不具有一致性和可比性。

项目互斥型方案比较，既是工程经济评价工程的重要组成部分，也是寻求合理决策的必要手段。

3. 互补型方案

互补型方案是指在方案之间存在技术经济互补关系的一组方案。某一方案的接受有助于其他方案的接受。根据互补型方案之间相互依存的关系，互补型方案可能是对称的，如建设一个大型非坑口电站，必须同时建设铁路、电厂，它们无论在建成时间、建设规模上都要彼此适应，缺少其中任何一个项目，其他项目就不能正常运行。因此，它们之间是互补的，又是对称的。此外，还存在着大量非对称的经济互补型方案，如建造一座建筑物 A 和增加一个空调系统 B，建筑物 A 本身是有用的，增加空调系统 B 后可使建筑物 A 更有用，但建筑物 A 并不一定要空调系统 B。

4. 现金流量相关型方案

现金流量相关型方案是指方案之间不完全互斥，也不完全相互依存，但任一方案的取舍会导致其他方案现金流量的变化。例如，某跨江项目考虑两个建设方案：一个是建桥方案A，另一个是轮渡方案B，两个方案都是收费的。此时，任一方案的实施或放弃都会影响另一方案的现金流量。

5. 组合-互斥型方案

组合-互斥型方案是指在若干可采用的独立型方案中，当有资源约束条件（如受资金、劳动力、材料、设备及其他资源拥有量限制），只能从中选择一部分方案实施时，可以将它们组合为互斥型方案。例如，现有独立型方案A、B、C、D，它们所需的投资分别为10000万元、6000万元、4000万元、3000万元。当资金总额限量为10000万元时，除方案A具有完全的排他性外，其他方案由于所需金额不大，可以互相组合。这样，可选择的方案有A、B、C、D、B+C、B+D、C+D共7个组合方案。因此，当受某种资源约束时，独立型方案可以组成各种组合方案，且这些组合方案之间是互斥或排他的。

6. 混合相关型方案

混合相关型方案是指在方案众多的情况下，方案间的相关关系可能包括上述类型中的多种，这些方案称为混合相关型方案。

在方案评价前，分清方案属于何种类型是非常重要的。因为方案类型不同，其评价方法、选择和判断的尺度就不同。如果方案类型划分不当，则会带来错误的评价结果。在方案评价中，以独立型方案和互斥型方案最为常见。

4.2.2 独立型方案的经济评价

独立型方案评价选择的实质是在“做”与“不做”之间进行选择。因此，独立型方案在经济上是否可接受，取决于方案自身的经济性，即方案的经济效果是否达到或超过了预定的评价标准或水平。欲知这一点，只需通过计算方案的经济效果指标，并按照指标的判别准则加以检验就可做到。这种对方案自身经济性进行的检验叫作“绝对经济效果检验”。若方案通过了绝对经济效果检验，就认为方案在经济上是可行的；否则，应予拒绝。

1. 静态评价

对独立型方案进行经济效果静态评价，主要是对投资方案的投资收益率或静态投资回收期指标进行计算，并与确定的行业平均投资收益率或基准投资回收期进行比较，以此判断方案经济效果的优劣。若方案的投资收益率大于行业平均投资收益率，则方案是可行的；若方案的投资回收期小于或等于基准投资回收期，则表明方案的投资能在规定的时间内收回，方案是可以考虑接受的。

2. 动态评价

对独立型方案进行动态评价，主要是应用净现值NPV和内部收益率IRR指标进行评价。

当应用NPV评价时，首先依据现金流量表和确定的基准收益率计算方案的NPV；根据NPV的评价准则，当NPV$\geqslant$0时，方案在经济上是可行的。

当应用IRR评价时，首先依据现金流量表求出IRR，然后与基准收益率i_c进行比较，最后评价方案。方案的 IRR 越大，表明方案的经济效果越好。

对于常规投资项目来说，当 IRR＞$i_1=i_c$ 时，根据 IRR 的判定准则，方案可以接受；i_1 对应的 NPV（$i_1=i_c$）＞0，根据 NPV 的判定准则，方案也可接受。当 IRR＜$i_1=i_c$ 时，根据 IRR 的判定准则，方案不能接受；i_1 对应的 NPV（$i_1=i_c$）＜0，根据 NPV 的判定准则，方案也不能接受。

由此可见，对于常规投资项目来说，用 NPV、IRR 分别评价独立型方案，其评价结论是一致的。

4.2.3 互斥型方案的经济评价

方案的互斥性，使我们在若干方案中只能选择一个方案实施。由于每个方案都具有同等可供选择的机会，为使资金发挥最大的效益，我们当然希望所选出的这个方案是若干备选方案中经济性最优的。为此，就需要进行方案间相对经济效果评价，也就是任一方案都必须与其他所有方案逐一进行比较。但仅此还不充分，因为某方案相对最优并不能证明该方案在经济上一定是可行的、可接受的，并不能排除“矮中拔高”的情况（即从若干都不可行的方案中选较优者）。因此，互斥型方案经济效果评价包含两部分内容：一是考察各个方案自身的经济效果，即进行绝对效果检验；二是考察哪个方案相对经济效果最优，即相对效果检验。两种检验的目的和作用不同，通常缺一不可，以确保所选方案不但可行而且最优。只有在众多互斥型方案中必须选择其中之一时，才可单独进行相对效果检验。但需要注意的是，在进行相对经济效果评价时，不论使用哪种指标，都必须满足方案可比条件。

1. 互斥型方案静态评价

互斥型方案常用增量投资收益率法、增量投资回收期法、年折算费用法、综合总费用法等评价方法进行相对经济效果的静态评价。

(1) 增量投资收益率法。

增量投资收益率法就是通过计算互斥型方案增量投资收益率，来判断互斥型方案的相对经济效果，据此选择方案。

现有甲、乙两个互斥型方案，其效用（效益、规模）相同或基本相同时，如其中一个方案的投资额和经营成本都为最小，则该方案就是最理想的方案。但是，实践中往往达不到这样的要求。经常出现的情况是某一个方案的投资额小，但经营成本却较高；而另一方案正好相反，其投资额较大，但经营成本却较低。这样，投资大的方案与投资小的方案就形成了增量的投资，但投资大的方案正好经营成本较低，它比投资小的方案在经营成本上又带来了节约。增量投资所带来的经营成本上的节约与增量投资之比就叫增量投资收益率。

现设 I_1、I_2 分别为方案 1、方案 2 的投资额，C_1、C_2 分别为方案 1、方案 2 的经营成本。

如果 $I_2>I_1$、$C_2<C_1$，则增量投资收益率（ΔR）为

$$\Delta R=\frac{C_1-C_2}{I_2-I_1} \tag{4-17}$$

对比方案年经营成本之差，也可用年净收益之差表示。当对比的两个方案生产率相同

时，即年收入相同时，它们年经营成本的节约额实质上就是它们的年净收益额之差。

以 Q 表示年产量，J 表示单位售价，QJ 表示年收入；C_1、C_2 分别表示方案 1、方案 2 的年经营成本；A_1、A_2 分别表示方案 1、方案 2 的年净收益额，则有

$$A_1=QJ-C_1，A_2=QJ-C_2$$

$$A_2-A_1=(QJ-C_2)-(QJ-C_1)=C_1-C_2$$

式(4-17) 即可写为

$$\Delta R=\frac{C_1-C_2}{I_2-I_1}=\frac{A_2-A_1}{I_2-I_1} \tag{4-18}$$

式中　ΔR——增量投资收益率。

若计算出来的增量投资收益率大于基准投资收益率，则投资大的方案可行，它表明投资的增量（I_2-I_1）完全可以由经营费的节约（C_1-C_2）或增量净收益（A_2-A_1）来得到补偿；反之，投资小的方案为较优方案。

(2) 增量投资回收期法。

增量投资回收期法就是用互斥型方案经营成本的节约或增量净收益来补偿其增量投资的年限。

当各年经营成本的节约（C_1-C_2）或增量净收益（A_2-A_1）基本相同时，其计算公式为

$$\Delta P_t=\frac{I_2-I_1}{C_1-C_2}=\frac{I_2-I_1}{A_2-A_1} \tag{4-19a}$$

式中　ΔP_t——增量投资回收期。

当各年经营成本的节约（C_1-C_2）或增量净收益（A_2-A_1）差异较大时，其计算公式为

$$(I_2-I_1)=\sum_{t-1}^{\Delta P_t}(C_1-C_2) \tag{4-19b}$$

或

$$(I_2-I_1)=\sum_{t-1}^{\Delta P_t}(A_2-A_1) \tag{4-19c}$$

若计算出来的增量投资回收期小于基准投资回收期，则选投资大的方案；反之，选投资小的方案。

应用案例 4-8

某项目建设有两个设计方案，方案 1 采用比较先进的技术设备，投资额为 2000 万元，年成本为 300 万元；方案 2 投资额为 1500 万元，年成本为 400 万元，两个方案的年营业收入均为 600 万元。如果基准投资回收期为 10 年，试用增量投资回收期指标比较两个方案。

【解】 首先进行绝对效果检验，分别计算两个方案的投资回收期。

方案 1：

$$P_{t1}=\frac{I_1}{A_1}=\frac{2000}{600-300}\approx 6.67(年)<10\ 年$$

方案 2：

$$P_{t2}=\frac{I_2}{A_2}=\frac{1500}{600-400}=7.5(\text{年})<10\text{ 年}$$

两个方案的投资回收期均小于基准投资回收期 10 年，故就单方案而言，均可行。下面进行相对效果检验，计算增量投资回收期。

$$\Delta P_t=\frac{I_1-I_2}{C_2-C_1}=\frac{2000-1500}{400-300}=5(\text{年})<10\text{ 年}$$

$$\text{或}\quad \Delta P_t=\frac{I_1-I_2}{A_1-A_2}=\frac{2000-1500}{400-300}=5(\text{年})<10\text{ 年}$$

即方案 1 较方案 2 增加的投资 500 万元，在 5 年内就能回收，低于基准投资回收期 10 年，故增加投资可行，即方案 1 优于方案 2。

(3) 年折算费用法。

当互斥型方案个数较多时，用增量投资收益率、增量投资回收期进行方案经济比较，要进行两两比较逐个淘汰。而运用年折算费用法，只需计算各方案的年折算费用，即将投资额用基准投资回收期分摊到各年，再与各年的年经营成本相加构成年折算费用，则可将多方案同时比较。年折算费用计算公式为

$$Z_j=\frac{I_j}{P_c}+C_j \tag{4-20}$$

式中 Z_j——第 j 方案的年折算费用；

I_j——第 j 方案的总投资；

P_c——基准投资回收期；

C_j——第 j 方案的年经营成本。

在多方案比较时，可以方案的年折算费用大小作为评价准则，选择年折算费用最小的方案为最优方案，这与增量投资利润率法的结论是一致的。

年折算费用法计算简便，评价准则直观、明确，故适用于多方案的经济评价。

(4) 综合总费用法。

方案的综合总费用是方案的投资与基准投资回收期内年经营成本的总和，其计算公式为

$$S_j=I_j+P_cC_j \tag{4-21}$$

式中 S_j——第 j 方案的综合总费用。

由于 $S_j=I_j+P_cC_j$，故方案的综合总费用即为基准投资回收期内年折算费用的总和。

在方案评选时，综合总费用最小的方案即为最优方案。

2. 互斥型方案动态评价

动态评价强调利用时间价值将不同时间内资金的流入和流出换算成同一时点的价值，从而消除方案时间上的不可比性，并能反映方案在未来时期的发展变化情况。常用的互斥型方案经济效果动态评价方法有净现值法、增量内部收益率法、净年值或年成本法、净现值率法等几种。

(1) 互斥型方案计算期相同时方案经济效果的评价。

① 净现值法。对互斥型方案进行评价，首先分别计算各个方案的净现值，剔除净现值<0的方案，即进行方案的绝对效果检验；然后，对所有净现值≥0 的方案比较其

净现值，选择净现值最大的方案为最佳方案。此为净现值评价互斥型方案的判断准则，即净现值≥0且最大的方案为最优可行方案。

很容易证明，按方案净现值的大小直接进行比较，与进行相对效果检验，即按增量投资净现值的比较有完全一致的结论，但直接用净现值的大小来比较更为方便。

② 增量内部收益率（ΔIRR）法。应用内部收益率（IRR）对互斥型方案进行评价，能不能直接按各互斥型方案的内部收益率的高低来选择方案呢？答案是否定的。因为内部收益率不是项目初始投资的收益率，而且内部收益率受现金流量分布的影响很大，净现值相同的两个分布状态不同的现金流量，会得出不同的内部收益率。因此，直接按各互斥型方案的内部收益率的高低来选择方案并不一定能选出净现值［基准收益率（i_c）下］最大的方案，即IRR（2）＞IRR（1）≥i_c并不意味着一定有ΔIRR＞i_c。

由净现值的经济含义可知，净现值最大准则因符合收益最大化的决策准则，故是正确的。因此，我们要确定的互斥型方案的内部收益率评价准则，应与净现值最大化原则相一致才是正确的。若用内部收益率，就不能仅看方案自身内部收益率是否最大，还要看其他条件。这就是要看方案1比方案2多花的投资的内部收益率［即增量内部收益率（ΔIRR）］是否大于基准收益率i_c，若ΔIRR＞i_c，则投资大的方案1为较优方案；若ΔIRR＜i_c，则投资小的方案2为较优方案。

增量内部收益率是两方案各年净现金流量的差额的现值之和等于零时的折现率，其计算公式为

$$\Delta NPV(\Delta IRR) = \sum_{t=0}^{n}(A_1 - A_2)_t(1+\Delta IRR)^{-t} = 0 \tag{4-22a}$$

$$\sum_{t=0}^{n}(1+\Delta IRR)^{-t} = \sum_{t=0}^{n}A_{2t}(1+\Delta IRR)^{-t} = 0 \tag{4-22b}$$

式中　ΔIRR——增量内部收益率；

$A_{1t}=(CI-CO)_{1t}$——初始投资大的方案年净现金流量；

$A_{2t}=(CI-CO)_{2t}$——初始投资小的方案年净现金流量。

按增量内部收益率评价的结果总是与按净现值指标评价的结果一致，而以项目内部收益率作评价准则进行方案比较，有时会得出错误的结论。

进一步可以认为，增量内部收益率是两方案等额年金相等的折现率。

增量内部收益率法也可用于仅有费用的现金流量的互斥型方案的比选。在这种情况下，实际上是把增量投资所产生的对其他费用的节约看成是增量收益。

应用增量内部收益率（IRR）评价互斥型方案经济效果的基本步骤如下。

a. 计算各备选方案的IRR_j，分别与基准收益率（i_c）比较，IRR_j＜i_c的方案，即予以淘汰。

b. 将IRR_j≥i_c的方案按初始投资额由小到大依次排列。依次用初始投资大的方案的现金流量减去初始投资小的方案的现金流量，所形成的增量投资方案的现金流量是常规投资的形式，处理起来较为方便。

c. 按初始投资额从小到大依次计算相邻两个方案的增量内部收益率（ΔIRR），若ΔIRR＞i_c，则说明初始投资大的方案优于初始投资小的方案，保留初始投资大的方案；反之，则保留初始投资小的方案。直至全部方案比较完毕，保留的方案就是最优方案。

③ 净年值法或年成本法。由前述已知，净年值评价与净现值评价是等价的（或等效的）。同样，在进行互斥型方案评价时，只需按方案净年值的大小直接进行比较即可得出最优可行方案。在具体应用净年值评价互斥型方案时，常根据应用的条件不同，分为净年值法与年成本法两种情况。

第一种情况，当给出“+”“-”现金流量时，分别计算各方案的净年值。凡净年值小于零的方案，先行淘汰，在余下方案中，选择净年值大者为优。若各方案的净年值均为“-”，且必须从中选择一方案时，选择绝对值小者为优。

第二种情况，当各方案所产生的效益相同，或者当各方案所产生的效益无法或很难用货币直接计量时，可以用等额年成本替代净年值进行评价，以年成本较低的方案为最佳，其表达式为

$$\mathrm{AC}-\sum_{t=0}^{n}\mathrm{CO}_t(P/F,i_c,t)(A/P,i_c,n) \tag{4-23}$$

由于采用净年值法或年成本法进行评价所得出的结论是完全一致的，因此在实际互斥型方案评价应用中，视互斥型方案的实际情况任意选择其中一种方法即可。

④ 净现值率法。单纯以净现值最大为标准进行方案选优，往往会导致评价人趋向于选择投资大、盈利多的方案，而忽视盈利较小，但投资更小、经济效果更好的方案。因此，在互斥型方案经济效果实际评价中，当资金无限制时，用净现值法评价；而当资金有限制时，可以考虑用净现值率法进行辅助评价。

净现值率大小反映了方案单位投资所获得的超额净效益大小。采用净现值率法评价互斥型方案，当对比方案的投资额不同，且有明显的资金总量限制时，先行淘汰净现值率小于零的方案，对余下的净现值率大于或等于零的方案，选净现值率较大的方案。

应当指出的是，用净现值率法评价方案所得的结论与用净现值法评价方案所得的结论并不总是一致的。

（2）计算期不同的互斥型方案经济效果的评价。

以上所讨论的都是对比方案的计算期相同的情形，然而，现实中很多方案的计算期往往是不同的。这时，必须对计算期做出某种假定，使计算期不等的互斥型方案能在一个共同的计算期基础上进行比较，以保证得到合理的结论。

① 净年值法。用净年值进行寿命不等的互斥型方案经济效果评价时，实际上隐含着做出这样一种假定：各备选方案在其寿命结束时均可按原方案重复实施或以与原方案经济效果水平相同的方案接续。净年值是以“年”为时间单位比较各方案的经济效果，一个方案无论重复实施多少次，其净年值是不变的，从而使寿命不等的互斥型方案间具有可比性。故净年值更适用于评价具有不同计算期的互斥型方案的经济效果。

对各备选方案净现金流量的净年值进行比较，以净年值大于或等于零且净年值最大者为最优方案。

在对寿命不等的互斥型方案进行比选时，净年值是最为简便的方法，它比内部收益率在方案评价时更为简便。同时，用等值年金，可不考虑计算期的不同，故它也较净现值简便，当参加比选的方案数目众多时，尤其是这样。

② 净现值法。由前述已知，净现值是价值型指标，其用于互斥型方案评价时必须考虑时间的可比性，即在相同的计算期下比较净现值的大小。常用方法有最小公倍数法、研

究期法和无限计算期法。

a. 最小公倍数法（又称方案重复法）。它是以各备选方案计算期的最小公倍数作为方案比选的共同计算期，并假设各个方案均在这样一个共同的计算期内重复进行，即各备选方案在其计算期结束后，均可按与其原方案计算期内完全相同的现金流量系列周而复始地循环下去，直到共同的计算期。在此基础上，计算出各个方案的净现值，以净现值最大的方案为最优方案。

最小公倍数法有效地解决了寿命不等的方案之间净现值的可比性问题，但这种方法所依赖的方案可重复实施的假定不是在任何情况下都适用的。对于某些不可再生资源开发型项目，在进行计算期不等的互斥型方案比选时，方案可重复实施的假定不再成立，这种情况下就不能用最小公倍数法确定计算期。有的时候，最小公倍数法求得的计算期过长，甚至远远超过所需的项目寿命期或计算期的上限，这就降低了所计算方案经济效果指标的可靠性和真实性，故也不适合用最小公倍数法。

b. 研究期法。针对上述最小公倍数法的不足，对计算期不相等的互斥型方案，可采用另一种确定共同计算期的方法——研究期法。这种方法是根据对市场前景的预测，直接选取一个适当的分析期作为各个方案共同的计算期，这样不同期限的方案就转化为相同期限的方案了。

研究期的确定一般以互斥型方案中年限最短或最长方案的计算期作为互斥型方案评价的共同研究期。当然，也可取所期望的计算期为共同研究期。通过比较各个方案在该研究期内的净现值来对方案进行比选，以净现值最大的方案为最优方案。

对于计算期短于共同研究期的方案，仍可假定其计算期完全相同地重复延续，也可按新的不同的现金流量序列延续。需要注意的是，对于计算期（或者是计算期延续）比共同研究期长的方案，要对其在研究期以后的现金流量余值进行估算，并回收余值。该项余值估算的合理性及准确性，对方案比选结论有重要影响。

c. 无限计算期法。如果评价方案的最小公倍数计算期很大，为简化计算，则可取无穷大计算期法计算净现值（NPV），NPV 最大者为最优方案，即

$$\mathrm{NPV}=\mathrm{NAV}(P/A,i_c,n)=\mathrm{NAV}\,\frac{(1+i)^n-1}{i\,(1+i)^n}$$

当 $n\to\infty$ 时，即工程项目计算期为无限大时，有

$$\mathrm{NPV}=\frac{\mathrm{NAV}}{i} \tag{4-24}$$

③ 增量内部收益率法。用增量内部收益率进行寿命不等的互斥型方案经济效果评价，需要首先对各备选方案进行绝对效果检验，然后再对通过绝对效果检验（净现值、净年值大于或等于零，内部收益率大于或等于基准收益率）的方案用计算增量内部收益率的方法进行比选。

求解寿命不等互斥型方案间增量内部收益率的方程可用令两方案净年值相等的方式建立；在增量内部收益率（ΔIRR）存在的情况下，若 $\Delta\mathrm{IRR}\geqslant i_c$，则初始投资大的方案为优；若 $0<\Delta\mathrm{IRR}<i_c$，则初始投资小的方案为优。

4.2.4 其他多方案的经济评价

其他多方案的经济评价包括互补型方案、现金流量相关型方案、组合-互斥型方案和

混合相关型方案等方案类型的经济评价。

1. 互补型方案的经济评价

经济上互补而又对称的方案可以结合在一起作为一个“综合体”来考虑；经济上互补而不对称的方案，如建筑物 A 和空调 B，则可把问题转化为对有空调的建筑物方案 C 和没有空调的建筑物方案 A 这两个互斥型方案的经济比较。

2. 现金流量相关型方案的经济评价

对于现金流量相关型方案，不能简单地按照独立型方案或互斥型方案的评价方法来分析，而应首先确定方案之间的相关性，对其现金流量之间的相互影响做出准确的估计，然后根据方案之间的关系，把方案组合成互斥的组合方案。如跨江收费项目的建桥方案 A 或轮渡方案 B，可以考虑的方案组合是方案 A、方案 B 和 AB 混合方案。在 AB 混合方案中，方案 A 的收入将因另一方案 B 的存在而受到影响。最后，按照互斥型方案的评价方法对组合方案进行比选。

3. 组合-互斥型方案——有资金限制的独立型方案的经济评价

在若干独立型方案比较和选优过程中，最常见的约束是资金的约束。对于独立型方案的比选，如果没有资金的限制，只要方案本身的 NPV$\geqslant$0 或 ΔIRR$\geqslant i_c$，方案就可行。但在有明确的资金限制时，受资金总拥有量的约束，不可能采用所有经济上合理的方案，而只能从中选择一个方案实施，这就出现了资金合理分配的问题。此时，独立型方案在约束条件下成为相关的方案。几个独立型组合方案之间就变成了互斥型的关系。

有资金约束条件下的独立型方案选择，其根本原则在于使有限的资金获得最大的经济利益。具体评价方法有独立型方案组合互斥化法和净现值率排序法。

(1) 独立型方案组合互斥化法。

在有资金约束条件下独立型方案的比选，由于每个独立型方案都有两种可能——选择或者拒绝，故 N 个独立型方案可以构成 2^N 个组合方案。每个组合方案可以看成是一个满足约束条件的互斥型方案，这样按互斥型方案的经济评价方法可以选择一个符合评价准则的可行组合方案。因此，有约束条件的独立型方案的选择可以通过方案组合转化为互斥型方案的比选。评价的基本步骤如下。

① 分别对各独立型方案进行绝对效果检验，即剔除 NPV<0 或 ΔIRR<i_c 的方案。

② 对通过绝对效果检验的方案，列出不超过总投资限额的所有组合方案，则这些组合方案之间具有互斥的关系。

③ 将各组合方案按初始投资额大小顺次排列，按互斥型方案的比选原则，选择最优的组合方案，即分别计算各组合方案的净现值或增量内部收益率，以净现值最大的组合方案为最优组合方案；或者以增量内部收益率判断准则选择最优组合方案。由于增量内部收益率与净现值评价结论是一致的，为简化有资金约束的独立型方案的评价，一般仅用净现值最大作为最优组合方案的选择准则。

在有资金约束的条件下运用独立型方案互斥化法进行比选，其优点是在各种情况下均能保证获得最优组合方案，但缺点是在方案数目较多时，其计算比较烦琐。

(2) 净现值率排序法。

净现值率大小反映了该方案单位投资所获得的超额净效益大小。应用净现值率评价方案时，将净现值率大于或等于零的各个方案按净现值率的大小依次排序，并依此次序选取方案，直至所选取的组合方案的投资总额最大限度地接近或等于投资限额为止。

按净现值率排序原则选择项目方案，其基本思想是单位投资的净现值越大，在一定投资限额内所能获得的净现值总额就越大。

在有明显的资金总量限制，且各项目占用资金远小于资金总拥有量时，适宜用净现值率进行方案选优。

净现值率排序法的优点是计算简便；缺点是由于投资方案的不可分性，即一个方案只能作为一个整体被接受或放弃，经常会出现资金没有被充分利用的情况，因而不一定能保证获得最佳组合方案。

4. 混合相关型方案的经济评价

对混合相关型方案进行评价，不管项目间是独立的、互斥的还是有约束的，它们的解法都一样，即把所有的投资方案的组合排列出来，然后进行排序和取舍。

综上分析，进行多方案经济比选的基本思路就是先变相关为互斥，再用互斥型方案的评价方法来评价。评价时，应注意如下问题。

① 方案经济比选既可按各方案所含的全部因素计算的效益与费用进行全面对比，也可就选定的因素计算相应的效益和费用进行局部对比，应遵循效益与费用计算口径对应一致的原则，注意各方案的可比性。

② 在方案不受资金约束的情况下，一般采用增量内部收益率、净现值和净年值等指标评价方案，且比较的结论也总是一致的。当有明显资金限制，且各方案占用资金远低于资金总拥有量时，一般宜采用净现值率评价方案。由于项目的不可分性（即一个项目只能作为一个整体而被接受或放弃），因此决策不能严格按方案净现值率从大到小的次序来考虑取舍。

③ 对计算期不同的方案进行比选时，宜采用净年值和年成本等指标。当采用增量内部收益率、净现值率等方法进行比较时，应对各方案的计算期进行适当的处理。

④ 对效益相同或效益基本相同但难以具体估算的方案进行比较时，可采用最小费用法，包括费用现值比较法和年费用比较法。

情境小结

为保证投资的科学性与正确性，应采取一定的标准和方法来评价。本学习情境主要讨论了工程经济评价的基本方法。经济评价指标的分类有多种方式，其中按评价指标是否考虑资金的时间价值可以划分为静态评价指标和动态评价指标两大类。评价方案根据类型不同可分为单一方案和多方案。投资回收期法和内部收益率法用于评价单个项目方案的可行性；增量投资回收期法、增量净现值法和增量内部收益率法用于多个方案的优劣比选；净现值法、净年值法既可以评价单个项目的可行性，又可以用于多个方案的优劣比选。

习　题

一、单选题

1. 某建设项目估计总投资 50 万元，项目建成后各年收益为 8 万元，各年支出为 2 万元，则该项目的静态投资回收期为（　　）年。

A. 6.3　　B. 25　　C. 8.3　　D. 5

2. 当在一系列方案中，某一方案的接受并不影响其他方案的接受时，这种方案称为（　　）。

A. 互斥型方案　　B. 互为从属型方案

C. 兼容型方案　　D. 独立型方案

3. 在总投资有限额的条件下进行多个独立型方案比选时，一般应选择（　　）。

A. 投资总额最接近限额的方案组合

B. 净现值之和最大且不超过投资限额的方案组合

C. 净现值率排序最靠前且不超过投资限额的方案组合

D. 内部收益率排序最靠前且不超过投资限额的方案组合

4. 当方案的投资发生在起始点且各年的净收益均等时，投资回收期与投资收益率（　　）。

A. 相等　　B. 互为倒数　　C. 无关　　D. 成正比

5. 按照增量内部收益率的比选准则，若 $\Delta IRR < i_c$，则可知（　　）。

A. 投资大的方案为优　　B. 投资大的方案可行

C. 投资小的方案为优　　D. 投资小的方案可行

二、简答题

1. 内部收益率的经济含义是什么？

2. 影响基准收益率的因素主要有哪些？

3. 投资方案有哪几种类型？请举例说明。

三、计算题

1. 某方案的现金流量见表 4-4，基准收益率为 15%。试计算：①投资回收期；②净现值；③内部收益率。

表 4-4　现金流量表　　单位：万元

年份	0	1	2	3	4	5
现金流量	−2000	450	550	650	700	800

2. 某投资方案初始投资为 120 万元，年营业收入为 100 万元，寿命为 6 年，残值为 10 万元，年经营成本为 50 万元。试求该投资方案的内部收益率。

3. 修建某永久性工程，经研究有两个方案可以实施：A 方案投资为 3000 万元，年维护费用为 6 万元，每 10 年需要大修一次，每次修理费需 15 万元；B 方案投资为 2800 万元，年维护费用为 15 万元，每 3 年需小修一次，每次修理费需 5 万元，每 10 年大修一次，每次修理费需 10 万元。若年利率为 10%，试比较两个方案哪个最优。

4. 表 4－5 所列为 3 个独立型方案的投资额、年收益和年经营成本，现资金限制为 700 万元，项目寿命期均为 8 年，假定资金的年利率为 12%，试选择最优投资方案。

表 4－5　3 个独立型方案的投资额、年收益和年经营成本对比表　　单位：万元

投资项目	投资额	年收益	年经营成本
A	200	120	74
B	300	150	84
C	400	160	78

5. 有两个技术引进方案：方案 A 投资 15 万元，年收入 10 万元，年经营成本 6 万元，寿命 10 年；方案 B 投资 10 万元，年收入 8 万元，年经营成本 5 万元，寿命 10 年。两方案的残值均为零。若标准收益率为 10%，试用增量内部收益率法比较两种方案的优劣。

学习情境4
在线答题

学习情境5 工程项目的融资方案

思维导图

- 工程项目的融资方案
  - 知识要点
    - 融资主体及其融资方式
      - 融资主体的确定
      - 既有法人融资
      - 新设法人融资
    - 项目资本金的融资方式
      - 建设项目资本金的最低比例要求
      - 建设项目资本金的出资方式
      - 互补型方案及其经济评价
      - 建设项目资本金的筹资渠道
    - 项目债务资金的融资方式
      - 债务资金的特点
      - 债务资金的筹资方式和筹资渠道
  - 能力要求
    - 了解融资方案的内容与要求
    - 掌握融资主体的确定方法
    - 熟悉既有法人融资与新设法人融资
    - 掌握建设项目资本金的特点
    - 掌握建设项目资本金的出资方式
    - 熟悉资本金的筹资渠道
    - 掌握债务资金的特点
    - 熟悉债务资金的筹资方式
    - 熟悉债务资金的筹资渠道

情境导读

2009年1月，迪士尼宣布与上海市政府签订《项目建议书》，将联合上海市政府，在浦东兴建全球第6个迪士尼乐园。2010年11月5日，上海申迪（集团）有限公司与美国迪士尼公司签署上海迪士尼乐园项目合作协议，标志着上海迪士尼乐园项目正式启动。

上海迪士尼项目一期建设的迪士尼乐园及配套区占地3.9平方千米，以1.16平方千米的主题乐园和约0.39平方千米的中心湖泊为核心。

上海迪士尼项目的投资结构由3个部分组成：①上海国际主题乐园有限公司，中美双方持股比例分别为57%和43%；②上海国际主题乐园配套设施有限公司，中美双方持股比例分别为57%和43%；③上海国际主题乐园和度假区管理有限公司，中美双方持股比例分别为30%和70%。

上海迪士尼项目的融资结构：项目投资达245亿元人民币，所有投资中40%资金为中方和迪士尼双方共同持有的股权，其中中方政府占57%，迪士尼占43%。其余占总投资的60%的资金则为债权，其中政府拥有80%，另外20%则为商业机构拥有。

迪士尼公司只出了一小部分资金用于一期园区的建设，其主要是以品牌入股投资。在迪士尼公司看来，把过多的钱投在乐园的建设上将冒不小的风险，所以迪士尼公司更愿意通过以品牌估值的方式入股。而上海则希望通过迪士尼这个项目，促进和带动上海旅游业和第三产业的发展，对项目的渴求是比较迫切的。因此，上海在迪士尼乐园项目的投资金额的比例上做出了让步，愿意承担主要的项目资金。

工程项目成功兴建的决定性因素之一是所需总资金和分年所需资金能否得到足够、持续的供应，因此，工程项目融资方案的决策是至关重要的。融资方案与财务分析密切相关，融资方案确定的项目资本金和项目债务资金的数额是进行融资后资本金盈利能力分析、项目偿债能力分析、项目财务生存能力分析等财务分析的基础数据，而融资后的财务分析结论又是比选、确定融资方案的依据。选择确定项目的融资方案的基本要求是寻找一个融资成本较低、投资资金利用率高且承担较低风险的方案，其目的是在融资风险可接受的前提下，选择合理的融资结构，以降低融资成本、增加项目收益。

请思考，上海迪士尼项目的融资结构其优势在哪里？如何选择适合企业的融资方案呢？

5.1 融资主体及其融资方式

融资

项目融资方式是指项目融资所采取的基本方式，包括项目的融资组织形式和融资结构。研究项目的融资方案，首先要明确项目的融资主体和融资方式。

5.1.1 项目的融资主体

项目的融资主体是指进行融资活动并承担融资责任和风险的项目法人单位。确定项目的融资主体应考虑项目投资的规模和行业特点、项目与既有法人资产经营活动的联系、既有法人的财务状况、项目自身的盈利能力等因素。按照项目的融资主体不同，其融资方式主要有既有法人融资和新设法人融资两种。

5.1.2 既有法人融资方式

既有法人融资方式是以既有法人为融资主体的融资方式。建设项目由现有企业单独发起，不再组建新的企业法人，现有企业组织融资活动并承担融资责任和风险，所需的资金来源于既有法人内部融资、新增资本金和新增债务资金。新增债务资金依靠既有法人整体的盈利能力来偿还，并以既有法人整体的资产和信用承担债务担保。采用既有法人融资方式的建设项目，既可以是技术改造、改建、扩建项目，也可以是非独立法人的新建项目。既有法人项目的总投资构成及资金来源如图 5.1 所示。

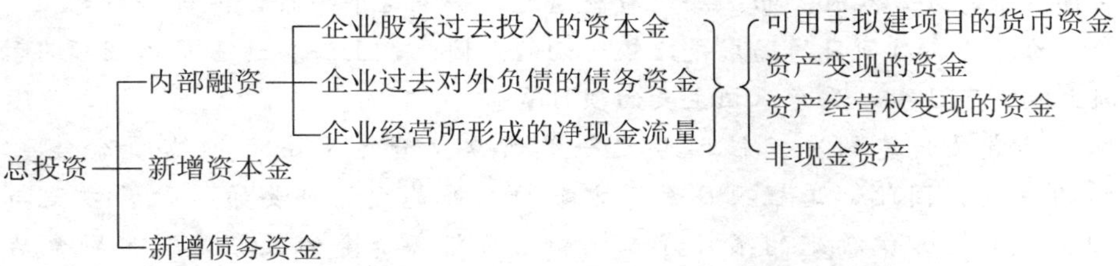

图 5.1 既有法人项目的总投资构成及资金来源

（1）可用于拟建项目的货币资金包括既有法人现有的货币资金和未来经营活动中可能获得的盈余现金。现有的货币资金是指现有的库存现金和银行存款，这些资金扣除必要的日常经营所需的货币资金后，可用于拟建项目。未来经营活动中可能获得的盈余现金是指在拟建项目的建设期内，企业在经营活动中获得的净现金节余，这些资金可抽出一部分用于项目建设。

（2）资产变现的资金包括转让长期投资、提高流动资产使用效率、出售固定资产而获得的资金。企业的长期投资包括长期股权投资和长期债权投资，一般都可以通过转让而变现。存货和应收账款对流动资金需要量影响较大，企业既可以通过加强财务管理提高流动资产周转率，减少存货、应收账款等流动资产占用而取得现金，也可以通过出让有价证券取得现金。在企业的固定资产中，有些由于产品方案改变而被闲置，有些由于技术更新而被替换，都可以出售变现。

（3）资产经营权变现的资金是指既有法人可以将其所属资产经营权的一部分或全部转让而取得的用于项目建设的现金。例如，某公司将其已建成的一条高速公路的 20%的经营权转让给另一家公司，转让价格为未来 20 年这条高速公路收益的 20%，然后将取得的资金用于建设另一条高速公路。

（4）非现金资产包括实物、工业产权、非专利技术、土地使用权等，当这些资产适用于拟建项目时，经资产评估可直接用于项目建设。

以既有法人融资方式筹集的债务资金虽然用于项目投资，但债务人是既有法人。债权人可对既有法人的全部资产（包括拟建项目的资产）进行债务追索，因而债权人的债务风险较低。在这种融资方式下，不论项目未来的盈利能力如何，只要既有法人能够保证按期还本付息，银行就愿意提供信贷资金。因此，采用这种融资方式，必须充分考虑既有法人整体的盈利能力和信用状况，分析可用于偿还债务的既有法人整体（包括拟建项目）的未来的净现金流量。

1. 既有法人融资方式的适用条件

（1）既有法人为扩大生产能力而兴建的扩建项目或原有生产线的技术改造项目。

（2）既有法人为新增生产经营所需水、电、气等动力供应及环境保护设施而兴建的项目。

（3）项目与既有法人的资产及经营活动联系密切。

（4）既有法人具有为项目进行融资和承担全部融资责任的经济实力。

（5）项目盈利能力较差，但项目对整个企业的持续发展具有重要作用，需要利用既有法人的整体资信获得债务资金。

2. 既有法人融资方式的特点

（1）拟建项目不组建新的项目法人，由既有法人统一组织融资活动并承担融资责任和风险。

（2）拟建项目是在既有法人的资产和信用的基础上进行的，融资可以不依赖项目投资形成的资产，而依赖于已经存在的公司本身的资信，并形成增量资产。

（3）从既有法人的财务整体状况考察融资后的偿债能力，贷款虽然用于项目，但由公司承担债务偿还责任。

5.1.3 新设法人融资方式

新设法人融资是指由项目发起人（企业或政府）发起组建新的具有独立法人资格的项目公司，由新组建的项目公司来承担融资责任和风险，依靠项目自身的盈利能力来偿还债务，以项目投资形成的资产、未来收益或权益作为融资担保的基础。建设项目所需资金的来源包括项目公司股东投资的资本金和项目公司承担的债务资金。

项目资本金是指在项目总投资中，由投资者认缴的出资额，这部分资金对项目法人而言属非债务资金，投资者可以转让其出资，但不能以任何方式抽回。在我国，除了公益性项目等部分特殊项目主要由中央和地方政府用财政预算投资建设外，大部分投资项目都应实行资本金制度。

项目资本金既可以用货币出资，也可以用实物、工业产权、非专利技术、土地使用权、资源开采权等作价出资。作价出资的实物、工业产权、非专利技术、土地使用权和资源开采权，必须经过有资格的资产评估机构依照法律法规评估作价。其中，以工业产权、非专利技术作价出资的比例不得超过资本金总额的20%，但经特别批准，部分高新技术企业可以达到35%。

按照我国现行规定，有些项目不允许国外资本控股，有些项目要求国有资本控股。

新设法人项目公司债务资金的融资能力取决于股东能对项目公司借款提供多大程度的担保。实力雄厚的股东，能为项目公司借款提供完全的担保，可以使项目公司取得低成本的资金，降低项目的融资风险，但担保额度过高会使项目公司承担过高的担保费，从而增加项目公司的费用支出。

1. 新设法人融资方式的适用条件

(1) 项目发起人希望拟建项目的生产经营活动相对独立，且拟建项目与既有法人的经营活动联系不密切。

(2) 拟建项目的投资规模较大，既有法人财务状况较差，不具有为项目进行融资和承担全部融资责任的经济实力，需要新设法人募集股本金。

(3) 项目自身具有较强的盈利能力，依靠项目自身未来的现金流量可以按期偿还债务。

2. 新设法人融资方式的特点

(1) 项目投资由新设项目法人筹集的资本金和债务资金构成。

(2) 由新设项目法人承担投融资及运营责任和风险。

(3) 从项目投产后的经济效益情况考察偿债能力。

采用新设法人融资方式的建设项目，一般是新建项目，但也可以是将既有法人的一部分资产剥离出去后重新组建新的项目法人的改扩建项目。采用新设法人融资方式，项目发起人与新组建的项目公司分属不同的实体，项目的债务风险由新组建的项目公司承担。项目能否还贷，取决于项目自身的盈利能力，因此必须认真分析项目自身的现金流量和盈利能力。

5.2 项目资本金的融资方式

项目资本金

项目资本金也称实收资本，是指由项目的发起人、权益投资人以获得项目财产权和控制权的方式投入的资金，也是新建项目设立时在工商行政管理部门登记的注册资本。项目资本金对项目来说是非债务资金，项目法人不承担这部分资金的任何利息和债务，投资者可按其出资比例依法享有所有者权益，也可转让其出资，但一般不得以任何方式抽回。

注册资本

根据投资主体的不同，项目资本金可分为国家资本金、法人资本金、个人资本金及外商资本金。

项目资本金既是确定项目产权关系的依据，也是项目获得债务资金的信用基础。由于项目资本金没有固定的按期还本付息压力，股利是否支付和支付多少视项目投产运营后的实际经营效果而定，因此，项目法人的财务负担较小。

知识链接

根据《国务院关于固定资产投资项目试行资本金制度的通知》的要求，国有单位的基本建设、技术改造、房地产开发项目和集体投资等的各种经营性投资项目，试行资本金制度，必须首先落实资本金才能进行建设。个体和私营企业的经营性投资项目参照规定执行。公益性投资项目不实行资本金制度。外商投资项目（包括外商投资、中外合资、中外合作经营项目）按现行有关法规执行。

5.2.1 项目资本金的来源

项目资本金的来源通常有如下几种。

(1) 中央和地方各级政府预算内资金。

(2) 国家批准的各项专项建设资金。

(3)“拨改贷”和经营性基本建设基金回收的本息。

(4) 土地批租收入。

(5) 国有企业产权转让收入。

(6) 地方政府按国家有关规定收取的各项税费及其他预算外资金。

(7) 国家授权的投资机构及企业法人的所有者权益（包括资本金等）。

(8) 企业折旧基金及投资者按照国家规定从资本市场上筹措的资金。

(9) 经批准，发行股票或可转换债券。

(10) 国家规定的其他可用作项目资本金的资金。

《关于做好地方政府专项债券发行及项目配套融资工作的通知》

5.2.2 项目资本金的筹措

1. 股东直接投资

股东直接投资包括政府授权投资机构入股资金、国内外企业入股资金、社会团体和个人入股资金及基金投资公司入股资金，分别构成国家资本金、法人资本金、个人资本金和外商资本金。

对于既有法人融资项目，股东直接投资表现为扩充既有企业的资本金，包括原有股东增资扩股和吸收新股东投资。

对于新设法人融资项目，股东直接投资表现为项目投资者为项目提供资本金。合资经营公司的资本金由企业的股东按股权比例认缴，合作经营公司的资本金由合作投资方按预先约定的金额投入。

2. 股票融资

股票是股份公司发给股东作为已投资入股的证书和索取股息的凭证，它是可以作为买卖对象或担保的有价证券。无论是既有法人融资项目还是新设法人融资项目，凡符合规定条件的，均可以通过发行股票在资本市场募集股本资金。股票融资所筹资金没有到期偿还的问题，投资者一旦购买股票便不得退股。股票融资所筹资金是项目的股本资金，可作为其他方式筹资的基础，可增强融资主体的举债能力。

股票融资可以采取公募与私募两种形式。公募又称公开发行，是指在证券市场上向不特定的社会公众公开发行股票。为了保障广大投资者的利益，国家对公开发行股票有严格的要求，发行股票的企业要有较高的信用，符合证券监管部门规定的各项发行条件，并获得证券监管部门批准后方可发行。私募又称不公开发行或内部发行，是指将股票直接出售给少数特定的投资者。

普通股股票的股利支付可视融资主体的经营好坏和经营需要而定，因而融资风险较小；优先股股票是一种兼具资本金和债务资金特点的有价证券。从普通股股东的立场看，优先股可视同一种负债；但从债权人的立场看，优先股可视同资本金。

股票融资的资金成本较高，因为股利需从税后利润中支付，不具有抵税作用，而且发行费用也较高；上市公开发行股票，必须公开披露信息，接受投资者和社会公众的监督。

3. 政府投资

政府投资资金包括各级政府的财政预算内资金、国家批准的各种专项建设基金、统借国外贷款、土地批租收入、地方政府按规定收取的各种费用及其他预算外资金等。政府投资主要用于基础性项目和公益性项目，如三峡工程、青藏铁路等。

对于政府投资资金，国家根据资金来源、项目性质和调控需要，分别采取直接投资、资本金注入、投资补助、转贷和贷款贴息等方式，并按项目安排使用。

国家对经营性项目实行资本金制度，规定了经营性项目的建设投资都要有一定数额的资本金，杜绝“无本项目”的存在，并提出了各行业项目资本金的最低比例要求。

知识链接

根据《国务院关于调整和完善固定资产投资项目资本金制度的通知》(国发〔2015〕51号)，为进一步解决当前重大民生和公共领域投资项目融资难、融资贵问题，增加公共产品和公共服务供给，补短板、增后劲，扩大有效投资需求，促进投资结构调整，保持经济平稳健康发展，国务院决定对固定资产投资项目资本金制度进行调整和完善。现就有关事项通知如下。

(1) 各行业固定资产投资项目的最低资本金比例按以下规定执行。

城市和交通基础设施项目：城市轨道交通项目由25%调整为20%，港口、沿海及内河航运、机场项目由30%调整为25%，铁路、公路项目由25%调整为20%。

房地产开发项目：保障性住房和普通商品住房项目维持20%不变，其他项目由30%调整为25%。

产能过剩行业项目：钢铁、电解铝项目维持40%不变，水泥项目维持35%不变，煤炭、电石、铁合金、烧碱、焦炭、黄磷、多晶硅项目维持30%不变。

其他工业项目：玉米深加工项目由30%调整为20%，化肥(钾肥除外)项目维持25%不变。

电力等其他项目维持20%不变。

(2) 城市地下综合管廊、城市停车场项目，以及经国务院批准的核电站等重大建设项目，可以在规定最低资本金比例基础上适当降低。

(3) 金融机构在提供信贷支持和服务时，要坚持独立审贷，切实防范金融风险。要根据借款主体和项目实际情况，按照国家规定的资本金制度要求，对资本金的真实性、投资收益和贷款风险进行全面审查和评估，坚持风险可控、商业可持续原则，自主决定是否发放贷款以及具体的贷款数量和比例。对于产能严重过剩行业，金融机构要严格执行《国务院关于化解产能严重过剩矛盾的指导意见》(国发〔2013〕41号) 有关规定。

(4) 自本通知印发之日起，凡尚未审批可行性研究报告、核准项目申请报告、办理备案手续的固定资产投资项目，以及金融机构尚未贷款的固定资产投资项目，均按照本通知执行。已经办理相关手续但尚未开工建设的固定资产投资项目，参照本通知执行。已与金融机构签订相关合同的固定资产投资项目，按照原合同执行。

(5) 国家将根据经济形势发展和宏观调控需要，适时调整固定资产投资项目最低资本金比例。

知识链接

根据《国家工商行政管理局关于中外合资经营企业注册资本与投资总额比例的暂行规定》(工商企字〔1987〕第38号)，中外合资经营企业的注册资本与投资总额的比例，应当遵守如下规定。

(1) 中外合资经营企业的投资总额在300万美元以下(含300万美元)的，其注册资本至少应占投资总额的7/10。

(2) 中外合资经营企业的投资总额在300万美元以上至1000万美元(含1000万美元)的，其注册资本至少应占投资总额的1/2，其中投资总额在420万美元以下的，注册资本不得低于210万美元。

(3) 中外合资经营企业的投资总额在1000万美元以上至3000万美元(含3000万美元)的，其注册资本至少应占投资总额的2/5，其中投资总额在1250万美元以下的，注册资本不得低于500万美元。

(4) 中外合资经营企业的投资总额在3000万美元以上的，其注册资本至少应占投资总额的1/3，其中投资总额在3600万美元以下的，注册资本不得低于1200万美元。

筹集项目资本金，应注意以下问题。

(1) 确定资本金的具体来源渠道。一个工程项目的资本金可能有多种来源，但作为一个具体的工程项目，其资本金的来源可能是有限的一个或几个。项目的投资者可根据自己所掌握的有关信息，确定资本金具体的、可能的来源。

(2) 根据资本金的额度确定项目的投资额。政府职能部门和贷款金融机构，都要求投资者投入一定比例的资本金，这就要求投资者根据自己所能筹集到的资本金确定一个工程项目的投资额。

(3) 合理掌握资本金投入比例。投资者投入资本金时，在满足政府有关职能部门和其他资金提供者要求的条件下，投资者投入的资本金比例越低越好。这样，不但可以相应地减少企业的风险，而且可以提高投资收益水平。

(4) 合理安排资本金的到位时间。一般情况下，一个工程项目的资金供应应根据其实施进度进行安排。如果资金到位的时间与工程进度不符，要么会影响工程进度，要么会形成资金积压，从而增加筹资成本。投资者投入的资本金要根据工程进度和其他相关因素，合理安排资本金的到位时间。

5.3 项目债务资金的融资方式

与项目资本金不同，项目的债务资金有自己的特点和融资渠道。

5.3.1 项目债务资金的特点

债务资金是项目投资中以负债方式从金融机构、证券市场等资本市场取得的资金。债务资金体现了项目法人与债权人的债权债务关系，它属于项目的债务，是债权人的权利。债务资金具有以下特点。

(1) 资金在使用上具有时间性限制，到期必须偿还。

(2) 无论项目的融资主体今后经营效果好坏，均须按期还本付息，从而形成企业的财务负担。

(3) 资金成本一般比权益资金低。

(4) 债权人不参与企业的经营管理，不会分散投资者对企业的控制权。

5.3.2 项目债务资金的来源和筹措方式

1. 商业银行贷款

商业银行贷款是我国建设项目获得短期、中长期贷款的重要渠道。贷款期限在 1 年以内的为短期贷款，1 年至 3 年的为中期贷款，3 年以上的为长期贷款。商业银行贷款通常不超过 10 年，超过 10 年期限的，商业银行需要特别报经人民银行备案。国内商业银行贷款手续简单、成本较低、借款弹性较大，可以快速获得资金，适用于有偿债能力的建设项目。同时，商业银行贷款也存在着筹资风险较高、贷款的限制条件较多和筹资数量有限等缺点。

2. 政策性银行贷款

政策性银行是指由政府创立、参股或保证的，专门为贯彻和配合政府特定的社会经济政策或意图，直接或间接地从事某种特殊政策性融资活动的金融机构。目前，我国的政策性银行有国家开发银行、中国进出口银行和中国农业发展银行，政策性银行贷款一般期限较长、利率较低，是为配合国家产业政策等的实施，对有关的政策性项目提供的贷款，但对申请贷款的企业或项目有比较严格的要求。

知识链接

国家开发银行：其贷款主要用于支持国家批准的基础设施项目、基础产业项目、支柱产业项目，以及重大技术改造项目和高新技术产业化项目建设。

中国进出口银行：通过办理出口信贷、出口信用保险及担保、对外担保、外国政府贷款转贷、对外援助优惠贷款，以及国务院交办的其他业务，贯彻国家产业政策、外经贸政策和金融政策，为扩大我国机电产品、成套设备和高新技术产品出口和促进对外经济技术合作与交流，提供政策性金融支持。

中国农业发展银行：按照国家的法律、法规和方针、政策，以国家信用为基础，筹集农业政策性信贷资金，承担国家规定的农业政策性金融业务，代理财政性支农资金的拨付，为农业和农村经济发展服务。

3. 外国政府贷款

外国政府贷款是一国政府向另一国政府提供的具有一定援助或部分赠予性质的低息优惠贷款。

外国政府贷款一般根据贷款国的经济实力、经济政策和具有优势的行业，确定贷款投向范围和项目。经济发达国家的贷款一般投向能源、交通、通信、原材料及其他工业项目；某些行业比较先进的发达国家则侧重于该行业的项目贷款，如丹麦重点选择其先进的乳品加工、制糖、冷冻设备方面的项目贷款。

外国政府贷款有以下特点。

（1）在经济上具有援助性质，期限长、利率低，有的甚至无息。一般还款平均期限为20～30年，最长可达50年。

（2）属主权外债，贷款必须偿还。外国政府贷款是中国政府对外借用的一种债务，是国家主权外债。

（3）贷款一般都限定用途。借用的外国政府贷款主要用于政府主导型项目建设，主要集中在基础设施、社会发展和环境保护等领域。

4. 国际金融组织贷款

国际金融组织贷款是国际金融组织按照章程向其成员国提供的各种贷款，旨在帮助成员国开发资源、发展经济和平衡国际收支。国际金融组织贷款主要包括国际货币基金组织、世界银行和亚洲开发银行提供的贷款。国际金融组织的贷款一般利率较低、期限较长，但是其审查严格、手续繁多，从项目申请到获得贷款，往往需要很长的时间。

国际货币基金组织的贷款只限于成员国财政和金融当局，不与任何企业发生业务，贷款用途限于弥补国际收支逆差或用于经常项目的国际支付。

世界银行贷款主要指国际复兴开发银行（IBRD）贷款和国际开发协会（IDA）信贷，其目的是通过长期贷款的支持和政策性建议帮助会员国家提高劳动生产力，促进发展中国家的经济发展和社会进步，改善和提高生活水平。

亚洲开发银行贷款是亚洲开发银行对亚洲和太平洋地区的发展中国家提供的长期性开发资金，其目的是鼓励各国政府和私人资本向亚洲和太平洋地区投资，对本地区国家提供长期贷款和技术援助，促进本地区国家的经济合作和发展。

5. 出口信贷

出口信贷是设备出口国政府为促进本国设备出口，鼓励本国银行向本国出口商或外国进口商（或进口方银行）提供的贷款。贷给本国出口商的称“卖方信贷”，贷给外国进口商（或进口方银行）的称“买方信贷”。贷款的使用条件是购买贷款国的设备。出口信贷利率通常要低于国际上商业银行的贷款利率，但需要支付一定的附加费用（如管理费、承诺费、信贷保险费等）。

6. 银团贷款

银团贷款是指多家银行组成一个集团，由一家或几家银行牵头，采用同一贷款协议，按照共同约定的贷款计划，向借款人提供贷款的贷款方式。对于银团贷款，除具有一般银行贷款的特点和要求外，由于参加银行较多，需要多方协商，贷款过程周期长。使用银行贷款，除支付利息之外，按照国际惯例，通常还要支付承诺费、管理费、代理费等。银团贷款主要适用于资金需求量大、偿债能力较强的建设项目。

7. 企业债券

企业债券是企业以自身的财务状况和信用条件为基础，依照《中华人民共和国证券法》《中华人民共和国公司法》等法律法规规定的条件和程序发行的、约定在一定期限内还本付息的债券，如三峡债券、铁路债券等。债券的种类很多，主要种类见表 5-1。

表 5-1　债券的种类

划分标准	种　类
按发行方式分类	记名债券、无记名债券
按还本期限分类	短期债券、中期债券、长期债券
按发行条件分类	抵押债券、信用债券
按可否转换为公司股票分类	可转换债券、不可转换债券
按偿还方式分类	定期偿还债券、随时偿还债券
按发行主体分类	国家债券、地方政府债券、企业债券、金融债券

企业债券融资具有众多优点，主要包括筹资对象广泛、债券成本较低、可利用财务杠杆、保障股东控制权、便于调整资本结构等。但其财务风险较高、限制条件较多、筹资数量有限，一般适用于资金需求量大、偿债能力较强的建设项目。

目前，我国企业债券的发行总量须纳入国家信贷计划，申请发行企业债券必须经过严格的审核，只有实力强、资信好的企业才有可能被批准发行企业债券，还必须有实力很强的第三方提供担保。

8. 融资租赁

融资租赁是指出租人根据承租人对租赁物件的特定要求和对供货人的选择，出资向供货人购买租赁物件，并租给承租人使用，承租人则分期向出租人支付租金，在租赁期内租赁物件的所有权属于出租人所有，承租人拥有租赁物件的使用权。租期届满，租金支付完毕并且承租人根据融资租赁合同的规定履行完全部义务后，对租赁物的归属没有约定的或者约定不明的，可以协议补充；不能达成补充协议的，按照合同有关条款或者交易习惯确定，仍然不能确定的，租赁物件所有权归出租人所有。融资租赁与分期付款购入设备相类似，实质上是承租者通过设备租赁公司筹集设备投资的一种方式，即承租人以融通资金作为主要目的的租赁。

在融资租赁方式下，设备（即租赁物件）是由出租人完全按照承租人的要求选定的，所以出租人对设备的性能、物理性质、老化风险及维修保养不负任何责任。在大多数情况下，出租人在租期内分期回收全部成本、利息和利润，租赁期满后，出租人通过收取名义货价的形式，将租赁物件的所有权转移给承租人。

融资租赁的方式通常包括简单融资租赁、回租融资租赁和售后回租。

融资租赁的优点如下：①可迅速取得所需资产，满足项目运行对设备的需求；②由于租金在很长的租赁期间内分期支付，因而可以有效缓解短期筹集大量资金的压力；③租金进入成本，在税前列支，可使企业获得税收上的利益。

同时，融资租赁具有下述缺点：①由于出租人面临承租人偿债和出租设备性能劣化的双重风险，因而融资租赁的租金通常较高；②在技术进步较快时，承租人面临设备性能劣化而不能对设备变性改造的障碍。

知识链接

经营租赁即承租人以取得设备使用权为主要目的的租赁。在租赁期间，承租人按租赁合同支付租金，租赁期满，不转让有关设备的所有权。租赁期内，承租人不得计提折旧。经营租赁与融资租赁的区别见表 5－2。

表 5－2 经营租赁与融资租赁的区别

对比项目	经营租赁	融资租赁
服务方式	提供融物服务	提供经营和推销服务
合同特征	一个合同两方当事人	两个合同三方当事人
业务性质	租赁业务	金融业务
经营风险	出租人	承租人
出租人收益	租金	利息
计提折旧	出租人	承租人
物件选择	出租人	承租人
物件维护	出租人	承租人
租期	短期	中长期
期满物件归属	出租人	承租人
回收投资	多次	一次
租赁对象	通用设备	专用的大型设备

5.4 项目融资

5.4.1 项目融资概述

1. 项目融资的概念

项目融资是以项目公司为融资主体，以项目未来收益为融资基础，由项目参与者各方分担风险，资金提供方对项目的发起人无追索权或仅有有限追索权（无担保或有限担保）的特定融资方式。

贷款方在决定是否发放贷款时，通常不把项目发起方现在的信用能力作为重要因素来考虑。如果项目本身有潜力，即使项目发起方现在的资产少、收益情况不理想，项目融资也完全可以成功；相反，如果项目本身发展前景不好，即使项目发起方现在的规模再大、资产再多，项目融资也不一定成功。

应用案例 5-1

某公司现拥有甲、乙两个工厂。为了增建丙厂，决定从金融市场上筹集资金，并有以下 3 个方案可供选择。

方案 1：贷款用于建设丙厂，而归还贷款的款项来源于甲、乙、丙 3 个工厂的收益。如果丙厂建设失败，该公司就把原来的甲、乙两个工厂的收益作为偿债的担保。

方案 2：用借来的钱建丙厂，还款的资金仅限于丙厂建成后的收益。如果新项目失败，贷款方只能从清理丙厂的资产中收回一部分，除此之外，不能要求公司从别的资金来源，包括甲、乙两个工厂的收入归还贷款。

方案 3：在签订贷款协议时，只要求公司把特定的一部分资产作为贷款担保。

上述 3 个方案中，方案 2 和方案 3 属于项目融资。

2. 项目融资的基本特点

(1) 融资主体的排他性。项目发起方以股东身份组建项目公司，该项目公司为独立法人，从法律上与股东分离。

(2) 追索权的有限性。即以项目本身的经济强度作为衡量偿债能力的依据，贷款银行主要依靠项目本身的资产和未来的现金流量作为贷款偿还保证，而原则上对项目公司之外的资产没有追索权或仅有有限追索权。

(3) 项目风险的分散性。因融资主体的排他性、追索权的有限性，项目发起方、项目公司、贷款方三方对各种风险因素和收益进行充分论证，设计出最有利的融资方案。

(4) 项目融资程序的复杂性。项目融资数额大、时限长、涉及面广，涵盖融资方案的总体设计及运作的各个环节，需要的法律性文件也多，其融资程序比传统融资复杂，并且前期费用占融资总额的比例与项目规模成反比，其融资利息也高于公司贷款。

3. 项目融资的适用范围及局限性

（1）项目融资的适用范围。

① 资源开发类项目，如石油、天然气、煤炭、铁、铜等的开发项目。

② 基础设施建设，如公路、铁路、机场、通信、水电煤气等基础设施项目，基础设施建设是项目融资应用最多的领域。

③ 制造业，如船舶、航空、航天和其他交通运输设备制造业等。

总之，项目融资一般适用于竞争性不强的行业，即通过对用户收费取得收益的设施和服务项目较适合项目融资方式。这类项目尽管建设周期长、投资量大，但收益稳定、受市场变化影响小，对投资者有一定的吸引力。

（2）项目融资的局限性。

① 程序复杂、参加者众多、合作谈判成本高。

② 政府的控制较严格。

③ 会增加项目最终用户的负担。

④ 项目风险会增加融资成本。

5.4.2 项目融资的主要方式

导入案例

马来西亚南北高速公路项目全长912千米，最初是由马来西亚政府所属的公路管理局负责建设，但是在公路建成400千米之后，由于财政方面的困难，政府无法将项目继续建设下去，因此采取其他融资方式完成项目成为唯一可取的途径。

从1987年年初开始，经过为期两年的项目建设、经营、融资安排的谈判，马来西亚政府与当地马来西亚联合工程公司签署了一项有关建设经营南北高速公路的特许权合约。马来西亚联合工程公司为此成立了一家项目子公司——南北高速公路项目有限公司。以政府的特许权合约为核心组织起来的项目BOT融资结构图，如图5.2所示。

项目的BOT融资结构由3个部分组成：①政府的特许权合约，政府提供一项为期30年的南北高速公路建设经营特许权合约；②项目的投资者和经营者，南北高速公路项目有限公司负责项目建设的组织和项目融资，并在30年的时间内经营和管理这条高速公路；③项目的国际贷款银团，英国投资银行——摩根格兰福（Morgan Grenfell）为项目组织了为期15年、总金额为25.35亿马来西亚元（9.21亿美元）的有限追索项目贷款。

思考：成功的BOT项目融资方案的结果是一个多赢的局面吗？

1. BOT方式

BOT是国际上近十几年来逐渐兴起的一种基础设施建设的项目融资方式，是一种利

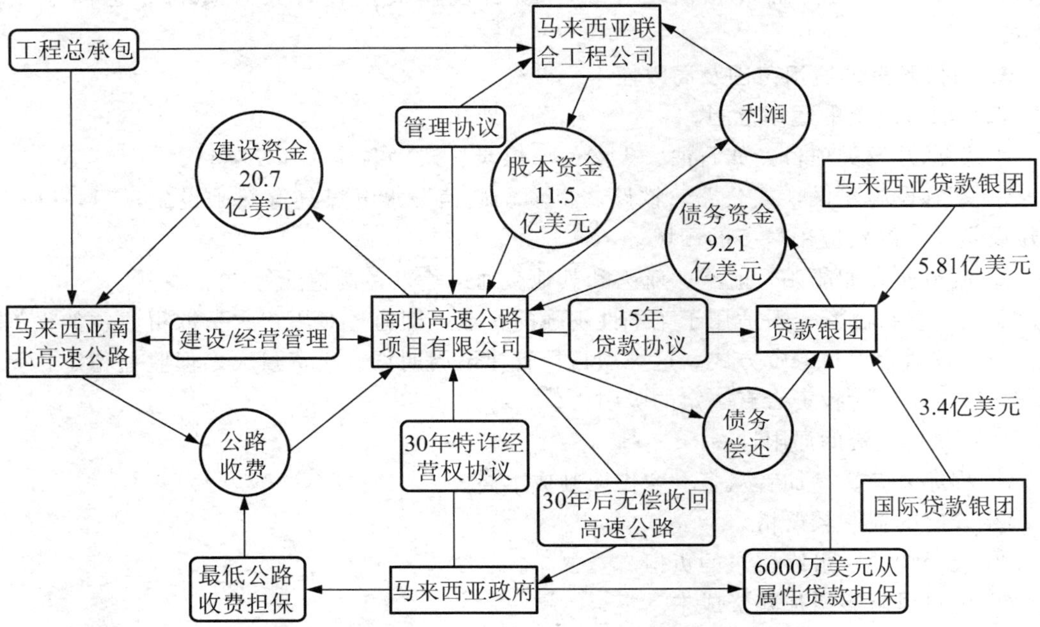

图 5.2 以政府的特许权合约为核心组织起来的项目 BOT 融资结构图

BOT、BOOT

用外资和民营资本兴建基础设施的新兴融资方式。BOT 是 Build-Operate-Transfer 的简称。BOT 方式是指国家或地方政府部门通过特许权协议，授予签约方的外商投资企业（包括中外合资、中外合作、外商独资）承担公共性基础设施（基础产业）项目的投融资、建造、经营和维护；在协议规定的特许期限内，项目公司拥有投资建造设施的所有权（这个所有权不是完整意义上的所有权），允许向设施使用者收取适当费用，由此回收项目投融资、经营和维护成本并获得合理的回报，特许期届满，项目公司将设施无偿地移交给签约方的政府部门。

实际上，BOT 是一类项目融资方式的总称，根据世界银行《1994 年世界发展报告》的定义，BOT 方式实际上至少包括以下 3 种具体的建设方式。

(1) 典型 BOT（Build-Operate-Transfer，建设—经营—移交）方式。典型 BOT 方式的基本思路为：由一国财团或投资人作为项目发起人，从一个国家的政府或所属机构获得某些基础设施的建设特许权，然后由其独立或联合其他方组建的项目公司，负责项目的融资、设计、建造和运营，整个特许期内项目公司通过项目的运营来获得利润，并利用此利润来偿还债务。特许期满，整个项目由项目公司无偿或以极少的名义价格转交给东道主政府。有时，典型 BOT 方式也被称为“暂时私有化”过程。

(2) BOOT（Build-Own-Operate-Transfer，建设—拥有—经营—转让）方式，是指由私人部门融资建设基础设施项目，待项目建成后，在规定的期限内拥有项目所有权并进行经营，期满后将项目移交给政府的一种项目融资方式。BOOT 方式与典型 BOT 方式的区别主要有如下两个方面：一是所有权的区别，BOOT 项目建成后，在规定的期限内既有经营权，又有所有权，而典型 BOT 项目在此期间内只有经营权；二是时间上的差别，采取典型 BOT 方式，从项目建成到移交给政府的时间一般比 BOOT 方式短一些。

(3) BOO (Build-Own-Operate，建设—拥有—经营) 方式，是指私营部门根据政府赋予的特许权，建设并经营某项基础设施，但是并不将此项基础设施项目移交给公共部门的一种项目融资方式。

此外，由于具体项目的条件不同和实际操作的差异，在实践中，BOT 还有一些其他的变通形式，如 BLT (Build-Lease-Transfer，建设—租赁—移交) 方式，是指政府出让项目建设权，在项目运营期内，政府成为项目的租赁人，私营部门成为项目的承租人，租赁期满后，所有资产再移交给政府公共部门的一种项目融资方式；BTO (Build-Transfer-Operate，建设—移交—经营) 方式，由于某些项目的公共性很强，如发电厂、铁路等，不宜让私营机构在运营期间享有所有权，因此采用 BTO 的形式，要求项目公司在项目完工后移交所有权，其后再由项目公司进行经营维护；DBFO (Design-Build-Finance-Operate，设计—建设—投资—经营) 方式，这种方式是从项目设计开始就特许给某一私人部门进行，直到项目经营期收回投资，取得投资收益，但项目公司只有经营权，没有所有权。

BOT

目前，BOT 方式已被广泛运用在各国的基础设施建设中，并且成为国际建设工程承包市场营业额增长最快的一种建设方式。著名的横贯英法之间的英吉利海峡隧道、澳大利亚的悉尼海底隧道等都采用了 BOT 方式。

2. TOT 方式

TOT (Transfer-Operate-Transfer，移交—运营—移交) 方式是从特许经营权方式的 BOT 方式演变而来的。它是指政府或者需要融入现金的企业，把已经投产运行的项目 (公路、桥梁、电站等) 移交给出资方经营，凭借项目在未来若干年内的现金流量，一次性地从出资方那里融得一笔资金，用于建设新的项目；原项目经营期满，出资方再把它移交回来。TOT 方式可以积极盘活资产，只涉及经营权或收益转让，不存在产权、股权问题，可以为已经建成项目引进新的管理，为拟建的其他项目筹集资金。

TOT 方式存在着如下几点 BOT 方式所不具备的优势。

TOT

(1) 可以积极盘活国有资产，推进国有企业转机建制。

(2) 可以为拟建项目引进资金，为建成项目引进新的更有效的管理模式。

(3) 该方式只涉及经营权或收益转让，不存在产权、股权问题，可以避免许多争议。

(4) 投资者可以尽快从高速发展的经济中获得利益。

另外，由于 TOT 方式的风险比 BOT 方式小得多，因此金融机构、基金组织、私人资本等都有机会参与投资，这也增加了项目的资金来源。

3. ABS 方式

ABS (Asset-Backed-Securitization，资产支持型资产证券化，简称资产证券化) 是指将缺乏流动性但能够产生可预见的、稳定的现金流量的资产归集起来，通过一定的结构安排，对资产中的风险与收益要素进行分离与重组，进而转换为在金融市场上可以出售和流通的证券的过程。

ABS 起源于 20 世纪 80 年代，由于它具有创新的融资结构和高效的载体，满足了各类资产和项目发起人的需要，因而成为当今国际资本市场中发展最快、最具活力的金融产品。具体而言，ABS有如下两种方式。

(1) 通过项目收益资产证券化为项目融资。这种融资方式是以项目所拥有的资产为基础，以项目资产可以带来的预期收益为保证，通过在资本市场发行债券来募集资金的一种证券化融资方式。具体来讲，就是项目发起人将项目资产出售给特设机构（简称SPV），SPV凭借项目未来可预见的、稳定的现金流量，并通过寻求担保等信用增级手段，将不可流动的项目收益资产转变为流动性较高、具有投资价值的高等级债券，通过在国际资本市场上发行，一次性地为项目建设融得资金，并依靠项目未来收益还本付息。

(2) 通过与项目有关的信贷资产证券化为项目融资。即项目的贷款银行将项目贷款资产作为基础资产，或是与其他具有共同特征的、流动性较差但能产生可预见的、稳定的现金流量的贷款资产组合成资产池，通过信用增级等手段使其转变为具有投资价值的高等级证券，通过在国际市场发行债券来进行融资，降低银行的不良贷款比率，从而提高银行为项目提供贷款的积极性，间接地为项目融资服务。

ABS方式适用于房地产、水、电、道路、桥梁、铁路等收入安全、持续、稳定的项目。一些出于某些原因不宜采用BOT方式且关系国计民生的重大项目也可以考虑采用ABS方式进行融资。

4. 以产品支付为基础的方式

产品支付（Production Payment）是针对项目贷款的还款方式而言的。借款方是在项目投产后直接以项目产品来还本付息，而不以项目产品的营业收入来偿还债务的一种融资租赁方式。在贷款得到偿还以前，贷款方拥有项目的部分或全部产品，借款人在清偿债务时把贷款方的贷款看作这些产品营业收入折现后的净值。产品支付这种形式在美国的石油、天然气和采矿项目融资中应用得最为普遍，其特点如下：用来清偿债务本息的唯一来源是项目的产品；贷款的偿还期应短于项目的有效生产期；贷款方对项目经营费用不承担直接责任。

以产品支付为基础组织起来的项目融资，在信用保证结构上与其他的融资方式有一定的区别。一个产品支付的融资安排是建立在由贷款银行购买某一特定矿产资源储量的全部或部分未来营业收入的权益的基础上的。在这一安排中，提供融资的贷款银行从项目中购买到一个特定份额的生产量，这部分生产量的收益也就成为项目融资的主要偿债资金来源。因此，产品支付是通过直接拥有项目的产品和营业收入的方式，而不是通过抵押或权益转让的方式来实现融资的信用保证。对于那些资源属于国家所有，项目投资者只能获得资源开采权的国家和地区，产品支付的信用保证是通过购买项目未来生产的现金流量，加上资源开采权和项目资产的抵押实现的。产品支付融资适用于资源储藏量已经探明并且项目生产的现金流量能够比较准确地计算出来的项目。产品支付融资所能安排的资金数量等于产品支付所购买的那一部分矿产资源的预期未来收益在一定利率条件下贴现出来的资产现值。此外，以产品支付为基础的方式还具有如下特征。

(1) 由于所购买的资源储量及其销售收益被用作产品支付融资的主要偿债资金来源，因此，融资比较容易被安排成为无追索或有限追索的形式。

(2) 融资期限将短于项目的经济生命期。换句话说，如果一个资源性项目具有20年的开采期，以产品支付为基础的方式的融资贷款期限将会大大短于20年。

(3) 在产品支付融资结构中，贷款银行一般只为项目的建设和资本费用提供融资，而不承担项目生产费用的贷款，并且要求项目投资者提供最低生产量、最低产品质量标准等方面的担保。

以产品支付为基础的方式的基本思路如下：第一，由贷款银行或者项目投资者建立一个“融资的中介机构”（一般为信托基金机构），从项目公司购买一定比例项目资源的生产量（如石油、天然气、矿藏储量）作为融资的基础。第二，贷款银行为融资中介机构安排用以购买这部分项目资源生产量的资金，融资中介机构再根据产品支付协议将资金注入项目公司作为项目的建设和资本投资资金；作为产品支付协议的一个组成部分，项目公司承诺按照一定的公式安排产品支付；同时，以项目固定资产抵押和完工担保作为项目融资的信用保证。第三，在项目进入生产期后，根据销售代理协议，项目公司作为融资中介机构的代理销售其产品，营业收入将直接进入融资中介机构用来偿还债务。在产品支付融资中，也可以不使用中介机构而直接安排融资，但是这样融资的信用保证结构将会变得较为复杂；另外，使用中介机构还可以帮助贷款银行将一些由于直接拥有资源或产品而引起的责任和义务（如环境保护责任）限制在中介机构内。

作为一种自我摊销的融资方式，以产品支付为基础的方式通过购买一定的项目资源安排融资，它的一个突出特点是可以较少地受到常规债务比例或租赁比例的限制，增强了融资的灵活性。以产品支付为基础的方式的主要限制因素来自项目的资源储量和经济生命期。另外，项目投资者和经营者的素质、资信、技术水平和生产管理能力也是以产品支付为基础的方式中的重要考虑因素。

5. PPP 方式

PPP

PPP（Public-Private-Partnership，政府与社会资本合作）方式，是指为了合作建设城市基础设施项目，或是为了提供某种公共产品和服务，以特许权协议为基础，彼此之间形成一种伙伴式的合作关系，并通过签署合同来明确双方的权利和义务，以确保合作的顺利完成，最终使合作各方达到比预期单独行动更为有利的结果的一种项目融资方式。PPP 方式最早产生于 20 世纪 70 年代的英美国家。当时，为解决经济萧条下的财政短缺而导致的公共部门投资不足，从而倡导私人部门的参与，并将 PPP 方式用于公共政策。1992 年，英国最先应用了 PPP 方式。智利于 1994 年也引进了 PPP 方式，用于提高基础设施的现代化程度。

PPP 方式的内涵主要包括以下 4 个方面。

(1) PPP 方式是一种新型的项目融资方式。项目 PPP 融资是以项目为主体的融资活动，是项目融资的一种实现形式，主要是根据项目的预期收益、资产及政府扶持措施的力度，而不是根据项目投资人或发起人的资信来安排融资。项目经营的直接收益和通过政府扶持所转化的效益是偿还贷款的资金来源，项目公司的资产和政府给予的有限承诺是贷款的安全保障。

(2) PPP 方式可以使民营企业更多地参与到项目中，以提高效率、降低风险。这也正是现行项目融资方式所欠缺的。政府的公共部门与民营企业以特许权协议为基础进行全程合作，双方共同对项目运行的整个周期负责。PPP 方式的操作规则使民营企业参与到城市轨道交通项目的确认、设计和可行性研究等前期工作中来，这不仅降低了民营企业的投资风险，而且能将民营企业在投资建设中更有效率的管理方法与技术引入项目中，还能有效地实现对项目建设与运行的控制，从而有利于降低项目建设投资的风险，较好地保障国家与民营企业各方的利益。这对缩短项目建设周期、降低项目运作成本和资产负债率都有值得肯定的现实意义。

(3) PPP方式可以在一定程度上保证民营企业“有利可图”。民营企业的投资目标是寻求既能够还贷又有投资回报的项目，无利可图的基础设施项目是吸引不到民营企业的投资的。而采取PPP方式，政府可以给予私人投资者相应的政策扶持作为补偿，从而很好地解决了这个问题，如税收优惠、贷款担保、给予民营企业沿线土地优先开发权等。通过实施这些政策可提高民营企业投资城市轨道交通项目的积极性。

(4) PPP方式在减轻政府初期建设投资负担和风险的前提下，可提高城市轨道交通服务质量。在PPP方式下，公共部门和民营企业共同参与城市轨道交通的建设和运营，由民营企业负责项目融资，有可能增加项目的资本金数量，进而降低较高的资产负债率，而且不但能节省政府的投资，还可以将项目的一部分风险转移给民营企业，从而减轻政府的风险。同时，双方可以形成互利的长期目标，从而更好地为社会和公众提供服务。

5.5 资金成本

5.5.1 资金成本概述

1. 资金成本的含义

资金作为一种资源，筹集和使用任何资金都要付出代价，企业融资的目的不仅在于通过合理的融资渠道筹集所需资金，更在于以最低的代价取得所需资本，从而提高所有者的收益。资金成本就是投资者在工程项目实施中，为筹集和使用资金而付出的代价。资金成本也称资本成本，既是筹资管理的主要依据，也是投资决策的重要标准。它由两部分组成，即资金筹集成本和资金使用成本。

(1) 资金筹集成本是指投资者在资金筹措过程中支付的各项费用，主要包括向银行借款的手续费，发行股票、债券而支付的各项代理发行费用，如印刷费、手续费、公证费、担保费和广告费等。资金筹集成本一般属于一次性费用，筹资次数越多，资金筹集成本也就越高。

(2) 资金使用成本又称资金占用费，主要包括支付给股东的各种股利、向债权人支付的贷款利息及支付给其他债权人的各种利息费用等。资金使用成本一般与所筹资金的多少及所筹资金使用时间的长短有关，具有经常性、定期支付等特点，是资金成本的主要内容。

资金成本是资本使用者向资本所有者和中介机构支付的费用，是资本所有权和使用权相分离的结果。资金成本作为一种耗费，最终要通过收益来补偿，体现了一种利益分配关系。

2. 资金成本的作用

资金成本对于企业的筹资决策、投资决策，乃至整个生产活动和经营管理活动都有重要意义。

（1）资金成本是选择筹资方式、进行资本结构决策的依据。

① 个别资金成本是单种筹资方式的资本成本，是比较各种筹资方式优劣的尺度。企业筹集资金有多种方式可供选择，如借款、发行债券、发行股票等，不同的筹资方式其资金成本是不同的。资金成本的高低成为比较筹资方式的一个重要依据。

② 加权平均资金成本是对各种个别资金成本进行加权平均而得的结果，是企业进行资本结构决策的基本依据。企业的长期资金筹集有多种筹资组合方案可供选择，综合资金成本的高低是比较各种组合优劣、做出资金结构决策的基本依据。

（2）资金成本是评价投资方案、进行投资决策的重要标准。国际上，通常将资金成本视为工程项目的“最低收益率”，在评价投资方案是否可行的标准上，一般要以项目本身的投资收益率与其资金成本进行比较。如果项目的预期投资收益率小于其资金成本，则项目不可行。

（3）资金成本是评价企业经营业绩的重要依据。如果企业的投资利润率高于资金成本率，则认为企业经营良好；反之，如果企业的投资利润率低于资金成本率，则说明企业经营不佳。

5.5.2 资金成本的计算

1. 资金成本计算的一般形式

资金成本既可用绝对数表示，也可用相对数表示。为便于分析比较，资金成本一般用相对数表示，称之为资金成本率。其一般计算公式为

$$K=\frac{D}{P-F} \tag{5-1}$$

或

$$K=\frac{D}{P(1-f)} \tag{5-2}$$

式中 K——资金成本；

D——用资费用；

P——企业借款总额；

F——筹资费用；

f——筹资费用率，即筹资费用与筹资额之比。

2. 个别资金成本的计算

（1）银行借款的资金成本。

① 不考虑资金筹集成本时的资金成本。

$$K_d=(1-T)R \tag{5-3}$$

式中 K_d——银行借款的资金成本；

T——所得税税率；

R——银行借款利率。

② 对项目贷款实行担保时的资金成本。

$$K_d=(1-T)(R+V_d) \tag{5-4}$$

$$V_d=\frac{V}{Pn}\times 100\% \tag{5-5}$$

式中 V_d——担保费率；

V——担保费总额；

P——企业借款总额；

n——担保年限。

③ 考虑资金筹集成本时的资金成本。

$$K_d=\frac{(1-T)(R+V_d)}{1-f} \tag{5-6}$$

式中符号意义同前。

应用案例 5-2

某企业为某建设项目申请银行长期贷款1000万元，年利率为10%，每年付息一次，到期一次还本，贷款管理费及手续费费率为0.5%，企业所得税税率为25%。试计算该项目长期借款的资金成本。

【解】 根据式(5-6)，该项目长期借款的资金成本为

$$K_d=\frac{(1-T)(R+V_d)}{1-f}=\frac{(1-25\%)\times 10\%}{1-0.5\%}=7.54\%$$

(2) 债券资金成本。债券资金成本中的利息也在所得税前列支，但发行债券的筹资费用一般较高，应予以考虑。债券的筹资费用即债券发行费用，包括申请发行债券的手续费、债券注册费、印刷费、上市费及推销费用等。其中，有的费用按一定的标准（定额或定率）支付，有的费用则并无规定的标准。

债券的发行价格有等价、溢价、折价3种。债券利息按面额（即本金）和票面利率确定，但债券的筹资额应按具体发行价格计算，以便正确计算债券资金成本。债券资金成本的计算公式为

$$K_b=\frac{I_b(1-T)}{B(1-f_b)} \tag{5-7}$$

或

$$K_b=\frac{R_b(1-T)}{(1-f_b)} \tag{5-8}$$

式中 K_b——债券资金成本；

B——债券筹资额；

f_b——债券筹资费率；

I_b——债券年利息；

R_b——债券利率。

若债券溢价或折价发行，为了更精确地计算债券资金成本，应以其实际发行价格作为债券筹资额。

应用案例 5-3

假定某公司发行面值为100万元的10年期债券，票面利率为8%，发行费率为5%，

发行价格120万元，公司所得税税率为25%，试计算该公司债券的资金成本。如果公司以85万元发行面额为100万元的债券，则资金成本又为多少？

【解】根据式(5-7)，以120万元价格发行时的资金成本为

$$K_b=\frac{I_b(1-T)}{B(1-f_b)}=\frac{100\times8\%\times(1-25\%)}{120\times(1-5\%)}\approx5.26\%$$

以85万元价格发行时的资金成本为

$$K_b=\frac{I_b(1-T)}{B(1-f_b)}=\frac{100\times8\%\times(1-25\%)}{85\times(1-5\%)}\approx7.43\%$$

(3) 优先股资金成本。与负债利息的支付不同，优先股的股利不能在税前扣除，因而在计算优先股成本时无须经过税赋的调整。优先股成本的计算公式为

$$K_p=\frac{D_p}{P_p(1-f_p)} \tag{5-9}$$

或

$$K_p=\frac{P_p i}{P_p(1-f_p)}=\frac{i}{1-f_p} \tag{5-10}$$

式中 K_p——优先股资金成本；

D_p——优先股每年股息；

P_p——优先股票面值；

f_p——优先股筹资费率；

i——股息率。

应用案例5-4

某公司为某项目发行优先股股票，票面额按正常市价计算为400万元，筹资费率为4%，股息率为14%，试求其资金成本。

【解】根据式(5-10)，其资金成本为

$$K_p=\frac{i}{1-f_p}=\frac{14\%}{1-4\%}\approx14.58\%$$

(4) 普通股资金成本。普通股资金成本属权益融资成本。权益资金的资金占用费是向股东分派的股利，而股利是以所得税后净利润支付的，不能抵减所得税。计算普通股资金成本，常用的方法有评价法和资本资产定价模型法两种。

① 评价法。

$$K_c=\frac{D_c}{P_c(1-f_c)}+G \tag{5-11}$$

式中 K_c——普通股资金成本；

D_c——预期年股利额；

P_c——普通股筹资额；

f_c——普通股筹资费率；

G——普通股利年增长率。

应用案例 5-5

某公司发行的普通股正常市价为 300 万元，筹资费率为 4%，第一年的股利增长率为 10%，以后每年增长 5%，试求其资金成本。

【解】根据式(5-11)，其资金成本为

$$K_c=\frac{D_c}{P_c(1-f_c)}+G=\frac{300\times10\%}{300\times(1-4\%)}+5\%\approx15.4\%$$

② 资本资产定价模型法。

$$K_c=R_f+\beta(R_m-R_f) \tag{5-12}$$

式中 R_f——无风险报酬率；

R_m——平均风险股票必要报酬率；

β——股票的风险校正系数。

应用案例 5-6

某证券市场无风险报酬率为 10%，平均风险股票必要报酬率为 15%，某一股份公司普通股的 β 值为 1.15，试计算该普通股的资金成本。

【解】根据式(5-12)，该普通股的资金成本为

$$K_c=R_f+\beta(R_m-R_f)=10\%+1.15\times(15\%-10\%)=15.75\%$$

(5) 融资租赁资金成本。企业租入某项资产，获得其使用权，要定期支付租金，并且租金列入企业成本，可以减少应付所得税。其资金成本为

$$K_L=\frac{E}{P_L}\times(1-T) \tag{5-13}$$

式中 K_L——融资租赁资金成本；

E——年租金额；

P_L——租赁资产价值。

(6) 留存盈余资金成本。留存盈余是指企业未以股利等形式发放给投资者而保留在企业的那部分盈利，即经营所得净收益的积余，包括盈余公积和未分配利润。

留存盈余是所得税后形成的，其所有权属于股东，实质上相当于股东对公司的追加投资。股东将留存盈余留用于公司，是想从中获取投资报酬，所以留存盈余也有资金成本，即股东失去的向外投资的机会成本。它与普通股成本的计算基本相同，只是不考虑筹资费用。如按评价法计算，其计算公式为

$$K_r=\frac{D_c}{P_c}+G \tag{5-14}$$

式中 K_r——留存盈余资金成本。

各种资金来源的资金成本比较结果有如下特点。

① 由于长期借款和债券的利息均在所得税前扣除，故两者的成本都比较低。但一般债券的利率和筹资费用都高于长期借款，故债券成本一般高于长期借款成本。

② 当公司破产时，优先股股东的求偿权位于债券持有人之后，因此优先股的风险大

于债券，从而优先股股东要求的报酬大于债券持有人；另外，优先股股利需要从税后利润中支付，不减少公司的所得税，所以，优先股成本一般高于债券成本。

③ 公司在破产清算时，普通股的清偿位于最后，与其他投资者相比，普通股股东所承担的风险最高，因而要求的报酬也最高。所以，在长期资金的各种来源中，一般来说普通股成本是最高的。

3. 加权平均资金成本的计算

项目从不同来源取得资金，其资金成本各不相同。由于种种条件的制约，项目不可能只从某种资金成本较低的来源筹集资金，而是要对各种筹资方式进行有机组合。为了对整个项目的融资方案进行筹资决策，在计算各种融资方式个别资金成本的基础上，还要计算整个融资方案的加权平均融资成本，以反映项目的整个融资方案的融资成本状况。它通常是用加权平均来计算的，其计算公式为

$$K_{\mathrm{w}} = \sum_{j=1}^{n} K_j W_j \tag{5-15}$$

式中 K_{w}——加权平均资金成本；

K_j——第 j 种融资渠道的资金成本；

W_j——第 j 种融资渠道的资金成本占全部资金的比重（权数）。

应用案例 5－7

某企业上一新项目，企业拟从内部筹资 600 万元，资金成本为 14%，另向银行借款筹资 400 万元，资金成本为 6%，试计算项目筹资的加权平均资金成本。

【解】 根据式(5－15)，项目筹资的加权平均资金成本为

$$K_{\mathrm{w}} = 14\% \times 0.6 + 6\% \times 0.4 = 10.8\%$$

应用案例 5－8

某投资项目共需资金 5000 万元，预计长期借款 1000 万元，发行长期债券 1500 万元，发行普通股 2000 万元，使用保留盈余 500 万元，其资金成本分别为 5%、7%、10%、9%，试计算该项目的加权平均资金成本。

【解】 根据式(5－15)，项目的加权平均资金成本为

$$\begin{aligned} K_{\mathrm{w}} &= 5\% \times \frac{1000}{5000} + 7\% \times \frac{1500}{5000} + 10\% \times \frac{2000}{5000} + 9\% \times \frac{500}{5000} \\ &= 8\% \end{aligned}$$

应用案例 5－9

某项目全部投资资金的 40% 由银行贷款，年利率为 5.31%，其余由企业盈余的权益资金和募股筹集。根据该行业的净资产收益率，股东要求的回报率不低于 7.25%。目前，该企业属盈利状态，所得税税率为 25%。求该项目全部投资的加权

平均资金成本。

【解】根据式(5-15)，项目的加权平均资金成本为

$$K_w=(1-25\%)\times5.31\%\times0.4+7.25\%\times0.6=5.943\%$$

课堂练习 5-1

某企业账面反映的长期资金共5000万元，其中长期借款1000万元，应付长期债券500万元，普通股2500万元，保留盈余1000万元，其资金成本分别为6.7%、9.17%、11.26%、11%。求该企业的加权平均资金成本。

【解】根据式(5-15)，企业的加权平均资金成本为

$$K_w=0.2\times6.7\%+0.1\times9.17\%+0.5\times11.26\%+0.2\times11\%=10.687\%$$

课堂练习 5-2

某企业需筹集一笔资金，有如下3种筹集方式：一是贷款，年利率为10%；二是发行债券，年利率为9%，筹资费用率为2%；三是发行普通股股票，首期股利率为6%，预计股利年增长率为5%，筹资费用率为3%，若所得税税率为33%，企业应选择哪种筹资方式?

【解】根据式(5-15)，各种筹集方式资金成本如下。

贷款：$(1-33\%)\times10\%=6.7\%$

债券：$9\%\times(1-33\%)/(1-2\%)=6.15\%$

股票：$6\%/(1-3\%)+5\%=11.19\%$

因此，企业应选择债券筹资方式。

课堂练习 5-3

根据一个投资项目的资金来源渠道，列出其资金结构见表5-3，同时假设公司各种资本税后货币支付资金成本见表5-4，试计算该公司的加权平均资金成本。

表5-3　资金结构表

序　号	资金来源	数量/万元	比　例
1	短期借款	50	0.05
2	债券	100	0.10
3	优先股票	150	0.15
4	普通股票	600	0.60
5	保留盈余	100	0.10
合计		1000	1.00

表 5-4 资金成本汇总表

序号	资金来源	数量/万元	税后资本成本
1	短期借款	50	6.08%
2	债券	100	5.56%
3	优先股票	150	10.00%
4	普通股票	600	11.56%
5	保留盈余	100	11.56%

【解】根据式(5-15)，该公司的加权平均资金成本为

$$K_w=0.05\times6.08\%+0.10\times5.56\%+0.15\times10.00\%+0.60\times11.56\%+0.10\times11.56\%=10.45\%$$

知识链接

影响资金成本的因素包括融资期限、市场利率、企业信用等级、抵押担保能力、融资工作效率、通货膨胀率、政策因素、资本结构等。

5.5.3 资金结构

1. 资金结构的含义

在项目融资方案的设计及优化中，资金结构分析是一项重要内容。资金结构是指融资方案中各种资金的构成及其比例关系。资金结构一般是由企业采用各种筹资方式而形成的，而各种筹资方式的不同组合类型决定着企业的资金结构及其变化。资金结构包括资本金和债务资金结构比例、资本金内部结构比例和债务资金内部结构比例。

知识链接

影响资金结构的因素主要包括企业财务状况、企业资产结构、企业产品销售情况、投资者和管理人员的态度、贷款人和信用评级机构的影响、行业因素、所得税税率的高低和利率水平的变动趋势等。

通常情况下，企业都采用债务筹资和权益筹资的组合，由此形成“搭配资金结构”或“杠杆资金结构”，其搭配比率或杠杆比例（债务资金比率）表示资金结构中债务资金和权益资本的比例关系。因此，资金结构问题总的来说是债务资金比率问题，即债务资金在资金结构中占多大的比例。

观察与思考

如何理解“资金结构决策是企业筹资决策的核心”？

2. 最优资金结构的确定

最优资金结构是指在适度的财务风险条件下使企业预期的加权平均资金成本最低及企业价值最大的资金结构。确定最优资金结构常用的方法有每股利润无差别点法和比较资金成本法两种方法。

(1) 每股利润无差别点法。

该方法是通过计算各备选筹资方案的每股利润无差别点并进行比较来选择最优资金结构融资方案的方法。每股利润无差别点是指每股利润不受融资方式影响的销售水平，即在发行股票筹资和负债筹资时，筹集相同资本后，企业每股利润相等的那个筹资金额点。由于负债有递减所得税的效应，而股票筹资股利无法在税前扣除，所以，当预计息税前利润大于每股利润无差别点息税前利润时，负债筹资方案可以加大企业财务杠杆的作用，放大收益倍数。当预计息税前利润小于每股利润无差别点息税前利润时，发行股票筹资比较好。每股利润无差别点息税前利润或销售额的计算公式为

$$\frac{(\mathrm{EBIT}-I_1)(1-T)-D_1}{N_1}=\frac{(\mathrm{EBIT}-I_2)(1-T)-D_2}{N_2} \tag{5-16}$$

式中 EBIT——息税前利润平衡点，即每股利润无差别点；

I_1，I_2——两种增资方式下的长期债务年利息；

D_1，D_2——两种增资方式下的优先股年股利；

N_1，N_2——两种增资方式下的普通股股数；

T——所得税税率。

在每股利润无差别点下，当实际息税前利润等于每股利润无差别点 EBIT 时，负债筹资方案和普通股筹资方案都可选。当实际息税前利润大于每股利润无差别点 EBIT 时，选择负债筹资方案较好；当实际息税前利润小于每股利润无差别点 EBIT 时，选择普通股筹资方案较好。

该分析方法既适用于既有法人项目融资决策，也适用于新设项目法人融资决策。

应用案例 5-10

已知某公司当前资金结构见表 5-5，因生产发展需要，公司年初准备增加资金 2500 万元，有如下两个筹资方案可供选择：甲方案为增加发行 1000 万股普通股，每股市价 2.5 元；乙方案为按面值发行每年年末付息、票面利率为 10%的公司债券 2500 万元。假定股票与债券的发行费用均可忽略不计，所得税税率为 25%。

表 5-5 某公司当前资金结构表

筹资方式	金额/万元
长期债券 (利率 8%)	1000
普通股 (4500 万股)	4500
留存收益	2000
合计	7500

【问题】

（1）计算两种方案每股利润无差别点。

（2）如预计息税前利润为1200万元，应采用何种方案？

（3）如预计息税前利润为1600万元，应采用何种方案？

【解】（1）根据式(5-16)，得

$$\frac{(\text{EBIT}-1000\times 8\%)\times(1-25\%)}{4500+1000}=\frac{[\text{EBIT}-(1000\times 8\%+2500\times 10\%)]\times(1-25\%)}{4500}$$

则 EBIT＝1455（万元）

（2）预计息税前利润＝1200万元＜EBIT＝1455万元，应采用甲方案（增发普通股）。

（3）预计息税前利润＝1600万元＞EBIT＝1455万元，应采用乙方案（发行公司债券）。

（2）比较资金成本法。

比较资金成本法即分别计算每一方案的加权平均资金成本，然后选取加权平均资金成本最低的方案。

应用案例 5-11

某公司的资金结构见表5-6。普通股目前价格为10元，今年期望股利为1元/股，预计以后每年增长5%，所得税税率为25%，假设发行的各种证券均无筹资费。该企业拟增资4000万元，有如下3个方案可供选择。

甲方案：增加发行4000万元的债券，年利率为12%，预计普通股股利不变，市价降至8元/股。

乙方案：发行债券2000万元，年利率为10%，发行普通股200万股，每股发行价10元，预计普通股股利不变。

丙方案：发普通股363.6万股，普通股市价增至11元/股。

问该公司应采用何种方案？

表5-6　某公司资金结构表

筹资方式	金额/万元
债权（年利率为10%）	8000
普通股（每股面值10元，800万股）	8000
合计	16000

【解】甲方案：老债券成本＝10%×(1－25%)＝7.5%

老债券比重＝8000/20000＝40%

新债券成本＝12%×(1－25%)＝9%

新债券比重=4000/20000=20%

普通股成本=1/8+5%=17.5%

普通股比重=8000/20000=40%

甲方案的加权平均资金成本=7.5%×40%+9%×20%+17.5%×40%=11.8%

乙方案：债券成本=10%×(1-25%)=7.5%

债券比重=10000/20000=50%

普通股成本=1/10+5%=15%

普通股比重=10000/20000=50%

乙方案的加权平均资金成本=7.5%×50%+15%×50%=11.25%

丙方案：债券成本=10%×(1-25%)=7.5%

债券比重=8000/20000=40%

普通股成本=1/11+5%≈14.09%

普通股比重=12000/20000=60%

丙方案的加权平均资金成本=7.5%×40%+14.09%×60%≈11.45%

由于乙方案的加权平均资金成本最低，因此应采用乙方案。

3. 资金结构的调整

资金结构是项目融资决策的核心问题。企业应综合考虑有关影响因素，运用适当的方法确定最优资金结构，并在以后筹资中继续保持。企业资金结构不合理的，应通过筹资活动主动调整，使其趋于合理，直至达到最优。

常用的调整资金结构的方式有如下几种。

(1) 存量调整。

① 债转股、股转债。

② 增发新股偿还债务。

③ 调整现有负债结构。如将短期负债转为长期负债，长期负债列入短期负债。

④ 调整权益资金结构。如优先股转换为普通股，以资本公积转增股本。

(2) 增量调整。

如发行新债、举借新贷款、融资租赁、发行新股等。

(3) 减量调整。

如提前归还借款，收回发行在外的可提前收回债券，股票回购减少公司股本等。

综上所述，项目资本金比例越高，企业的财务风险和债权人的债权风险就越小，可能获得较低利率的债务资金。由于债务资金利息在企业所得税前列支，所以在资金结构决策中，合理地利用债务筹资、安排债务资金的比率，可以起到合理减税的效果。一般认为，在符合国家资本金比例规定、符合金融机构信贷规定及债权人资产负债比例要求的情况下，资金结构应既能满足权益投资者期望收益的要求，又能较好地防范财务风险。

情境小结

(1) 项目的融资主体是指进行融资活动并承担融资责任和风险的项目法人。按照项目的融资主体不同，其组织形式主要有既有法人融资和新设法人融资两种形式。

(2) 项目资本金亦称实收资本，对项目来说是非债务资金。其筹措渠道包括股东直接投资、股票融资和政府投资。

(3) 债务资金是项目投资中以负债方式从金融机构、证券市场等资本市场取得的资金。其筹措渠道包括商业银行贷款、政策性银行贷款、外国政府贷款、国际金融组织贷款、出口信贷、银团贷款、企业债券和融资租赁。

(4) 项目融资是以项目公司为融资主体，以项目未来收益为融资基础，由项目参与者各方分担风险，资金提供方对项目的发起人无追索权或仅有有限追索权(无担保或有限担保）的特定融资方式。它主要包括BOT方式、TOT方式、ABS方式、以产品支付为基础的方式和PPP方式。

(5) 资金成本包括资金筹集成本和资金使用成本，可用资金成本率来表示。不同来源的资金，其资金成本各不相同。

(6) 资金结构是指融资方案中各种资金的构成及其比例关系。资金结构是项目融资决策的核心问题。企业应综合考虑有关影响因素，并运用适当的方法确定最优资金结构。

习　题

一、单选题

1. 公司融资项目资本金来源于公司的（　　）。

A. 企业现有现金　　B. 自有资金

C. 企业资产变现　　D. 企业增资扩股

2. （　　）是指由项目的发起人、股权投资人以获得项目财产权和控制权的方式投入的资金。

A. 注册资金　　B. 资本公积

C. 企业留存利润　　D. 项目资本金

3. 在下列选项中，属于普通股筹资的缺点的是（　　）。

A. 能增强公司的信誉　　B. 容易分散控制权

C. 没有固定到期日，不用偿还　　D. 使公司失去隐私权

4. 企业向银行取得借款 100 万元，年利率为 5%，期限 3 年。每年付息一次，到期还本，所得税税率为 30%，手续费忽略不计，则该项借款的资金成本为（　　）。

A. 3.5%　　B. 5%　　C. 4.5%　　D. 3%

5. 政府与民间投资人合作投资基础设施的是（　　）方式。

A. BOT　　B. PPP　　C. TOT　　D. ABS

6. BOT 项目发起人（　　）。

A. 对项目有直接控制权

B. 对项目无直接控制权

C. 在融资期间可获少量经营利润

D. 融资期结束后有偿地获得项目所有权

7. TOT 方式与 BOT 方式的根本区别在于（　　）阶段。

A. 移交　　B. 建设　　C. 经营　　D. 拥有

二、简答题

1. 试述既有法人融资方式和新设法人融资方式的区别。

2. 项目资本金和债务资金的来源分别有哪些?

3. 项目融资的主要模式有哪些?

三、计算题

1. 某企业计划筹集资金 100 万元，所得税税率为 33%。有关资料如下。

(1) 向银行借款 10 万元，借款年利率为 7%，手续费为 2%。

(2) 按溢价发行债券，债券面值 14 万元，溢价发行价格为 15 万元，票面利率为 9%，期限为 5 年，每年支付一次利息，其筹资费率为 3%。

(3) 发行优先股 25 万元，预计年股利率为 12%，筹资费率为 4%。

(4) 发行普通股 40 万元，每股发行价格 10 元，筹资费率为 6%。预计第一年每股股利 1.2 元，以后每年按 8%递增。

(5) 其余所需资金通过留存收益取得。

【问题】

(1) 计算个别资金成本。

(2) 计算该企业加权平均资金成本。

2. 某公司 2020 年 12 月 31 日的长期负债及所有者权益总额为 18000 万元，其中，发行在外的普通股 8000 万股（每股面值 1 元），公司债券 2000 万元（按面值发行，票面年利率为 8%，每年年末付息，3 年后到期），资本公积 4000 万元，其余均为留存收益。

2021 年 1 月 1 日，该公司拟投资一个新的建设项目需追加筹资 2000 万元，现有 A、B 两个筹资方案可供选择。A 方案：发行普通股，预计每股发行价格为 5 元。B 方案：按面值发行票面年利率为 8%的公司债券（每年年末付息）。假定该建设项目投产后，2004 年度公司可实现息税前利润 4000 万元。公司适用的所得税税率为 33%。

【问题】

(1) 计算 A、B 两方案的每股利润无差别点。

(2) 为该公司做出筹资决策。

3. 某企业从银行借款200万元，年利率为10%，公司所得税税率为25%，筹资费忽略不计，如果一年分两次支付利息，试计算该借款的资金成本。

4. 某企业发行了一批新债券进行筹资，每张债券票面面值为1000元，发行时市价为960元，10年期满，年利率为8%，一年分两次支付利息，如果企业所得税税率为25%，试计算该企业新发行债券的资金成本。

学习情境5
在线答题

学习情境6 工程项目的可行性研究与财务评价

思维导图

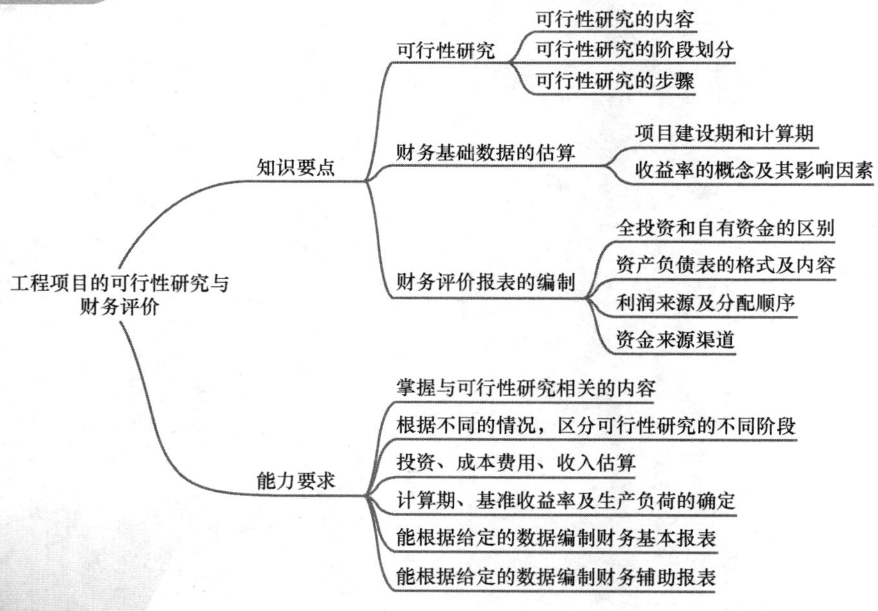

情境导读

京沪高铁遭投资者抛弃 社保基金平安等要求退股

尽管京沪高铁运营形势超出预期，但平安资产管理有限责任公司和全国社保基金理事会却出人意料地提出了退股的要求。

京沪高铁股份公司于2007年12月成立，铁道部第一次尝试在高铁中引入市场化的机构投资者。中国铁路建设投资公司代表铁道部投资，股权占比56%，7家地方政府投资公司总计占比约20%，以平安资产管理有限责任公司（下称平安）为发起人的4家保险系投资团投资160亿元，占比13.9%，为单一第二大股东；社保基金出资100亿元，占比8.7%。

2012年，京沪高铁客票收入为173.8亿元，不包含广告收入和火车站商铺收入。173.8亿元的收入包括跨线收入，即其他列车使用京沪高铁支付的线路使用费等。京沪高铁目前的收入已可覆盖委托运营成本、折旧与利息支出，其中后两项支出比较固定：按照40年折旧计算，2200亿元总投资每年折旧55亿元；总投资的一半是贷款，按照5%的利息计算，年利息约为60亿元。较难测算的是委托运营部分。京沪高铁公司委托北京铁路局、济南铁路局、上海铁路局来运营，除车辆等固定成本外，还包括人员服务、水电费用、维修费用等。

投资者要求退出并非因为京沪运营情况不佳，机构的意见主要来自以下4个方面。

一是投资规模超出预期。京沪高铁可行性研究报告显示的总投资是1600亿元，在外部机构入股后，2008年1月，京沪高铁开始动工，最后总投资达到2200亿元，其中征地就比预期多花了200亿元。

二是票价调整。京沪高铁全长1318千米，二等座票价为555元，即0.42元/千米，而投资者按照可行性研究报告自己建立模型测算所得票价是0.48元/千米。目前的高铁车票定价水平低于投资者预期。

三是公司治理不规范。京沪高铁开通后多次调整运行图，即调整行车数量。其间还减少过发车数量、降低过商务舱价格等。不确定性因素过多，如高铁降速，就势必影响发车密度，并影响将来的运营收入。

四是铁路清算系统不透明，股东难以获知跨线收入是否完全并入。保险资金作为长期投资者，并不追求高额利润，只要求稳定回报，高铁投资类似债类的股权投资，所以希望财务模型能测算长远投资收益，如果变量太多就无法测算。

（资料来源：www.caixin.com财新网；作者：于宁、吴静、王晨，2013-02-03）

【案例分析与讨论】

（1）谈谈你对文中京沪高铁收入、成本测算的看法。

（2）就本案例而言，分析可行性研究报告编制中应该注意的问题。

6.1 可行性研究概述

6.1.1 可行性研究的含义

可行性研究（Feasibility Study）是指在投资决策之前，对拟议中的投资项目进行全面技术经济分析论证的科学方法。即通过调查、研究与拟建项目有关的自然、社会、经济、技术等多方面资料，分析、比较可能的投资方案和建设方案，预测、评价项目建成后的经济效益、社会效益和环境效益，并在此基础上，综合论证项目建设的必要性、财务上的盈利性、经济上的合理性、技术上的先进性、功能上的适用性、环境上的可行性及建设条件上的可能性，从而为投资决策提供科学依据。

项目的可行性研究诞生于20世纪30年代美国的田纳西河项目，至今大致经历了3个发展时期：第一个时期是从20世纪30年代至20世纪50年代初，可行性研究主要采用财务评价的方法，即从企业角度出发，通过对项目财务收入与支出的比较来判别项目的优劣。第二个时期是从20世纪50年代初至20世纪60年代末，在这一阶段，可行性研究从侧重于财务评价发展到同时从微观和宏观角度评价项目的经济效益，费用-效益分析（即经济分析）作为一种选择项目的方法被普遍接受。可行性研究开始引入国民经济评价的方法，即从全社会的角度出发，通过考察资源流动来衡量项目的经济效果；世界银行和联合国工业发展组织都在其贷款项目评价中同时使用了财务评价和经济评价这两种方法。第三个时期是从20世纪60年代末至今，可行性研究进一步发展到一个新高度，产生了社会评价，即把增长目标和公平目标结合在一起作为项目取舍的标准。

可行性研究

自1979年开始，我国开始将可行性研究应用于工业项目建设前期的技术经济分析。1981年，国家计委规定："把可行性研究作为建设前期工作中一个重要的技术经济论证阶段，纳入基本建设程序。"1983年，国家计委重申，"可行性研究是建设前期工作的重要内容，是基本建设程序中的组成部分"。国家发展改革委（原国家计委）于2006年联合建设部发布了《建设项目经济评价方法与参数》（第三版），为正确实行可行性研究、科学决策项目投资提供了指导原则。目前，项目可行性研究已成为投资决策中一个不可缺少的阶段。

观察与思考

思考投资估算的精度有什么要求。

6.1.2 可行性研究的作用

经批准的可行性研究报告具有如下作用。

（1）为投资项目决策提供科学依据。一个项目的成功与否及效益如何，会受到社会的、自然的、经济的、技术的诸多不确定因素的影响，而项目的可行性研究有助于分析和认识这些因素，并依据分析论证的结果提出可靠的、合理的建议，从而为项目的决策提供强有力的依据。

（2）作为确定项目建设的依据。政府投资项目等需要审批的项目，一旦其可行性研究报告获得国家相关部门通过，就意味着项目得以立项。可行性研究报告的内容可作为初步设计等的依据。

（3）作为向银行等金融机构或金融组织申请贷款、筹集资金的依据。可行性研究报告详细测算了项目的财务效益及偿债能力。我国银行在贷款前，均需要对项目可行性研究报告进行详细评估，确认项目的偿债能力和风险大小，经过权衡后才能做出是否贷款的决定。

（4）作为与相关协作单位签订有关合同、协议的依据。根据可行性研究报告的内容，拟建单位可以与有关单位签订原材料、燃料、设备采购及安装等协议。

（5）政府部门批准项目建设执照的依据。项目建设需要征得当地市政、规划、环保和建设部门的认可。可行性研究报告中对项目的选址、总图布置、环境保护等均进行了分析论证，能为环保部门审查项目环境影响提供依据，也可作为向建设、市政和规划部门申请建设执照的依据。

6.1.3 可行性研究的阶段

建设项目可行性研究阶段一般可分为机会研究、初步可行性研究、详细可行性研究、项目评估4个阶段，由于不同阶段的工作深度和掌握的资料详细程度不同，投资估算应逐步细化，准确度应逐步提高，从而对项目投资起到有效的控制作用，见表6-1。

表6-1 项目可行性研究的不同阶段对投资估算准确程度的要求

工作阶段	机会研究	初步可行性研究	详细可行性研究	项目评估
工作性质	项目设想	项目初选确定是否需要进行详细的可行性研究	提出多种可能的建设方案，进行综合分析	项目决策对可行性研究报告进行审核
主要任务	捕捉投资机会，为拟建项目的投资方向提出轮廓性的建议	确定对哪些关键问题进行专题性研究；排除部分明显不可行或不利的方案，缩小工作范围	效益分析和全面的技术经济论证，确定项目最终可行方案	最终决定投资是否合理可行，选出最佳方案
估算精度	±30%左右	±20%左右	±10%左右	±10%左右
时间	1～3个月	4～6个月	大型：1年或以上	约1个月
可行性研究费用	0.1%～0.5%	0.25%～0.5%	中小型：1%～3% 大型：0.5%～1%	

1. 项目设想阶段——机会研究

机会研究（Opportunity Study）的主要任务是捕捉投资机会，为拟建目的投资方向提出轮廓性的建议。它还可分为以下两种：一般机会研究，即对某一地区、某一行业或部门鉴别投资机会，或是识别以某种自然资源为基础的投资机会；项目机会研究，即以具体项目为对象，将某种设想转变为概略的项目投资建议，以引起投资者的注意，使之做出投资响应。

2. 项目初选阶段——初步可行性研究

初步可行性研究（Pre-feasibility Study）又称预可行性研究，是继机会研究之后对认为可行的项目，在展开正式的可行性研究之前进行的预备性研究。其主要任务是确定该项目是否需要进行详细可行性研究，并确定哪些关键性问题需要进行辅助性专题研究；它可在广泛的方案比较论证之后，排除一些明显不可行或不利的方案，以缩小工作范围。

3. 项目拟定阶段——详细可行性研究

详细可行性研究又称最终可行性研究，通常简称为可行性研究。其主要任务是：提出多种可能的建设方案；进行综合效益分析和全面的技术经济论证；确定项目的最终可行性和方案选择的依据标准；对拟建项目提出结论性意见。

4. 项目决策阶段——项目评估

项目评估是在可行性研究基础上进行的，其主要任务是对拟建项目的可行性研究报告进行审核，提出评价意见，以最终决定项目投资是否合理、可行，并选择最佳方案。它一般由投资决策部门组织进行。

知识链接

国外大型投资项目的可行性研究一般包括机会研究、初步可行性研究和详细可行性研究三个阶段，我国的大型投资项目一般也把可行性研究分为三个阶段，只是在提法上有一定的区别，并没有实质的不同。

6.1.4 可行性研究的原则和依据

1. 可行性研究的原则

(1) 科学性原则。这是可行性研究工作必须遵循的基本原则。用科学的方法和认真负责的态度来收集、分析和鉴别原始的数据和资料，以确保数据、资料的真实性和可靠性；确保每一项技术与经济指标都有科学依据，是经过认真分析计算得出的；在编制可行性研究报告和得出结论时，不掺杂任何主观成分。

(2) 客观性原则。要坚持从实际出发、实事求是的原则。可行性研究要根据项目的要求和具体条件进行分析和论证，以得出可行和不可行的结论。因此，建设所需条件必须是客观存在的，而不是主观臆造的。

(3) 公正性原则。可行性研究工作中要排除各种干扰，尊重事实、不弄虚作假，这样才能使可行性研究正确、公正，从而为项目投资决策提供可靠的依据。

2. 可行性研究的依据

可行性研究工作的主要依据有如下几个方面。

(1) 国家经济发展的长期规划，部门、地区发展规划，经济建设的方针、任务、产业政策和投资政策，包括对该行业的鼓励、特许、限制和禁止等有关规定。

(2) 项目主管部门批准的项目建议书。

(3) 项目承办单位委托进行可行性研究的合同。

(4) 项目承办单位从有关方面取得的协议，如原料供应、建设用地、运输等协议。

(5) 有关的自然、地理、气象、水文、地质、经济、社会、环保等基础资料。

(6) 有关行业的工程技术、经济方面的规范、标准、定额资料，以及国家正式颁发的技术法规和技术标准。

(7) 国家颁发的评价方法与参数，如国家基准收益率、行业基准收益率、外汇影子汇率、价格换算参数等。

6.1.5 可行性研究的内容

一份详细的可行性研究报告应该包含以下内容。

(1) 总论。主要说明项目提出的背景、概况、问题及建议。

(2) 市场分析。市场分析包括市场调查和市场预测，是可行性研究的重要环节。其内容包括市场现状调查、产品供需预测、价格预测、竞争力分析、市场风险分析等。

(3) 资源条件评价。主要内容包括资源可利用量、资源品质情况、资源储存条件、资源开发价值等。

(4) 建设规模与产品方案。主要内容包括建设规模与产品方案构成、建设规模与产品方案比选、推荐的建设规模与产品方案、技术改造项目与原有设施利用情况等。

(5) 场址选择。主要内容包括场址现状、场址方案比选、推荐的场址方案、技术改造项目当前场址的利用情况等。

(6) 工程项目、设备方案和工程方案。主要内容包括工程项目选择、主要设备方案选择、工程方案选择、技术改造项目改造前后的比较。

(7) 原材料燃料供应。主要内容包括主要原材料供应方案、燃料供应方案等。

(8) 总图运输与公用辅助工程。主要内容包括总图布置方案、场内外运输方案、公用工程与辅助工程方案、技术改造项目现有公用辅助设施利用情况等。

(9) 节能措施。主要内容包括节能措施、能耗指标分析等。

(10) 节水措施。主要内容包括节水措施、水耗指标分析等。

(11) 环境影响评价。主要内容包括环境条件调查、影响环境因素分析、环境保护措施等。

(12) 劳动安全卫生与消防。主要内容包括危险因素和危害程度分析、安全防范措施、卫生保健措施、消防设施等。

(13) 组织机构与人力资源配置。主要内容包括组织机构设置及其适应性分析、人力资源配置、员工培训等。

(14) 项目实施进度。主要内容包括建设工期、实施进度安排、技术改造项目建设与生产的衔接等。

(15) 投资估算。主要内容包括建设投资估算、流动资金估算、投资估算表等。

(16) 融资方案。主要内容包括融资组织形式、资本金筹措、债务资金筹措、融资方案分析等。

(17) 财务评价。主要内容包括财务评价基础数据与参数选取、营业收入与成本费用估算、财务评价报表、盈利能力分析、偿债能力分析、不确定性分析、财务评价结论等。

(18) 国民经济评价。主要内容包括影子价格及评价参数选取、效益费用范围与数值调整、国民经济评价报表、国民经济评价指标、国民经济评价结论等。

(19) 社会评价。主要内容包括项目对社会的影响分析、项目与所在地的互适性分析、社会风险分析、社会评价结论等。

(20) 风险分析。主要内容包括项目主要风险识别、风险程度分析、防范风险对策等。

(21) 研究结论与建议。主要内容包括推荐方案总体描述、推荐方案优缺点描述、主要对比方案、结论与建议等。

项目可行性研究的基本内容可概括为如下三部分:第一部分是市场调查和预测,说明项目建设的"必要性";第二部分是建设条件和工程项目,说明项目在技术上的"可行性";第三部分是经济效益的分析与评价,它是可行性研究的核心,说明项目在经济上的"合理性"。可行性研究就是主要从这三个方面对项目进行优化研究,并为投资决策提供依据的。

6.1.6 可行性研究的步骤

(1) 筹划准备。在项目建议书批准之后,建设单位即可委托工程咨询机构对拟建项目进行可行性研究。

(2) 调查研究。每个方面都要做深入的调查,全面地收集资料,并进行详细的分析评价。

(3) 方案选择与优化。将项目各方面的情况,综合研究设计出几种可供选择的方案,然后进行详细的讨论、比较,最后推荐最佳的方案。

(4) 财务评价和经济评价。对选取的方案做更具体、更详细的编制,确定具体的范围,估算投资、经营成本和收益,做出项目的财务评价和经济评价。

(5) 编制可行性研究报告。每项具体工程还要结合自身的特点,依据一般规定编制可行性研究报告,以供决策部门决策。

(6) 可行性研究报告的审批。可行性研究报告编制完成后,应正式上报审批。

应用案例 6-1

某项目可行性研究报告摘要

一、项目概况

1. 项目名称:××省××市优质高油大豆良种繁育基地。

2. 建设性质:新建。

3. 建设单位：××市良种繁育场。

4. 建设地点：××市所属17个乡镇。

5. 建设年限：2018年1月至2018年12月。

6. 建设内容及规模：生产繁育、精选加工优质高油大豆种子。生产繁育面积4万公顷，预计种子产量8万吨，大豆种子精选加工能力7万吨。

7. 投资估算：总投资1500万元。

8. 效益分析：项目建成后，可提供优质高油大豆种子7万吨，可供140万公顷耕地生产用种。140万公顷耕地可生产商品大豆280万吨，预计实现产值70亿元。

二、项目背景

（一）可行性研究报告编制依据

1. 国家政策的支持和地方政府的发展目标相统一。

2. 优越的自然条件给该项目奠定了良好的发展基础。

（二）当地农业发展现状和趋势

××市大豆存在一些比较突出的问题，主要表现在如下几个方面：大豆生产中优质品种偏少、种子生产能力低、新品种更新速度慢，从而导致大豆产量低、品质差，较难为加工企业所用，农民也就难有收益，产生恶性循环，严重影响了大豆产业的发展。××市又是××省大豆生产的重要基地。种植历史悠久，农民种植大豆已成为习惯，经过多年的生产实践，积累了丰富的栽培技术和管理经验，生产的大豆因其脂肪和蛋白质含量高而在省内外享有盛誉。

面对国际市场的竞争压力和国内大豆生产的突出问题，建立一个优质高油大豆良种繁育基地，实现大豆生产标准化、规模化、产业化具有重要意义。

1. 必要性。

（1）建设优质高油大豆良种繁育基地是实现农业高效化的需要。

（2）建设优质高油大豆良种繁育基地是实现农业产业化的需要。

（3）建设优质高油大豆良种繁育基地是实现农业生产标准化的迫切需要。

2. 可行性。在××市建立优质大豆良种繁育基地，具有较强的可操作性：一是国家今年加大了对粮食主产区的资金投入，为建立和发展优质高油大豆良种繁育基地提供了可靠的政策和资金保证；二是××市委、市政府高度重视，为该项目的顺利实施提供了组织保障；三是技术力量雄厚，有较健全的市、乡、村三级科技推广网络，高、中、初级技术人员比例协调；四是农民对种植大豆恢复了信心。

三、市场供求分析及预测

全省现有以大豆为原料的大型加工企业10余家，年需加工原料300万吨左右，而我省目前生产大豆能力约为150万吨，仅占所需原料的50%左右，其中优质高油大豆少之又少，远远满足不了加工企业对大豆总量及优质高油大豆的需求。4万公顷优质高油大豆良种繁育基地的建设，不仅可以满足省内所有大豆加工企业对原料总量及优质高油大豆的需求，而且还可供给××、××两省大豆加工企业一定数量的大豆原料，从而可有效地缓解目前我国商品大豆紧缺的局面。

四、项目承担单位的基本情况

××市良种繁育场始建于1960年，属全民事业单位，位于××市××街辖区，距市区2千米，距长大公路100米。该场现有职工181人。其中，技术人员58人，在技术人员中，具有高级职称15人，中级职称21人。现有固定资产1200万元，负债200万元。自有耕地100公顷，办公楼500平方米，库房5000平方米，晾晒场10000平方米，精选加工设备3套。自建场以来，主要承担着全市农业生产所需的三大作物种子培育、生产、精选加工工作，43年间已累计生产三大作物种子4万余吨，其中大豆种子1万多吨。

五、项目建设地点选择分析

1. 地理位置及区域范围：4万公顷优质大豆良种繁育基地主要安排在自然条件较好、基础设施完备、土质肥沃、交通便利的10个乡镇，这10个乡镇地理位置优越，区域合理、范围集中，便于技术指导和管理。

2. 社会经济状况：××市现有耕地面积11.45万公顷，主要作物为大豆、玉米、水稻三大作物。粮食总产30万吨左右，大豆平均单产2吨，总产8万吨左右，玉米单产9吨，总产18万吨左右，水稻单产7.5吨左右，总产5万吨左右。总人口45万人，劳动力8.6万人。在农业产业结构调整方面，粮经比稳定在7：3，2003年国内生产总值实现72亿元，农民人均收入3620元。承担该项目的10个乡镇总耕地面积8万公顷，约占全市耕地面积的70%，大豆种植面积5.5万公顷。

3. 自然条件：全市地势较高，地貌起伏多样，主要土壤类型有灰棕壤、白浆土、冲击土，其中灰棕壤居多，约占82.6%，土壤有机质含量平均1.5%以上。全市水域广阔，河流水系发达，10千米以上的河流有59条，30千米以上的河流有12条，××江流经本市9个乡镇，回曲弯转、源远流长，地下水资源丰富，储量2.5亿立方米，可开采水量3000万立方米，地下水的开发方式主要有井、泉两种形式。多年平均降水748.1毫米，日照2379.3小时，年平均气温3.9摄氏度，无霜期130天，有效积温2765摄氏度。承担项目的乡镇大多数位于××江、××河和××河等流域，属××省东部山区半山区的小气候，气候资源和土壤肥力均优于全市平均水平。

4. 现有农业设施：全市共有中小型水库51座，塘坝、较大型拦河坝110座，总蓄水能力为5480万立方米。全市交通便利，提前一年实现村村通水泥路。电力供应充足，境内有××和××2座发电厂。通信网络遍布城乡，村村通电话工程早已实现。市场体系建设基础较好，商品流通顺畅，城乡市场活跃。

六、生产（操作、检测）等工艺工程项目分析

（一）品种选择

九农22、九农26、长农12、长农13、吉丰1、吉林35、吉林39等十余个品种，这些品种的脂肪含量均在22%以上，蛋白质含量在40%左右。

（二）生产规程（略）

（三）生产设备、作业机械选择

1. 种子加工线：两条。

2. 小型播种机：100台。

3. 大型大豆收割机：10台。

4. 大型大豆脱粒机：50台。

5. 种子检测化验设备：一套。

（四）节能及生态与环境保持措施

4万公顷优质高油大豆良种繁育基地项目在组织实施过程中，均安排在25度坡度以下的熟地上，不仅不破坏原有植被和生态环境，相反，由于大豆根瘤菌的固氮作用，能提高土壤有机质含量、培肥地力，实现了农业生产的可持续发展。在肥料选择上，生产技术操作规程中明确提出，禁止使用高毒、高残留农药，禁止使有含氯元素的化学肥料。整个实施过程均按无公害农产品生产标准组织生产；同时，技术监督部门长年跟踪监督，以确保大豆生产实现标准化。

七、项目建设目标任务、总体布局及建设规模

（一）建设目标任务（略）

（二）总体布局

建设4万公顷优质高油大豆良种繁育基地，总体布局本着规划科学、布局合理、注重实效的原则，重点选择在乡镇班子组织领导能力强、农民参与积极性高的××、××、××等10个乡镇，共计126个村。

（三）建设规模

10公顷试验田、50公顷示范田和4万公顷生产田，年生产优质高油大豆良种8万吨。年精选加工国标一级大豆良种7万吨；种子库房3000平方米；种子晾晒场5000平方米；种子检测中心楼3000平方米。

八、项目建设内容

（一）田间工程

1. 大豆新品种试验田：10公顷（增加排灌设施）。

2. 大豆新品种示范田：50公顷（增加排灌设施）。

3. 大豆种子生产田：4万公顷（种子补贴）。

（二）土建工程

1. 种子库房：3000平方米。

2. 种子晾晒场：5000平方米。

3. 种子检测中心楼：3000平方米。

4. 种子加工线厂房：1000平方米。

（三）配套仪器设备

1. 种子加工线：两条。

2. 种子检测化验设备：一套。

（四）配套农机具

1. 小型大豆播种机：100台。

2. 大型大豆收割机：10台。

3. 大型大豆脱粒机：50台。

九、投资估算和资金筹措

（一）投资估算依据

1. 建设行业估算指标。

2. 编制工程内容、设备购置及其他措施。

(1) 田间工程：大豆新品种试验田10公顷、大豆新品种示范田50公顷、大豆种子生

产田4万公顷及增建的排灌设施。

(2) 土建工程：种子库房3000平方米、种子晾晒场5000平方米、种子检测中心楼3000平方米、种子加工线厂房1000平方米。

(3) 配套仪器设备：种子加工线两条、种子检测化验仪器设备一套。

(4) 配套农机具：小型大豆播种机100台、大型大豆收割机10台、大型大豆脱粒机50台。

3. 农业部下达的文件。

4. 地方配套文件。

5. 自筹能力。

按照××市经济发展现状和财政实力，完全可以保证该项目的配套资金足额到位，××市已将此项配套资金列入2018年的财政预算之中。

(二) 投资估算

经测算，该项目总投资为1500万元。各项具体投资金额如下。

1. 田间工程：总投资400万元（大豆新品种试验10公顷，10万元；大豆新品种示范田50公顷，20万元；大豆种子生产田4万公顷，370万元）。

2. 土建工程：总投资500万元（种子库房3000平方米，150万元；种子晾晒场5000平方米，50万元；种子检测中心楼3000平方米，250万元；种子加工线厂房1000平方米，50万元）。

3. 配套仪器设备：总投资200万元（种子加工线两条，150万元；种子检测化验设备一套，50万元）。

4. 配套农机具：总投资280万元（小型大豆播种机100台，50万元；大型大豆收割机10台，100万元；大型大豆脱粒机50台，130万元）。

5. 项目预备费：45万元（1500万元×3%）。

6. 项目不可预见费：75万元（1500万元×5%）。

(三) 项目资金筹措方案

1. 国家财政投入：1000万元。

2. 地方配套：500万元。

十、建设期限和实施进度安排

1. 建设期限：2018年1月—2018年12月。

2. 实施进度。

1—2月：立项申报。

2—4月：技术培训，备足种子、化肥、农药。

5—9月：完成种子库房3000平方米、种子晾晒场5000平方米、种子加工线厂房1000平方米、种子检测中心楼3000平方米的土建工程。

5—8月：完成大豆新品种试验田和示范田新增排灌设施的建设任务。

4—10月：配套的农机具、仪器设备采购、安装、调试完毕。

12月：聘请上级主管部门领导组织专家验收。

十一、环境保护

为保护生态环境，该项目在建设过程中，严格按照环境要求组织生产，不破坏植被、不使用高剧毒农药、不使用含氯元素肥料，在种子精选加工过程中，严格控制粉尘排放量，不超过规定标准，噪声污染要低于环保规定的噪声标准，以确保环境安全。

十二、项目组织管理与运行

（一）建立项目法人制（略）

（二）组织管理机构（略）

（三）项目施工质量管理（略）

（四）资金管理（略）

（五）项目经营和运行机制（略）

十三、效益分析与风险评价

（一）效益分析

1. 经济效益分析。项目建成后，4万公顷优质高油大豆良种繁育基地可生产良种7万吨，除满足××省现有70万公顷大豆种植需求外，还可新增大豆种植面积70万公顷，每年可获直接经济效益2800万元，是项目投资总额的180%。

2. 社会经济效益分析。企业加工大豆，原料中含油每增加一个百分点，每吨就可为企业增加43元的收入。高油大豆的含油量比××省目前生产大豆的含油量高3个百分点，每吨就可为企业增收129元，若按××省大豆生产较好时期70万公顷计算，每年可生产高油大豆15亿千克，即150万吨，按每吨增收129元计算，共可增收1.9亿多元。

在××市实施该项目，参与农户3.8万户，户均可增收500元左右，累计增收1900万元；同时，可有效地推动××市农业产业结构的进一步优化。

3. 生态效益分析。随着××省大豆生产品种高油化，必然为企业和农户带来高效益，从而进一步促进××省大豆生产，给××省轮作制度、作物布局、用养地结合方面带来一系列的良性循环。

大豆品种高油化，为企业和农户带来效益的同时，还可以很好地抑制国外大豆的进口，有效防止转基因大豆对农业生态及人民健康方面可能造成的危害。

（二）风险评价

建设优质高油大豆良种繁育基地，通过市场分析预测，该项目属无风险项目。

十四、结论和建议

在××市建立优质高油大豆良种繁育基地，符合国家的农业产业政策及振兴××老工业基地、振兴国家商品粮基地的扶持政策，有丰富的资源保障、科技依托和企业依托，更有广阔的市场前景和可观的经济、社会、生态效益，将会对××市经济建设的跨越式发展发挥重要作用。

6.2 财务评价概述

6.2.1 财务评价的含义

财务评价是指根据国家现行财税制度和价格体系，在财务效益与费用的估算及编制财

财务评价

务辅助报表的基础上，分析、计算项目直接发生的财务效益和费用，编制财务报表，计算财务评价指标，考察项目盈利能力、清偿能力及生存能力等财务状况，据以判别项目的财务可行性。

财务评价是从项目角度出发，分析投资效果，评价项目竣工投产后的获利能力及投资风险。它是项目经济评价中的微观层次，当作为市场经济微观主体的企业进行投资时，一般都进行项目财务评价。

6.2.2 财务评价的内容

项目财务评价的主要内容包括盈利能力分析、偿债能力分析和财务生存能力分析。

(1) 盈利能力分析。盈利能力分析主要考察项目投资的盈利水平，它是项目财务上可行的最主要因素。盈利能力分析是企业进行项目投资的决定性因素。盈利能力分析主要包括两个方面：项目达到设计生产能力的正常年份的盈利水平和项目整个寿命周期的盈利水平。

(2) 偿债能力分析。偿债能力分析主要是考察项目财务状况及偿还债务的能力，它是项目财务评价的重要内容，是银行等金融机构愿意提供贷款的保证。偿债能力分析主要包括财务现状评价和偿债时间分析。财务现状评价通过计算项目的流动比率、速动比率、资产负债率等各种指标，对项目投产后的资金流动情况进行拟分析，分析项目资金流动和债务运用的合理性。偿债时间分析通过计算借款偿还期来考察项目的还款能力，分析其是否满足放贷者的要求。

(3) 财务生存能力分析。财务生存能力又称资金平衡分析，是对项目资金来源与占用关系全貌的分析。其通过判定项目资金来源与占用关系的静态特征和动态趋势来发现问题。财务生存能力分析根据财务计划现金流量表来考察项目的投资、融资和经营活动所产生的各项现金流入和流出，计算出净现金流量和累计盈余资金，分析项目是否有足够的净现金流量维持正常运营。在整个运营期间，各年的净现金流量应大于零，累计盈余资金应为正值。

6.2.3 财务评价的基本原则

1. 费用与效益计算口径的一致性原则

为了正确评价项目的获利能力，必须遵循项目的（直接）费用与（直接）效益计算口径的一致性原则。如果在投资估算中包括了某项工程，那么因建设该工程增加的效益就应该考虑，否则就低估了项目的效益；反之，如果考虑了该工程对项目效益的贡献，但投资却未计算进去，那么项目的效益就会被高估。只有将投入和产出的估算限定在同一范围内，计算的净效益才是投入的真实回报。

2. 费用与效益识别的有无对比原则

有无对比是国际上项目评价中通用的识别费用与效益的基本原则，项目评价的许多方面都需要遵循这条原则，采用有无对比的方法进行。所谓“有”，是指实施项目的将来状况；“无”是指不实施项目的将来状况。在识别项目的效益和费用时，须注意只有“有无对比”的差额部分才是由于项目的建设增加的效益和费用，即增量效益和费用。采用有无对比的方法，就是为了识别那些真正应该算作项目效益的部分，即增量效益。

3. 动态分析与静态分析相结合，以动态分析为主的原则

国际通用的财务评价都是以动态分析为主，即根据资金的时间价值原理，考虑项目整个计算期内各年的效益和费用，采用现金流量分析的方法，计算财务内部收益率和财务净现值等评价指标。我国2006年由国家发改委和建设部发布施行的《建设项目经济评价方法与参数》(第三版)，采用了动态分析与静态分析相结合，以动态分析为主的原则制定出了一整套项目经济评价方法与指标体系。

4. 基础数据确定的稳妥原则

财务评价结果的准确性取决于基础数据的可靠性。财务评价中所需要的大量基础数据都来自预测和估计，难免有不确定性。为了使财务评价结果能提供较为可靠的信息，避免人为的乐观估计所带来的风险，更好地满足投资决策需要，在基础数据的确定和选取中，遵循基础数据的稳妥原则是十分必要的。

观察与思考

若在考虑改善城市交通道路的交通项目时，采取的是改扩建方案，那么，在进行财务评价时，你是否能够将改扩建后预计的交通情况与现有交通现况进行比较以得到改扩建项目的增量效益?

6.3 财务评价指标与报表

6.3.1 财务评价指标

1. 项目盈利能力评价指标

项目盈利能力评价的主要指标包括财务内部收益率、财务净现值、投资回收期、投资利润率、投资利税率、资本金利润率等，可根据项目的特点及财务评价的目的、要求等选用。

(1) 财务内部收益率(FIRR)。

财务内部收益率是指项目在整个计算期内各年净现金流量现值累计等于零时的折现率，它反映项目所占用资金的盈利率，是考察项目盈利能力的主要动态评价指标。其计算公式为

$$\sum_{t=1}^{n}(CI-CO)_t(1+FIRR)^{-t}=0 \tag{6-1}$$

财务内部收益率

式中　CI——现金流入量；

CO——现金流出量；

$(CI-CO)_t$——第 t 年的净现金流量；

n——计算期。

财务内部收益率可根据财务现金流量表中的净现金流量用试差法计算求得。在财务评价中，将求出的全部投资或自有资金（投资者的实际出资）的财务内部收益率（FIRR）与行业的基准收益率或设定的折现率（i_c）比较，当 FIRR$\geqslant i_c$时，即认为其盈利能力已满足最低要求，在财务上是可以考虑接受的。

（2）财务净现值（FNPV）。

财务净现值

财务净现值是评价项目盈利能力的绝对指标，它反映项目在满足按设定折现率要求的盈利之外，获得的超额盈利的现值。其计算公式为

$$\text{FNPV}=\sum_{t=1}^{n}(\text{CI}-\text{CO})_t(1+i_c)^{-t} \tag{6-2}$$

当 FNPV$\geqslant$0 时，表明项目的盈利能力达到或者超过按设定的折现率计算的盈利水平。可根据需要选择计算所得税前财务净现值或所得税后净现值。

（3）投资回收期（P_t）。

投资回收期是指以项目的净收益抵偿全部投资（固定资产投资、投资方向调节税和流动资金）所需要的时间。它是考察项目在财务上的投资回收能力的主要静态评价指标。投资回收期（以年表示）一般从建设开始年算起，如果从投产年算起，则应予以注明。其计算公式为

$$\sum_{t=1}^{P_t}(\text{CI}-\text{CO})_t=0 \tag{6-3}$$

投资回收期 P_t可根据财务现金流量表（全部投资）中的累计净现金流量计算求得。其计算公式为

$$\text{投资回收期}=\text{累计净现金流量开始出现正值的年份}-1+\frac{\text{上年累计净现金流量的绝对值}}{\text{当年净现金流量}} \tag{6-4}$$

在财务评价中，求出的投资回收期（P_t）与行业的基准投资回收期（P_c）比较，当 $P_t\leqslant P_c$时，表明项目投资能在规定的时间内收回。

（4）投资利润率。

投资利润率是指项目达到设计生产能力后的一个正常生产年份的年利润总额与项目总投资的比率，它是考察项目单位投资盈利能力的静态指标。对于生产期内各年的利润总额变化幅度较大的项目，应计算生产期年平均利润总额与项目总投资的比率。其计算公式为

$$\text{投资利润率}=\frac{\text{年利润总额或年平均利润总额}}{\text{项目总投资}}\times 100\% \tag{6-5}$$

$$\text{年利润总额}=\text{年营业收入}-\text{年税金及附加}-\text{年总成本费用} \tag{6-6}$$

$$\text{年税金及附加}=\text{年产品税}+\text{年增值税}+\text{年营业税}+\text{年资源税}+\text{年城市维护建设税}+\text{年教育费附加} \tag{6-7}$$

$$\text{项目总投资}=\text{固定资产投资}+\text{建设期利息}+\text{流动资金} \tag{6-8}$$

投资利润率可根据损益表中的有关数据计算求得。在财务评价中，将投资利润率与行业平均投资利润率进行对比，以判别项目单位投资盈利能力是否达到本行业的平均水平。

（5）投资利税率。

投资利税率是指项目达到设计生产能力后的一个正常生产年份的年利税总额或项目生产期内的年平均利税总额与项目总投资的比率。其计算公式为

$$投资利税率=\frac{年利税总额或年平均利税总额}{项目总投资}\times100\% \tag{6-9}$$

$$年利税总额=年营业收入-年总成本费用 \tag{6-10}$$

或

$$年利税总额=年利润总额+年税金及附加$$

投资利税率可根据损益表中的有关数据计算求得。在财务评价中，将投资利税率与行业平均投资利税率进行对比，以判别单位投资对国家积累的贡献水平是否达到本行业的平均水平。

（6）资本金利润率。

资本金利润率是指项目达到设计生产能力后的一个正常生产年份的年利润总额或项目生产期内的年平均利润总额与资本金的比率，它反映投入项目的资本金的盈利能力。其计算公式为

$$资本金利润率=\frac{年利润总额或年平均利润总额}{资本金}\times100\% \tag{6-11}$$

2. 项目清偿能力评价指标

项目清偿能力评价主要考察项目计算期内各年的财务状况和偿债能力，主要指标包括资产负债率、借款偿还期、流动比率、速动比率、利息备付率、偿债备付率等。

（1）资产负债率。

资产负债率是指项目各年年末负债总额与资产总额的比率。其计算公式为

$$资本负债率=\frac{负债总额}{资产总额}\times100\% \tag{6-12}$$

资产负债率是反映项目负债水平和长期偿债能力的综合指标。适度的负债可以减轻投资者的资金压力，并保证项目资金的使用效率。国际上认为，60%以内的资产负债率是较好的负债水平。负债率过高，项目财务风险就大；负债率过低，资金使用效率就低。当然，不能以资产负债率的高低来评价项目负债状况的优劣，而需要结合项目的具体情况进行分析。

资产负债率

（2）借款偿还期。

借款偿还期是指在国家财政规定及项目具体财务条件下，以项目投产后可用于还款的资金偿还固定资产投资国内借款本金和建设期利息（不包括已用自有资金支付的建设期利息）所需要的时间。其计算公式为

$$I_d=\sum_{t=1}^{P_d}R_t \tag{6-13}$$

式中 I_d——固定资产投资国内借款本金和建设期利息之和；

P_d——固定资产投资国内借款偿还期（从借款开始年计算，当从投产年算起时，应予以注明）；

R_t——第 t 年可用于还款的资金，包括利润、折旧、摊销及其他还款资金。

借款偿还期可由资金来源与运用表及国内借款还本付息计算表直接推算，以年表示。

其计算公式为

$$借款偿还期=借款偿还后开始出现盈余的年份数-开始借款的年份+\frac{当年偿还借款数}{当年可用于还款的资金数} \tag{6-14}$$

当借款偿还期满足贷款机构的要求期限时，即认为该项目是有清偿能力的。

(3) 流动比率和速动比率。

流动比率是指流动资产总额和流动负债总额之比，用来衡量项目各年流动资产在短期债务到期以前，可以变为现金用于偿还负债的能力。其计算公式为

$$流动比率=\frac{流动资产总额}{流动负债总额}\times100\% \tag{6-15}$$

所谓流动资产，是指企业可以在一年或者超过一年的一个营业周期内变现或者运用的资产，主要包括货币资金、短期投资、应收票据、应收账款和存货等。

流动负债也叫短期负债，是指将在一年或者超过一年的一个营业周期内偿还的债务，包括短期借款、应付票据、应付账款、预收账款、应付股利、应交税金、其他暂收应付款项、预提费用和一年内到期的长期借款等。

流动比率越高，项目资产的流动性越大，但是，比率太大，则表明流动资产占用较多，会影响经营资金的周转效率和获利能力。一般认为，流动比率为 2 比较合适。

速动比率是指速动资产总额（流动资产总额扣除不容易变现的存货后）和流动负债总额之比，用来衡量项目各年的实际偿还负债的能力。其计算公式为

$$速动比率=\frac{速动资产总额}{流动负债总额}\times100\% \tag{6-16}$$

速动资产是指流动资产中可以立即变现的那部分资产，如现金、有价证券、应收账款及预付账款等。一般认为，速动比率为 1 比较合适。

流动比率和速动比率都是用来表示资金流动性的，即企业短期债务偿还能力的数值。

需要注意的是，流动比率高的企业偿还短期债务的能力并不一定就很强，因为流动资产之中虽然现金、有价证券、应收账款变现能力很强，但是存货、待摊费用等也属于流动资产的项目，其变现时间较长，特别是存货很可能发生积压、滞销、残次、冷背等情况，流动性较差。而速动比率则能避免这种情况的发生，因为速动资产就是指流动资产中容易变现的那部分资产。

(4) 利息备付率和偿债备付率。

利息备付率也称已获利息倍数，是指项目在借款偿还期内各年可用于支付利息的息税前利润与当期应付利息的比值。其计算公式为

$$利息备付率=\frac{息税前利润}{当期应付利息}\times100\%=\left(\frac{利润总额+当期应付利息}{当期应付利息}\right)\times100\% \tag{6-17}$$

① 息税前利润是指利润总额与当期应付利息之和，即息税前利润=利润总额+当期应付利息。

② 当期应付利息是指计入总成本费用的全部利息。

正常情况下，当利息备付率大于 1 时，表示企业有偿还利息的能力；当利息备付率小于 1 时，表示企业没有足够的资金支付利息，偿债风险很大。

所谓偿债备付率，是指项目在借款偿还期内，各年可用于还本付息的资金与当期应还本付息的金额的比值。其计算公式为

$$偿债备付率=\frac{可用于还本付息的资金}{当期应还本付息的金额}\times 100\%$$

$$=\frac{息税前利润+折旧+摊销-所得税}{当期应还本付息的金额}\times 100\% \qquad (6-18)$$

式中，可用于还本付息的资金包括可用于还款的折旧和摊销、成本中列支的利息费用、可用于还款的利润等；当期应还本付息的金额包括当期应还贷款本金及计入成本费用的利息。

偿债备付率最好在借款偿还期内分年计算，也可以按项目的借款偿还期内总和数据计算，分年计算的偿债备付率更能反映偿债能力。偿债备付率表示可用于还本付息的资金偿还借款本息的保证倍率。在正常情况下，偿债备付率应当大于1。当其小于1时，表示当年的资金来源不足以偿付当期债务，需要通过短期借款偿付已到期债务。

6.3.2 财务评价报表

财务评价报表主要包括基本报表和辅助报表。基本报表包括现金流量表、损益与利润分配表、资金来源与运用表、借款偿还计划表及资产负债表。辅助报表包括投资估算表，总成本费用表，营业收入、税金及附加表，借款还本付息表等。辅助报表所涉及的内容在前述章节已有阐述，下面主要对基本报表进行详细的介绍。

1. 现金流量表

现金流量表

它反映的是项目计算期内各年的现金收支，用以计算各项动态和静态评价指标，进行项目财务盈利能力分析。新设法人项目财务现金流量表分为如下几种。

(1) 全部投资现金流量表（表6-2）：该表以项目为一个独立系统，从融资前的角度出发，不考虑投资来源，假设全部投资都是自有资金。

表6-2 全部投资现金流量表 单位：万元

序号	项目	年份								
		建设期			生产期					
		1	2	3	4	5	6	7	8	9
1	现金流入									
1.1	营业收入									
1.2	回收固定资产余值									
1.3	回收流动资金									
2	现金流出									
2.1	建设投资									
2.2	流动资金									

续表

序号	项目	年份								
		建设期			生产期					
		1	2	3	4	5	6	7	8	9
2.3	经营成本									
2.4	税金及附加									
2.5	所得税									
3	净现金流量									
4	累计净现金流量									
5	折现系数									
6	折现现金流量									
7	累计折现净现金流量									

(2) 自有资金现金流量表(表 6－3):该表从项目法人(或投资者整体)的角度出发,以项目资本金作为计算基础,把借款还本付息作为现金流出。

表 6－3　自有资金现金流量表　　单位:万元

序号	项目	年份								
		建设期			生产期					
		1	2	3	4	5	6	7	8	9
1	现金流入									
1.1	营业收入									
1.2	回收固定资产余值									
1.3	回收流动资金									
2	现金流出									
2.1	自有资金									
2.2	借款还本									
2.3	借款付息									
2.4	经营成本									
2.5	税金及附加									
2.6	所得税									
3	净现金流量									
4	累计净现金流量									
5	折现系数									
6	折现现金流量									
7	累计折现净现金流量									

知识链接

自有资金现金流量表相对全部投资现金流量表而言，其在现金流入部分增加了本期新增借款。相应地，在现金流出部分增加了本期借款还本和本期借款付息。由于本期新增金额加上项目自有资金为项目建设投资和流动资金之和，因此自有资金现金流量表中的现金流出部分为投资总额减去借款的余额，也就是自有资金。

2. 损益与利润分配表（表6-4）

它反映项目计算期内各年的利润总额、所得税及税后利润的分配情况。

表6-4 损益与利润分配表 单位：万元

序号	项目	年份								
		1	2	3	4	5	6	7	8	9
	生产负荷/%									
1	营业收入									
2	税金及附加									
3	总成本费用									
4	利润总额（1—2—3）									
5	所得税（4×25%）									
6	税后利润（5—4）									
7	盈余公积									
	法定公积金									
	公益金									
8	偿还本金									
9	可供投资者分配利润（6—7—8）									
10	应付利润									
11	年末未分配利润									
12	累计未分配利润									

3. 资金来源与运用表（表6-5）

它反映项目计算期内各年的资金盈余短缺情况。

表 6-5 资金来源与运用表 单位：万元

序号	项目	年份						
		建设期		生产期				
		1	2	3	4	5	6	7
1	资金来源							
1.1	利润总额							
1.2	折旧							
1.3	摊销							
1.4	长期借款							
1.5	流动资金借款							
1.6	自有资金							
1.7	回收固定资产余值							
1.8	回收流动资金							
2	资金运用							
2.1	建设投资							
2.2	建设期利息							
2.3	流动资金							
2.4	所得税							
2.5	应付利润							
2.6	长期借款还本							
2.7	流动资金借款还本							
3	盈余资金							
4	累计盈余资金							

4. 借款偿还计划表（表 6-6）

它反映项目计算期内各年借款的使用、还本付息及偿债资金来源，用于计算借款偿还期、偿债备付率、利息备付率等指标。

表 6-6 借款偿还计划表 单位：万元

序号	项目	合计	年份				
			建设期		生产经营期		
			1	2	1	2	3
一	借款偿还						
1	年初借款累计						
2	年内借款增加						
3	年内借款应计利息						
3.1	计入投资						
3.2	计入财务费用						
4	本年还本						

续表

序号	项目	合计	年份				
			建设期		生产经营期		
			1	2	1	2	3
5	本年付息						
6	年末借款累计（1+2−4）						
二	还款资金来源（1+2+3+4）						
1	可还款利润						
2	可还款折旧						
3	摊销费						
4	其他还款资金						

5. 资产负债表（表6-7）

它反映项目计算期内各年资产和负债的增减变动及其结构变化，用来计算资产负债率、流动比率和速动比率等相关指标。

表6-7 资产负债表 单位：万元

序号	项目	年份											
		建设期		投产期		达到设计能力生产期							
		1	2	1	2	1	2	3	4	5	6	7	8
1	资产												
1.1	流动资产总额												
1.1.1	现金												
1.1.2	累计盈余资金												
1.1.3	应收账款												
1.1.4	存货												
1.2	在建工程												
1.3	固定资产净值												
1.4	无形和递延资产净值												
2	负债和所有者权益												
2.1	流动负债总额												
2.1.1	应付账款												
2.1.2	流动资金借款												
2.1.3	其他短期借款												
2.2	长期借款												
	负债小计												
2.3	所有者权益												
2.3.1	资本金												

续表

序号	项目	年份											
		建设期		投产期		达到设计能力生产期							
		1	2	1	2	1	2	3	4	5	6	7	8
2.3.2	资本公积金												
2.3.3	累计盈余公积金												
2.3.4	累计未分配利润												
	资产负债率/%												
	流动比率/%												
	速动比率/%												

资产负债表

知识链接

财务评价的内容、基本财务报表与评价指标的对应关系。

财务报表与财务指标的对应关系见表6-8。

表6-8 财务报表与财务指标的对应关系

评价内容	基本报表	静态指标	动态指标
盈利能力评价	项目财务现金流量表	静态投资回收期	项目财务内部收益率、财务净现值、动态投资回收期
	资本金财务现金流量表	—	资本金财务内部收益率
	损益和利润分配表	投资利润率、投资利税率、资本金利润率	—
清偿能力评价	资金来源与运用表、借款偿还计划表	借款偿还期、偿债备付率、利息备付率	—

6.3.3 财务评价案例分析

下面以一个新建工厂项目为例，说明基本报表、辅助报表的编制方法与财务效果评价。

1. 数据资料

新建一个工厂，预计从此项目建设开始寿命期为15年。项目建设期为3年，第4年投产，第5年达到设计生产能力。

(1) 工厂固定投资（固定资产投资）8800万元，其中自有资金投资为4400万元。工厂固定资产分年投资情况见表6-9。

表6-9　工厂固定资产分年投资情况　　单位：万元

项目	年份			合计
	1	2	3	
固定投资/万元	2750	3850	2200	8800
其中自有资金投资/万元	1650	1650	1100	4400

不足部分向银行借款，银行贷款条件是年利率 $i=10\%$，建设期间只计息不还款，第4年投产后开始还贷，每年付清利息并分10年等额偿还建设期利息资本化后的全部借款本金。

（2）流动资金投资约需2490万元，全部用银行贷款，年利率为10%。

（3）营业收入、税金及附加和经营成本的预测值见表6-10，其他支出忽略不计。

表6-10　营业收入、税金及附加和经营成本的预测值　　单位：万元

项目	年份				
	4	5	6	…	15
营业收入	6720	9600	9600	…	9600
税金及附加	384	576	576	…	576
经营成本	3500	5000	5000	…	5000

2. 要求

进行全部投资和自有资金投资盈利能力评价和清偿能力评价（设基准折现率 $i_c=12\%$）。

3. 基础财务报表

（1）借款需要量计算表（表6-11）。

表6-11　借款需要量计算表　　单位：万元

项目	年份				合计
	1	2	3	4	
固定资产	2750	3850	2200		8800
流动资金				2490	2490
自有资金	1650	1650	1100		4400
借款需要量	1100	2200	1100	2490	6890

（2）固定资产投资借款建设期利息计算表（表6-12）。

表6-12　固定资产投资借款建设期利息计算表　　单位：万元

项目	年份				附注
	1	2	3	4	
年初欠款	0	1155	3580.5	5093.55	建设期利息约为693
当年借款	1100	2200	1100		
当年利息	55	225.5	413.05		
年末欠款累计	1155	3580.5	5093.55		

当年借款额只计一半利息。第 4 年初累计的欠款即为利息资本化后的总本金。

(3) 固定资产投资还款计划与利息计算表（表 6-13)。

表 6-13　固定资产投资还款计划与利息计算表　　单位：万元

项目	年份									
	4	5	6	7	8	9	10	11	12	13
年初欠款	5090	4581	4072	3563	3054	2545	2036	1527	1018	509
当年利息支付	509	458	408	357	305	255	204	153	102	51
当年还本	509	509	509	509	509	509	509	509	509	509
年末欠款	4581	4072	3563	3054	2545	2036	1527	1018	509	0

根据与银行商定的条件，第 4 年开始支付每年的利息再还本金的 1/10，10 年内还清，利息可计入当期损益。

4. 固定资产折旧计算

平均折旧年限为 15 年，残值率为 5%，建设期利息计入固定资产原值内。

$$年折旧额=(8800+693)\times(1-5\%)/15\approx 601(万元)$$

第 15 年回收固定资产余值为

$$(8800+693)-601\times 12=2281(万元)$$

5. 主要财务报表

(1) 损益与利润分配表（表 6-14)。

表 6-14　损益与利润分配表　　单位：万元

项目	年份											
	4	5	6	7	8	9	10	11	12	13	14	15
营业收入	6720	9600	9600	9600	9600	9600	9600	9600	9600	9600	9600	9600
经营成本	3500	5000	5000	5000	5000	5000	5000	5000	5000	5000	5000	5000
折旧	601	601	601	601	601	601	601	601	601	601	601	601
建设投资借款利息	509	458	408	357	305	255	204	153	102	51	0	0
流动资金借款利息	249	249	249	249	249	249	249	249	249	249	249	249
税金及附加	384	576	576	576	576	576	576	576	576	576	576	576
利润总额	1477	2716	2766	2817	2869	2919	2970	3021	3072	3123	3174	3174
所得税	487	896	913	930	947	963	980	997	1014	1031	1047	1047
税后利润	990	1820	1853	1887	1922	1956	1990	2024	2058	2092	2127	2127
盈余公积金	99	182	185	189	192	196	199	202	206	209	213	213
公益金	49	91	93	94	96	98	99	101	103	105	106	106
应付利润	841	1547	1575	1604	1634	1662	1691	1720	1750	1779	1808	1808
未分配利润	0	0	0	0	0	0	0	0	0	0	0	0

（2）全部投资现金流量表（表 6－15）。

表 6－15　全部投资现金流量表

单位：万元

项目	年份															
	建设期				投产期	达产期										
	0	1	2	3	4	5	6	7	8	9	10	11	12	13	14	15
（一）现金流入																
1. 营业收入					6720	9600	9600	9600	9600	9600	9600	9600	9600	9600	9600	9600
2. 回收固定资产																2281
3. 回收流动资金																2490
（二）现金流出																
1. 固定投资	2750	3850	2200													
2. 流动资金				2490												
3. 经营成本					3500	5000	5000	5000	5000	5000	5000	5000	5000	5000	5000	5000
4. 税金及附加					384	576	576	576	576	576	576	576	576	576	576	576
5. 所得税					487	896	913	930	947	963	980	997	1014	1031	1047	1047
（三）净现金流量	−2750	−3850	−2200	−2490	2349	3128	3111	3904	3077	3061	3044	3027	3010	2993	2977	2977

(3) 自有资金现金流量表（表 6－16）。

表 6－16 自有资金现金流量表

单位：万元

项目	年份															
	建设期				投产期	达产期										
	0	1	2	3	4	5	6	7	8	9	10	11	12	13	14	15
（一）现金流入																
1. 营业收入					6720	9600	9600	9600	9600	9600	9600	9600	9600	9600	9600	9600
2. 回收固定资产																2281
3. 回收流动资金																2490
（二）现金流出																
1. 固定投资中的自有资金	1650	1650	1100													
2. 流动资金中的自有资金																
3. 经营成本					3500	5000	5000	5000	5000	5000	5000	5000	5000	5000	5000	5000
4. 税金及附加					384	576	576	576	576	576	576	576	576	576	576	576
5. 所得税					487	896	913	930	947	963	980	997	1014	1031	1047	1047
6. 固定投资本金偿还					509	509	509	509	509	509	509	509	509	509	509	509
7. 固定投资利息支付					509	458	408	357	305	255	204	153	102	51	0	0
8. 流动资金本金偿还																2490
9. 流动资金利息支付					249	249	249	249	249	249	249	249	249	249	249	249
（三）净现金流量	－1650	－1650	－1100		1082	1912	1945	1979	2014	2048	2082	2116	2150	2184	2219	2219

（4）资金来源与运用表（表6-17）。

表6-17 资金来源与运用表

单位：万元

序号	项目	年份																期末余值
		建设期				投产期	达产期											
		0	1	2	3	4	5	6	7	8	9	10	11	12	13	14	15	
1	资金来源	2750	3850	2200		2078	3317	3367	3418	3470	3520	3571	3622	3673	3724	3775	3775	4771
1.1	利润总额					1477	2716	2766	2817	2869	2919	2970	3021	3072	3123	3174	3174	
1.2	折旧与摊销费					601	601	601	601	601	601	601	601	601	601	601	601	
1.3	长期借款	1100	2200	1100														
1.4	短期借款				2490													
1.5	自有资金	1650	1650	1100														
1.6	回收固定资产余值																	2281
1.7	回收流动资金																	2490
2	资金运用	2750	3850	2200	2490	1837	2952	2997	3043	3090	3134	3180	3226	3273	3319	2855	2855	2490
2.1	固定投资	2750	3850	2200														
2.2	建设期利息																	
2.3	流动资金				2490													
2.4	所得税					487	896	913	930	947	963	980	997	1014	1031	1047	1047	
2.5	应付利润					841	1547	1575	1604	1634	1662	1691	1720	1750	1779	1808	1808	
2.6	长期借款本金偿还					509	509	509	509	509	509	509	509	509	509	0	0	
2.7	短期借款本金偿还																	2490
3	盈余资金	0	0	0	0	241	365	370	375	380	386	391	396	400	405	920	920	2281
4	累计盈余资金	0	0	0	0	241	606	976	1351	1731	2117	2508	2904	3304	3709	4629	5549	7830

(5)资产负债表(表6-18)。

表6-18 资产负债表

单位：万元

序号	项目	年份														
		建设期		生产经营期												
		1	2	3	4	5	6	7	8	9	10	11	12	13	14	15
1	资产	2805	6880	11983	11623	11387	11156	10930	10709	10494	102841	10079	9878	9682	10001	10320
1.1	流动资产总额			2490	2731	3096	3466	3841	4221	4607	4998	5394	5794	6199	7119	8039
1.1.1	流动资金总额			2490	2490	2490	2490	2490	2490	2490	2490	2490	2490	2490	2490	2490
1.1.2	累计盈余资金				241	606	976	1351	1731	2117	2508	2904	3304	3709	4629	5549
1.2	在建工程	2805	6880	9493												
1.3	固定资产净值				8892	8291	7690	7089	6488	5887	5286	4685	4084	3483	2882	2281
2	负债及所有者权益	2805	6880	11983	11623	11387	11156	10930	10709	10494	10284	10079	9878	9682	10001	10320
2.1	流动负债总额			2490	2490	2490	2490	2490	2490	2490	2490	2490	2490	2490	2490	2490
2.1.1	短期借款			2490	2490	2490	2490	2490	2490	2490	2490	2490	2490	2490	2490	2490
2.2	长期负债	1155	3580	5090	4581	4072	3563	3054	2545	2036	1527	1018	509	0	0	0
	负债小计	1155	3580	7580	7071	6562	6053	5544	5034	4526	4017	3508	2999	2490	2490	2490
2.3	所有者权益	1650	3300	4400	4548	4821	5099	5382	5670	5964	6262	6565	6874	7188	7507	7826
2.3.1	资本金	1650	3300	4400	4400	4400	4400	4400	4400	4400	4400	4400	4400	4400	4400	4400
2.3.2	累计盈余公积金				99	281	466	655	847	1043	1242	1444	1650	1859	2072	2285
2.3.3	累计公益金				49	140	233	327	423	521	620	721	824	929	1035	1141
	资产负债率	0.41	0.52	0.63	0.61	0.58	0.54	0.51	0.47	0.43	0.39	0.35	0.30	0.26	0.25	0.24
	流动比率	—	—	1	1.1	1.2	1.4	1.5	1.7	1.9	2.0	2.2	2.3	2.5	2.9	3.2

6. 评价与说明

(1) 盈利能力评价。

所得税后的各项经济效果指标如下。

① 全部投资的经济效果评价。

a. 投资回收期(静态)=8.06 年。

b. 财务内部收益率：$FIRR_{全}=13.61\%$

c. 财务净现值：$FNPV_{全}=1005.29$ 万元。

② 自有资金投资的经济效果指标。

a. 投资回收期(静态)=7.19 年。

b. 财务内部收益率：$FIRR_{自}=15.42\%$。

c. 财务净现值：$FNPV_{自}=918.78$ 万元。

本例中，$FIRR>i_c$，$FNPV>0$，表明方案本身的经济效果好于投资者的最低预期，方案可行。

$FNPV_{自}<FNPV_{全}$，$FIRR_{自}>FIRR_{全}$，表明在总投资中采用借款可以使企业获得更好的经济效果，只是因为 $FIRR_{全}>i_c$，债务比较高，财务杠杆将会使自有资金的经济效果变得更好。

(2) 资金平衡及偿债能力评价。

由表 6-17 可以看出，用项目筹措的资金和项目的净收益足以支付各项支出，不需要短期借款即可保证资金收支相抵有余。表现在表 6-18 中，各年的累计盈余资金均大于 0，可满足项目运行的要求。

由表 6-18 的资产负债率、流动比率两项指标来看，项目负债比率除个别年份外，均在 60%以下，随着生产经营的继续，两项指标将更为好转。从整体来看，该项目的偿债能力较强，投资效果较好。

情境小结

(1) 可行性研究是在投资决策之前，对投资项目进行全面技术经济分析论证的科学方法。一般可以将可行性研究划分为机会研究、初步可行性研究、详细可行性研究和项目评估四个阶段。

(2) 项目可行性研究的基本内容可概括为三部分：第一部分是市场调查和预测，说明项目建设的“必要性”；第二部分是建设条件和工程项目，说明项目在技术上的“可行性”。第三部分是经济效益的分析与评价，它是可行性研究的核心，说明项目在经济上的“合理性”。可行性研究就是主要从这三方面对项目进行优化研究，并为投资决策提供依据的。

(3) 财务评价是在财务效益与费用的估算及编制财务辅助报表的基础上，分析、计算项目直接发生的财务效益和费用，编制财务报表，计算财务评价指标，考察项目的盈利能力、清偿能力及外汇平衡等财务状况，据以判别项目的财务可行性。

(4) 项目盈利能力评价的主要指标包括财务内部收益率、财务净现值、投资回收期、投资利润率、投资利税率、资本金利润率等。项目清偿能力评价主要考察项目计算期内各年的财务状况和偿债能力，主要指标包括资产负债率、借款偿还期、流动比率、速动比率、利息备付率、偿债备付率等。

(5) 财务评价报表的基本报表包括现金流量表、损益与利润分配表、资金来源与运用表、借款偿还计划表及资产负债表等。

习　题

一、单选题

1. (　　) 提出多种可能的建设方案，进行综合效益分析和全面的技术经济论证，确定项目的最终可行性和方案选择的依据标准。

A. 机会研究　　B. 初步可行性研究

C. 详细可行性研究　　D. 项目评估

2. 详细可行性研究相关财务数据估算的精度是 (　　)。

A. ±30%左右　　B. ±20%左右　　C. ±10%左右　　D. ±50%左右

3. 可行性研究报告基本内容中的经济合理性不包括以下哪一项? (　　)

A. 投资估算　　B. 国民经济评价

C. 财务评价　　D. 市场调查与预测

4. 下列指标中，属于项目清偿能力分析的是 (　　)。

A. 利息备付率　　B. 财务净现值

C. 财务内部收益率　　D. 投资回收期

5. 在速动比率计算中，速动资产是指流动资产与 (　　) 的差值。

A. 现金　　B. 原材料　　C. 在产品　　D. 存货

6. 项目可用于还本付息的资金不包括 (　　)。

A. 税后利润　　B. 息税前利润　　C. 折旧　　D. 摊销

二、简答题

1. 项目的可行性研究主要从哪些方面来论证?
2. 可行性研究分为哪几个阶段?
3. 财务评价的指标有哪些?
4. 全部投资现金流量表和自有资金现金流量表有什么区别?
5. 如何编制项目的资金来源与运用表?
6. 如何编制项目的借款偿还计划表?
7. 如何编制项目的现金流量表?

三、案例分析题

1. 某公司拟上一个新项目，预计该项目的生命周期为 10 年，其中，建设期为 2 年，生产期为 8 年。项目投资的现金流量数据见表 6-19。生产期第 1 年和最后 1 年的总成本均为 2300 万元，其余各年总成本为 3500 万元。根据规定，全部数据发生在各年年末。已知项目运行期间，税金及附加的税率为6%，所得税税率为25%，基准收益率为12%。

【问题】

（1）计算项目生产运营期内的税金及附加和所得税。

（2）计算表6-19中的其余各项值。

（3）计算项目的静态、动态投资回收期，以及财务净现值和财务内部收益率，并判断项目的可行性。

表6-19　全部投资现金流量表　　　　单位：万元

序号	项目	年份									
		建设期		生产期							
		1	2	3	4	5	6	7	8	9	10
1	现金流入										
1.1	营业收入			2500	4200	4200	4200	4200	4200	4200	2500
1.2	固定资产残值回收										500
1.3	流动资金回收										1000
2	现金流出										
2.1	建设投资	2100	1400								
2.2	流动资金			600	400						
2.3	经营成本			1600	2500	2500	2500	2500	2500	2500	2500
2.4	税金及附加										
2.5	所得税										
3	净现金流量										
4	累计净现金流量										
5	折现净现金流量										
6	累计折现净现金流量										

2. 某工程项目估计建设期为3年，第1年建设投资600万元，第2年建设投资2000万元，第3年投资800万元。投产第1年达到设计能力的60%，第2年达到80%，第3年达到100%。正常年份的营业收入为3500万元，正常年份的经营成本为2000万元，正常年份的销售税金为210万元，固定资产残值为400万元，项目经营期为7年（不含建设期），流动资金总额为600万元，从投产年开始按生产能力分3次投入，投入比例分别为60%、30%、10%。基准收益率为12%，标准静态投资回收期为9年。

学习情境6
在线答题

【问题】

（1）试给出该项目全部投资税前的现金流量表。

（2）计算该项目所得税前的静态投资回收期。

（3）计算该项目所得税前的财务净现值、财务内部收益率和动态投资回收期指标。

（4）评价该项目是否可行。

学情习境7 设备更新分析

思维导图

- 设备更新分析
  - 知识要点
    - 设备更新基础知识
      - 设备更新的概念
      - 设备更新分析的特点
    - 设备的寿命
      - 设备的自然寿命
      - 设备的技术寿命
    - 设备更新的经济分析
      - 设备更新的原则
      - 原型设备的更新分析
    - 设备租赁
      - 设备租赁的类型
      - 设备租赁的优缺点
  - 能力要求
    - 掌握设备更新的原因
    - 掌握静态与动态情况下经济寿命的计算
    - 掌握新型设备的更新分析
    - 掌握设备购置与租赁方案的比选

情境导读

某企业5年前购置了一台设备，价值75万元，购置时预期使用寿命为15年，残值为零。该设备进行直线折旧，目前已提折旧15万元，账面净值为50万元。利用这一设备，企业每年消耗的生产成本为70万元，产生的销售额为100万元。现在市场上推出了一种新设备，价值120万元，使用寿命为10年，预计10年后残值为220万元。该设备由于技术先进、效率较高，预期可使产品销售量由原来的每年100万元增加到每年110万元，同时可使生产成本由每年70万元下降到每年50万元。如果现在将旧设备出售，估计售价为10万元。

问题： 该企业是否应用新设备替换旧设备？

7.1 设备更新概述

随着新工艺、新技术、新材料的不断出现，工程施工在更大的深度和广度上实现了机械化，施工机械设备已经成为生产力不可缺少的重要组成部分。因此，建筑施工企业都存在着如何使企业的技术结构合理化，如何使企业设备利用率、机械效率和设备运营成本等指标保持在良好状态的问题，这就必须对设备磨损的类型、设备更新方案的比选进行科学的技术经济分析。

7.1.1 设备更新的概念

设备更新是指对旧设备的整体更换，就其本质来说，可分为原型设备更新和新型设备更新。原型设备更新是简单更新，就是用结构相同的新设备去更换由于有形磨损严重而不能继续使用的旧设备。这种更新主要是解决设备的损坏问题，不具有更新技术的性质。新型设备更新是以结构更先进、技术更完善、效率更高、性能更好、能源和原材料消耗更少的新型设备来替换那些技术上陈旧、经济上不宜继续使用的旧设备。通常所说的设备更新主要是指后一种，它是技术发展的基础。因此，就实物形态而言，设备更新是用新的设备替换陈旧落后的设备；就价值形态而言，设备更新是设备在运动中消耗掉的价值的重新补偿。设备更新是消除设备有形损耗和无形损耗的重要手段，目的是为了提高企业生产的现代化水平，尽快地形成新的生产能力。

设备更新分析是企业生产发展和技术进步的客观需要，对企业的经济效益有着重要的影响。过早的设备更新，将造成资金的浪费，失去其他的收益机会；过迟的设备更新，将造成生产成本的快速上升，使企业失去竞争的优势。因此，设备是否更新？何时更新？选用何种设备更新？考虑这些问题时，既要考虑技术发展的需要，又要考虑经济方面的效益，这就需要适时做好设备更新分析工作。

设备更新的一般程序

7.1.2 设备更新的原因

1. 设备的磨损

设备是企业固定资产的主要组成部分，是企业生产和扩大再生产的主要手段。设备投入使用后，随着时间的延长，其技术状况和经济合理性会逐渐劣化，设备的价值和使用价值也会随时间的延长逐渐降低，这种现象称为设备的磨损。设备的磨损可以分为有形磨损和无形磨损两大类。

(1) 设备的有形磨损。

设备的有形磨损，又称物理磨损、物质磨损，是机器设备在使用（或者闲置）过程中所发生的实体磨损，主要有以下两种形式。

① 第Ⅰ类有形磨损。设备在运转过程中，在外力的作用下，零部件乃至设备会发生摩擦、振动、超负荷作用、受热不均匀等现象造成机器设备的实体上的变形或损坏，这种磨损称为第Ⅰ类有形磨损。它与设备的使用时间和使用强度有关。

设备产生的第Ⅰ类有形磨损可使设备精度降低、劳动生产率下降、运行成本增加。当这种有形磨损达到较严重的程度时，机器设备就不能再继续正常工作，甚至发生故障，提前失去工作能力、丧失使用价值或者需要支付很大的修理费用，从而造成经济损失。

② 第Ⅱ类有形磨损。在自然力作用下，由于生锈、腐蚀、老化等造成的磨损，或是由于管理不善和缺乏必要的维护而使设备丧失精度和工作能力产生的损耗磨损称为第Ⅱ类有形磨损。设备在闲置过程中，受自然力的作用而产生的实体磨损，也称为第Ⅱ类有形磨损。它与设备的闲置时间和闲置环境，以及使用或者闲置期间的维护状况有关。

第Ⅱ类有形磨损同样可以使设备精度降低、劳动生产率下降。当这种有形磨损达到一定程度时，若进行维修，需要支付很高的修理费用；当这种有形磨损达到严重程度时，会使设备失去精度和工作能力，丧失使用价值。

上述两种有形磨损都会造成设备的性能、精度等的降低，致使设备的运行成本和维修费用增加。所以，有形磨损带来的技术后果是设备使用价值降低甚至完全丧失，经济后果是设备价值的部分降低甚至是没有价值。

(2) 设备的无形磨损。

设备的无形磨损，又称精神磨损、经济磨损，是指由于科学技术的进步，不断出现性能完善、生产效率更高的设备而使原有的设备价值降低，或者生产同样结构的设备价值不断降低而使原有设备的价值降低。无形磨损不是由于生产过程中的使用或者自然力的作用造成的，所以不表现为设备实体的变化，而表现为设备原始价值的贬值。无形磨损分为以下两种。

① 第Ⅰ类无形磨损。由于技术进步、设备制造工艺不断改进，在再生产这种设备的过程中，劳动生产率不断提高、成本不断降低，生产同种设备的社会必要劳动时间减少，因而设备的市场价格下降，致使原设备相对贬值。这种磨损称为第Ⅰ类无形磨损。这种磨损没有造成使用价值的变化，故不影响设备的正常使用。

第Ⅰ类无形磨损并未导致设备本身的技术性能降低，因此不会直接产生提高更换现有设备的问题。但由于技术进步对生产部门的影响往往大于修理部门，致使设备本身价值降低的程度比其维修费用降低的速度更快，从而有可能造成在尚未达到使用年限之前，设备的维修费用就高出设备本身再生产的价值，此时，就可以考虑设备的更新问题。

② 第Ⅱ类无形磨损。由于科学技术的进步，社会上不断创新出结构更先进、性能更完善、效率更高、耗费原材料和能源更少的新型设备，使原有设备相对陈旧落后，其经济效益相对降低而发生贬值。这种磨损称为第Ⅱ类无形磨损。虽然这种磨损也与技术进步有关，但这种技术进步表现在该设备产品的功能提高和改善方面，而不是该产品的生产成本降低，其所带来的经济效果影响更大。

第Ⅱ类无形磨损不仅使原有设备的价值相对贬值，而且如果继续使用旧设备还会降低生产的经济效果。这种经济效果的降低，实际上反映了原设备使用价值的局部或者全部丧失，这就产生了新设备代替现有设备的必要性。是否更新替换取决于现有设备的贬值程度和在生产中继续使用旧设备的经济效果的下降程度。

知识链接

有形磨损和无形磨损两种磨损都会引起设备原始价值的贬值，这一点两者是相同的。不同的是，遭受有形磨损的设备，特别是有形磨损严重的设备，在修理之前，往往不能工作；而遭受无形磨损的设备，即使无形磨损很严重，其固定资产物质内容却可能没有磨损，仍然可以使用，只不过继续使用它在经济上是否合算，需要分析研究。

观察与思考

同学们思考一下，对于有形磨损和无形磨损，应采取什么样的措施进行补偿？

设备磨损的补偿

2. 原有设备的生产能力不足

当企业产品销路好，需要增加生产能力时，就可能出现设备生产能力不足的问题，解决该问题的途径除挖掘生产潜力、改变现有产品品种结构、调整生产能力分配等措施外，主要依靠新增设备和对原有设备进行更新改造，其中在新的技术基础上更新改造原有设备，是走“内涵式”扩大再生产道路、解决生产能力不足问题的主要途径。

3. 出于财务的考虑

为了减少所得税的支出，企业可能更新设备或租赁设备，以增加折旧额。

7.1.3 设备更新分析的特点

1. 设备更新的中心内容是确定设备的经济寿命

（1）设备的自然寿命，又称设备的物理寿命或者实际寿命。它是指设备从投入使用开始，直到因物质磨损严重而不能继续使用、报废为止所经历的全部时间。它主要是由设备的有形磨损决定的。设备的自然寿命不能成为设备更新的估算依据。

知识链接

搞好设备维修和保养可以延长设备的物理寿命，但不能从根本上避免设备磨损。任何一台设备磨损到一定程度时，都必须进行更新。因为随着设备使用时间的延长，设备不断老化，维修所支出的费用也逐渐增加，从而出现恶性使用阶段，即经济上不合理的使用阶段。因此，设备的自然寿命不能成为设备更新的估算依据。

(2) 设备的技术寿命就是指设备从投入使用到因技术落后而被淘汰所延续的时间，即设备在市场上维持其价值而不显陈旧落后的全部时间，故又称有效寿命。技术寿命主要是由设备的无形磨损决定的，它一般比自然寿命要短。科学技术发展越快，设备的技术寿命越短。

(3) 设备的经济寿命是指从经济角度看设备最合理的使用期限，它是由有形磨损和无形磨损共同决定的。具体来说，它是指能使投入使用的设备等额年总成本（包括购置成本和运营成本）最低或等额年净收益最高的期限。在设备更新分析中，经济寿命是确定设备最优更新期的主要依据。

2. 设备更新分析应站在咨询者的立场分析问题

设备更新问题的要点是站在咨询者的立场上，而不是站在旧资产所有者的立场上考虑问题，不拥有任何资产，故若要保留旧资产，首先要付出相当于旧资产当前市场价值的现金，才能取得旧资产的使用权。这是设备更新分析的重要概念。

3. 设备更新分析只考虑未来发生的现金流量

旧设备经过磨损，其实物资产的价值会有所降低，但旧设备经过折旧后所剩下的账面价值，并不一定等于其当前的市场价值，即更新旧设备会产生一笔沉没成本。沉没成本等于旧设备账面价值（原值减累计折旧）减去当前市场价值（残值）后的差值。

在设备更新分析中，只考虑今后所发生的现金流量、以前发生的现金流量及沉没成本，因为它们都属于不可恢复的费用，与更新决策无关，故无须再参与经济计算。

知识链接

沉没成本

沉没成本（Sunk Cost）又称沉淀成本、沉落成本、沉入成本、旁置成本，意为已发生或承诺、无法回收的成本支出。沉没成本是管理会计中的一个术语，主要用于项目的投资决策，与其对应的成本概念是新增成本。沉没成本是一种历史成本，对现有决策而言，它是不可控成本，不会影响当前行为或未来决策。从这个意义上说，在投资决策时，应排除沉没成本的干扰。

人们在决定是否去做一件事情的时候，不仅会看这件事对自己有没有好处，而且也会看过去是不是已经在这件事情上有过投入，并把这些已经发生的、不可收回的支出，如时间、金钱、精力等称为沉没成本。对于企业来说，沉没成本是企业在以前经营活动中已经支付的现金，而在现在或将来经营期间摊入成本费用的支出。因此，固定资产、无形资产、递延资产等均属于企业的沉没成本。

4. 只比较设备的费用

通常在比较更新方案时，假定设备产生的收益是相同的，因此只对它们的费用进行比较。在物业设备更新的经济分析中，如果电梯、空调等主要设备的更新明显地提高了物业的市场租金，也可以将增加的收益和费用一起考虑。

5. 设备更新分析以费用年值法为主

由于不同设备方案的服务寿命不同，因此通常采用费用年值法进行比较。新设备往往具有较高的购置费用和较低的运营费用，而要更新的旧设备则往往具有较低的重置费用和较高的运营费用。

7.1.4 设备的寿命

设备的寿命是指设备从投入使用开始直到设备在技术上或者经济上不宜使用为止的时间。由于研究角度不同，设备寿命有多种不同的形态，其含义也不相同。前面已经对设备的寿命进行了简单的介绍，由于设备的经济寿命是确定设备最优更新期的主要依据，因此，下面主要对设备的经济寿命做详细介绍。

1. 基本概念

设备的经济寿命，又称设备最佳经济使用年限，是设备从投入使用开始，到因继续使用在经济上不合理而被更新所经历的时间，设备使用年限越长，每年所分摊的设备购置费（年资本费或资金恢复费用）越少。但是，随着设备使用年限的增加，一方面，需要更多的维修费维持其原有功能；另一方面，设备的操作成本及原材料、能源耗费也会增加，年运行时间、生产效率、质量将会下降。因此，年资本费（或资金恢复费用）的降低，会被年运行成本的增加或收益的下降所抵消。在整个变化过程中，年均总成本或年均净收益是时间的函数，这就存在着使用到某一年份，其平均综合成本最低、经济效益最好的情况。如图 7.1 所示，设备从开始使用到其年平均使用成本最小（或年盈利最高）的使用年限 N_0 为设备的经济寿命，在 N_0 年时，设备年平均使用成本达到最低值。一般称设备从开始使用到其年平均成本最小（或年盈利最高）的使用年限 N_0 为设备的经济寿命。所以，设备的经济寿命就是从经济观点（即成本观点或收益观点）确定设备更新的最佳时刻。经济寿命是由有形磨损和无形磨损共同作用决定的。

观察与思考

某设备年度费用曲线如图 7.2 所示，根据图 7.2 判断该设备的经济寿命为(　　)年。

2. 设备的经济寿命的估算

按照是否考虑资金的时间价值，确定设备的经济寿命的方法可以分为静态模式和动态模式两种。

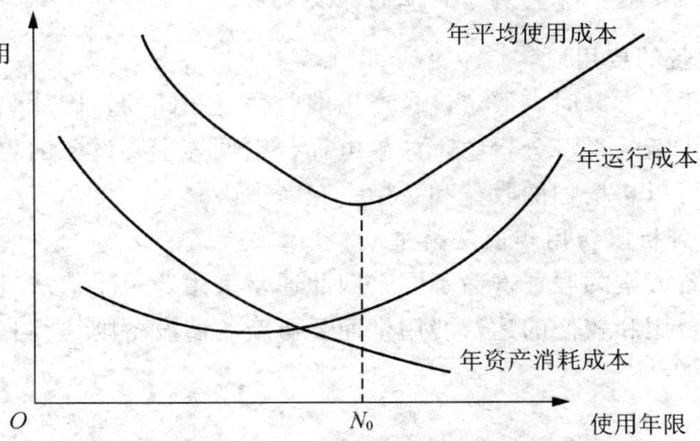

图 7.1　设备年度费用曲线

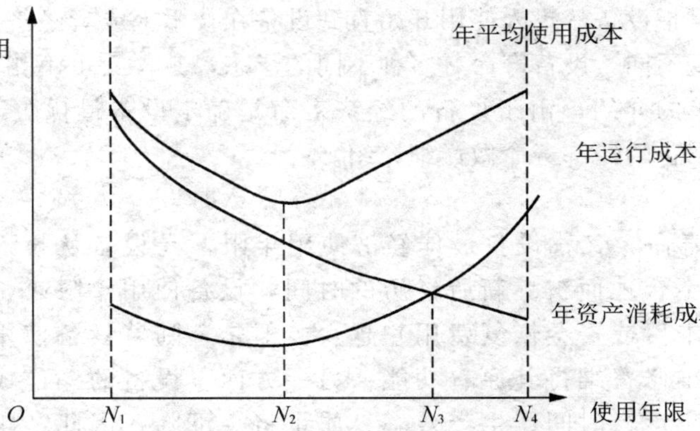

图 7.2　某设备年度费用曲线

(1) 设备的经济寿命的静态计算方法。

① 费用平均法。所谓费用平均法，就是在不考虑资金的时间价值的基础上计算设备年平均使用成本 $\overline{C}_N$。可通过计算不同使用年限的年等额总成本来确定设备的经济寿命。使 $\overline{C}_N$ 为最小的 N_0 就是设备的经济寿命。

设备年平均使用成本计算公式为

$$\overline{C}_N = \frac{P - L_N}{N} + \frac{1}{N}\sum_{t=1}^{N} C_t \tag{7-1}$$

式中　$\overline{C}_N$——N 年内设备的年平均使用成本；

P——设备目前的实际价值；

t——设备使用年度，t 的取值为 $1 \sim N$；

C_t——第 t 年的设备运行成本；

L_N——第 N 年年末的设备净残值。

在式(7-1)中，$\frac{P-L_N}{N}$为设备的平均年度资产消耗成本，$\frac{1}{N}\sum_{t=1}^{N}C_t$ 为设备的平均年运行成本。

应用案例 7-1

某设备目前实际价值为 30000 元，设备的年运行成本及年末净残值见表 7-1，试在不考虑资金的时间价值的情况下求该设备的经济寿命。

表 7-1 某设备的年运行成本与年末净残值 单位：元

继续使用年限 t	1	2	3	4	5	6	7
年运行成本	5000	6000	7000	9000	11500	14000	17000
年末净残值	15000	7500	3750	1875	1000	1000	1000

【解】 为了计算方便，可采用列表的形式求解，计算过程及结果见表 7-2。

表 7-2 设备的经济寿命的计算过程（静态） 单位：元

使用年限 N	资产消耗成本 $(P-L_N)$	平均年资产消耗成本 (3)=(2)/(1)	年运行成本 C_t	年运行成本累计 $\sum C_t$	平均年运行成本 (6)=(5)/(1)	年平均使用成本 $\overline{C}_N(7)=(3)+(6)$
(1)	(2)	(3)	(4)	(5)	(6)	(7)
1	15000	15000	5000	5000	5000	20000
2	22500	11250	6000	11000	5500	16750
3	26250	8750	7000	18000	6000	14750
4	28125	7031	9000	27000	6750	13781
5	29000	5800	11500	38500	7700	13500
6	29000	4833	14000	52500	8750	13583
7	29000	4143	17000	69500	9929	14072

由计算结果可以看出，当设备使用到第 5 年年末时，年平均使用成本 13500 元为最低。因此，此设备的经济寿命为 5 年。

课堂练习 7-1

有一台挖土机，原始价值为 60000 元，每年的年末净残值见表 7-3。该挖土机第 1 年的运行成本为 10000 元，以后每年以 2000 元的数值递增。若不考虑资金的时间价值，试确定该挖土机的经济寿命。

表 7-3　设备的年末净残值　　单位：元

年份	1	2	3	4	5	6	7	8	9
年末净残值	30000	15000	7500	3750	2000	2000	2000	1500	1000

② 匀速低劣化数值法。一方面，随着使用年数的增长，每年分摊的投资成本将逐渐减少；另一方面，设备的维修费用、燃料、动力消耗等运行成本也逐渐增加，这种逐年递增的费用 ΔC_t 称为设备的低劣化。用低劣化数值 λ 表示设备损耗的方法称为低劣化数值法。如果每年设备的劣化增量是均等的，即 $\Delta C_t=\lambda$，则每年劣化呈线性增长。假设评价基准年（即评价第 1 年）设备的运行成本为 C_1，则平均每年的设备使用成本 $\overline{C}_N$ 可用下式表示。

$$\begin{aligned}\overline{C}_N &= \frac{P-L_N}{N}+\frac{1}{N}\sum_{t=1}^{N}C_t \\ &= \frac{P-L_N}{N}+C_1+\frac{1}{N}[\lambda+2\lambda+3\lambda+\cdots+(N-1)\lambda] \\ &= \frac{P-L_N}{N}+C_1+\frac{1}{2N}[N(N-1)\lambda] \\ &= \frac{P-L_N}{N}+C_1+\frac{1}{2}[(N-1)\lambda] \end{aligned} \tag{7-2}$$

要使 $\overline{C}_N$ 为最小，对式(7-2) 的 N 进行一阶求导，并令其导数为零，可得

$$\frac{\mathrm{d}\overline{C}_N}{\mathrm{d}N}=-\frac{P-L_N}{N^2}+\frac{1}{2}\lambda=0 \tag{7-3}$$

则设备的经济寿命

$$N_0=\sqrt{\frac{2(P-L_N)}{\lambda}} \tag{7-4}$$

应用案例 7-2

设有一台设备，其目前实际价值 $P=8000$ 元，年末净残值 $L_N=800$ 元，第 1 年的运行成本 $C_1=800$ 元，每年设备的劣化增量是均等的，低劣化数值 $\lambda=300$ 元，求该设备的经济寿命。

【解】 由式(7-4)，可得

$$N_0=\sqrt{\frac{2\times(8000-800)}{300}}\approx 7(\text{年})$$

即该设备的经济寿命为 7 年。

观察与思考

在应用案例 7-2 中，设备的经济寿命为 7 年，那同学们算一算，设备使用 7 年的年平均使用成本为多少？

如果每年设备的劣化增量是不规则的，且年末净残值也是变化的，则一般可根据企业的记录或者对设备实际情况进行预测，然后采用列表的方式，通过计算设备的年度费用来求解经济寿命。

（2）设备的经济寿命的动态计算方法。

当利率不为零时，计算经济寿命需考虑资金的时间价值，就是在考虑资金的时间价值的情况下计算设备的净年值 NAV 或年成本 AC，通过比较年平均效益率或年平均费用来确定设备的经济寿命 N_0，其计算公式为

$$\mathrm{NAV}(N_0)=\Big[\sum_{t=0}^{N_0}(\mathrm{CI}-\mathrm{CO})_t(1+i_c)^{-t}\Big](A/P,i_c,N_0) \tag{7-5}$$

或者

$$\mathrm{AC}(N_0)=\Big[\sum_{t=0}^{N_0}\mathrm{CO}_t(P/F,i_c,t)\Big](A/P,i_c,N_0) \tag{7-6}$$

在式(7－5) 中，如果使用年限 N 为变量，则当 $N_0(0\leqslant N_0\leqslant N)$ 为设备的经济寿命时，应满足：

当 $(\mathrm{CI}-\mathrm{CO})_t>0$ 时，NAV→最大（max）；

当 $(\mathrm{CI}-\mathrm{CO})_t<0$ 时，NAV→绝对值最小（min）。

如果设备的目前实际价值为 P，使用年限为 N，设备第 N 年的年末净残值为 L_N，第 t 年的运行成本为 C_t，基准折现率为 i_c，其经济寿命为 N_0，则有如下公式。

$$\mathrm{AC}=\Big[P-L_N(P/F,i_c,N)+\sum_{t=1}^{N}C_t(P/F,i_c,t)\Big](A/P,i_c,N) \tag{7-7}$$

或

$$\mathrm{AC}=P(A/P,i_c,N)-L_N(A/F,i_c,N)+\sum_{t=1}^{N}C_t(P/F,i_c,t)(A/P,i_c,N) \tag{7-8}$$

其中，$[P(A/P,\ i_c,\ N)-L_N\ (A/F,\ i_c,\ N)]$为资金恢复费用。由等额支付偿债基金公式和等额支付资金回收公式可得

$$(A/F,i_c,N)=\frac{i_c}{(1+i_c)^N-1}=\frac{i_c(1+i_c)^N}{(1+i_c)^N-1}-i_c=(A/P,i_c,N)-i_c \tag{7-9}$$

代入式(7－8)，可得

$$\mathrm{AC}=(P-L_N)(A/P,i_c,N)+L_N i_c+\sum_{t=1}^{N}C_t(P/F,i_c,t)(A/P,i_c,N) \tag{7-10}$$

由以上公式可以看出，用净年值或年成本估算设备的经济寿命的过程如下：在已知设备现金流量和利率的情况下，逐年计算出从寿命 1 年到 N 年全部使用期的年等效值，从中找出平均年成本的最小值或是平均年盈利的最大值所对应的年限，从而确定设备的经济寿命，这个过程通常是用表格计算来完成的。

应用案例 7－3

假设年利率为 6%，试计算应用案例 7－1 中设备的经济寿命。

【解】 计算设备不同使用年限的年成本 AC，见表 7－4。可以看出，第 6 年的年成本最

小值为 14405.2 元，因此，该设备的经济寿命为 6 年。与忽略资金的时间价值因素相比，经济寿命增加了 1 年。

表 7-4 设备不同使用年限下年平均使用成本计算表 单位：元

N	$P-L_N$	$(A/P,6\%,t)$	$L_N\times 6\%$	(2)×(3)+(4)	C_t	$(P/F,6\%,t)$	[∑(6)×(7)]×(3)	AC=(5)+(8)
(1)	(2)	(3)	(4)	(5)	(6)	(7)	(8)	(9)
1	15000	1.06	900	16 800	5000	0.9434	5000	21800
2	22500	0.5454	450	12721.5	6000	0.8900	5485.1	18206.6
3	26250	0.3741	225	10045.1	7000	0.8396	5961.0	16006.1
4	28125	0.2886	112.5	8229.4	9000	0.7921	6656.0	14885.4
5	29000	0.2374	60	6944.6	11500	0.7473	7515.4	14460.0
6	29000	0.2034	60	5958.6	14000	0.7050	8446.6	14405.2
7	29000	0.1791	60	5253.9	17000	0.6651	9462.5	14716.4

课堂练习 7-2

若基准折现率为 6%，其余条件同课堂练习 7-1，试确定挖土机的经济寿命。

7.2 设备更新分析及其应用

7.2.1 设备更新的原则

确定设备更新必须进行技术经济分析。设备更新方案比选的基本原理和评价方法与互斥性投资方案比选相同，但在实际设备更新方案比选时，应遵循如下原则。

(1) 设备更新分析应站在客观的立场分析问题。设备更新问题的要点是站在客观的立场上，而不是站在旧设备的立场上考虑问题。例如，新旧两台设备进行比较时，不应把旧设备的出售所得作为新设备的现金流入，而应把出售旧设备所得作为购买旧设备的费用。

应用案例 7-4

某设备在 5 年前购买，估计还可以继续使用 5 年，年运行成本大约为 3000 元，预计 5 年后的年末净残值为 500 元，目前此设备的市场价值为 4000 元，年运行成本大约为 1500 元。现有如下两个方案：一是继续使用旧设备，二是将旧设备出售并购买新设备。设基准收益率为15%，该选择哪个方案？

【解】旧设备的市场价值为4000元，是购买旧设备的费用，应看作继续使用旧设备的现金流出，而不能看作购买新设备的现金流入。两个方案正确的现金流量图如图7.3所示。

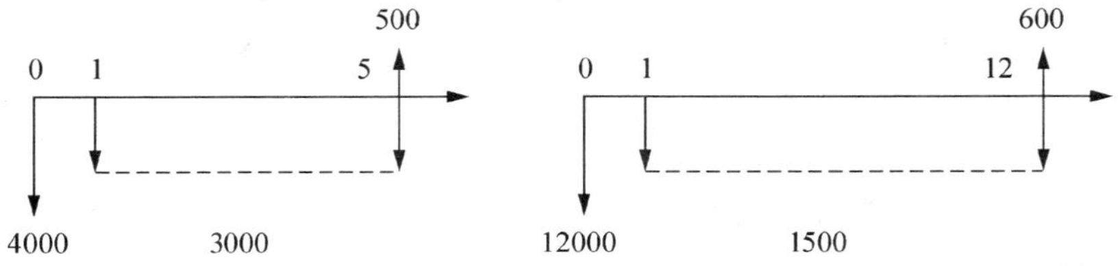

(a) 方案一　(b) 方案二

图7.3　两个方案的现金流量图（单位：元）

计算方案一的年成本。

$$AC_{方案一}=4000(A/P,15\%,5)+3000-500(A/F,15\%,5)\approx 4119.05(元)$$

计算方案二的年成本。

$$AC_{方案二}=12000(A/P,15\%,12)+1500-600(A/F,15\%,12)\approx 3693.31(元)$$

可以看出，方案一的年成本大于方案二的年成本，所以应该选择方案二，用新设备替代旧设备。

(2) 不考虑沉没成本。由于沉没成本是已经发生的费用，不管企业生产什么和生产多少，这项费用都不可避免地发生，因此现在决策对它不起作用。在进行设备更新方案比较时，原设备的价值应按目前实际价值计算，而不考虑其沉没成本。例如，某设备4年前的原始成本是80000元，目前的账面价值是30000元，现在的市场价值仅为18000元。在进行设备更新分析时，旧设备产生的账面价值与市场价值的差额就是一笔沉没成本，与现在的更新决策无关，目前该设备的价值等于市场价值18000元。

(3) 逐年滚动原则。逐年滚动原则是指在确定最佳更新时机时，应首先计算比较现有设备的剩余经济寿命和新设备的经济寿命，然后利用逐年滚动计算方法进行比较。

7.2.2 原型设备的更新分析

如果设备在其整个使用期内，其使用功能和生产性能不过时，这时该设备的未来替换物仍然是同一种设备，设备不存在技术上提前报废的问题。当设备达到经济寿命时，再继续使用，经济上已经不合算，于是，可以用原型设备进行更换。所以，对于设备的原型更新，主要是以设备的经济寿命为依据，最优的更新时机就是设备的经济寿命年限。

原型设备更新的基本步骤如下。

(1) 确定各方案的共同研究期。

(2) 用费用年值法确定各方案设备的经济寿命。

(3) 通过比较每个方案设备的经济寿命确定最佳方案，即旧设备是否更新及新设备未来的更新周期。

7.2.3 新型设备的更新分析

新型设备的更新分析是指在继续使用旧设备和购置新设备的方案中，选择在经济上最有利的方案。新型设备的更新分析不仅需要确定设备的更新方案有几个，还需要同时确定设备更新的时机，即旧设备剩余经济寿命年数，这时就要分析继续使用旧设备和购置新设备两种方案，确定设备是否需要更新及何时更新。

设备更新方案的比选就是决定是马上购置新设备、淘汰旧设备，还是至少保留使用旧设备一段时间，再用新设备替代旧设备，还是不予更新而继续使用旧设备。新设备原始费用高，运营费和维修费低；旧设备净残值低，运营费和维修费高。因此必须进行权衡判断，才能做出正确的选择，一般要进行逐年比较。

在进行设备更新方案比选时，可按如下步骤进行。

(1) 计算新旧设备方案不同使用年限的年成本 AC，确定是否需要更新。

(2) 如果需要，则进一步确定设备更新时机。设备更新即便在经济上是有利的，但也未必需要立即更换。换言之，设备更新分析还包括更新时机选择的问题。是否更新已用过一段时间的旧设备，须考虑以下两种情况。

① 如果旧设备继续使用 1 年的年成本$AC_{旧1}$低于新设备的年成本$AC_{新}$，即$AC_{旧1} < AC_{新}$，则不更新旧设备，继续使用旧设备 1 年。

② 当新旧设备方案出现$AC_{旧1} > AC_{新}$的情况时，应更新现有设备，此时即是设备更新的最佳时机。

应用案例 7-5

某企业 5 年前花 25000 元购买了一台设备，目前重估价值为 5000 元，还可使用 3 年。如今市场上出现一种改良的新型号设备，售价为 20000 元，寿命为 8 年。新旧设备的年运行成本和年末净残值见表 7-5，基准收益率为 15%。

表 7-5 新旧设备的年运行成本和年末净残值 单位：元

年份	旧设备		新设备	
	年运行成本	年末净残值	年运行成本	年末净残值
1	3500	3000	800	15000
2	4500	1200	1300	13500
3	5500	600	1800	12000
4			2300	10500
5			2800	9000
6			3300	7500
7			4100	6000
8			4900	4000

【问题】

(1) 若企业只需要使用该设备3年，是否需要更新？何时更新？

(2) 若企业必须在较长时间内使用该设备，是否需要更新？何时更新？

【解】 (1) 因为设备需要使用3年，因此对于新设备来说，只需要考虑前3年的情况。计算新旧设备方案使用3年的年成本AC。

$$AC_{旧}=(5000-600)(A/P,15\%,3)+600\times15\%+3500+1000(A/G,15\%,3)\approx6424.3(元)$$

$$AC_{新}=(20000-12000)(A/P,15\%,3)+12000\times12000\times15\%+800+500(A/G,15\%,3)\approx6557.55(元)$$

由于$AC_{旧}<AC_{新}$，所以当企业只需要使用该设备3年时，不需要更换新设备。

(2) 若企业必须在较长时间内使用该设备，应首先计算新设备的经济寿命，得出新设备在经济寿命期内的年成本，然后再与旧设备使用3年的年成本进行比较，确定是否需要更新。

此题假设已知新设备的经济寿命为6年，则计算新旧设备方案不同使用年限的年成本AC。

$$AC_{旧}=(5000-600)(A/P,15\%,3)+600\times15\%+3500+1000(A/G,15\%,3)\approx6424.3(元)$$

$$AC_{新}=(20000-7500)(A/P,15\%,6)+7500\times15\%+800+500(A/G,15\%,6)\approx6276.1(元)$$

由于$AC_{旧}>AC_{新}$，所以需要更换新设备。

现在，进行逐年比较如下。

如果旧设备再保留使用1年，则1年的年成本为

$$AC_{旧1}=5000(A/P,15\%,1)-3000+3500\approx6250(元)<AC_{新}\approx6276.1(元)$$

所以，旧设备在第1年应该继续保留使用。

如果旧设备再保留使用到第2年，则第2年的年成本为

$$AC_{旧2}=3000(A/P,15\%,1)-1200+4500\approx6750(元)>AC_{新}\approx6276.1(元)$$

所以，旧设备在第2年使用之前就应该更新。

综上可知，现有设备应该再保留使用1年，1年后更新为新设备。

应用案例7-6

某机器A正在使用，其目前的净残值估计为2000元。据估计，这台机器还可使用5年，每年的运行成本为1200元，第5年年末的净残值为零。企业对这台机器的更新提出如下两种方案。方案甲：5年之后，用机器B来代替机器A，机器B的原始费用估计为10000元，寿命估计为15年，净残值为零，每年的运行成本为600元。方案乙：现在就用机器C来代替机器A，机器C的原始费用估计为8000元，寿命为15年，净残值为零，每年的运行成本为900元。更新方案数据见表7-6，折现率为10%。试比较方案甲与方案乙，哪个方案经济效果好？

表 7-6　更新方案数据　　单位：元

年　末	方案甲		方案乙	
	原始费用	年运行成本	原始费用	年运行成本
0	机器 A 2000		机器 C 8000	
1		1200		900
2		1200		900
3		1200		900
4		1200		900
5	机器 B 10000	1200		900
6		600		900
7		600		900
8		600		900
9		600		900
10		600		900
11		600		900
12		600		900
13		600		900
14		600		900
15		600		900
16～20		600		900

【解】(1) 选定研究期为 15 年。由于对更远的估计较为困难，所以选定 15 年为研究期，这与机器 C 的寿命相对应。

方案甲：按照方案甲，15 年研究期包括机器 A 使用 5 年，机器 B 使用 10 年。

机器 B 的年成本为

$$10000\times(A/P,10\%,15)+600=10000\times0.1315+600=1915(\text{元})$$

方案甲在 15 年内发生的费用现值为

$$\begin{aligned}&2000+1200\times(P/A,10\%,5)+1915\times(P/A,10\%,10)\times(P/F,10\%,5)\\&=2000+1200\times3.7908+1915\times6.1446\times0.6209\approx13855(\text{元})\end{aligned}$$

方案乙：方案乙在 15 年内的费用现值为

$$8000+900\times(P/A,10\%,15)=8000+900\times7.6061\approx14845(\text{元})$$

显然，方案甲更优。

(2) 选定研究期为 5 年。如果资料不足，未来的情况难以估计和预测，这时往往不得不采用较短的研究期。例如，在表 7-6 中采用什么机器来继续机器 A 的工作并不清楚，就只能选定机器 A 还可使用的时期 5 年作为研究期。具体分析如下。

方案甲：方案甲在 5 年内的年度费用为

$$2000\times(A/P,10\%,5)+1200=2000\times0.2638+1200\approx1728(\text{元})$$

方案乙：方案乙即机器 C 按照寿命为 15 年计算的年度费用为

$$8000\times(A/P,10\%,15)+900=8000\times0.1315+900=1952(\text{元})$$

由以上计算结果可知，在前 5 年中采用机器 A 比采用机器 C 每年可以节约 1952－1728＝224（元），至于 5 年以后的情况则未加考虑。

一般来说，研究期越长，所得的结果越重要，但是所做的估计也越可能是错误的。因此，研究期的选定必须根据掌握的资料和实际情况来估计和判断。

课堂练习 7－3

由于市场需求量增加，某钢铁集团公司高速线材生产线面临如下两种选择。

方案一，在保留现有生产线 A 的基础上，3 年后再上一条生产线 B，使生产能力增加一倍。

方案二，放弃现有的生产线 A，直接上一条新的生产线 C，使生产能力增加一倍。

生产线 A 是 10 年前建造的，其剩余寿命估计为 10 年，到期净残值为 100 万元，目前，市场上有厂家愿以 700 万元的价格收购生产线 A。生产线 A 今后第一年的经营成本为 20 万元，以后每年等额增加 5 万元。

生产线 B 在 3 年后建设，总投资为 6000 万元，寿命期为 20 年，到期净残值为 1000 万元，每年经营成本为 10 万元。

生产线 C 目前建设总投资为 8000 万元，寿命期为 30 年，到期净残值为 1200 万元，年运营成本为 8 万元。

已知基准折现率为 10%，设研究期为 10 年，试比较方案一和方案二的优劣。

7.2.4 设备更新分析方法的应用

下面通过两个案例来加深对设备更新的掌握。

应用案例 7－7

某企业 4 年前以 22000 元购得机器 A，尚可使用 6 年，预计净残值为 2000 元，年运行成本为 7000 元。现市场上出现机器 B，价格为 24000 元，估计可使用 10 年，净残值为 3000 元，年运行成本为 4000 元，如选择机器 B，出售机器 A 可得 6000 元。已知基准收益率为 15%，试比较选用机器 A 或机器 B 这两个方案的优劣。

【解】(1) 绘制现金流量图。

机器 A 购价 22000 元是 4 年前发生的，属于沉没成本，目前，其价值为 6000 元。如从直观的角度看，两个方案的现金流量图如图 7.4 所示。

但站在客观的立场上，把机器 A 的售价作为机器 B 的收入并不妥当，因为这笔收入并不是由机器 B 本身带来的。选用机器 A 并非没有付出代价，而是放弃了出售机器 A 可

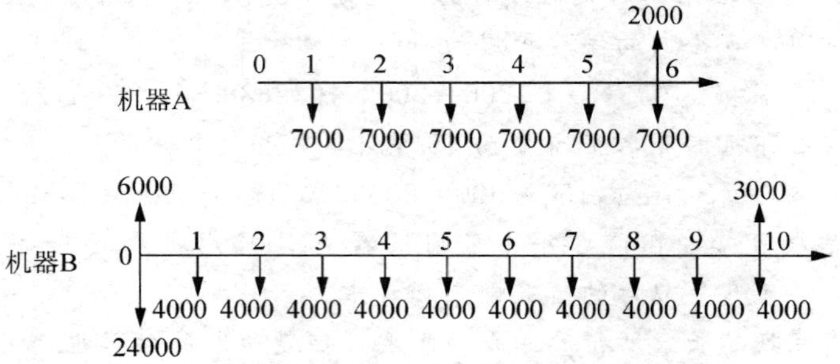

图 7.4 两个方案从直观角度看的现金流量图（单位：元）

得到的6000元收入，故采用机器A其机会成本为6000元，相当于投入了6000元。

从客观角度看，上述选择可归结如下：或者花6000元购买机器A，或者花24000元购买机器B，则两个方案的现金流量图如图7.5所示。

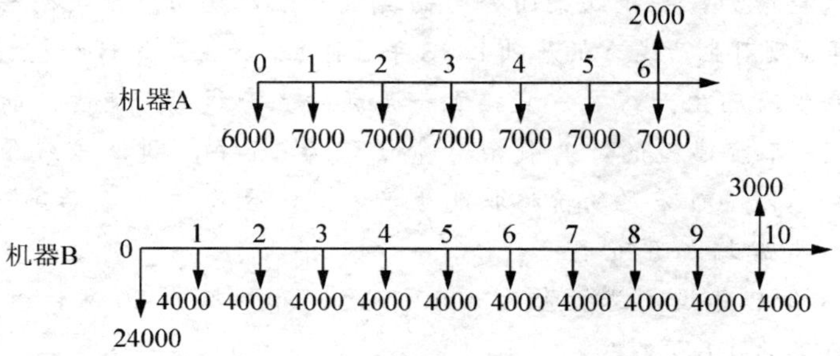

图 7.5 两个方案从客观角度看的现金流量图（单位：元）

(2) 作为两个寿命期不同的互斥型方案，可采用年成本进行比对。

$$
\begin{aligned}
AC_A &= (6000-2000)(A/P,15\%,6)+2000\times0.15+7000\\
&= 4000\times0.2642+7300\\
&= 8356.8(\text{元})
\end{aligned}
$$

$$
\begin{aligned}
AC_B &= (24000-3000)(A/P,15\%,10)+3000\times0.15+4000\\
&= 21000\times0.1993+4450\\
&= 8635.3(\text{元})
\end{aligned}
$$

由于 $AC_A < AC_B$，所以应选择机器A。

应用案例 7-8

某企业在3年前花20000元购置了一台设备，目前设备的实际价值为10000元，估计还能继续使用5年，有关资料见表7-7。

表 7-7 设备年运行成本及年末净残值 单位：元

继续使用年限	1	2	3	4	5
年运行成本	3000	4000	5000	6000	7000
年末净残值	7000	5000	4000	2500	1000

现在市场上出现同类新设备，新设备的原始费用为15000元，使用寿命估计为10年，有关资料见表7－8。

表7－8 新设备年运行成本及年末净残值 单位：元

使用年限	1	2	3	4	5	6	7	8	9	10
年运行成本	1000	1500	2000	2500	3000	3500	4000	5000	6000	7000
年末净残值	10000	8000	6500	5000	4000	3000	2000	1000	1000	1000

如果基准折现率 $i_c=8\%$，试分析企业是否需要更新原设备，若需要更新，应何时更新？

【解】 原设备的原始费用20000元是3年前发生的，属于沉没成本，应不予考虑。

(1) 计算原设备和新设备的经济寿命。

① 如果原设备再保留使用 N 年，则计算 N 年的等额年成本AC并将计算结果列入表7－9中。

表7－9 原设备 N 年的等额年成本 单位：元

N	$P-L_N$	$(A/P,8\%,t)$	$L_N\times8\%$	(2)×(3)+(4)	C_t	$(P/F,8\%,t)$	[∑(6)×(7)]×(3)	AC=(5)+(8)
(1)	(2)	(3)	(4)	(5)	(6)	(7)	(8)	(9)
1	3000	1.08	560	3800.0	3000	0.9259	3000	6800
2	4500	0.5608	440	2963.6	4000	0.8573	3480.8	6444.4
3	6000	0.3880	320	2648.0	5000	0.7938	3948.2	6596.2
4	7500	0.3019	200	2464.3	6000	0.7350	4403.4	6867.7
5	9000	0.2505	80	2334.5	7000	0.6806	4847.1	7181.6

从表7－9可以看出，原设备保留使用2年，等额年成本最低，即原设备的经济寿命为2年。此时，等额年成本 $AC_{原}$ 为6444.4元。

② 新设备的等额年成本见表7－10。

表7－10 新设备的等额年成本 单位：元

N	$P-L_N$	$(A/P,8\%,t)$	$L_N\times8\%$	(2)×(3)+(4)	C_t	$(P/F,8\%,t)$	[∑(6)×(7)]×(3)	AC=(5)+(8)
(1)	(2)	(3)	(4)	(5)	(6)	(7)	(8)	(9)
1	5000	1.08	800	6200.0	1000	0.9259	1000.0	7200.0
2	7000	0.5608	640	4565.6	1500	0.8573	1240.4	5806.0
3	8500	0.3880	520	3818.0	2000	0.7938	1472.2	5292.2
4	10000	0.3019	400	3419.0	2500	0.7350	1701.8	5120.8
5	11000	0.2505	320	3075.5	3000	0.6806	1923.5	4999.0
6	12000	0.2163	240	2835.6	3500	0.6302	2138.0	4973.6
7	13000	0.1921	160	2657.3	4000	0.5835	2347.2	5004.5

续表

N	$P-L_N$	$(A/P,8\%,t)$	$L_N\times 8\%$	(2)×(3)+(4)	C_t	$(P/F,8\%,t)$	$[\sum(6)\times(7)]\times(3)$	AC=(5)+(8)
8	14000	0.1740	80	2516.0	5000	0.5403	2596.1	5112.1
9	14000	0.1601	80	2321.4	6000	0.5002	2869.2	5190.6
10	14000	0.1490	80	2166.0	7000	0.4632	3253.4	5319.4

从表 7-10 可以看出，新设备的经济寿命为 6 年，其等额年成本 $AC_{新}=4973.6$ 元。

由于 $AC_{原}>AC_{新}$，因此应更新原设备。

(2) 确定设备更新时机。设备更新即便在经济上是有利的，也未必要立即更新。换言之，设备更新分析还应包括更新时机的选择。

由表 7-9 和表 7-10 可知，若保留原设备 1 年，则

$$AC_{原}=6800\ 元<AC_{新}=7200\ 元$$

由于原设备继续使用 1 年的等额年成本低于新设备的等额年成本，故不需要更新原设备，可继续使用原设备 1 年。

若保留原设备 2 年，则

$$AC_{原}=6444.4\ 元>AC_{新}=5806\ 元$$

由此可见，原设备应在继续保留使用 1 年之后立即更新。

设备需要更新的原因有很多，无论哪种原因造成设备的更新，基本上都可以用上述方法来计算。总之，以经济寿命为依据的更新方案的比较，是使设备都使用到最有利的年限来进行分析的。

7.3 设备租赁的经济分析

7.3.1 设备租赁的形式

设备租赁是一种契约性协议。规定设备的所有者（出租人）在一定时期内，根据一定的条件，将设备交给使用者（承租人）使用，承租人按协议分期支付租金，并享有对租赁资产的使用权。由于租赁具有把融资和融物结合起来的特点，这使得租赁能够提供及时而灵活的资金融通方式，减少设备陈旧过时的风险，还可以使承租人享受设备使用及使企业获得税收减免等优惠。因此，租赁是企业家取得设备进行生产经营的一个重要手段。

经营租赁

设备租赁主要有经营租赁和融资租赁两种方式。

(1) 经营租赁，又称运行租赁，是指出租者除向承租者提供租赁物外，还承担设备的保养、维修、贬值及不再续租的风险，任何一方可以随时以一

定方式在通知对方后的规定时间内取消或中止租约。该种租赁方式具有可撤销性、短期性、租金高等特点，适用于技术进步快、用途较广泛、使用具有季节性的设备。临时使用的设备（如车辆、仪器等）通常采用这种方式。经营租赁设备的租赁费计入企业成本，可减少企业所得税。

（2）融资租赁，通常又称长期租赁，是指由双方明确租赁的期限和付费义务，出租者按照要求提供规定的设备，然后以租金形式回收设备的全部资金，出租者对设备的整体性能、维修保养、老化风险等不承担责任。该种租赁方式是以融资和对设备的长期使用为前提的，租赁期相当于或超过设备的寿命期，具有不可撤销性、租期长等特点，适用于大型机床、重型施工等贵重设备。融资租入的设备属承租方的固定资产，可以计提折旧计入企业成本，而租赁费一般不直接计入企业成本，由企业税后支付。但租赁费中的利息和手续费可在支付时计入企业成本，作为纳税所得额中准予扣除的项目。融资租赁是现代租赁的主要形式。

融资租赁

融资租赁与经营租赁的区别

知识链接

融资租赁的租赁期相当于设备的寿命期。在经营租赁中，租赁双方的任何一方可以随时以一定方式在通知对方后的规定期限内取消或终止租约。

7.3.2 设备租赁与购置分析

1. 设备租赁的优缺点

（1）对于承租人来说，设备租赁与设备购置相比的优越性如下。

① 在资金短缺的情况下，既可用较少资金获得生产急需的设备，也可以引进先进设备，加速技术进步的步伐。

② 可获得良好的技术服务。

③ 可以保持资金的流动状态，防止呆滞，也不会使企业资产负债状况恶化。

④ 可避免通货膨胀和利率波动的冲击，减少风险。

⑤ 设备租金可在所得税前扣除，能享受税费上的优惠。

（2）设备租赁的不足之处如下。

① 在租赁期间承租人对租用设备无所有权，只有使用权，故承租人无权随意对设备进行改造，既不能处置设备，也不能用于担保、抵押贷款。

② 承租人在租赁期间所交的租金总额一般比直接购置设备的费用要高。

③ 长年支付租金，形成长期负债。

④ 融资租赁合同规定严格，毁约要赔偿损失，且罚款较多。

2. 影响设备租赁与购置的主要因素

企业在决定设备投资之前，必须详细地分析项目寿命期内各年的现金流量，确定以何种方式投资才能获得最佳的经济效益。为此，需要考虑以下因素。

(1) 项目的寿命期或设备的经济寿命。

(2) 租赁设备时租金的支付方式，包括租赁期起算日、支付日期、支付币种和支付方式等；借款需要按期付息、到期还本；分期购买需要按期支付利息和部分本金。此外，还需要进一步考虑分几次付款、付款间隔时间、预付资金（定金）、每次付款额度、付款期内的利率等。

(3) 当企业需要融资取得设备时，需要考虑融资方式，包括向金融机构借款、融资租赁、发行股票或债券等。金融机构的贷款利息虽然相对较低，但审批手续烦琐、耗时长，而且数量有限；发行股票和债券也需要经过一段较长时间的酝酿和准备；而融资租赁则具有帮助企业避免运用短期信用和保留其短期借款的能力。

(4) 企业的经营费用减少与折旧费和利息减少的关系；租赁的节税优惠等。

(5) 企业是需要长期占有设备，还是只希望短期占有设备。由于企业采用经营租赁租来的设备到期可以退还给租赁公司，企业可以避免设备陈旧所带来的风险。

企业在做出租赁或是购买设备的决策之前，必须从支付方式、筹资方式、使用方式等诸多方面来考虑。决定企业租赁或购买的关键在于能否为企业节约尽可能多的支出费用，实现最佳的经济效益。

3. 设备租赁与购置方案分析的步骤及方案

采用租赁设备还是采用购置设备取决于这两种方案在经济上的比较，比较的原则和方法与一般的互斥投资方案的比选方法相同。

(1) 设备租赁与购置方案分析的步骤。

① 根据企业生产经营目标和技术状况，提出设备更新的投资建议。

② 拟定若干设备投资、更新方案，包括租赁、购买。

③ 定性分析筛选方案，包括如下两个方面：一是企业财务能力分析，如果企业不能一次筹集并支付全部设备价款，则排除一次付款购置方案；二是分析设备技术风险、使用维修风险，对技术过时风险大、保养维修复杂、使用时间短的设备，应选择租赁方案；对技术过时风险小、使用时间长的大型专用设备，可选择购置或融资租赁方案。

④ 定量分析并优选方案，结合其他因素，做出租赁还是购买的投资决策。

(2) 设备租赁与购置方案分析的方法。

① 设备租赁方案的净现金流量。

净现金流量＝营业收入－经营成本－租赁费用－营业相关税金－所得税税率×（营业收入－经营成本－租赁费用－营业相关税金）

其中，租赁费用主要包括如下几个方面。

A. 租赁保证金占用损失。为了确认租赁合同并保证执行，承租人必须先交纳租赁保证金。当租赁合同结束时，租赁保证金将被退还给承租人或在偿还最后一期租金时加以抵消。因此，在租赁期间，租赁保证金为出租人占用，由此占用造成承租人的损失即为租赁保证金占用损失。保证金一般为合同金额的5%，或为某一基期数的金额。

B. 租金。租金是签订租赁合同的一项重要内容，直接关系到出租人与承租人双方的经济利益。出租人要从取得的租金中得到出租资产的补偿和收益，即要收回租赁资产的购进原价、贷款利息、营业费用和一定的利润。承租人则要比照租金核算成本，即租赁资产所生产的产品收入，除了抵偿租金外，还要去除一定的利润。影响租金的因素有很多，如设备的价格、融资的利息及费用、各种税金、租赁保证金、运费、租赁利差、各种费用的支付时间及租金采用的计算公式等。

对于租金的计算，主要有附加率法和年金法。

a. 附加率法。附加率法是指在租赁资产的设备货价或概算成本上再加上一个特定的比率来计算租金。

每期支付租金 R 的计算公式为

$$R=P\frac{(1+Ni)}{N}+Pr \tag{7-11}$$

式中 R——每期支付租金；

P——租赁资产的价格；

N——出租人预定的总租期数，一般为设备的经济寿命，可按月、季度、半年、年计；

i——与总租期数相对应的折现率；

r——附加率（额外的服务增加的租金收益），一般根据设备的技术经济性和租赁、付费的条件确定。

应用案例 7-9

租赁公司拟出租给某企业一台设备，设备价格为 68 万元，总租期为 5 年，每年年末支付租金，折现率为 10%，附加率为 4%，计算每年的租金是多少？

【解】 $R=68\times(1+5\times10\%)\div5+68\times4\%=23.12$（万元）

即每年所收的租金应该为 23.12 万元。

b. 年金法。年金法是指将一项租赁资产价值按相同比率分摊到未来各租赁期间内的租金计算方法。年金法又分期末支付方式和期初支付方式两种支付方式。

一是期末支付方式。期末支付方式是在每期期末等额支付租金。每期租金 R 的计算公式为

$$R=P(A/P,i,N)=P\frac{i(1+i)^N}{(1+i)^N-1} \tag{7-12}$$

式中 P——租赁资产的价格；

R——每期支付租金；

N——租赁资产的还款期数；

i——与还款期数相对应的折现率。

二是期初支付方式。期初支付方式是在每期期初等额支付租金。每期租金 R 的计算公式为

$$R=P(F/P,i,N-1)(A/F,i,N) \tag{7-13}$$

应用案例 7-10

如果折现率为 12%，其余数据同应用案例 7-9，试分别按期末支付方式、期初支付

方式支付计算租金。

【解】 若按期末支付方式计算租金为

$$R=68(A/P,12\%,5)=68\times0.2774\approx18.86(\text{万元})$$

若按期初支付方式计算租金为

$$R=68(F/P,12\%,4)(A/F,12\%,5)=68\times1.5735\times0.1574\approx16.84(\text{万元})$$

C. 担保费。出租人一般要求承租人请担保人对该项租赁交易进行担保，当承租人由于财务危机付不起租金时，由担保人代为支付租金。一般情况下，承租人需要付给担保人一定数目的担保费。

② 购置设备方案的净现金流量。与租赁相同条件下的购置设备方案的净现金流量每期为

净现金流量=营业收入-经营成本-设备购置费-贷款利息-销售相关税金-
所得税税率×(营业收入-经营成本-折旧-贷款利息-销售相关税金)

③ 设备租赁与购置方案的经济比选。对于承租人来说，关键的问题是决定租赁还是购置设备。而设备租赁与购置的经济比选也是互斥型方案选优问题，一般当设备寿命相同时，可以采用净现值法；当设备寿命不同时，可以采用年值法。无论用净现值法还是年值法，均以收益效果较大或成本较低的方案为最佳。

在工程经济互斥型方案分析中，为了简化计算，常常只需要比较它们之间的差异部分。而设备租赁与购置方案经济比选，最简单的方法是在假设所得到设备的收入相同的条件下，将租赁方案和购置方案的费用进行比较。根据互斥型方案比选的增加原则，只需比较它们之间的差异部分。

比较两个现金流量公式，实际上设备租赁与购置只需比较以下两方面。

A. 设备租赁：所得税税率×租赁费用-租赁费用。

B. 设备购置：所得税税率×（折旧+贷款利息）-设备购置费-贷款利息。如果设备有净残值的话，设备购置费=设备购买价格-设备净残值。

知识链接

由于每个企业都按利润大小缴纳所得税，按财务制度规定，租赁设备的租金允许计入成本；购买设备每期计提的折旧费也允许计入成本；若用借款购买设备，其每期支付的利息也可以计入成本。在其他费用保持不变的情况下，计入成本越多，则利润总额越少，企业缴纳的所得税也越少。因此，在充分考虑各种方式的税收优惠影响下，应该选择税后收益更大或者税后成本更小的方案。

应用案例 7-11

某企业需要某种设备，其购置费为 20 万元，可贷款 10 万元，贷款利率为 8%，在贷款期 3 年内每年年末等额还本付息。设备使用期为 5 年，期末设备净残值为 5000 元。这种设备也可以租赁，每年年末租赁费为 56000 元。企业所得税税率为 33%，采用直线折旧，基准折现率为 10%，试为企业选择方案。

【解】(1) 企业若采用购置方案。

① 计算年折旧费。

$$年折旧费=(200000-5000)/5=39000(元)$$

② 计算年借款利息。各年支付的本利和 A 按下式计算，则各年的还本付息见表 7－11。

$$A=100000(A/P,8\%,3)=100000\times 0.38803=38803(元)$$

表 7－11 各年支付的利息 单位：元

年份	期初剩余本金	本期还款金额	其中本期支付本金	其中本期支付利息
1	100000	38803	30803	8000
2	69197	38803	33267	5536
3	35930	38803	35929	2874

③ 计算设备购置方案的净现值 $NPV_{购}$。当贷款购买时，企业可以将所支付的利息及折旧费从成本中扣除而免税，并且可以回收残值。

$$\begin{aligned}NPV_{购}=&0.33\times[(39000+8000)(P/F,10\%,1)+(39000+5536)(P/F,10\%,2)+\\&(39000+2874)(P/F,10\%,3)+39000(P/F,10\%,4)+39000(P/F,10\%,5)]-\\&200000+5000(P/F,10\%,5)-8000(P/F,10\%,1)-5536(P/F,10\%,2)-\\&2874(P/F,10\%,3)\\=&0.33\times(47000\times 0.9091+44536\times 0.8264+41874\times 0.7513+39000\times\\&0.6830+39000\times 0.6209)-200000+5000\times 0.6209-8000\times\\&0.9091-5536\times 0.8264-2874\times 0.7513\\\approx&-157493.87(元)\end{aligned}$$

(2) 计算设备租赁方案的净现值 $NPV_{租}$。当租赁设备时，承租人可以将租金计入成本而免税。

$$\begin{aligned}NPV_{租}&=0.33\times 56000(P/A,10\%,5)-56000(P/A,10\%,5)\\&=0.33\times 56000\times 3.7908-56000\times 3.7908\\&\approx-142230.82(元)\end{aligned}$$

因为 $NPV_{租}>NPV_{购}$，所以从经济角度出发，应该选择设备租赁方案。

课堂练习 7－4

某企业需要某种设备，其购置费为 10000 元，以自有资金购买，估计试用期为 10 年，10 年后的净残值为零，如果采用融资租赁，同类设备年租赁费为 1600 元（其中，利息为 200 元）。当设备投入使用后，企业每年的营业收入为 6000 元，税金及附加为营业收入的 10%，设备年经营成本为 1200 元，所得税税率为 33%，折旧采用直线折旧法，该企业的基准收益率为 10%，试比较购置方案和融资租赁方案。

情境小结

在工程经济中，设备更新问题一直是一个涉及面较广的问题。本情境所论述的设备更新的经济分析，是指设备在使用过程中，由于有形磨损和无形磨损的作用，致使其功能受到一定的影响，因而需要以结构更加先进、技术更加完善、生产效益更高的设备去替代原有的设备。

设备更新源于设备的磨损，磨损的形式是设备更新分析首先应该了解的；继而要掌握设备的经济寿命的概念和不同模式下设备经济寿命的求解。

在设备更新的经济分析中，本情境主要从原型设备更新和新型设备更新两个方面进行阐述。原型设备更新是简单更新，主要是解决设备的损坏问题，不具有更新技术的性质。新型设备更新是以结构更先进、技术更完善、效率更高、性能更好、能源和原材料消耗更少的新型设备来替换那些技术上陈旧、经济上不宜继续使用的旧设备。通常所说的设备更新主要是指新型设备更新。

最后，本情境对于购买设备和租赁设备哪个合算问题展开了分析，其比较的原则和方法与一般互斥性方案的比较无实质性的区别。

习　题

一、单选题

1. 一台计算机 1 年前购入后经常 24 小时开机工作，使得计算机运行速率下降。此间由于新的计算机问世，使该计算机失去竞争力，其市场价格也随之下降。该电脑遭受了（　　）。

A. 第Ⅰ种有形磨损和第Ⅱ种无形磨损

B. 第Ⅱ种有形磨损和第Ⅰ种无形磨损

C. 第Ⅰ种有形磨损和第Ⅰ种无形磨损

D. 第Ⅱ种有形磨损和第Ⅱ种无形磨损

2. 设备的无形磨损是（　　）的结果。

A. 错误操作　　B. 技术进步　　C. 自然力侵蚀　　D. 超负荷使用

3. 下列关于设备更新作用的描述中，错误的是（　　）。

A. 设备更新是对设备磨损的现代化的改装

B. 设备更新可以对设备无形磨损进行补偿

C. 设备更新可以对设备有形磨损进行补偿

D. 设备更新是对设备在运行中消耗掉的价值的重新补偿

4. 设备经济寿命是指设备从投入使用开始到（　　）而被更新所经历的时间。

A. 加工精度下降导致产品质量不稳定

B. 运行经济效益开始下降

C. 继续使用在经济上不合理

D. 因磨损严重而无法正常运行

5. 设备的（　　）是指设备从投入使用到因技术落后而被淘汰所延续的时间。

A. 经济寿命　　B. 有效寿命　　C. 自然寿命　　D. 物质寿命

6. 设备的经济寿命是指从开始投入到（　　）的使用年限。

A. 经常发生故障　　B. 设备报废

C. 维修费大于其收益　　D. 其年度费用最小

7. 下列关于设备磨损的表述中，错误的是（　　）。

A. 有形磨损造成设备的功能性陈旧

B. 有形磨损引起设备价值的贬值

C. 无形磨损的原因是技术进步

D. 无形磨损的设备不能继续使用

8. 设备使用年限越长，每年所分摊的资产消耗成本（　　）。

A. 越多，运行成本越少　　B. 越少，运行成本越少

C. 越多，运行成本越多　　D. 越少，运行成本越多

9. 某设备 10 年前的原始取得成本是 10000 元，目前的账面价值是 3000 元，可变现净残值为 500 元。在进行设备更新分析时，应视为该设备沉没成本的价值为（　　）元。

A. 9500　　B. 2500　　C. 7000　　D. 10000

10. 某施工企业欲租用一种施工设备。与商家甲谈妥每月租金 2000 元，并支付了定金 200 元，定金不可退还。此后，又有商家乙愿意以每月 1700 元出租同样的设备。如果重新进行租用设备方案的比选，则沉没成本为（　　）元。

A. 200　　B. 300　　C. 1700　　D. 1900

11. 有一台设备，目前实际价值 $P=8000$ 元，预计净残值 $=800$ 元，第 1 年的设备运行成本 $Q=600$ 元，每年设备的劣化增量是均等的，年劣化值为 300 元，则该设备的经济寿命为（　　）年。

A. 6　　B. 7　　C. 8　　D. 9

12. 某设备不同使用年限（1～7 年）的年资产消耗成本和年运行成本见表 7-12，则该设备的经济寿命为（　　）年。

表 7-12　某设备不同使用年限（1～7 年）的年资产消耗成本和年运行成本

使用年限	1	2	3	4	5	6	7
年资产消耗成本	90	50	35	23	20	18	15
年运行成本	20	25	30	35	40	45	60

A. 3　　B. 4　　C. 5　　D. 6

13. 某公司现有一批运输业务，需用运输设备。若公司购置运输设备，总投资为 27000 元，寿命为 8 年，期末净残值为 1500 元；这种设备也可以在市场上租到，每年的租赁费为 4500 元。运行成本均为 1800 元/年，所得税税率为 33%，年末纳税，则该公

司（　　）有利。

A. 租赁设备　　B. 购买设备　　C. 租赁或购买　　D. 不确定

二、多选题

1. 设备更新主要包括（　　）。

A. 设备修理　　B. 设备原型更新

C. 设备的现代化改装　　D. 设备技术更新

E. 设备更换

2. 设备磨损包括（　　）。

A. 自然磨损　　B. 物质磨损

C. 经济磨损　　D. 精神磨损

E. 技术磨损

3. 影响设备更新的因素主要有（　　）。

A. 设备的使用年限　　B. 设备的经济使用年限

C. 有形磨损　　D. 无形磨损

E. 工艺技术

4. 设备更新方案的比选应遵循（　　）原则。

A. 采用逐年滚动比较　　B. 将寿命不同的设备价值折现比较

C. 忽略沉没成本　　D. 以机会成本的角度客观公正地评价新旧设备

E. 考虑沉没成本

5. 下列关于设备寿命的说法中，正确的有（　　）。

A. 物质寿命主要是由设备的有形磨损决定的

B. 技术寿命主要是由设备的无形磨损决定的

C. 经济寿命是由设备维护费用的提高和使用价值的降低决定的

D. 设备的自然使用寿命为设备更新的估算依据之一

E. 在估算设备寿命时，可以不考虑设备技术寿命期限的变化特点及其使用的制约和影响

6. 通常，优先考虑更新的设备是（　　）。

A. 设备损耗严重，大修后性能及精度仍不能满足规定工艺要求的

B. 设备役龄长，大修虽然能恢复精度，但经济效果上不如更新的

C. 设备耗损虽在允许范围之内，但对环境污染严重、技术经济效果很不好的

D. 设备耗损虽在允许范围之内，但技术已经陈旧落后、能耗高、操作条件不好的

E. 物质寿命即将到期的

7. 租赁可以采取不同形式，主要包括（　　）。

A. 维修租赁、回租租赁和综合性租赁

B. 衡平租赁

C. 设备租赁

D. 经营租赁

E. 融资租赁

三、简答题

1. 什么是设备的有形磨损和无形磨损？

2. 设备有哪些寿命类型？

3. 设备更新有哪几种方式？

4. 设备租赁有哪几种方式？设备租赁的优缺点有哪些？

四、案例分析题

1. 某施工企业3年前花5000元购买了一台搅拌机A，估计还可以使用6年。第6年年末估计净残值为300元，年度使用费为1000元。现在，市场上出现了新型搅拌机B，售价为7000元，估计使用10年，第10年年末估计净残值为400元，年度使用费为800元。现有如下两个方案：方案甲，继续使用搅拌机A；方案乙，将搅拌机A以1500元卖出，购买搅拌机B。如果基准折现率为10%，该施工企业应该选择哪个方案？

2. 某企业3年前花20000元安装了一套设备。这套设备年度使用费为10000元，以后逐年增加500元。现在设计了一套新设备，其原始费用为12000元，年度使用费估计第1年为9000元，以后逐年增加900元。新设备使用寿命为15年，两套设备能满足相同需要，且净残值为零。若基准折现率为10%，问该企业是否应该对现有设备进行更新？

3. 某企业正在使用一台机器A，目前净残值估计为2000元。根据估计，这部机器还可以使用5年，每年的使用费为1000元，第5年年末的净残值为零。但是，这台机器生产能力有些不足了，需要改进或更新。现在提出如下两个方案：方案甲，5年之后用机器B来代替机器A，机器B的原始购买费用估计为10000元，经济寿命估计为10年，净残值为0，每年的使用费用为600元；方案乙，现在就用机器C来代替机器A，机器C的原始购买费用为7000元，经济寿命估计也为10年，净残值为0，每年的使用费为800元。若基准折现率为10%，试选择合适的方案。

4. 某企业需要某种设备，其购置费为100000万元，如果借款购买，则每年须按借款利率8%来等额支付本利，借款期和设备使用期均为5年，期末设备净残值为5000元。这种设备也可以租赁到，每年的租赁费为28000元。企业所得税税率为25%，采用直线折旧法，若基准折现率为10%，试分析企业是采用购置方案还是租赁方案。

5. 某企业在10年前用6300元购买了一台机床，用来制造管子套头，每幅需要0.0476工时。现在，市场上出现了一种新机床，价格为15000元，制造管子套头每幅需要0.0384工时。假定该企业每年准备生产套头4万幅。新旧机床运行费每小时均为8.50元。旧机床还可以使用两年，两年年末的净残值为250元。旧机床可以出售1200元。新机床估计可使用10年，10年年末净残值为原始费用的10%。若基准折现率为12%，问是否应当更新旧机床？

6. A酒业公司总经理最近与B装瓶公司的销售代表进行了一次谈话。B公司向A公司详细演示了一种新的标签设备，这种标签设备可以替代A公司现有的低效的设备。新设备的成本（包括安装成本在内）为120000元。A公司的生产经理在分析了新机器设备的特征后，认为公司每年可因此节约30000元的人工成本和材料成本。新设备的使用年限为6年，净残值为0。旧设备预计也可以继续使用6年。公司管理层认为，新设备每年至少带来18%的投资回报才能使投资变得有利可图（注：在决策中忽略纳税的影响）。

（1）假设现有旧设备的账面价值净残值均为0，则A公司是否应购买新设备？

（2）若建设设备现有旧设备的原值为70000元，账面价值净残值为42000元，净残值为0，则A公司是否应购买新设备？

（3）假设现有旧设备的账面价值为 42000 元，现有净残值为 25000 元，6 年后的净残值为 0，则 A 公司是否应购买新设备？

（4）假设现有旧设备的账面价值为 42000 元，现有净残值为 25000 元，6 年后的净残值为 20000 元，则 A 公司是否应购买新设备？

注：分析第（4）项决策时应考虑贴现问题，即考虑资金的时间价值、A 公司立即出售旧设备而不是等旧设备使用期满再出售时的净收益等。

学习情境7
在线答题

学情习境8 不确定性分析与风险分析

思维导图

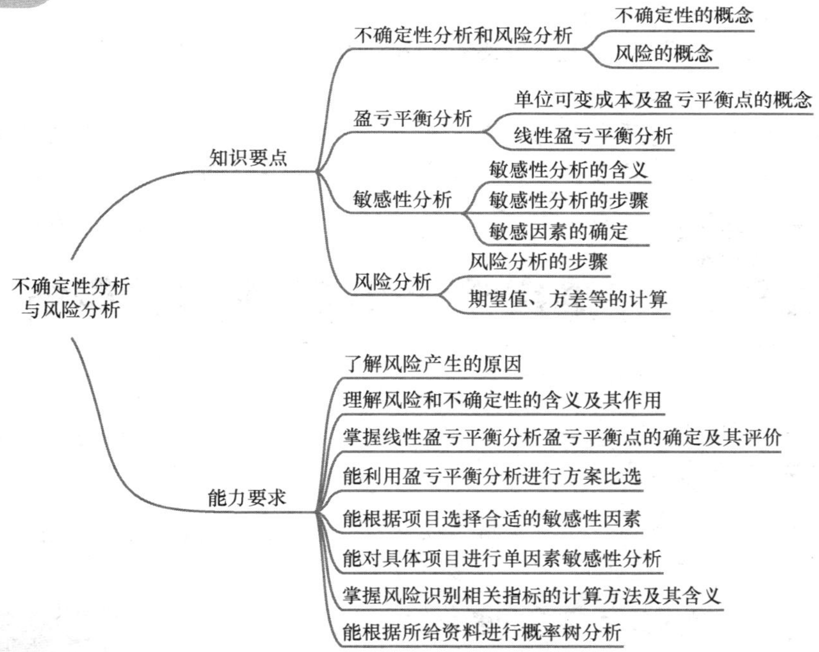

情境导读

协和飞机是一种由法国宇航公司和英国航空公司联合研制而成的中程超音速客机，它和苏联图波列夫设计局的图-144 同为世界上少数曾投入商业使用的超音速客机。协和飞机 1969 年首飞，1976 年投入服务，主要用于执行从伦敦希思罗机场（英国航空）和巴黎戴高乐国际机场（法国航空）往返于纽约肯尼迪国际机场的跨大西洋定期航线。飞机能够在 15000 米的高空以 2.02 倍音速巡航，从巴黎飞到纽约只需约 3 小时 20 分钟，比普通民航客机节省超过一半的时间。

由于研制协和飞机投入巨大，因此要求协和飞机必须获得足够多的客户才能维持生产商的运营。协和飞机生产总数仅 20 架，投入运营的有 16 架。其中，最后一架出厂时间是 1979 年。这种超音速飞机最大的缺点就是油耗极高，因此其自身的运营成本也极其昂贵，这使得英法两国航空公司无法提供相对便宜的机票。另外，由于协和飞机超音速飞行，产生了过大的噪声污染，航空业不允许协和飞机在大陆上空进行超音速飞行，因此这种飞机扩展航线受到了很大的限制。协和飞机最终变成了为极少数人服务的豪华客机。缺少客源、得不到市场的广泛认同，使航空公司赚不到钱、难以弥补运营成本，最终导致协和公司的破产和协和飞机的停飞。

协和飞机运营面临的高速、高投资、高油耗、高噪声、低产量等问题均是其不确定性的表现。过低的产量使得协和飞机项目难以冲抵其高昂的研发费用，达不到其盈亏平衡点。其盈亏平衡点的运营数量是多少？在不确定性因素中，哪些因素对项目的影响更大？如何进行风险的衡量？这是我们在本情境中要学习的主要内容。

8.1 不确定性分析与风险分析概述

观察与思考

以新建一条城市轨道交通线为例，思考一下其面临的不确定性因素有哪些？

8.1.1 不确定性与风险的概念

由于客观条件及有关因素的变动和主观预测能力的局限，一个工程项目的实施结果（投资效果和经济效果等）不一定符合人的原来所做的某种确定的预测和估计，这种现象称为不确定性和风险。

不确定性是指决策者事先不知道每种决策结果，或者虽然知道每种决策结果，但是不知道每种决策结果发生的概率。

风险是指由于随机原因引起的实际价值与预期价值的差异。风险是对可能结果的描述，决策者事先可能知道决策的所有结果，并知道每种结果的概率。

从理论上讲，不确定性与风险是有区别的，不确定性是指缺少足够信息来估计其变化的因素对项目实际值与预期值所造成的偏差，其结果无法用概率分布规律来描述，而风险的结果可用概率分布规律来描述。然而，从工程项目评价的实用性角度看，区别不确定性与风险没有多大的实际意义。因此，多数人认为两者含义相同，可以相互通用。

不确定性分析与风险分析的实质就是找到每项工程存在的风险因素，利用科学、系统的方法进行分析，为项目决策与管理提供科学依据，并制定风险防范措施，降低风险因素出现的概率，最终避免风险因素的出现。

现代化的建筑工程项目，在规模、技术、资金和资源消耗量方面，都比以往任何时期的影响力重要得多，存在的风险也比以往任何时期多得多，这就促使国内许多风险管理科研人员开始对建筑工程项目风险进行分析。因此，在现代企业管理中，风险防范是企业重点关注的领域之一。

8.1.2 工程风险与风险管理

工程项目的立项、分析和实施的全过程都存在不能预先确定的内部和外部的干扰因素，这些干扰因素称为工程风险。

在一个工程项目的投资立项、施工建设、项目租售与物业管理等全寿命周期内，风险因素无处不在。例如，投资立项阶段存在着规划审批、土地成交价格、开发贷款审批等风险因素；施工建设阶段存在着人工成本变化、材料成本变化、恶劣天气、安全事故、突发事件等风险因素；项目租售阶段存在着销售定价、销售数量、销售进度、去化程度等风险因素；物业管理阶段也存在着服务合同续签、承接查验、管理责任、物业费收取、业主投诉、装修安全、设备设施管理等风险因素。

物业管理中的风险因素与防范措施

而这些风险因素在企业的运营过程中都是客观存在的，都具备一定的出现概率，一旦这些风险导致不利事件的出现，可能会导致企业面临生死存亡的局面。

风险是随机的，例如，工程项目风险产生的随机性；风险活动开展和持续时间的随机性；在风险活动持续时间内风险损失的随机性，若不加以控制，风险的影响将会扩大，甚至引起整个工程的中断或报废。例如，沈阳某公司承建的太阳广场，由于对项目的融资风险估计不足，投入工程款2800万元，因甲方（香港某公司）资金不到位导致工程被迫停工，而使乙方的生产经营陷入困境。我国的许多工程项目，由于风险造成的损失是触目惊心的，特别是在国际工程承包领域。风险常常是项目失败的主要原因之一，因此，在现代工程项目管理中，风险的控制已成为研究的热点之一。

8.1.3 不确定性分析与风险分析的作用

在前面进行方案比选及财务评价时，有一个重要的假设前提，即不存在不确定性因素，在进行方案评价时能得到完全的信息。但是，未来实际发生的情况与事先的估算、预测很可能有相当大的出入。工程项目经济效果评价都是以一些确定的数据为基础的，如工程项目总投资、建设期、年营业收入、年经营成本、年利率和设备净残值等指标值，认为它们都是已知的、确定的，即使对某个指标值所做的估计或预测，也认为是可靠的、有效的。但事实上，对工程项目经济效果的评价通常都是对工程项目未来经济效果的计算，一个拟实施工程项目的所有未来结果都是未知的。因为计算中所使用的数据大都是建立在分析人员对未来各种情况所做的预测与判断基础之上的，因此，不论用什么方法预测或估计，都会包含许多不确定性因素，可以说不确定性是所有工程项目固有的内在特性。只是对于不同的方案，这种不确定性的程度有所不同。一般情况下，产生不确定性的主要原因有以下几点。

(1) 所依据的基本数据不足或者统计偏差。它是指由于原始统计上的误差、统计样本的不足、公式或模型的套用不合理等所造成的误差。例如，工程项目建设投资和流动资金是工程项目经济效果评价中重要的基础数据，但在实际中，往往会由于各种原因而高估或低估了它们的数额，从而影响工程项目经济效果评价的结果。

(2) 预测方法的局限、预测的假设不准确等。

(3) 未来经济形势的变化。由于通货膨胀的存在，物价会产生波动，从而影响工程项目经济效果评价中所用的价格，进而导致诸如年营业收入、年经营成本等数据与实际发生偏差；同样，由于市场供求结构的变化，会影响产品的市场供求状况，进而对某些指标值产生影响。

(4) 技术进步。技术进步会引起产品和工艺的更新替代，这样根据原有技术条件和生产水平所估计出的年营业收入、年经营成本等指标值就会与实际值发生偏差。

(5) 无法以定量来表示的定性因素的影响。

(6) 其他外部影响因素，如政府政策的变化，新的法律、法规的颁布，国际政治经济形势的变化等，均会对工程项目的经济效果产生一定的甚至是难以预料的影响。

在评价中，如果想全面分析以上因素的变化对工程项目经济效果的影响是十分困难的，因此，在实际工作中，往往要着重分析和把握那些对工程项目影响较大的关键因素，以期取得较好的效果。

为了尽量避免决策失误，需要了解各种内外部条件发生变化时，其对工程项目经济效果的影响程度，需要了解工程项目对各种内外部条件变化的承受能力，有必要对方案做不确定性分析和风险分析，从而为决策提供客观、科学的依据。

8.1.4 不确定性分析与风险分析的内容

常用的不确定性分析和风险分析方法有盈亏平衡分析、敏感性分析和概率树分析等。

1. 盈亏平衡分析

盈亏平衡分析也称量本利分析，就是将工程项目投产后的产（销）量作为不确定性因素，通过计算工程项目的盈亏平衡点的产（销）量，据此分析判断不确定性因素对工程项目经济效果的影响程度，说明工程项目实施的风险大小及工程项目承担风险的能力，为决策提供科学的依据。根据生产成本及营业收入与产（销）量之间是否呈线性关系，盈亏平衡分析又可进一步分为线性盈亏平衡分析和非线性盈亏平衡分析。

2. 敏感性分析

敏感性分析则是分析各种不确定性因素发生增减变化时，其对工程项目经济效果评价指标的影响，并计算敏感度系数和临界点，找出敏感性因素。在具体应用时，要综合考虑工程项目的类型、特点、决策者的要求，相应的人力、财力及工程项目对经济的影响程度等来选择具体的分析方法。

3. 概率树分析

概率树分析是通过研究各种不确定性因素发生不同变动幅度的概率分布及其对项目经济效益指标的影响，对项目可行性和风险性及方案优劣做出判断的一种不确定性分析法。概率树分析常用于对大中型重要项目的评估和决策之中。

知识链接

不确定性分析和风险分析是项目可行性研究的重要组成部分。所依据的基本数据不足、经济形势的变化、预测方法的不完善及技术进步等都会导致项目实际效果与预测效果之间存在差别。可以根据项目实际情况采取盈亏平衡分析、敏感性分析和概率树分析等。其中，盈亏平衡分析和敏感性分析是最常用的两种分析方法。

8.2 盈亏平衡分析

8.2.1 盈亏平衡分析概述

盈亏平衡分析是在一定市场和经营管理条件下，根据达到设计能力时的成本费用与收入数据，通过求取盈亏平衡点（BEP），研究分析成本费用与收入平衡关系的一种方法。

通过盈亏平衡分析可以找出盈亏平衡点，考察企业（或项目）对产出品变化的适应能力和抗风险能力。用产（销）量和生产能力利用率表示的盈亏平衡点越低，表明企业适应市场需求变化的能力越大，抗风险能力越强；用产品销售价格表示的盈亏平衡点越低，表明企业适应市场价格下降的能力越大，抗风险能力越强。

8.2.2 盈亏平衡分析的计算方法

根据成本、收入与产（销）量之间是否呈线性关系，盈亏平衡分析可分为线性盈亏平衡分析和非线性盈亏平衡分析。

1. 线性盈亏平衡分析

（1）线性盈亏平衡分析的假设。

① 产量等于销量。

② 假设项目正常生产年份的总成本可划分为固定成本和可变成本两部分。

③ 假设项目在分析期内，产品市场价格、生产工艺、技术装备、生产方法、管理水

平等均无变化。

④ 假定项目只生产一种产品，或当生产多种产品时，产品结构不变，且都可以换算为单一产品计算。

(2) 固定成本、可变成本的划分。

① 按成本与产量的关系，成本可分为以下3类：固定成本，即产量在一定幅度内变动，而总额始终保持不变的有关成本，如不动产税、房屋租金、保险费等；可变成本，即随着产量的变动，总额将发生同向、同比例变动的有关成本，如直接材料费、直接人工工资等；混合成本，即随产量的变动，总额将发生与之相应的、变动幅度不等的变动的有关成本，如设备维修费、检验人员工资等。混合成本可进一步区分为半固定成本和半可变成本。半固定成本是指总额集中在不同产量水平上分别保持相对固定的有关成本，从全局考察，半固定成本呈跳跃式上升态势。半可变成本是指总额的开始值一定，然后随着产量的变化做相应变动的有关成本。

② 在进行盈亏平衡分析时，要将全部成本费用按其与产量变化的关系划分为固定成本与可变成本两部分。具体划分方法如下。

A. 凡与产量增减呈正比变化的费用，如原材料消耗费、直接生产用辅助材料费等应划分为可变成本。

B. 凡与产量增减无关的费用，如辅助人员工资、职工福利费等应划为固定成本。

C. 与产量增减有关，但不呈比例变化的费用，可参见以下划分方法。

a. 参照类似项目的成本与产量关系确定的成本变动率划分。

b. 参照类似项目各项费用要素固定成本和可变成本的比例分项测算和划分。

(3) 线性盈亏平衡分析方法。

线性盈亏平衡分析可以用分析图来辅助分析。根据资料确定成本与产量关系曲线及营业收入与产量关系曲线，两曲线的交点的产量即BEP(盈亏平衡点)，如图8.1所示。

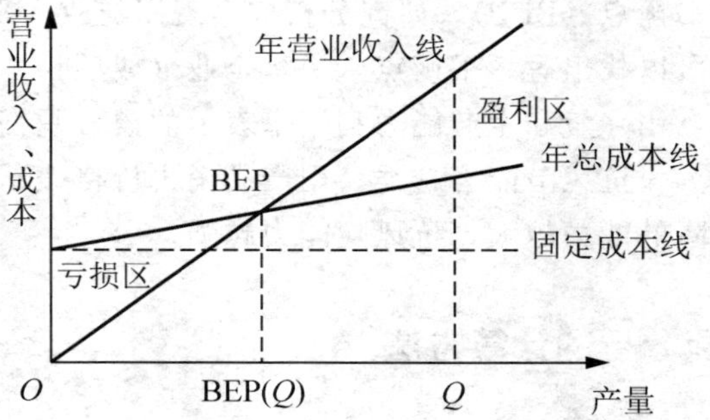

图8.1　线性盈亏平衡分析图

设R为总营业收入，C为总成本，E为利润，Q为产量，P为单位产品销售价格，F为总固定成本，V为单位产品可变成本，T为单位产品销售税金，则可建立以下方程。

总营业收入方程：$R=QP$

总成本方程：$C=F+VQ+TQ$

故利润方程为

$$E=R-C=(P-V-T)Q-F$$

令 $E=0$，解出的 Q 即为 BEP(Q)。

$$\text{BEP}(Q)=\frac{F}{P-V-T} \tag{8-1}$$

这个公式很重要，为了便于记忆，可以这样理解上面的公式：$P-V-T$ 是销售一件产品的毛利润，公式就是求销售多少数量产品能正好收回总固定成本，而这个数量就是盈亏平衡产量。

若按设计能力进行生产和销售，则盈亏平衡点的销售价格为

$$\text{BEP}(P)=\frac{F}{Q}+V+T \tag{8-2}$$

若按设计能力进行生产和销售，且销售价格已定，则盈亏平衡点的单位可变成本为

$$\text{BEP}(V)=P-T-\frac{F}{Q} \tag{8-3}$$

若项目设计生产能力为 Q_c，盈亏平衡点的生产能力利用率为 BEP(f)，则有

$$\text{BEP}(f)=\text{BEP}(Q)/Q_c\times 100\% \tag{8-4}$$

经营安全率 BEP（S）的计算公式为

$$\text{BEP}(S)=1-\text{BEP}(Q) \tag{8-5}$$

盈亏平衡点的生产能力利用率一般不应大于 75%，经营安全率一般不应小于 25%。

应用案例 8-1

某设计方案年产量为 12 万吨，已知每吨产品的销售价格为 675 元，每吨产品缴纳的销售税金为 165 元，单位产品可变成本为 250 元，年总固定成本为 1500 万元，试求用产量表示的盈亏平衡点、盈亏平衡点的销售价格和盈亏平衡点的生产能力利用率。

【解】

$$R=675Q$$

$$C=15000000+(250+165)Q$$

$$\text{BEP}(Q)=15000000/(675-250-165)\approx 5.77(\text{万吨})$$

$$\text{BEP}(P)=(1500/12)+250+165=540(\text{元/吨})$$

$$\text{BEP}(f)=(5.77/12)\times 100\%\approx 48.08\%$$

2. 非线性盈亏平衡分析

在不完全竞争的条件下，营业收入和成本与产（销）量间可能是非线性的关系。非线性盈亏平衡分析的原理与线性盈亏平衡分析相同，下面以案例对营业收入为非线性、成本为线性和营业收入、成本均为非线性两种情况进行分析。

应用案例 8-2

某项目所生产产品的固定成本为 100000 元，单位产品可变成本为 1000 元，产品销售价格为 $21000\frac{1}{\sqrt{Q}}$元，Q 为产品产量，试确定该产品的经济规模区和最优规模。

【解】(1) 产品的营业收入方程为

$$R=QP=Q\times 21000\frac{1}{\sqrt{Q}}=21000\sqrt{Q}$$

总成本方程为

$$C=F+VQ=100000+1000Q$$

令 $R=C$，得

$$21000\sqrt{Q}=100000+1000Q$$

整理后得

$$Q^2-241Q+10^4=0$$

$$Q=\frac{241\pm\sqrt{24^2-4\times 10^4}}{2}=\frac{241\pm 134}{2}=53 \text{ 或 } 188$$

因此经济规模区为（53，188）。

(2) 产品的利润方程为

$$E=R-C=21000\sqrt{Q}-1000Q-100000$$

当利润最大时，利润变化率为0。因此对利润方程求导，使导数为零，可解出 Q_{max}。

$$\frac{dE}{dQ}=\frac{d(21000Q^{\frac{1}{2}}-1000Q-100000)}{dQ}=0=10500Q^{-\frac{1}{2}}-1000=0$$

$$Q_{max}=\left(\frac{10500}{1000}\right)^2\approx 110$$

应用案例 8-3

某企业投产后，它的年总固定成本为66000元，单位产品可变成本为28元。由于原材料整批购买，每多生产一件产品，单位产品可变成本可降低0.001元；单位产品销售价格为55元，销量每增加一件产品，销售价格可下降0.0035元。试求该产品的盈亏平衡点及最大利润时的销售量。

【解】单位产品销售价格：$P=55-0.0035Q$

单位产品可变成本：$V=28-0.001Q$

(1) 求盈亏平衡点的产量 Q_1 和 Q_2。

$$C(Q)=66000+(28-0.001Q)Q=66000+28Q-0.001Q^2$$

$$R(Q)=55Q-0.0035Q^2$$

根据盈亏平衡原理：$C(Q)=R(Q)$

即

$$66000+28Q-0.001Q^2=55Q-0.0035Q^2$$

$$0.0025Q^2-27Q+66000=0$$

$$Q_1=\frac{27-\sqrt{27^2-4\times 0.0025\times 66000}}{2\times 0.0025}\approx 3740(\text{件})$$

$$Q_2=\frac{27+\sqrt{27^2-4\times 0.0025\times 66000}}{2\times 0.0025}\approx 7060(\text{件})$$

(2) 求最大利润 E_{max} 时的产量 Q_{max}。

由 $E=R-C$，得

$$E=-0.0025Q^2+27Q-66000$$

令 $E'(Q)=0$，得

$$-0.005Q+27=0$$

$$Q_{max}=\frac{27}{0.005}=5400(\text{件})$$

在大规模企业的经营过程中，非线性盈亏平衡分析方式更符合实际情况。

麦肯锡公司对思科经营决策案例的盈亏平衡分析

8.2.3 互斥型方案的盈亏平衡分析

盈亏平衡分析不但可用于对单个方案进行分析，而且可用于对多个方案进行比较和选优。在对若干个互斥型方案进行比选的情况下，如果是某个共同的不确定性因素影响这些方案的取舍，则可以采用下面介绍的盈亏平衡分析方法帮助决策。

设两个互斥型方案的经济效果都受某不确定性因素 x 的影响，把两个方案的经济效果都表示成 x 的函数。

$$E_1=f_1(x)$$

$$E_2=f_2(x)$$

当两个方案的经济效果相同时，即

$$f_1(x)=f_2(x)$$

使方程式成立的值，即为两个方案的盈亏平衡点，也就是决定两个方案孰优孰劣的临界点。

应用案例 8-4

某产品有两种生产方案：方案A，初始投资为70万元，预期年净利润15万元；方案B，初始投资为170万元，预期年净利润35万元。该项目产品的市场寿命具有较大的不确定性，如果给定基准折现率为15%，不考虑期末资产残值，试就项目寿命期分析两种方案的临界点。

【解】 设项目寿命期为 n，则有

$$NPV_A=-70+15(P/A,15\%,n)$$

$$NPV_B=-170+35(P/A,15\%,n)$$

当 $NPV_A=NPV_B$ 时，有

$$-70+15(P/A,15\%,n)=-170+35(P/A,15\%,n)$$

$$(P/A,15\%,n)=5$$

查附录中的复利系数表，得 $n\approx 10$ 年。

这就是以项目寿命期为共有变量时方案A与方案B的盈亏平衡点。由于方案B年净利润比较高，因此项目寿命期延长对方案B有利。故可知，

利用Excel制作盈亏平衡图

如果根据市场预测项目寿命期小于10年，则应采用方案A；如果寿命期在10年以上，则应采用方案B。

知识链接

盈亏平衡分析除了静态分析外，还有动态分析。动态分析需要将项目各年的现金流量折现为期初值后进行分析，其余与静态分析的原理是一样的。盈亏平衡分析既可以用于单方案评价，也可以用于多方案比选。

8.3 敏感性分析

8.3.1 敏感性分析的概念

敏感性是指当影响方案的因素中一个或几个估计值发生变化时，引起项目经济效果的相应变化及变化的敏感程度。分析各种变化因素对项目经济效果影响程度的工作称为敏感性分析。

敏感性分析是研究建设项目的主要因素如产品销售价格、产量、经营成本、投资、建设期、汇率、物价上涨指数等发生的变化，导致项目的经济效益评价指标（内部收益率、净现值等指标）的预期值发生变化的程度。

一个项目，在其建设与生产经营的过程中，由于项目内部、外部环境的变化，许多因素都会发生变化。一般将产品价格、产品成本、产品产量（生产负荷）、主要原材料价格、建设投资、工期、汇率等作为考察的不确定性因素。敏感性分析可以使决策者在缺少资料的情况下，能够弥补和缩小对未来方案预测的误差，了解不确定性因素对评价指标的影响幅度，明确各因素变化到什么程度时才会影响方案经济效果的最优性，从而提高决策的准确性。此外，敏感性分析还可以启发评价者对那些较为敏感的因素重新进行分析研究，以提高预测的可靠性。

敏感性分析有单因素敏感性分析和多因素敏感性分析两种。

（1）单因素敏感性分析是对单一不确定性因素变化的影响进行的分析，即假设各个不确定性因素之间相互独立，每次只考察一个因素，其他因素保持不变，以分析这个可变因素对经济评价指标的影响程度和敏感程度。单因素敏感性分析是敏感性分析的基本方法。

（2）多因素敏感性分析是假设当两个或两个以上互相独立的不确定性因素同时变化时，分析这些变化的因素对经济评价指标的影响程度和敏感程度。由于项目评估过程中的参数和变量同时发生变化的情况非常普遍，所以，多因素敏感性分析也有很强的实用价值。

8.3.2 敏感性分析的方法

1. 单因素敏感性分析

单因素敏感性分析一般按以下步骤进行。

(1) 确定分析指标。

分析指标一般根据项目的特点、不同的研究阶段、实际需求情况和指标的重要程度来确定，与进行分析的目标和任务有关。

如果主要分析方案状态和参数变化对方案投资回收快慢的影响，则可选用投资回收期作为分析指标；如果主要分析产品价格波动对方案超额净收益的影响，则可选用财务净现值作为分析指标；如果主要分析投资大小对方案资金回收能力的影响，则可选用财务内部收益率作为分析指标。

在机会研究阶段（主要是对项目的设想和鉴别，确定投资方向和投资机会），此时，由于各种经济数据不完整、可信程度低、深度要求不高，因此可选用静态评价指标，常采用的指标有投资收益率和投资回收期。如果在初步可行性研究和可行性研究阶段，则需选用动态评价指标，常采用的指标有财务净现值、财务内部收益率，也可以辅之以投资回收期。

由于敏感性分析是在确定性经济分析的基础上进行的，一般而言，敏感性分析的指标应与确定性经济评价指标一致，不应超出确定性经济评价指标的范围而另立新的分析指标。

(2) 选择需要分析的不确定性因素。

影响项目经济评价指标的不确定性因素很多，但事实上，没有必要对所有的不确定性因素都进行敏感性分析，而只需选择一些主要的影响因素。选择需要分析的不确定性因素时，主要考虑以下两条原则。

① 预计这些因素在其可能变动的范围内对经济评价指标的影响较大。

② 对在不确定性经济分析中采用该因素的数据的准确性把握不大。

对于一般投资项目来说，通常从以下几方面选择项目敏感性分析中的影响因素：项目投资、项目寿命年限、成本（特别是可变成本）、产品价格、产量、项目建设年限、项目投产期限和产出水平、项目达产期限、汇率、基准折现率等。

(3) 分析每个不确定性因素的波动程度及其对分析指标可能带来的增减变化情况。

首先，对所选定的不确定性因素，应根据实际情况设定这些因素的变动幅度，其他因素固定不变。因素的变化可以按照一定的变化幅度（如±5%、±10%、±20%等）改变它的数值；其次，计算不确定性因素每次变动对经济评价指标的影响。

对每一因素的每一个变动，均重复以上计算，然后，把因素变动及相应指标的变动结果用表或图的形式表示出来，以便于确定敏感性因素。

(4) 确定敏感性因素。

由于各因素的变化都会引起经济指标一定的变化，但其影响程度却各不相同。有些因素，可能仅发生较小幅度的变动就能引起经济评价指标发生大的变动；而另一些因素，即使发生了较大幅度的变化，其对经济评价指标的影响也不是太大。前一类因素称为敏感性因素，后一类因素称为非敏感性因素。敏感性分析的目的在于寻求敏感性因素，可以通过计算敏感度系数和临界点来判断。

敏感度系数用于表示项目评价指标对不确定因素的敏感程度。其计算公式为

$$E=\Delta F/\Delta A \tag{8-6}$$

式中 E——敏感度系数；

ΔF——不确定因素 F 的变化率（%）；

ΔA——不确定因素 F 发生 ΔF 变化率时，评价指标 A 的相应变化率（%）。

单因素敏感性分析的步骤

E 的绝对值越大，表明评价指标 A 对于不确定因素 F 越敏感；反之，则越不敏感。

(5) 绘制敏感性分析图，做出分析。

如果进行敏感性分析的目的是为了对不同的投资项目或某一项目的不同方案进行选择，则一般应选择敏感程度小、承受风险能力强、可靠性大的项目或方案。

应用案例 8-5

某项目基本方案的基本数据估算见表 8-1，试就年营业收入 B、年经营成本 C 和建设投资 I，对内部收益率进行单因素敏感性分析（基准收益率 $i_c=8\%$）。

表 8-1 某项目基本方案的基本数据估算

因素	建设投资 I/万元	年营业收入 B/万元	年经营成本 C/万元	期末净残值 L/万元	寿命 n/年
估算值	1500	600	250	200	6

【解】(1) 计算基本方案的内部益率 IRR。

$$-I(1+\text{IRR})^{-1}+(B-C)\sum_{t=2}^{5}(1+\text{IRR})^{-t}+(B+L-C)(1+\text{IRR})^{-6}=0$$

$$-1500(1+\text{IRR})^{-1}+350\sum_{t=2}^{5}(1+\text{IRR})^{-t}+550(1+\text{IRR})^{-6}=0$$

采用试算法，得

$\text{NPV}(i_c=8\%)=31.08$ 万元>0，

$\text{NPV}(i_c=9\%)=-7.92$ 万元<0。

采用线性内插法，可求得

$$\text{IRR}=8\%+\frac{31.08}{31.08+7.92}(9\%-8\%)\approx 8.79\%$$

(2) 计算年营业收入、年经营成本和建设投资变化对内部收益率的影响，结果见表 8-2。

表 8-2 各因素变化对内部收益率的影响 单位：%

不确定性因素	变化率				
	−10	−5	基本方案	+5	+10
年营业收入	3.01	5.94	8.79	11.58	14.30
年经营成本	11.12	9.96	8.79	7.61	6.42
建设投资	12.70	10.67	8.79	7.06	5.45

内部收益率的敏感性分析图如图 8.2 所示。

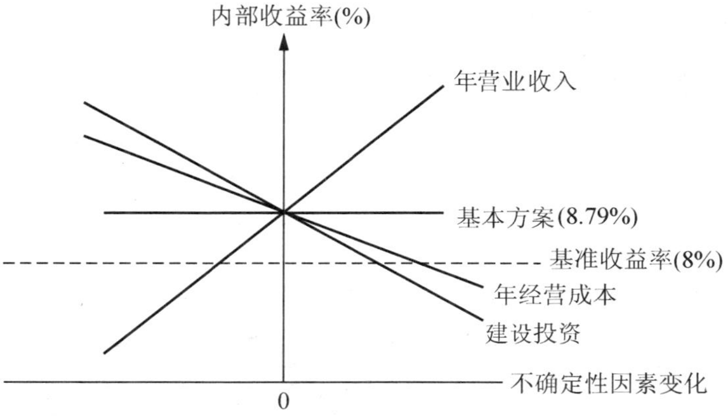

图 8.2　内部收益的敏感性分析图

(3) 计算内部收益率对各因素的敏感度。

平均敏感度的计算公式为

$$\beta=\frac{\text{评价指标变化的幅度(\%)}}{\text{不确定性因素变化的幅度(\%)}}$$

$$\text{年营业收入平均敏感度}=\frac{14.30-3.01}{20}\approx 0.56$$

$$\text{年经营成本平均敏感度}=\frac{|6.42-11.12|}{20}\approx 0.24$$

$$\text{建设投资平均敏感度}=\frac{|5.45-12.70|}{20}\approx 0.36$$

由以上计算结果表明，对内部收益率影响从大到小的依次是年营业收入、建设投资及年经营成本。

敏感性分析不但在投资决策阶段发挥重要作用，在企业运营中也发挥着不可忽视的作用。

2. 多因素敏感性分析

在进行单因素敏感性分析时，当考虑某特定因素的变动对指标的影响时，假定其他因素均不变。但实际上，许多因素的变动具有相关性，一个因素的变动往往也伴随着其他因素的变动。例如，产品成本的上升会引起价格的上涨。

多因素敏感性分析要考虑可能发生的多种因素不同变动幅度的多种组合，计算起来要比单因素敏感性分析复杂得多。当分析的不确定性因素不超过 3 个，且指标计算比较简单时，可以用解析法与作图法相结合的方法进行分析。

应用案例 8 - 6

某企业准备购置新设备，总投资、使用寿命等数据见表 8 - 3，试就使用寿命、年营业收入和年支出三项因素按最有利、很可能和最不利 3 种情况，进行净现值敏感性分析 ($i_c=8\%$)。

表 8-3 多因素变化情况

因素变化	因　素			
	总投资/万元	使用寿命/年	年营业收入/万元	年支出/万元
最有利（O）	15	18	11	2
很可能（M）	15	10	7	4.3
最不利（P）	15	8	5	5.7

【解】 计算求得的多因素敏感性分析结果见表 8-4。

表 8-4 多因素敏感性分析结果　　　　单位：万元

年营业收入	年支出净现值								
	O			M			P		
	寿　命								
	O	M	P	O	M	P	O	M	P
O	69.35	45.39	36.72	47.79	29.89	23.50	34.67	20.56	15.46
M	31.86	18.55	13.74	10.30	3.12	0.52	−2.82	−6.28	−7.53
P	13.12	5.13	2.24	−8.44	−10.30	−10.98	−21.56	−19.70	−19.00

知识链接

敏感性分析的局限性

敏感性分析只能找出影响经济效果的敏感性因素并确定其影响程度，但不能确认某因素变化对经济效果产生影响的可能性（概率）有多大。研究经济效果评价指标的各种不确定性因素的发生概率及其综合影响，必须采用概率树分析法。

8.4 风险分析

8.4.1 风险分析的程序

风险分析是在市场预测、技术方案、工程方案、融资方案和项目社会经济分析论证中已进行初步风险分析的基础上，进一步综合分析和识别项目在建设投资和生产运营实施过程中可能潜在的主要风险因素，采用定量分析和定性分析方法估计各种风险因素发生的可能性及对项目的影响程度，判断影响项目的关键因素，提出规避风险的对策和措施。风险分析的程序包括以下几个部分。

1. 风险识别

风险识别是指采用系统论的观点对项目全面考察、综合分析，找出潜在的各种风险因素，并对各种风险进行比较、分类，确定各因素间的相关性与独立性，判断其发生的可能性及对项目的影响程度，按其重要性进行排列或赋予权重。

触电事故

风险识别是风险分析和管理的一项基础性工作，其主要任务是明确风险存在的可能性，为风险测度、风险决策和风险控制奠定基础。

2. 风险估计

风险估计是在风险识别之后，判别和估计项目风险产生的损失程度及发生的可能性（概率）。风险估计采用主观概率和客观概率分析方法，确定风险因素的概率分布，运用数理统计分析方法，计算项目评价指标相应的概率分布或累计概率、期望值、标准差。

高空坠落

3. 风险评价

风险评价是在风险识别和风险估计的基础上，对风险发生的概率、损失程度，结合其他因素进行全面考虑，评估发生风险的可能性及危害程度，并与公认的安全指标相比较，以衡量风险的程度，并决定是否需要采取相应的措施的过程。

中毒

4. 风险应对

风险应对就是对已经识别的风险进行定性分析、定量分析和风险排序，制订相应的应对措施和整体策略。风险应对策略有风险规避、风险转移、风险减轻和风险接受等。

风险应对不当往往会导致事故的发生，给企业带来严重的后果。特别是在建筑工程领域，若对风险因素应对不当，则往往会带来重大安全隐患。

8.4.2 风险估计的相关指标分析

任何一种项目经济效果评价指标，都可将其看成是一个随机变量，而且这种随机变量实际上是很多其他随机变量（如产品产量、产品价格、生产成本、投资等）的复杂函数。

1. 期望值和标准差

（1）期望值：随机变量取值的平均值或最大可能取值，它最接近实际值。

设以 X 表示随机变量，$P(X)$ 表示该随机变量可能出现的概率，则期望值 $E(X)$ 可按式（8－7）计算。

$$E(X) = \sum_{j=1}^{m} X_j P_j(X) \qquad (8-7)$$

$$\sum_{j=1}^{m} P_j(X) = 1$$

应用案例 8-7

某项目的投资决策有如下两个方案：方案一就是大规模生产方案，该方案在没有竞争对手的情况下，可获净现值 3000 万元；在有竞争对手的情况下，净现值变为 -500 万元。方案二就是小规模生产方案，该方案在没有竞争对手的情况下，可获净现值 1800 万元；在有竞争对手的情况下，可获净现值 1300 万元。通过多方征求专家意见，认为“有竞争”的概率为 0.25，“没有竞争”的概率为 0.75。试求两个方案的期望值，并确定哪个方案较好。

【解】对于大规模生产方案的净现值：$E(X)=3000\times0.75-500\times0.25=2125$（万元）

对于小规模生产方案的净现值：$E(X)=1800\times0.75+1300\times0.25=1675$（万元）

根据期望值最大准则，应选择大规模生产方案。

应用案例 8-8

某项目根据市场前景估计的不同，有如下三种结果：①最乐观估计，该项目将有内部收益率 28%；②最可能估计，该项目将有内部收益率 18%；③最悲观估计，该项目将有内部收益率 11%。假设最乐观、最可能和最悲观出现的概率比为 1∶4∶1，试求该项目的内部收益率的期望值。

【解】该项目的内部收益率期望值为

$$E(X)=\sum_{j=1}^{3}X_jP_j(X)=\frac{28\%\times1+18\%\times4+11\%\times1}{6}=18.5\%$$

(2) 标准差：随机变量的离散程度，即表示随机变量和真值之间的偏离程度。

$$\sigma=\sqrt{\sum_{j=1}^{m}(X_j-\overline{X})^2P_j(X)}$$

$\overline{X}$表示随机变量的平均数，即 $E(X)=\sum_{j=1}^{m}X_jP_j(X)$。

2. 期望值与标准差之间的权衡问题

期望值——最大可能取值；标准差——随机变量和真值之间的偏离程度。

(1) 期望值相同的情况。标准差大的方案风险大。

(2) 期望值不相同的情况。

① 方案甲期望值 $E(X)$ 大，标准差小，则方案甲有利。

② 方案甲期望值 $E(X)$ 小，标准差大，则方案乙有利。

③ 方案甲期望值 $E(X)$ 大，标准差大；或方案乙期望值 $E(X)$ 小，标准差小，则两方案取舍比较困难。胆小、怕担风险的决策者常常挑选方案乙，这样一来风险是小了，但同时也失去了获得较高经济效益的机会。

(3) 期望值代表性——标准差系数。标准差系数越小，项目的风险越小。其计算公式为

$$V_\sigma=\frac{\sigma}{\overline{X}}\times100\% \tag{8-9}$$

应用案例 8-9

某工程项目在其寿命期内可能出现的5种状态的净现金流量及其发生的概率见表8-5。假定各年份净现金流量之间互不相关，基准折现率为10%。试求方案净现值的期望值、方差与标准差。

表8-5 某工程项目5种状态的净现金流量及其发生的概率 单位：万元

年末	概率				
	$P_1=0.1$	$P_2=0.2$	$P_3=0.4$	$P_4=0.2$	$P_5=0.1$
	状态				
	θ_1	θ_2	θ_3	θ_4	θ_5
0	−22.5	−22.5	−22.5	24.75	27
1	0	0	0	0	0
2～10	2.445	3.93	6.9	7.59	7.785
11	5.445	6.93	9.9	10.59	10.935

【解】(1) 计算方案在各种状态下的净现值。

① 对应于状态θ_1。

$$\mathrm{NPV}^{(1)}=-22.5+2.455(P/A,10\%,9)(P/F,10\%,1)+5.445(P/F,10\%,11)$$
$$\approx-7.791(\text{万元})$$

② 对应于状态θ_2。

$$\mathrm{NPV}^{(2)}=-22.5+3.93(P/A,10\%,9)(P/F,10\%,1)+6.93(P/F,10\%,11)\approx0.504(\text{万元})$$

同理，得

$\mathrm{NPV}^{(3)}\approx17.095$（万元）

$\mathrm{NPV}^{(4)}\approx18.699$（万元）

$\mathrm{NPV}^{(5)}\approx18.377$（万元）

(2) 计算方案净现值的期望值。

$$E(\mathrm{NPV})=\sum_{j=1}^{k}\mathrm{NPV}_{(j)}\cdot P_j$$
$$=\mathrm{NPV}^{(1)}\cdot P_1+\mathrm{NPV}^{(2)}\cdot P_2+\mathrm{NPV}^{(3)}\cdot P_3+\mathrm{NPV}^{(4)}\cdot P_4+\mathrm{NPV}^{(5)}\cdot P_5$$
$$\approx11.739(\text{万元})$$

(3) 计算方案净现值的方差。

$$D(\mathrm{NPV})=\sum_{j=1}^{k}[\mathrm{NPV}^{(j)}-E(\mathrm{NPV})]^2\cdot P_j$$
$$\approx88.977(\text{平方万元})$$

(4) 计算方案净现值的标准差。

$$\sigma(\mathrm{NPV})=\sqrt{D(\mathrm{NPV})}\approx9.433(\text{万元})$$

8.4.2 概率树分析法

概率树分析法，也称为决策树分析法。它假定风险变量之间是相互独立的，在构造概率树的基础上，将每个风险变量的各种状态取值结合计算，分别计算每种组合状态下的评价指标值及相应的概率，得到评价指标的概率分布，并统计出评价指标值低于或高于基准值的累计概率，计算评价指标值的期望值、方差、标准差和离散系数。

在进行概率树分析时，一般用决策树进行辅助。决策树由不同的节点与分枝组成。最开始的符号“□”表示的节点，称为决策点，从决策点引出的每个分枝表示一个状态点，从状态点引出的每个分枝表示一种可能发生的状态；每个状态枝上标明该状态发生的概率，分枝末端标明相应的损益值。根据各种状态发生的概率与相应的损益值，分别计算每个方案的损益期望值。

概率树分析法的一般步骤如下。

(1) 列出要考虑的各种风险因素，如总投资、经营成本等。

(2) 设想各种风险因素可能发生的状态，即数值发生变化的个数。

(3) 分别确定各种状态可能出现的概率，并使可能发生状态概率之和等于1。

(4) 分别求出各种风险因素发生变化时，方案净现金流量各状态发生的概率和相应状态下的净现值 NPV (j)。

(5) 求方案净现值的期望值（均值）E (NPV)，其计算公式为

$$E(\text{NPV}) = \sum_{j=1}^{k} \text{NPV}(j) \cdot P_j$$

式中 P_j——第 j 种状态出现的概率；

k——可能出现的状态数。

(6) 求出方案净现值非负的累计概率。

(7) 对概率分析结果做说明。

下面以具体案例来说明概率树分析法的运用。

应用案例 8-10

某商品住宅小区开发项目现金流量的估计表见表8-6，根据经验推断，营业收入和开发成本在估计值的基础上可能发生的变化及其概率见表8-7。试确定该项目净现值大于或等于零的概率（基准收益率 i_c=12%）。

表8-6 开发项目现金流量的估计表 单位：万元

项目	年份		
	1	2	3
营业收入	857	7143	8800
开发成本	5888	4873	6900
其他税费	56	464	1196
净现金流量	−5087	1806	9350

表 8－7　营业收入和开发成本在估计值的基础上可能发生的变化及其概率

项　　目	变　化　率		
	－20%	0	＋20%
营业收入	0.2	0.6	0.2
开发成本	0.1	0.3	0.6

【解】（1）项目净现金流量未来可能发生的 9 种状态如图 8.3 所示。

（2）分别计算项目净现金流量各种状态的概率 $P_j(j=1, 2, \cdots, 9)$。

$P_1=0.2\times0.6=0.12$；

$P_2=0.2\times0.3=0.06$；

$P_3=0.2\times0.1=0.02$；

依此类推，结果如图 8.3 所示。

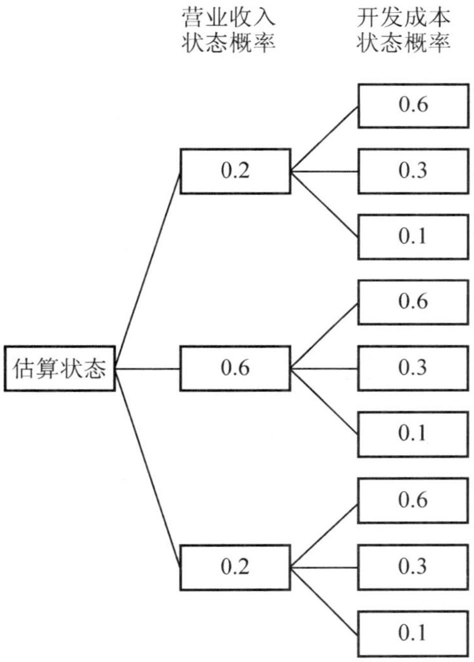

(a)

可能状态 j	状态概率 P_j	NPV(j)/万元	NPV(j)·P_j/万元
1	0.12	3 123.2	374.8
2	0.06	5 690.4	341.4
3	0.02	8 257.6	165.2
4	0.36	-1 41.3	-50.9
5	0.18	2 425.9	436.7
6	0.06	4 993.0	299.6
7	0.12	-1 767.0	-212.0
8	0.06	-838.7	-50.3
9	0.02	1 728.5	34.6
合计	1.00		1 339.1

(b)

图 8.3　项目概率树分析

（3）分别计算项目各状态下的净现值 NPV(j)($j=1, 2, \cdots, 9$)。

$$\mathrm{NPV}^{(1)}=\sum_{t=1}^{3}(\mathrm{CI}-\mathrm{CO})_t^{(1)}(1+12\%)^{-t}=3123.2(\text{万元})$$

（4）计算项目净现值的期望值。

净现值的期望值$=0.12\times3123.2+0.06\times5690.4+0.02\times8257.6+0.36\times(-141.3)+$

$0.18\times2425.9+0.06\times4993.0+0.12\times(-1767)+0.06\times(838.7)+0.02\times1728.5$
≈1339.1（万元）

（5）计算净现值大于或等于零的概率。

$$P(\text{NPV}\geqslant0)=1-0.36-0.12-0.06=0.46$$

结论：该项目净现值的期望值大于或等于零，是可行的。但净现值大于或等于零的概率不够大，说明项目存在一定的风险。

应用案例 8－11

某新产品生产项目，影响未来净现金流量的不确定性因素主要是产品的市场销售情况和原材料价格水平。据分析，市场销售情况状态有畅销、一般、滞销 3 种可能（分别记作 θ_{m1}、θ_{m2}、θ_{m3}），原材料价格水平状态有高、中、低三种可能（分别记作 θ_{p1}、θ_{p2}、θ_{p3}）。市场销售情况状态与原材料价格水平状态之间是相互独立的。市场销售情况状态和原材料价格水平状态的发生概率见表 8－8，各种可能的状态组合及其对应的方案现金流量见表 8－9。试计算方案净现值的期望值与方差（$i_c=12\%$）。

表 8－8　市场销售情况状态和原材料价格水平状态的发生概率

市场销售情况	状态	θ_{m1}	θ_{m2}	θ_{m3}
	发生概率	$P_{m1}=0.3$	$P_{m2}=0.5$	$P_{m3}=0.2$
原材料价格水平	状态	θ_{p1}	θ_{p2}	θ_{p3}
	发生概率	$P_{p1}=0.4$	$P_{p2}=0.4$	$P_{p3}=0.2$

表 8－9　各种可能的状态组合及其对应的方案现金流量

序　号	状态组合	现金流量/万元	
		0 年	1～5 年
1	$\theta_{m1}\cap\theta_{p1}$	－1000	390
2	$\theta_{m1}\cap\theta_{p2}$	－1000	450
3	$\theta_{m1}\cap\theta_{p3}$	－1000	510
4	$\theta_{m2}\cap\theta_{p1}$	－1000	310
5	$\theta_{m2}\cap\theta_{p2}$	－1000	350
6	$\theta_{m2}\cap\theta_{p3}$	－1000	390
7	$\theta_{m3}\cap\theta_{p1}$	－1000	230
8	$\theta_{m3}\cap\theta_{p2}$	－1000	250
9	$\theta_{m3}\cap\theta_{p3}$	－1000	270

【问题】

（1）用概率树分析法计算净现值的期望值，并分析项目的经济性。

（2）计算净现值的方差、标准差和离散系数，分析净现值偏离期望值的程度。

（3）计算各种状态组合下的净现值。

(4) 计算累计概率。

(5) 画出累计概率图，分析项目的风险性。

【解】(1) 绘制概率树并计算净现值的期望值$\overline{NPV}$=267.46 万元，如图 8.4 所示。净现值期望值大于 0，说明该项目期望的盈利水平能达到所要求的盈利水平，在经济上是可接受的。

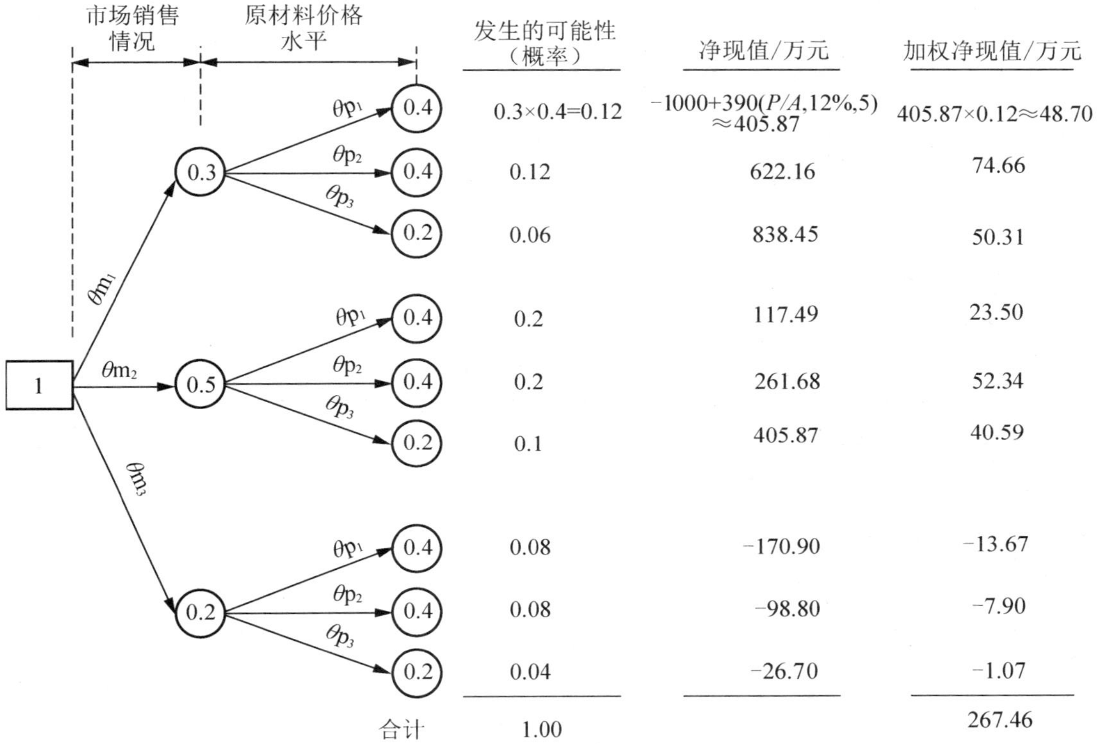

图 8.4 绘制概率树并计算净现值的期望值

(2) 计算净现值的方差：$D(\text{NPV})=72943.69$(平方万元)

则标准差 $\sigma(\text{NPV})=\sqrt{D(\text{NPV})}=\sqrt{72943.69}\approx 270.08$(万元)

离散系数为

$$\beta=\frac{\sigma(\text{NPV})}{\overline{\text{NPV}}}=\frac{270.08}{267.46}\approx 1.014$$

显然，该项目的净现值离散程度较大。

(3) 计算各种状态组合下的净现值，结果见表 8-10。

表 8-10 各种状态组合下的净现值表

序 号	状态组合	净现值 NPV (j) /万元	发生概率 P_j	P_j $(\text{NPV}_j-\overline{\text{NPV}})^2$
1	$\theta_{m1}\cap\theta_{p1}$	405.87	0.12	2298.88
2	$\theta_{m1}\cap\theta_{p2}$	622.16	0.12	15097.45
3	$\theta_{m1}\cap\theta_{p3}$	838.45	0.06	19561.77

续表

序　号	状态组合	净现值 NPV (j) /万元	发生概率 P_j	$P_j\ (NPV_j-\overline{NPV})^2$
4	$\theta_{m2}\cap\theta_{p1}$	117.49	0.20	4498.2
5	$\theta_{m2}\cap\theta_{p2}$	261.68	0.20	6.68
6	$\theta_{m2}\cap\theta_{p3}$	405.87	0.10	1915.73
7	$\theta_{m3}\cap\theta_{p1}$	−170.90	0.08	15372.76
8	$\theta_{m3}\cap\theta_{p2}$	−98.80	0.08	10731.71
9	$\theta_{m3}\cap\theta_{p3}$	−26.70	0.04	3461.20
合计		—	1.00	72944.39

(4) 将各种状态组合按其所对应的净现值的大小由小到大重新排序，并按重新排序后的状态组合序号依次计算出累计概率，见表 8 - 11。

表 8 - 11　累计概率表

序　号	状态组合	净现值/万元	发生概率	累计概率
1	$\theta_{m3}\cap\theta_{p1}$	−170.90	0.08	0.08
2	$\theta_{m3}\cap\theta_{p2}$	−98.80	0.08	0.16
3	$\theta_{m3}\cap\theta_{p3}$	−26.70	0.04	0.20
4	$\theta_{m2}\cap\theta_{p1}$	117.49	0.20	0.40
5	$\theta_{m2}\cap\theta_{p2}$	261.68	0.20	0.60
6	$\theta_{m1}\cap\theta_{p1}$	405.87	0.12	0.72
7	$\theta_{m2}\cap\theta_{p3}$	405.87	0.10	0.82
8	$\theta_{m1}\cap\theta_{p2}$	622.16	0.12	0.94
9	$\theta_{m1}\cap\theta_{p3}$	838.45	0.06	1.00

(5) 绘制净现值累计概率图，如图 8.5 所示。

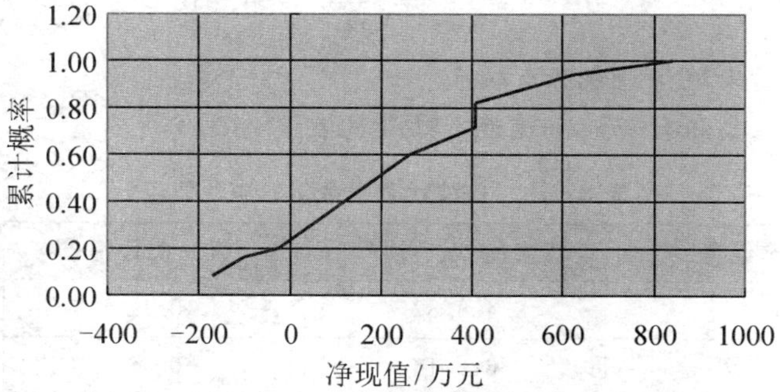

图 8.5　净现值累计概率图

可计算出净现值小于 0 的概率为

$$p\{NPV(12\%)<0\}=0.2+\frac{|-26.17|}{117.48+|-26.17|}\times(0.4-0.2)\approx 0.237$$

则项目净现值大于或等于0的概率为

$$p\{NPV(12\%)\geqslant 0\}=1-p\{NPV(12\%)<0\}=1-0.237=0.763$$

根据计算结果可知，该项目净现值 NPN≥0 的概率为 76.3%，说明项目风险不大。

情境小结

(1) 由于经济发展形势、技术发展、所依据数据不足及预测方法不完善等原因存在，造成了项目实际经济效果和预期经济效果的不一致，产生了不确定性和风险。风险分析和不确定性分析的差别在于风险分析知道每种结果的概率，而不确定性分析可能既不知道结果也不知道结果发生的概率。项目不确定性分析主要包括盈亏平衡分析和敏感性分析，风险分析方法可以采用概率树分析法。

(2) 盈亏平衡分析是通过求取盈亏平衡点（BEP），分析成本费用与收入平衡关系的一种方法，也称作量本利分析。根据成本、收益与产量之间是否呈线性关系，盈亏平衡分析可分为线性盈亏平衡分析和非线性盈亏平衡分析。盈亏平衡点可以用产量表示，也可以用销售价格、单位可变成本等表示。盈亏平衡点越低，项目的抗风险能力越强。

(3) 敏感性分析研究的是建设项目的主要因素（如产品售价、产量、经营成本、投资、建设期等）发生的变化，导致项目的经济效益评价指标（内部收益率、净现值等指标）的预期值发生变化的程度。根据同时变化因素的多少，可以将敏感性分析分为单因素敏感性分析和多因素敏感性分析。敏感系数越大，该因素对项目的影响越大。

(4) 风险分析是在项目市场、技术、工程方案和经济分析等基础上，对风险进行分析评价的过程，其主要步骤包含风险识别、风险估计、风险评价和风险应对。风险分析可以采用概率树分析方法。概率树分析的目的是通过计算项目净现值大于零或者内部收益率大于基准收益率的累计概率，来评价项目的风险大小。

习　题

一、单选题

1. 某企业进行设备更新，新设备价值10万元，利用新设备生产的产品其单位可变成本为5元/件，其产品售价为10元/件，假设企业生产函数为线性，则盈亏平衡产量为（　　）。

A. 2万件　　B. 1万件　　C. 3万件　　D. 0.5万件

2. 某方案投产后的生产能力为1000件，每件的售价为50元，生产产品的单位可变成本为20元，年固定成本为12000元，则产量的盈亏平衡点为（　　）。

A. 300件　　B. 400件　　C. 500件　　D. 600件

3. 某项目设计生产能力为年产 40 万件，每件产品的价格为 120 元，单位产品可变成本为 100 元，年固定成本为 420 万元，产品税金及附加占营业收入的 5%，则盈亏平衡产量为（　　）。

A. 30 万件　　B. 21 万件　　C. 24 万件　　D. 40 万件

4. 某企业年产量为 4 万件，年固定成本为 20 万元，单位产品可变成本为 15 元，产品市场价格为 25 元/件，若企业当年免征营业税金，则该企业当年盈亏平衡点价格为每件（　　）。

A. 15 元　　B. 18 元　　C. 20 元　　D. 24 元

二、简答题

1. 造成项目不确定性的因素有哪些?

2. 以产量表示的盈亏平衡点是如何推导计算的?

3. 盈亏平衡点的评价标准是什么?

4. 单因素敏感性分析和多因素敏感性分析有什么区别?

5. 风险分析的步骤有哪些?

6. 概率树分析中的累计概率是如何计算的?

三、计算题

1. 某项目设计生产能力为年产 50 万件，每件产品价格为 120 元，单位产品可变成本为 100 元，年固定成本为 700 万元。

问题：(1) 产品税金及附加忽略不计，试求盈亏平衡点的生产能力利用率。

(2) 产品税金及附加占营业收入的 3%，试求盈亏平衡点的生产能力利用率。

2. 某企业生产某种产品，设计年产量为 6000 件，每件产品的出厂价格估算为 50 元，企业每年固定性开支为 66000 元，每件产品成本为 28 元，求企业的最大可能盈利、企业不盈不亏时的最低产量和企业年利润为 5 万元时的产量。

3. 某投资方案用于确定性分析的现金流量见表 8－12，表 8－12 中的数据是对未来最可能出现的情况预测估算得到的。

由于未来影响经济环境的某些因素的不确定性，预计投资额、年收益、年支出参数的最大变化范围为－20%～＋20%，基准折现率为 10%。试对各参数分别做单因素敏感性分析。

表 8－12　现金流量表

参数	投资额 R/元	年收益 AR/元	年支出 AC/元	期末净残值 L/元	寿命期 n/年
预测值	15000	32000	2000	2000	10

学习情境8
在线答题

学情习境9 工程项目的经济分析

思维导图

- 工程项目的经济分析
  - 知识要点
    - 经济分析基础知识
      - 经济分析的含义
      - 经济分析的基本方法
    - 经济效益和经济费用的划分
      - 经济效益和经济费用识别的基本要求
      - 转移支付
    - 影子价格
      - 影子价格的含义
      - 影子价格的确定
    - 经济分析参数
      - 影子汇率
      - 影子工资换算系数
    - 经济评价步骤及指标体系
      - 经济评价的步骤
      - 经济评价报表
  - 能力要求
    - 掌握经济分析与财务分析的异同点
    - 熟悉直接效益和直接费用的划分
    - 熟悉间接效益和间接费用的划分
    - 掌握市场机制定价货物的影子价格的确定
    - 掌握政府调控价格货物的影子价格的确定
    - 掌握社会折现率
    - 掌握经济评价的指标

情境导读

相对于人们的需求来说，任何一个国家的资源都是有限的，而一种资源用于某一方面，其他方面就不得不减少这种资源的使用量，这就使得国家必须按照一定的准则对资源的配置做出合理的选择。例如，对于公路建设项目，就项目本身来说，如果是公益性的基础设施建设，不是收费公路，则项目在财务上是没有收益的，因此无法进行财务上的评价，但从国民经济的整体来看，公路的建设将大大增加旅客、货物的运输量，节约旅客、货物的在途时间，缓解其他道路的拥挤状况，给周边地区的土地带来增值等，这些是什么？这就是经济分析（国民经济评价）。再如，对于小型冶炼厂而言，虽然在财务上它有生存能力，也能为某一小区域的经济带来效益，但是，它造成的严重的环境污染和资源浪费，都是国民经济付出的代价。

问题：对于经济效益、环境污染、资源浪费如何衡量，如何评价项目对国民经济所带来的影响？

9.1 经济分析概述

经济分析又称国民经济评价，是对投资项目进行决策分析与评价，判定其经济合理性的一项重要工作。

9.1.1 经济分析的含义

经济分析是按合理配置资源的原则，采用社会折现率、影子汇率、影子工资和货物影子价格等经济分析参数，从项目对社会经济所做贡献及社会经济为项目付出代价的角度，识别项目的效益和费用，分析计算项目对社会经济（社会福利）的净贡献，评价项目投资的经济效率，即经济合理性。

帕累托最优

经济分析的理论基础是新古典经济学有关资源优化配置的理论。从经济学角度看，经济活动的目的是为了对稀缺经济资源进行合理的配置，使其能够用于生产产品和提供服务，以满足社会的需要。当经济体系功能发挥正常，社会消费的价值达到最大（社会福利最大）时，就认为是取得了经济效率，达到了帕累托最优。

知识链接

什么是帕累托最优？

帕累托最优是以意大利经济学家维弗雷多·帕累托的名字命名的，他在关于经济效率和收入分配的研究中最早使用了这个概念，是指资源分配的一种理想状态，假定固有的一群人和可分配的资源，从一种分配状态到另一种分配状态的变化中，在没有使任何人境况变坏的前提下，使得至少有一个人变得更好。帕累托最优状态就是不可能再有更多的帕累托改进的余地；换句话说，帕累托改进是达到帕累托最优的路径和方法。帕累托最优是公平与效率的“理想王国”。

9.1.2 经济分析的基本方法

（1）经济分析遵循项目评价的“有无对比”原则，采用“有无对比”方法识别项目的效益和费用。

（2）经济分析采用影子价格（或称计算价格）估算各项效益和费用。

（3）经济分析采用费用效益分析或费用效果分析方法，寻求以最小的投入（费用）获取最大的产出（效益、效果）。

（4）经济费用效益分析采用费用效益流量分析方法，计算经济内部收益率、经济净现值等指标，从资源配置的角度评价项目的经济效率是否达到要求；经济费用效果分析对费用和效果采用不同的度量方法，计算效果费用比或费用效果比指标。

知识链接

哪些项目需要进行经济分析？

（1）政府预算内投资用于关系国家安全、国土开发和市场不能有效配置资源的公益性项目和公共基础设施建设项目、保护和改善生态环境项目、重大战略性资源开发项目。

（2）政府各类专项建设基金投资用于交通运输、农林水利等基础设施和基础产业建设项目。

（3）利用国际金融组织和外国政府贷款，需要政府主权信用担保的建设项目。

（4）法律法规规定的其他政府性资金投资的建设项目。

（5）企业投资建设的涉及国家经济安全、影响环境资源、公共利益、可能出现垄断、涉及整体布局等问题，需要政府核准的建设项目。

9.1.3 经济分析与财务分析的关系

1. 经济分析与财务分析的主要区别

（1）分析角度和出发点不同。财务分析是从项目的财务主体、投资者甚至债权人的角度，分析项目的财务效益和财务可持续性，分析投资各方的实际收益或损失，分析投资或贷款的风险及收益；经济分析则是从全社会的角度分析评价项目对社会经济的净贡献。

（2）效益和费用的含义及范围划分不同。财务分析只根据项目直接发生的财务收支计算项目的直接效益和费用，称为现金流入和现金流出；经济分析则从全社会的角度考察项目的效益和费用，不仅要考虑直接的效益和费用，还要考虑间接的效益和费用，称为效益流量和费用流量。同时，从全社会的角度考虑，项目的有些财务收入或支出不能作为效益或费用，如企业向政府缴纳的大部分税金和政府给予企业的补贴等。

通货膨胀

(3) 采用的价格体系不同。财务分析使用预测的财务收支价格体系，可以考虑通货膨胀因素；经济分析则使用影子价格体系，不考虑通货膨胀因素。

(4) 分析的内容不同。财务分析包括盈利能力分析、偿债能力分析和财务生存能力分析 3 个方面的分析；而经济分析只有盈利性分析，即经济效率的分析。

(5) 基准参数不同。财务分析最主要的基准参数是财务基准收益率，经济分析的基准参数是社会折现率。

(6) 计算期可能不同。根据项目的实际情况，经济分析的计算期可长于财务分析的计算期。

2. 经济分析与财务分析的相同之处

(1) 评价目的相同。经济分析和财务分析都是要寻求以最小的投入获得最大的产出。

(2) 评价基础相同。经济分析和财务分析都是在完成了产品需求预测、工程技术方案、资金筹措等可行性研究的基础上进行的评价。

(3) 两者都根据资金的时间价值原理进行动态分析，计算内部收益率和净现值等指标。

3. 经济分析与财务分析之间的联系

经济分析与财务分析之间联系密切。在很多情况下，经济分析是在财务分析基础之上进行的，通常是利用财务分析中所估算的财务数据为基础进行所需要的调整计算，得到经济效益和经济费用数据。经济分析也可以独立进行，即在项目的财务分析之前就进行经济分析。

观察与思考

经济分析和财务分析有所区别，它们是从不同角度分析项目的可行性，虽然在很多情况下两者结论是一致的，但是也有不少时候两者的结论有所不同，那么，这种情况下，我们该怎么办?

9.2 经济效益和经济费用

直接费用

项目的经济效益是指项目对国民经济所做的贡献，分为直接效益和间接效益；项目的经济费用是指国民经济为项目所付出的代价，分为直接费用和间接费用。

9.2.1 经济效益和经济费用识别的基本要求

1. 对经济效益和经济费用进行全面识别

凡项目对社会经济所做的贡献，均计为项目的经济效益，包括项目的直接效益和间接效益。凡社会经济为项目所付出的代价（即社会资源的耗费，或称社会成本）均计为项目的经济费用，包括直接费用和间接费用。因此，经济分析应考虑关联效果，对项目涉及的所有社会成员的有关效益和费用进行全面识别。

间接费用

2. 遵循“有无对比”的原则

识别项目的经济效益和经济费用，要从“有无对比”的角度进行分析，将“有项目”（项目实施）与“无项目”（项目不实施）的情况加以对比，以确定某项效益或费用的存在。

知识链接

“无项目”状态是指当不对该项目进行投资时，在计算期内，与项目有关的资产、费用与收益的预计发展情况。

“有项目”状态是指对该项目进行投资后，在计算期内，资产、费用与收益的预计情况。

“有无对比”是指“有项目”状态与“无项目”状态的对比。

“有无对比”求出项目的增量效益，排除了项目实施以前各种条件的影响，突出了项目活动的效果。

“现状”数据是指项目实施前企业的现金流量状况数据，又称“原有”数据。

“有无项目”数据是指在实施项目的情况下，计算期内各年企业的现金流量可能的变化趋势，经过预测得到的现金流量的有关数据。

新增数据是指计算期内各年“有项目”数据减去“现状”数据得到的差额，一般只估算新增投资。

增量数据是指“有项目”数据与“无项目”数据的差额，即通过“有无对比”得到的数据。

3. 遵循效益和费用识别、计算口径对应一致的基本原则

效益和费用识别、计算口径对应一致是正确估算项目净效益的基础，特别是经济分析。因为经济分析中既包括直接效益和直接费用，也包括间接效益和间接费用，识别时要予以充分的关注。

4. 合理确定经济效益和经济费用识别的时间跨度

经济效益和经济费用识别的时间跨度应足以包含项目所产生的全部重要效益和费用，不完全受财务分析计算期的限制。不仅要分析项目的近期影响，还可能需要分析项目将带来的中期、远期影响。

5. 正确处理转移支付

正确处理转移支付是经济效益和经济费用识别的关键。对社会成员之间发生的财务收入与支出，应从是否增加社会资源财富和是否增加社会资源消耗的角度加以识别。将不增加社会资源财富的财务收入（如政府给企业的补贴）和不增加社会资源消耗的财务支出（如企业向政府缴纳的所得税）视作社会成员之间的转移支付，不作为经济分析中的效益和费用。

转移支付

6. 遵循以本国社会成员作为分析对象的原则

经济效益和经济费用的识别，应以本国社会成员作为分析对象。对于跨越国界，对本国之外的其他社会成员产生影响的项目，应重点分析项目给本国社会成员带来的效益和费用；项目对国外社会成员所产生的影响，应予单独陈述。

9.2.2 直接效益与直接费用

1. 直接效益

项目直接效益是指由项目产出（包括产品和服务）带来的，并在项目范围内计算的，体现为生产者和消费者受益的经济效益，一般表现为项目为社会生产提供的物质产品、科技文化成果和各种各样的服务所产生的效益。如工业项目生产的产品、矿产开采项目开采的矿产品、邮电通信项目提供的邮电通信服务等满足社会需求的效益；运输项目提供运输服务，满足人流和物流需要、节约时间的效益；医院提供医疗服务，满足人们增进健康、减少死亡的需求；学校提供学生就学机会，满足人们对文化、技能提高的要求；生产者获得的成本节约等。

项目直接效益有多种表现形式，具体如下。

(1) 当项目产出用于满足国内新增加的需求时，项目直接效益表现为国内新增需求的支付意愿。

(2) 当项目的产出用于替代其他厂商的产品或服务时，使被替代厂商减产或停产，从而使其他厂商耗用的社会资源得到节省，项目直接效益表现为这些资源的节省。

(3) 当项目的产出直接出口或者可替代进口商品，而导致进口减少时，项目直接效益表现为国家外汇收入的增加或外汇支出的减少。此类项目直接效益大多数在财务分析中能够得以反映，尽管有时这些反映会有一定程度的价值失真。对于价值失真的直接效益，在经济分析中，应按影子价格重新计算。

(4) 对于一些目标旨在提供社会服务的行业项目，其产生的经济效益与在财务分析中所描述的营业收入无关。例如，交通运输项目产生的经济效益体现为时间节约、运输成本降低等，教育项目、医疗卫生和卫生保健项目等产生的经济效益体现为人力资本增值、生命延续或疾病预防等。

2. 直接费用

项目直接费用是指项目使用社会资源投入所产生并在项目范围内计算的经济费用，一般表现为投入项目的各种物料、人工、资金、技术及自然资源而带来的社会资源的消耗。

项目直接费用也有多种表现形式，具体如下。

(1) 当社会扩大生产规模满足项目对投入的需求时，项目直接费用表现为社会扩大生产规模增加所耗用的社会资源价值。

(2) 当社会不能增加供给时，导致其他人被迫放弃使用这些资源来满足项目的需要，项目直接费用表现为社会因其他人被迫放弃使用这些资源而损失的效益。

(3) 当项目的投入导致进口增加或出口减少时，项目直接费用表现为国家外汇支出的增加或外汇收入的减少。直接费用一般在项目的财务分析中已经得到反映，尽管有时这些反映会有一定程度的价值失真。对于价值失真的直接费用，在经济分析中，应按影子价格重新计算。

知识链接

在经济分析中，建设项目的直接效益和直接费用的识别和度量通常是在财务评价的基础上进行的。一般来说，需要对财务费用和效益进行调整。如果某些投入物和产出物的市场价格与影子价格存在偏差，则必须对其按影子价格重新进行估计；在财务评价中，被排除的某些费用和效益可能需要补充进来，而另一些在财务评价中已经考虑的费用和效益则可能需要根据其对经济的整体影响进行归类或调整。

9.2.3 间接效益与间接费用

在经济分析中，应关注项目的外部效果。拟建项目会对项目以外产生诸多影响，包括正面影响和负面影响，可将这些影响统称为外部效果。外部效果是指项目的产出或投入给他人（生产者和消费者之外的第三方）带来了效益或费用，但项目本身却未因此获得收入或付出代价。习惯上，也把外部效果分为间接效益（外部效益）和间接费用（外部费用）。

(1) 间接效益是指由项目引起的，在直接效益中没有得到反映的效益。它主要包括如下几个方面。

① 劳动力培训效果。项目使用劳动力，使非技术劳动力经训练而转变为技术劳动力，引起人力资本增值的效果。但这类外部效果通常难于定量计算，一般只做定性说明。

技术扩散

② 技术扩散效果。先进技术项目的实施，技术人员的流动，使得技术在社会上扩散和推广，整个社会都将受益。这类外部效果影响明显并可以设法货币量化的，应予定量计算；否则，可只做定性说明。

③ 环境改善的效益。某些项目在为社会提供产品或服务的同时，有可能对环境产生有利影响，如林业项目对气候的影响进而导致农业增产的效益，某些旨在提高质量、降低成本的项目，由于技术、设备或原料的改变导致环境质量的改善、污染物处理费用的降低等。这类间接效益应尽可能量化和货币化。

④ 上下游企业相邻效果。上下游企业相邻效果是指项目对上下游产业链的影响。项目的上游企业是指为该项目提供原材料或半成品的企业。项目的实施可能会刺激这些上游企业得到发展，增加新的生产能力或是使原有生产能力得到更充分的利用。如兴建汽车厂会对为汽车厂生产零部件的企业产生刺激，并对钢铁生产企业产生刺激。项目的下游企业是指使用项目的产出作为原材料或半成品的企业。项目的产出可能会对下游企业的经济效益产生影响，使其闲置的生产能力得到充分利用，或使其节约生产成本。如兴建大型乙烯联合企业，可满足对石化原料日益增长的需求，刺激乙烯下游加工行业的发展。

乘数效果

⑤ 乘数效果。乘数效果是指项目的实施使原来闲置的资产得到利用，从而产生一系列的连锁反应，刺激该地区经济发展乃至影响其他地区。在对经济尚不发达地区的项目进行经济分析时，可能会需要考虑这种乘数效果，特别应注意选择乘数效果大的项目作为扶贫项目。须注意，不宜连续扩展计算乘数效果。如果拟同时对该项目进行经济影响分析，则该乘数效果可以在经济影响分析中体现。

(2) 间接费用是指由项目引起的，在直接费用中没有得到反映的费用。通常项目对环境及生态的不利影响是不少项目主要的间接费用。如矿业、工业项目通常会对大气、水体和土地造成一定污染，并给养殖业带来损失等。严重的甚至会造成生态破坏，进而对人类产生不利影响。尽管我国有严格的环境影响评价制度，要求污染物达标排放，但这种影响仍然会或多或少存在。这种间接费用虽然较难计算，但必须予以重视。有时，也可按同类企业所造成的损失估计，或按环境补偿费用和恢复环境质量所需的费用估计。实在不能定量计算的，应予以定性描述。

(3) 在识别计算项目的外部效果时须注意不能重复计算。特别要注意，那些在直接效益和费用中已经计入的，不应再在外部效果中计算；同时，还要注意所考虑的外部效果是否确应归于所评价的项目。在考虑外部效果时，特别需要避免发生重复计算和虚假扩大项目间接效益的问题。如果项目产出以影子价格计算的效益已经将部分外部效果考虑在内了，就不必再计算该部分外部效果；项目投入的影子价格大多数也已经充分计算了投入的社会成本，不应再重复计算间接的上游效益。有些间接效益能否完全归属所评价的项目，往往也是需要仔细论证的。例如，一个地区的经济发展制约因素往往不止一个，可能有能源、交通运输、通信等，瓶颈环节有多个，不能简单地归于某个项目。又如，在评价交通运输项目时，要考虑到其他瓶颈制约因素对当地经济发展的影响，不能把当地经济增长都归因于该项目。

知识链接

直接效益是指项目产出物的直接经济价值，直接费用是指项目投入物的直接经济价值；对于间接效益和间接费用，应尽可能做定性描述。

9.2.4 转移支付

项目的有些财务收入和支出是社会经济内部成员之间的转移支付。从社会经济角度看，并没有造成资源的实际增加或减少，因此不应将其计作经济效益或经济费用。在经济分析中，转移支付主要包括如下几个方面。

(1) 税金。税金是政府调节分配和供求关系的重要手段，在财务评价中，税金显然是工程项目的一种费用。但从国民经济整体来看，它仅仅表示项目对国民经济的贡献从纳税人那里转移到了政府手中，由政府再分配。所以，税金只是一种转移支付，不能计为国民经济评价中的经济效益或经济费用。如项目（企业）向政府缴纳的所得税、增值税、消费税等。

(2) 利息。利息是利润的一种转化形式，在财务评价现金流量表中是费用，从国民经济的整体来看，并不会导致资源的增减，因此也不能计为国民经济评价中的经济效益或经济费用。

(3) 补贴。补贴是一种货币流动方向与税收相反的转移支付。补贴虽然使工程项目的财务效益增加，但同时也使国家财政收入减少，实质上仍然是国民经济中不同实体间的货币转移，整个国民经济并没有因此发生变化。因此，补贴也不能计为国民经济中的经济效益或经济费用。

在财务分析的基础上进行经济分析时，要注意从财务效益和费用中剔除转移支付部分。需要注意的是，有些税费体现的是资源价值的补偿，当没有更好的方式体现资源的真实价值时，一般可暂不作为转移支付处理。这些税费主要有体现资源稀缺价值的资源税和补偿费及体现环境价值补偿的税费等。

课堂练习 9-1

下列关于项目经济效益和经济费用识别基本要求的说法，错误的是（　　）。

A. 经济效益和经济费用中不应包含转移支付

B. 经济效益包括项目的直接效益和间接效益

C. 经济效益和经济费用的识别应以本国社会成员作为分析对象

D. 经济效益和经济费用识别的时间跨度应与财务分析的计算期一致

【正确答案】D

【答案解析】经济效益和经济费用识别的时间跨度应足以包含项目所产生的全部效益和费用，不完全受财务分析计算期的限制。

9.3 影子价格

9.3.1 影子价格的含义

影子价格是进行项目经济分析专用的计算价格。影子价格依据经济分析的定价原则测定，用于反映项目投入和产出的真实经济价值、市场供求关系、资源稀缺程度和资源合理配置的要求。在进行项目的经济分析时，项目的主要投入和产出，原则上应采用影子价格。

影子价格应当根据项目的投入和产出对社会经济的影响，从“有无对比”的角度研究确定。项目使用了资源将造成两种影响：对社会经济造成资源消耗或挤占其他用户的使用。项目生产的产品及提供的服务也会造成两种影响：用户使用得到效益或挤占其他供应者的市场份额。

知识链接

“影子价格”这一术语是20世纪30年代末至20世纪40年代初由荷兰数理经济学家、计量经济学创始人之一丁伯根和苏联数学家、经济学家、1975年诺贝尔经济学奖获得者康托罗维奇分别提出来的。在西方，影子价格称为预测价格或计算价格；在苏联，原来称为最优计划价格，后来美籍荷兰经济学家库普曼和苏联经济学界把最优计划价格改称为影子价格，康托罗维奇本人也同意了这种叫法。丁伯根和康托罗维奇的主张及其内容基本相同，即影子价格都是应用线性规划把资源和价格联系起来，即在一定经济结构中，以线性规划方法计算的，反映资源最优利用的价格。

影子价格有3种理论：一是资源最优配置理论，二是机会成本和福利经济学理论，三是全部效益和全部费用理论。影子价格的计算方法有两种：一是整体算法，二是分解算法。全部效益和全部费用理论及分解算法是中国技术经济学中提出的。根据这个理论和方法，影子价格（指国内影子价格）由生产价格和经济效果系数两部分组成。生产价格反映直接成本，经济效果系数反映与供求效应有关的间接成本。例如，1吨煤炭的生产价格为100元，利用1吨煤炭所产生的经济效益即经济效果系数为200元，那么煤炭的影子价格就等于300元。影子价格有国际影子价格和国内影子价格两种，国际影子价格等于国际市场价格乘以合理汇率。在社会主义市场经济条件下，价格放开不等于价格完全自由，最高价格不能超过生产价格和影子价格；否则，就是暴利行为。

9.3.2 市场机制定价货物的影子价格

随着我国市场经济的发展和国际贸易的增长，大部分货物已经主要由市场定价，政府不再进行管制和干预。市场价格由市场形成，可以近似反映支付意愿或机会成本。当进行项目经济分析时，应采用市场价格作为市场定价货物的影子价格的基础；另外，加上或者减去相应的物流费用作为项目投入或产出的“厂门口”（进厂或出厂）影子价格。

1. 可外贸货物影子价格

项目使用或生产可外贸货物，将直接或间接影响国家对这种货物的进口或出口，主要体现在如下两个方面：一是项目产出直接出口、间接出口和替代进口；二是项目投入直接进口、间接进口和减少出口。

原则上，对于那些对进出口有不同影响的货物，应当区分不同情况，采取不同的影子价格定价方法。但在实践中，为了简化工作，可以只对项目投入中直接进口的货物和产出中直接出口的货物，以进出口价格为基础确定影子价格。对于其他几种情况，则仍按国内市场价格定价，具体如下。

影子价格

直接进口的投入的影子价格（到厂价）＝到岸价（CIF）×影子汇率＋进口费用

直接出口的产出的影子价格（出厂价）＝离岸价（FOB）×影子汇率－出口费用

进口费用和出口费用是指货物进出口环节在国内所发生的各种相关费用，包括货物的交易、储运、再包装、短距离倒运、装卸、保险、检验等物流环节上的费用支出，也包括物流环节中的损失、损耗及资金占用的机会成本，还包括工厂与口岸之间的长途运输费用。

应用案例 9－1

某货物A进口到岸价为100美元/吨，某货物B出口离岸价也为100美元/吨，进口费用和出口费用分别为50元/吨和40元/吨（取其财务价值）。若影子汇率1美元＝6.5元人民币，试计算货物A的影子价格（到厂价）及货物B的影子价格（出厂价）。

【解】货物A的影子价格：100×6.5＋50＝700（元/吨）

货物B的影子价格：100×6.5－40＝610（元/吨）

应用案例 9－2

某公司以离岸价为订货合同价格进口一套设备，离岸价为400万美元，到岸价为455万美元，银行财务费费率为0.5%，外贸手续费费率为1.5%，人民币外汇牌价为1美元＝6.5元人民币，影子汇率换算系数为1.08，设备的国内运杂费费率为2.5%。进口相关费用经济价值与财务价值相同，不必调整，则该套进口设备的到厂价为多少人民币？

【解】设备的到岸价按照影子汇率计算；根据题意，进口从属费用不做调整；进口关税、增值税属于转移支付，不用考虑。

（1）用影子汇率换算为人民币表示的进口设备到岸价＝455×6.5×1.08＝3194.1(万元)

（2）银行财务费＝400×6.5×0.5%＝13(万元)

（3）外贸手续费＝455×6.5×1.5%≈44.36(万元)

（4）国内运杂费＝400×6.5×2.5%＝65(万元)

（5）进口设备的经济价值（即到厂价）＝3194.1＋13＋44.36＋65＝3316.46(万元)

课堂练习 9－2

项目使用的某种原材料为进口货物，其到岸价格为100美元/单位，项目离口岸500千米，该材料的影子运费为0.2元/千米，贸易费用为货价的6%，若外汇的官方汇率为6.5，影子汇率调整系数为1.08。试计算该投入物（原材料）的影子价格。

【正确答案】844.12元

【答案解析】投入物的影子价格＝100×6.5×1.08＋（500×0.2＋100×6.5×1.08×6%）＝844.12(元)

2. 市场定价的非外贸货物影子价格

价格完全取决于市场的，且不直接进出口的项目投入和产出，按照非外贸货物定价，其国内市场价格作为确定影子价格的基础，并按如下公式换算为到厂价和出厂价。

投入影子价格(到厂价)=市场价格+国内运杂费

产出影子价格(出厂价)=市场价格－国内运杂费

应用案例 9－3

制造业项目生产的产品中包括市场急需的C产品,预测的目标市场价格为12000元/吨(含税),项目到目标市场的运杂费为200元/吨,在进行经济分析时,该产品的影子价格应如何确定?

【解】 经预测,在相当长的时期内,C产品市场需求空间较大,项目的产出对市场价格影响不大,应该按消费者支付意愿确定影子价格,即采用含增值税销项税额的市场价格为基础确定其出厂影子价格。该项目应该采用的C产品出厂影子价格为

$$12000-200=11800(元/吨)$$

课堂练习 9－3

某聚丙烯产品,预测的目标市场价格为9000元/吨,项目到目标市场的运杂费为100元/吨,在进行经济分析时,聚丙烯的影子价格是多少?

【正确答案】8900元/吨

【答案解析】聚丙烯是项目的产出物,且市场急需,所以应该按消费者支付意愿确定影子价格,采用含增值税销项税额的市场价格作为计算基础。该项目应该采用的聚丙烯出厂影子价格为

$$9000-100=8900(元/吨)$$

9.3.3 政府调控价格货物的影子价格

在目前我国价格管理体制条件下,我国尚有少部分产品或服务,如水、电和铁路运输等,不完全由市场机制决定价格,而是由政府调控价格。政府调控价格包括政府定价、指导价、最高限价等。调控价格不能完全反映货物的真实价值。在进行经济分析时,其影子价格应采取特殊方法确定。

1. 成本分解法

成本分解法是确定非外贸货物影子价格的一种重要方法,通过对某种货物的边际成本进行分解并用影子价格进行调整换算,得到该货物的分解成本。分解成本是指某种货物的生产所需要耗费的全部社会资源的价值,包括各种物料、人工、土地等的投入,各种耗费都需要用影子价格重新计算。另外,还包括按资金的时间价值原理计算的资金回收费用。具体步骤如下。

(1) 数据准备。

① 列出该非外贸货物按生产费用要素计算的单位财务成本。其中,主要要素有原材料费、燃料和动力费、职工薪酬、折旧费、修理费、流动资金借款利息及其他支出,对其中重要的原材料、燃料和动力,要详细列出价格、耗用量和金额。

② 列出单位货物所占用的固定资产原值及占用流动资金的数额。

③ 调查确定或设定该货物生产的建设期和建设期各年投资比例、经济寿命期限、寿命期终了时的固定资产余值。

(2) 确定重要原材料、燃料和动力、职工薪酬等投入物的影子价格，以便计算单位经济费用。

(3) 对建设投资进行调整和等值计算。按照建设期各年投资比例，计算出建设期各年的建设投资额，用式 (9-1) 把分年建设投资额换算到生产期初。

$$I_F = \sum_{t=1}^{n_1} I_t (1+i_s)^{n_1-t} \quad (9-1)$$

式中 I_F——等值计算到生产期初的单位建设投资；

I_t——建设期各年调整后的单位建设投资；

n_1——建设期；

i_s——社会折现率。

(4) 用固定资金回收费用取代财务成本中的折旧费。

设每单位该货物的固定资产回收费用为 M_F，不考虑固定资产余值回收时为

$$M_F = I_F(A/P, i_s, n_2) \quad (9-2)$$

考虑固定资产余值回收时为

$$M_F = (I_F - S_V)(A/P, i_s, n_2) + S_V i_s \quad (9-3)$$

式中 S_V——计算期末回收的固定资产余值；

n_2——生产期；

$(A/P, i_s, n_2)$——资金回收系数。

(5) 用流动资金回收费用取代财务成本中的流动资金利息。

设每单位该货物的流动资金回收费用为 M_W，则有

$$M_W = W i_s \quad (9-4)$$

式中 W——单位该货物占用的流动资金。

(6) 财务成本中的其他科目可不予调整。

应用案例 9-4

用成本分解法计算电力影子价格

某电网满足新增用电将主要依赖新建的火电厂供给，用成本分解法计算电力影子价格的计算过程如下。

(1) 数据准备。

① 机组为 300 兆瓦的火电厂，单位千瓦需要的建设投资为 4000 元，建设期为 2 年，分年投资比例各 50% (按年末投入)，不考虑固定资产余值回收；单位千瓦占用的流动资金为 0.6 元；生产期按 20 年计，年运行 6600 小时 (折算为满负荷小时数)。发电煤耗按 330 克/千瓦时，换算为标准煤的到厂价格为 127 元/吨，火电厂的厂用电率为 6%，社会折现率为 8%。

② 典型的新建 300 兆瓦火电机组单位发电成本见表 9-1。

表 9-1 典型的新建 300 兆瓦发电机组单位发电成本

要素成本（费用）项目	单位成本（费用）(元/千瓦时)
燃煤成本	0.042
运营及维护费用	0.1
折旧费用	0.041
财务费用	0.033
发电成本	0.216

(2) 计算分解成本。

① 调整燃煤成本：当地无大型煤矿，主要靠小煤矿供煤，小煤矿安全性差，开采燃煤对于自然资源损害严重，应当采用煤炭的市场价格作为影子价格。分析确定为 300 元/吨，另加运杂费 60 元/吨，到厂价格为 360 元/吨，换算为标准煤的到厂价格为 504 元/吨。燃煤成本调整为 0.167 元/千瓦时（0.042×504÷127)。

② 已知单位千瓦需要的建设投资为 4000 元，建设期为 2 年，分年投资比例各占 50%。按式（9-1）将各年建设投资换算到生产期初。

$$
\begin{aligned}
I_F &= \sum_{t=1}^{n_1} I_t(1+i_s)^{n_1-t} \\
&= 4000\times 50\%\times(1+8\%)^{2-1}+4000\times 50\%\times(1+8\%)^{2-2} \\
&= 4160(\text{元})
\end{aligned}
$$

③ 按式（9-3）计算单位千瓦固定资产回收费用。

$$
\begin{aligned}
M_F &= (I_F-S_V)(A/P,i_s,n_2)+S_V i_s \\
&= 4160\div 6600\times(A/P,8\%,20) \\
&= 0.63\times 0.10185\approx 0.064(\text{元/千瓦时})
\end{aligned}
$$

④ 按式（9-4）计算流动资金回收费用。

$$
\begin{aligned}
M_W &= W i_s \\
&= 0.6\times 8\% = 0.048(\text{元/千瓦时})
\end{aligned}
$$

⑤ 将折旧费及财务费用从成本中扣除，改为按社会折现率计算的固定资产回收费用和流动资金回收费用。

$$0.064+0.048=0.112(\text{元/千瓦时})$$

⑥ 运营及维护费用不做调整，仍为 0.1。

⑦ 火电厂发电分解成本计算。

综合以上各步计算的火电厂发电分解成本为

$$\text{火电厂发电分解成本}=0.167+0.1+0.112=0.379(\text{元/千瓦时})$$

(3) 计算电力影子价格［扣除厂用电后（厂用电率 6%)］。

$$\text{上网电分解成本}=0.379/(1-6\%)=0.379/0.94\approx 0.403(\text{元/千瓦时})$$

则电力影子价格为 0.403 元/千瓦时。

如果用电项目不是建设在火电厂旁边，则还需要另外计算电网输送费（包括输变电成本及输电损耗)。

2. 支付意愿法

支付意愿是指消费者为获得某种商品或服务所愿意付出的价格。在经济分析中，常常采用消费者支付意愿测定影子价格。

在完善的市场中，市场价格可以正确地反映消费者的支付意愿。应注意，在不完善的市场中，消费者的行为有可能被错误地引导，此时市场价格就不能正确地反映消费者的支付意愿。

3. 机会成本法

机会成本

机会成本是指用于拟建项目的某种资源的最佳可行替代用途所能获得的最大净效益。例如，资金是一种资源，在各种投资机会中都可使用，一个项目使用了一定量的资金，这些资金就不能再在别的项目中使用，它的机会成本就是所放弃的所有投资机会中可获得的最大净效益。

在充分的市场机制下，资源会被出价最高的使用者得到，所以该资源的机会成本应该表现为它的市场价格。在经济分析中，机会成本法也是测定影子价格的重要方法之一。

观察与思考

假设你赢了一张周杰伦演唱会的免费门票（注意，你不能转售），可是，另外一个大歌星刘德华也在开演唱会，你也很想去，刘德华演唱会票价为1200元，心理承受的价格为1300元，试问，你去看周杰伦演唱会的机会成本是多少？

9.3.4 特殊投入物的影子价格

影子工资的确定原则

项目的特殊投入物主要包括劳动力、土地和自然资源，其影子价格需要采取特定的方法确定。

1. 劳动力影子价格——影子工资

劳动力作为一种资源，项目使用了劳动力，社会就要为此付出代价，经济分析中用“影子工资”来表示这种代价。影子工资是指项目使用劳动力而社会为此付出的代价，包括劳动力的机会成本和因劳动力转移而引起的新增资源消耗。

知识链接

劳动力的机会成本是指该劳动力不被拟建项目招用，而从事其他生产经营活动所创造的最大效益。新增资源耗费是指社会为劳动力就业而付出的，但职工又未得到的其他代价，如为劳动力就业而支付的搬迁费、培训费、城市交通费等。影子工资与劳动力的技术熟练程度和供求状况（过剩与稀缺）有关，技术越熟练，稀缺程度越高，其机会成本越高；反之越低。

2. 土地影子价格

在我国，土地是一种稀缺资源。项目占用了土地，社会就为此付出了代价，无论是否实际需要支付费用，都应根据机会成本或消费者的支付意愿计算土地影子价格。土地的地理位置对土地的机会成本或消费者的支付意愿影响很大，因此土地地块的地理位置是影响土地影子价格的关键因素。土地影子价格应当不低于项目取得土地使用权的成本加上政府为此付出的补贴或者政府给予的优惠（如果有的话）。如果根据机会成本估算出来的土地影子价格较低，则应当以项目取得土地使用权的成本加上政府为此付出的补贴或者政府给予的优惠（如果有的话）作为土地影子价格。

知识链接

目前，我国土地使用权的获取主要通过行政划拨和市场机制两条途径。对原先已通过行政划拨的土地，在更新改造、再开发过程中，开发商主要通过补地价的方式重新获取土地使用权。对于新开发的土地，开发商主要通过出让方式获得土地使用权。目前，国有土地使用权出让的方式一般有招标、拍卖和协议出让 3 种形式。

(1) 招标出让土地使用权。它是指在规定的期限内，由符合规定的单位或个人（受让方），以书面投标形式竞投某块土地的使用权，再由土地使用权出让方评标决标、择优而取。

(2) 拍卖出让土地使用权。它是指在指定的时间、地点，利用公开场合由政府的代表者——土地行政主管部门主持拍卖指定地块的土地使用权（也可以委托拍卖行拍卖），由拍卖主持人首先叫出底价，诸多的竞投者轮番报价，最后出最高价者取得土地使用权。拍卖方式充分引进竞争机制，政府也可以获得最高地价。但不是所有土地都可以采用拍卖方式，只有一些竞争性很强的行业用地可以采用。

(3) 协议出让土地使用权。它是指出让方（国家）与受让方（土地使用者）通过协商方式有偿出让土地使用权。具体来说，应先由用地者向政府提出用地申请，经批准后，由出让方和受让方协商地价、出让年限、付款方式、付款期限及土地使用条件，经双方协商达成一致后，签订土地使用权出让合同。协议出让基本没有引入竞争机制，缺乏公开性和公平竞争。但对一些缺乏竞争的行业和大型设施用地还是必要的，仍然是土地使用权出让的方式之一。

3. 自然资源影子价格

在经济分析中，各种有限的自然资源也被归类为特殊投入。项目使用了自然资源，社会经济就为之付出了代价。如果该资源的市场价格不能反映其经济价值，或者项目并未支付费用，则该代价应该用表示该资源经济价值的影子价格表示，而不是市场价格。矿产等不可再生资源的影子价格应当按该资源用于其他用途的机会成本计算，水和森林等可再生资源的影子价格可以按资源再生费用计算。为了方便测算，自然资源影子价格也可以通过技术替代方案的费用确定。

9.4 经济分析参数

经济分析参数是经济分析的重要基础。正确理解和使用这些参数，对正确估算经济效益和经济费用，计算评价指标并进行经济合理性的判断及方案的比选优化是十分重要的。经济分析参数分为两类：一类是通用参数，包括社会折现率、影子汇率、影子工资等，其应由专门机构组织测算和发布；另一类是各种货物、服务、土地、自然资源等影子价格，其需要由项目评价人员根据项目具体情况自行测算。

9.4.1 社会折现率

社会折现率反映社会成员对于社会费用效益价值的时间偏好，也即对于现在的社会价值与未来价值之间的权衡。社会折现率又代表着社会投资所要求的最低动态收益率。社会折现率是经济分析的重要通用参数，既可用作经济内部收益率的判别基准，也可用作计算经济净现值的折现率。社会折现率根据社会经济发展多种因素综合测定，根据社会经济发展目标、发展战略、发展优先顺序、发展水平、宏观调控意图、社会成员的费用效益时间偏好、社会投资的边际收益水平、资金供求状况、资金机会成本等因素的综合分析，由国家专门机构统一组织测定和发布。我国目前的社会折现率一般取值为8%。

对于永久性工程或者受益期超长的项目，如水利工程等大型基础设施和具有长远环境保护效益的建设项目，社会折现率可适当降低，但不应低于6%。

社会折现率可用于间接调控投资规模。社会折现率的取值高低直接影响项目经济合理性判断的结果，社会折现率取值的提高，会使一些本来可以通过的投资项目因达不到判别标准而被舍弃，从而使可以获得通过的项目总数减少，使投资总规模下降，间接地起到调控国家投资规模的作用。因此，社会折现率可以作为国家建设投资总规模的间接调控参数，当需要缩小投资规模时，可提高社会折现率；当需要扩大投资规模时，可降低社会折现率。社会折现率的取值高低会影响项目的选优和方案的比选。若社会折现率较高，则较为不利于初始投资大而后期费用节省或收益增大的方案或项目，因为后期的效益折算为现值时的折减率较高；而当社会折现率较低时，情况正好相反。

知识链接

发达国家的社会折现率取值出现逐渐降低的趋势，较早年份制定的社会折现率较高，近年来修订的社会折现率较低。世界银行、亚洲开发银行等国际组织为发展中国家使用的社会折现率较高，发展中国家制定的社会折现率也较高。部分国家和组织的社会折现率见表9-2。

表 9-2 部分国家和组织的社会折现率

国家或组织	社会折现率
美国	1.6%～3.2%
英国	3.5%
德国	3%
法国	8%
亚洲开发银行	10%～12%
日本	4%
欧盟	5%

9.4.2 影子汇率

影子汇率是指能正确反映外汇真实价值的汇率，即外汇的影子价格。在经济分析中，影子汇率通过影子汇率换算系数计算。影子汇率换算系数是影子汇率与国家外汇牌价的比值，由国家专门机构统一组织测定和发布。目前，根据我国外汇收支情况、进出口结构、进出口环节税费及出口退税补贴等情况发布的影子汇率换算系数取值为 1.08。

应用案例 9-5

若美元兑换人民币的外汇牌价为 1 美元=6.5 元人民币，影子汇率换算系教取值为 1.08，试计算美元兑换人民币的影子汇率。

【解】 美元兑换人民币的影子汇率=美元的外汇牌价×影子汇率换算系数=6.5×1.08=7.02

影子汇率的取值对于项目决策也有着重要的影响。对于那些主要产出是可外贸货物的建设项目，由于产品的影子价格要以产品的口岸价为基础计算，外汇的影子价格高低将直接影响项目效益价值的高低，进而影响对项目效益的判断。影子汇率换算系数越高，外汇的影子价格越高，产品是可外贸货物的项目效益越高，评价结论会有利于出口方案。同时，当外汇的影子价格越高时，项目引进投入物的方案费用越高，评价结论会不利于引进方案。

9.4.3 影子工资

在经济分析中，影子工资将作为项目使用劳动力的费用。影子工资一般通过影子工资换算系数计算。影子工资换算系数是影子工资与财务分析中的职工薪酬之比。技术性工作的劳动力的职工薪酬一般由市场供求决定，专门机构发布的影子工资换算系数取值为 1，即影子工资可等同于财务分析中的职工薪酬。非技术劳动力的影子工资换算系数范围为

0.25～0.8。具体可根据当地的非技术劳动力供求状况确定，非技术劳动力较为富余的地区可取较低值，不太富余的地区可取较高值，中间状况可取0.5。

9.5 经济评价步骤及指标体系

在经济分析中，当经济费用和经济效益流量识别和估算完毕之后，应编制经济费用效益分析报表，并根据报表计算评价指标，进行经济效益分析，进而判断项目的经济合理性。

9.5.1 经济评价的步骤

对于一般工程项目而言，经济评价是在财务评价的基础上进行的，其主要步骤为识别国民经济的效益和费用、测算和选取影子价格、编制国民经济评价报表、计算国民经济评价指标并进行方案比选。

9.5.2 经济评价指标体系

1. 经济净现值

经济净现值（ENPV）是指用社会折现率将项目计算期内各年的经济净效益流量折算到项目建设期初的现值之和，是经济费用效益分析的主要指标，其经济含义是整个计算期内项目对国民经济的净贡献。

经济净现值的计算公式为

$$\mathrm{ENPV}=\sum_{t=1}^{n}(B-C)_t(1+i_s)^{-t} \tag{9-5}$$

式中 B——经济效益流量；

C——经济费用流量；

$(B-C)_t$——第 t 年的国民经济净效益流量；

n——计算期，以年计算；

i_s——社会折现率。

经济净现值是反映项目对社会经济净贡献的绝对量指标。当项目的经济净现值大于或等于0时，表示社会经济为拟建项目付出代价后，可以得到符合或超过社会折现率所要求的以现值表示的社会盈余，说明项目的经济盈利性达到或超过了社会折现率的基本要求，则认为从经济效率看，该项目可以被接受。当项目的经济净现值小于0时，说明项目的经济盈利性达不到社会折现率的基本要求，故项目不能被接受。经济净现值越大，表明项目所带来的以现值表示的经济效益越大。

2. 经济内部收益率

经济内部收益率（EIRR）是经济费用效益分析的辅助指标，是指能使项目在计算期内各年经济净效益流量的现值累计等于零时的折现率。经济内部收益率可由式(9-6)表示。

$$\sum_{t=1}^{n}(B-C)_t(1+\mathrm{EIRR})^{-t}=0 \tag{9-6}$$

式中 EIRR——经济内部收益率;

其余符号同前。

经济内部收益率既可由式(9-6)采用数值法求解,也可用人工试算法,或者利用计算机现成的软件程序或函数求解。

经济内部收益率是从资源配置角度反映项目经济效益的相对量指标,表示项目占用的资金所能获得的动态收益率,反映资源配置的经济效率。当项目的经济内部收益率大于或等于社会折现率时,表明项目对社会经济的净贡献达到或者超过了社会折现率的要求,该项目可以被接受;反之,该项目应予以拒绝。

9.5.3 经济评价报表

经济评价报表主要包括项目投资经济费用效益流量表、经济费用效益分析投资费用估算调整表、经济费用效益分析经营费用估算调整表等。

项目投资经济费用效益流量表综合反映项目计算期内各年的按项目投资口径计算的各项经济效益和经济费用流量及净效益流量,并可用来计算项目投资经济净现值和经济内部收益率指标,见表9-3。

表9-3 项目投资经济费用效益流量表 单位:万元

序号	项目	合计	计算期					
			1	2	3	4	…	*n*
1	效益流量							
1.1	项目直接效益							
1.2	资产余值回收							
1.3	项目间接效益							
2	费用流量							
2.1	建设投资							
2.2	维持运营投资							
2.3	流动资金							
2.4	经营费用							
2.5	项目间接费用							
3	净效益流量(1-2)							

计算指标:ENPV($i_s=$ %),EIRR(%)

经济评价报表可以按照下列方法编制。

1. 直接进行效益和费用流量识别和计算，并编制经济评价报表

(1) 识别（包括量化）经济效益和经济费用，包括直接效益、直接费用、间接效益、间接费用。

(2) 分析确定各项投入物和产出物的影子价格，对各项产出效益和投入费用进行估算，同时可以编制必要的辅助表格。

(3) 根据估算的效益和费用流量，编制项目投资经济费用效益流量表。

(4) 对能够货币量化的外部效果，尽可能货币量化，并纳入经济效益费用流量表的间接效益和间接费用；对难以进行货币量化的产出效果，应尽可能地采用其他量纲进行量化；对难以量化的，可进行定性描述。

(5) 采用直接编制经济费用效益流量表方式的项目，其直接效益一般比较复杂，而且与财务效益完全不同。这类项目可结合项目目标，视具体情况采用不同方式分别估算。

2. 在财务分析基础上调整编制经济评价报表

(1) 调整内容。在财务分析基础上编制经济分析报表，主要包括效益和费用范围调整及效益和费用数值调整两个方面。

① 效益和费用范围调整。

a. 剔除财务现金流量中属于转移支付的内容。国家对项目的各种补贴，项目向国家支付的大部分税金，国内借款利息（包括建设期利息、生产期利息及流动资金借款利息）。剔除流动资金中涉及的不属于社会资源消耗的应收、应付、预收、预付款项和现金部分。

b. 剔除建设投资中的价差预备费。

c. 识别项目的外部效果，分别将其纳入间接效益和间接费用流量。

② 效益和费用数值调整。

a. 鉴别投入物和产出物的财务价格是否能正确反映其经济价值。如果项目的全部或部分投入物和产出物没有正常的市场交易价格，那么应该采用适当的方法测算其影子价格，并重新计算相应的费用或效益流量。

b. 投入物和产出物中涉及外汇的，须用影子汇率代替财务分析采用的国家外汇牌价。

c. 对项目的外部效果应尽可能货币量化计算。

(2) 具体调整方法。

① 调整直接效益流量。一般而言，项目的直接效益大多为营业收入。选择适当的方法确定产出物的影子价格，用影子价格计算营业收入，编制营业收入调整估算表。出口产品用影子汇率计算外汇价值。某些类型项目的直接效益比较复杂，而且在财务效益中可能未得到反映，可视具体情况采用不同方式分别估算。如交通运输项目的直接效益体现为时间节约的效益，可按时间节约价值的估算方法估算。

② 调整建设投资。将建设投资中价差预备费从费用流量中剔除。建设投资中的劳动力按影子工资计算费用，或者不调整。有进口用汇的应按影子汇率换算并剔除作为转移支付的进口关税和进口环节增值税。国内费用中的增值税按照供求关系调整；土地费用按土地的影子价格调整；其他投入可根据情况决定是否调整，见表 9-4。

表 9-4　经济费用效益分析投资费用估算调整表

人民币单位：万元，外币单位：

序号	项　　目	财务分析			经济费用效益分析			经济费用效益分析比财务分析增减
		外币	人民币	合计	外币	人民币	合计	
1	建设投资							
1.1	建筑工程费							
1.2	设备购置费							
1.3	安装工程费							
1.4	其他费用							
1.4.1	其中：土地费用							
1.4.2	专利及专有技术费							
1.5	基本预备费							
1.6	价差预备费							
1.7	建设期利息							
2	流动资金							
	合计（1+2）							

③ 调整经营费用。对需要采用影子价格的投入物，用影子价格重新计算；对一般投资项目，人工工资可不予调整，即取影子工资换算系数为1；人工工资用外币计算的，应按影子汇率调整；对经营费用中的除原材料、燃料及动力费用之外的其余费用，通常可不予直接调整，见表 9-5。

表 9-5　经济费用效益分析经营费用估算调整表

序　号	项　　目	单　位	投入量	财务分析		经济费用效益分析	
				单价/元	成本/万元	单价/元	成本/万元
1	外购原材料						
1.1	原材料 A						
1.2	原材料 B						
1.3	原材料 C						
1.4	……						
2	外购燃料及动力						
2.1	煤						
2.2	水						
2.3	电						
2.4	……						
3	工资及福利费						

续表

序号	项目	单位	投入量	财务分析		经济费用效益分析	
				单价/元	成本/万元	单价/元	成本/万元
4	修理费						
5	其他费用						
	合计						

④ 调整流动资金。在财务分析中，流动资金是采用扩大指标法估算的，在经济评价中通过将计算基数调整为以影子价格计算的营业收入或经营费用，再乘以相应的系数估算。在财务分析中，流动资金是按分项详细估算法估算的，要用影子价格重新分项估算。将流动资产和流动负债中包括的现金、应收账款和应付账款等剔除。

⑤ 成本费用中的其他科目一般可不予以调整。

⑥ 在以上各项的基础上编制项目经济费用效益流量表。

应用案例 9-6

某项目需征耕地 274.5 亩（1 亩＝666.67 平方米），平均每亩实际征地费为 80000 元，其中，土地补偿费和青苗补偿费为 22000 元，劳动力安置补助费为 20000 元，拆迁费为 15000 元，耕地占用税为 8400 元，粮食开发基金为 5600 元，其他费用为 9000 元。土地补偿费和青苗补偿费按照土地机会成本计算方法计算调整为 6662 元/亩，拆迁费采用房屋建筑工程的影子价格换算系数 1.1 换算为国民经济费用，其他新增资源消耗不做调整，调整后每亩耕地的国民经济费用为（　　）元。

A. 60562　　B. 66162　　C. 46442　　D. 52162

【正确答案】A

【答案解析】在国民经济评价效益费用估算中，土地补偿费和青苗补偿费要按机会成本计算，粮食开发基金属于转移支付不予考虑，因此调整后每亩耕地的国民经济费用＝6662＋15000×1.1＋20000＋8400＋9000＝60562(元)。

课堂练习 9-4

某项目工程费用为 10000 万元（已调整为经济费用），工程建设其他费用为 400 万元（已调整为经济费用），基本预备费为 140 万元，价差预备费为 40 万元，建设期利息为 300 万元。在经济费用效益流量表中，建设投资流量应为（　　）。

A. 10000 万元　　B. 10540 万元　　C. 10880 万元　　D. 10580 万元

【正确答案】B

【答案解析】在建设投资调整中，价差预备费和建设期利息要剔除。

建设投资流量＝10000＋400＋140＝10540(万元)

课堂练习 9－5

某高速公路项目，年车辆收费收入为600万元，旅客时间节约价值为800万元，运输费用节省200万元，当进行经济费用效益分析时，在不考虑其他因素的情况下，该项目的年经济效益流量应为（　　）万元。

A. 400　　B. 600　　C. 1000　　D. 1600

【正确答案】C

【答案解析】在进行经济费用效益分析时，项目经济效益主要指的是运输成本节约、旅客时间节约和交通事故减少这3方面的效益；车辆的收费收入属于财务效益，因此对于本题目而言，该项目的年经济效益流量＝800＋200＝1000(万元)。

课堂练习 9－6

某新建有色金属矿项目，预计按市场价格计算的年营业收入为2000万元、年经营费用为1200万元，年上缴各种税费合计为150万元。项目的尾矿水虽经处理，估计仍可能造成纳污水体，水产品每年减产50万元，增加沿河居民看病支出每年20万元，该项目正常生产年份的经济效益流量为（　　）万元。

A. 580　　B. 650　　C. 730　　D. 800

【正确答案】C

【答案解析】项目经济效益流量＝营业收入－年经营费用－减产损失－看病支出增加＝2000－1200－50－20＝730(万元)

课堂练习 9－7

某公司进口设备离岸价为300万美元，到岸价为345万美元，银行财务费费率为0.5%，外贸手续费费率为1.5%，进口关税税率为22%，国内运杂费费率为2.5%，人民币外汇牌价为1美元＝6.85元人民币，影子汇率换算系数为1.08。假定进口相关费用经济价值与财物价值相同，则该进口设备的经济价值（到厂价）为（　　）万元人民币。

A. 2311.88　　B. 2316.50　　C. 2649.41　　D. 3210.92

【正确答案】C

【答案解析】

财务费＝300×0.5%×6.85

外贸手续费＝345×1.5%×6.85

国内运杂费＝300×2.5%×6.85

进口设备经济价值＝到岸价×影子汇率＋进口费用

＝345×6.85×1.08＋300×0.5%×6.85＋345×1.5%×6.85＋300×2.5%×6.85

≈2649.41(万元)

综合应用案例

LH高速公路项目经济分析实例

【项目背景】

1. 项目名称

项目名称为LH高速公路建设项目。

2. 线路及设计标准

拟建项目LH为国道主干线BM高速公路HN省内的一段，与YL高速公路相接，起于LX高速与TS高速交界的LD互通，终于KZQ镇，与TS高速（K41+370）相交。该项目作为区域南北主通道的加密线和区域经济干线，将HN省内多条高速公路有机联系起来，进一步完善和均衡HN省“五纵七横”高速公路网，对于改善区域路网结构，加快HN省基础设施建设具有重要的意义。

本项目路线全长56.217千米，采用设计速度100千米/小时的四车道高速公路标准，路基宽度为26米。主要分部分项工程有土石方884.3万立方米，特大桥、大桥8520米/28座，中小桥280米/5座，隧道4108米/5座，涵洞214道。

3. 编制依据

本项目的经济评价系以国家发展改革委、建设部颁发的《国家发展改革委、建设部关于印发建设项目经济评价方法与参数的通知》（发改投资〔2006〕1325号），住建部、交通运输部颁发的《公路建设项目经济评价方法与参数》（建标〔2010〕106号）和交通运输部颁发的《公路建设项目可行性研究报告编制办法》（交规划发〔2010〕178号）为依据，评价模型参考《公路投资优化和改善可行性研究》确定。

4. 计算期

项目计划2010年年初开工，2012年年底建成通车，建设年限为3年。国民经济评价运营期取20年，国民经济评价计算期为23年，评价计算基准年为2010年，评价计算末年为2032年。

5. 远景交通量预测值

本项目采用“四阶段”法预测远景交通量，预测值见表9-6。

表9-6 LH高速公路远景交通量预测值 单位：PCE

路段		年份						
		2013	2015	2020	2025	2027	2030	2032
LD互通至CC互通（8千米）	趋势	10167	12337	19158	28280	31916	35890	38852
	诱增	1001	1081	1408	1536	1302	1464	1247
	合计	11168	13418	20566	29816	33218	37354	40099
CC互通至SF互通（14.083千米）	趋势	11090	13523	20921	31040	34666	39382	42148
	诱增	1032	1114	1538	1685	1882	1607	1353
	合计	12123	14637	22459	32726	36548	40989	43501

续表

路段		年份						
		2013	2015	2020	2025	2027	2030	2032
SF 互通至 SS 互通(11.180 千米)	趋势	9981	12165	18893	27742	30858	35068	37497
	诱增	929	1002	1389	1506	1676	1431	1204
	合计	10910	13168	20281	29248	32533	36499	38701
	增长率/%	—	9.86	9.02	7.60	5.47	3.91	2.97
SS 互通至 QL 互通(15.697 千米)	趋势	9954	12122	18659	27398	30406	34235	36624
	诱增	927	999	1371	1488	1651	1397	1176
	合计	10881	13121	20031	28886	32057	35631	37799
	增长率/%	—	9.81	8.83	7.60	5.35	3.59	3.00
QL 互通至 KZQ 互通(15.257 千米)	趋势	10298	12572	19224	28244	31350	35356	37790
	诱增	959	1036	1413	1534	1702	1443	1213
	合计	11257	13608	20637	29778	33053	36799	39003
	增长率/%	—	9.95	8.69	7.61	5.35	3.64	2.95
全线平均(共 64.217 千米)	交通量	11284	13614	20818	30119	33506	37449	39779
	增长率/%	—	9.84	8.87	7.67	5.47	3.78	3.06

【经济费用计算】

1. 建设期经济费用计算

建设投资估算为 39.77 亿元，经济费用为 34.27 亿元，具体调整方法如下。

(1) 人工费计算。

人工的估算价格为 16.78 元/工日。由于本项目经过的地区是中部不发达地区，当地劳动力有富余，临时工影子价格比估算价格要低，但考虑到该项目有技术相对较为复杂的隧道要消耗一些技术劳力，而技术劳力的影子价格比估算价格要高，因此，根据项目所在地区综合情况，影子工资换算系数取 0.7。

(2) 主要材料的影子价格和费用。

本项目以影子价格为标准进行调整的材料主要指工程中数目占有比重大而且价格明显不合理的投入物和产出物，主要材料有原木、锯材、钢材、水泥、砂石料及沥青等。根据 9.4 节的相关知识可知，钢材、木材、沥青等为可外贸货物，影子价格按可外贸货物公式计算。挂牌汇率按 1 美元兑换 6.8325 元人民币计算，影子汇率换算系数取 1.08。水泥为具有市场价格但非外贸货物，按公式计算。其他材料费一般按具有市场价格的非外贸货物的影子价格来计算，其投资估算原则上不变，即影子价格换算系数为 1。按此参数取值计算出各主要材料的影子价格，见表 9 - 7。

(3) 土地。

土地的影子价格等于土地的机会成本加上土地转变用途所导致的新增资源消耗。土地征收补偿费中土地及青苗补偿费为 29152.8901 万元，按机会成本计算方法调整计算；安置补助费为3130.1481万元，用影子价格换算系数1.1进行调整。由计算可得土地影子价格为每亩7.23万元。

（4）其他费用的调整。

本项目其他费用的调整是指扣除公路建设费用中的税金、建设期贷款利息等非实质性投入投资。

建设费用调整结果见表9－7。

表9－7 建设费用调整结果

费用名称	单位	数量	预算单价/元	投资估算/万元	影子价格或换算系数	经济费用/万元
人工	工日	18443450	16.78	30948.109	0.7	21663.676
原木	立方米	4266	878.43	374.738	909.27	387.895
锯材	立方米	13845	1205.00	1668.323	1315.76	1821.670
钢材	吨	48051	3934.32	18904.820	4093.84	19671.311
水泥	吨	764650	362.34	27706.328	348.86	26675.580
沥青	吨	6868	3621.22	2487.054	3708.33	2546.881
砂、砂砾	立方米	2201000	75.50	16617.550	(1.0)	16617.550
片石	立方米	774088	45.00	3483.396	(1.0)	3483.396
碎（砾）石	立方米	2784983	65.00	18102.390	(1.0)	18102.390
块石	立方米	140834	80.00	1126.672	(1.0)	1126.672
其他费用	千米	56.217		123303.727	(1.0)	123303.727
税金	千米	56.217		8030.492	(0)	0
第一部分合计	千米	56.217		252753.58		252753.58
第二部分合计	千米	56.217		3645.67		3645.67
征地费	亩	7241	84100	60896.81	72326	52371.26
国内贷款利息	千米	56.217		28174.798	(0)	0
国外贷款利息	千米	56.217		0	(0)	0
其他	千米	56.217		21724.215	(1.0)	21724.215
第三部分合计	千米	56.217		110795.823		74095.47
预留费	千米	56.217		30511.825	(1.0)	30511.825
工程投资合计（不含息）	千米	56.217		369532.10		342653.71
工程投资合计（含息）	千米	56.217		397706.90	(0.86)	342653.71

2. 资金筹措与分年度投资计划

（1）项目资本金为92383.1万元，占项目总投资的比例为25%。

(2) 余额277149万元申请国内银行贷款，占项目总投资的比例为75%。

(3) 本项目2010年年初开工，2012年年底建成，工期为3年。第1年投入资金30%，第2年投入资金40%，第3年投入资金30%。资金年度使用计划表见表9-8。

表9-8 资金年度使用计划表 单位：万元

资金来源	年份			
	2010年	2011年	2012年	合计
年度贷款	83145	110860	83144	277149
资本金	27715	36953.1	27715	92383.1
基本建设费	110860	147813.1	110859	369532.1

3. 运营期经济费用计算

(1) 运营期财务费用。

① 养护及交通管理费。本项目全线设管理中心1处、服务区1处、停车区1处、匝道收费站3处、养护工区2处。

小修养护费用：本项目通车第一年的养护财务费用为5万元/千米，项目运营期内按年3%递增。

隧道运营费用：运营期间，隧道运营费用主要考虑隧道管理、通风、照明等费用，根据测算，中隧道每年运营费用约为40万元/千米、长隧道每年运营费用约为80万元/千米，本项目隧道运营费用以此数据为基础进行测算，并按每年3%递增。项目推荐方案隧道总长4108米，其中，中隧道3090米，短隧道1018米。

管理费用：拟定本项目推荐方案管理及收费人员145名，通车第一年每人每年按3.5万元估算，项目运营期内按年3%递增。

② 大中修费用。项目运营第10年安排大修一次，大修费用按当年养护费用的13倍计，大修当年不计日常养护费。

(2) 运营期经济费用计算方法。

公路小修保养费用，大、中修工程费用及交通管理费用，根据国民经济评价的要求，按调整后的建设投资经济费用与财务费用之比，将公路养护费用及交通管理费用调整为经济费用，即影子价格换算系数取0.86。

(3) 残值。

残值取公路建设经济费用的50%，以负值计入费用。

调整后的国民经济评价费用支出汇总表见表9-9。

表9-9 调整后的国民经济评价费用支出汇总表 单位：万元

年份	合计	建设投资	养护管理费	大修费用	残值
2010	102796.1	102796.1			
2011	137061.5	137061.5			
2012	102796.1	102796.1			

续表

年　份	合　计	建设投资	养护管理费	大修费用	残　值
2013	788.59		678.18		
2014	812.24		698.53		
2015	836.61		719.48		
2016	861.71		741.07		
2017	887.56		763.30		
2018	914.19		786.20		
2019	941.61		809.79		
2020	969.86		834.08		
2021	998.96		859.10		
2022	5429.95		569.47	4100.29	
2023	1059.79		911.42		
2024	1091.59		938.76		
2025	1124.33		966.93		
2026	1158.06		995.93		
2027	1192.81		1025.81		
2028	1228.59		1056.59		
2029	1265.45		1088.28		
2030	1303.41		1120.93		
2031	1342.51		1154.56		
2032	－169944.06		1189.20		－171326.85

【国民经济效益计算】

1. 计算方法

本项目采用相关线路法计算国民经济效益。

2. 主要计算参数

(1) 社会折现率取8%。

(2) 汽车运输成本。本项目汽车运输成本计算方法参照本学习情境9.4节的相关内容，结合实地调查及项目所在省份同类型道路确定。

(3) 时间价值。旅客旅行时间的节约所产生的价值，以每人平均创造国内生产总值的份额来计算（考虑旅客节约时间不能全部用于生产，所以取其1/2)，根据预测，本项目所在地区2013年为9976元/人、2015年为10261元/人、2020年为13321元/人、2025年为14325元/人、2030年为16158元/人、2032年为17517元/人。

在途货物占用流动资金的节约所产生的价值，以在途货物平均价格和资金利息率为基础进行计算，在途货物平均价格参考交通部公路规划设计院的《公路技术经济指标》确定。2013年为4018元/吨、2015年为4521元/吨、2020年为5009元/吨，预计2025年为6311元/吨、2030年为6925元/吨、2032年为7126元/吨。

(4) 交通事故率及损失费。交通事故率及损失费计算表见表 9-10。

表 9-10 交通事故率及损失费计算表

公路等级	事故率计算公式 /(次/亿车千米)	直接损失费 /(万元/次)	间接损失费 /(万元/次)
高速公路	−40+0.005AADT(年平均日交通量=1年的总交通量÷365天)	1.2～1.6	18～24
一级公路	37+0.003 AADT(同上)	0.9～1.1	13.5～16.5
二级公路	133+0.007 AADT(同上)	0.6～0.8	10.5～12.8
三级公路	140+0.03AADT(同上)	0.4～0.6	10.5～12.8

运用相关线路法计算求得的本项目各年份国民经济评价效益汇总于表 9-11 中。

表 9-11 本项目各年份国民经济评价效益汇总表 单位:万元

年 份	降低运营成本效益	旅客时间节约效益	减少交通事故效益	合 计
2013	33972	2112	154	36237
2014	40153	2554	177	42884
2015	42536	2727	204	45466
2016	46857	3046	235	50138
2017	51603	3402	270	55276
2018	56814	3800	312	60926
2019	60288	4069	359	64716
2020	63989	4359	413	68761
2021	69130	4766	476	74372
2022	74672	5211	549	80432
2023	80647	5698	632	86978
2024	87089	6231	728	94048
2025	91803	6625	839	99267
2026	98204	7166	966	106337
2027	105042	7751	1113	113906
2028	112345	8385	1283	122013
2029	120147	9070	1478	130694
2030	127595	9731	1702	139029
2031	137482	10622	1961	150065
2032	145381	11341	2259	158982

【国民经济评价指标值】

国民经济评价指标值计算以基本报表项目投资基金费用效益流量表为基础,按公式计算。本项目投资基金费用效益流量表见表 9-12。

表 9-12　本项目投资基金费用效益流量表

单位：万元

序号	项　目	建设期			运营期																			
		1	2	3	4	5	6	7	8	9	10	11	12	13	14	15	16	17	18	19	20	21	22	23
1	费用流出	102796.1	137061.5	102796.1	788.59	812.24	836.61	861.71	887.56	914.19	941.61	969.86	998.96	5429.95	1059.79	1091.59	1124.33	1158.06	1192.81	1228.59	1265.45	1303.41	1342.51	−169944.06
1.1	建设费用	113918	151891	113918																				
1.2	运营管理费				436.45	449.54	463.03	476.92	491.23	505.97	521.14	536.78	552.88	569.47	586.55	604.15	622.27	640.94	660.17	679.97	700.37	721.39	743.03	765.32
1.3	日常养护费				241.73	248.99	256.45	264.15	272.07	280.23	288.64	297.30	306.22	0	324.87	334.62	344.65	354.99	365.64	376.61	387.91	399.55	411.53	423.88
1.4	大中修费													4100.29										
1.5	残值																							−171326.85
1.6	其他费用																							
2	效益流入				36238	42884	45467	50138	55275	60926	64716	68761	74372	80432	86977	94048	99267	106336	113906	122013	13069	13902	150065	158981
2.1	降低运输成本				33972	40153	42536	46857	51603	56814	60288	63989	69130	74672	80647	87089	91803	98204	105042	112345	120147	127595	137482	145381
2.2	旅客节约时间				2112	2554	2727	3046	3402	3800	4069	4359	4766	5211	5698	6231	6625	7166	7751	8385	9070	9731	10622	11341
2.3	减少交通事故				154	177	204	235	270	312	359	413	476	549	632	728	839	966	1113	1283	1478	1702	1961	2259
3	净效益流量	−102796.10	−137061.50	−102796.10	35449.42	42071.76	44630.39	49276.29	54387.44	60011.81	63774.39	67791.14	73373.04	75002.05	85917.21	92956.41	98142.67	105177.94	112713.19	120784.41	129429.55	137724.59	148722.49	328925.06

经济内部收益率＝15.30％

经济净现值/万元＝303636.55(i_s＝8％)

效益费用比＝2.11

投资回收期/年＝13.24

【国民经济评价敏感性分析】

经济评价所采用的参数，有的来自估算，有的来自预测，带有一定的不确定性，因此，不排除这些参数还有变动的可能性，为了分析这些不确定性因素变化对项目所产生的影响，本报告按费用上升、效益下降的不同组合，对推荐方案进行分析，以考察经济评价指标对其变化因素的敏感程度，从而更全面地了解该项目，以为投资决策者提供科学的依据。本项目经济敏感性分析表见表 9-13。

从敏感性分析结果可以看出，在效益减少 20%，同时费用上升 20%的最不利情况下，经济内部收益率（11.01%）仍大于社会折现率（8%）。分析结果表明，从国民经济角度看，本项目抗风险能力强。

【国民经济评价结论】

表 9-13 所示的数据表明，项目经济净现值为 303636.55 万元，大于 0，经济内部收益率为 15.30%，大于社会折现率 8%，国民经济效益良好。在效益下降 20%，同时费用上升 20%的情况下，经济净现值仍大于 0，经济内部收益率仍大于社会折现率，项目抗风险能力较强。

因此，从宏观经济角度分析，项目可行，且具有较强的抗风险能力。

表 9-13　本项目经济敏感性分析表

效益减少	项　目	费用增加		
		0%	10%	20%
0%	EN/万元	13.24	14.27	15.30
	ENPV/万元	303636.55	276326.58	249016.61
	ERBC/万元	2.11	1.92	1.76
	EIRR	15.30%	14.22%	13.26%
10%	EN/万元	14.38	15.53	16.70
	ENPV/万元	245962.93	218652.96	191342.99
	ERBC/万元	1.90	1.73	1.58
	EIRR	14.10%	13.07%	12.17%
20%	EN/万元	15.82	17.15	18.49
	ENPV/万元	188289.30	160979.34	133669.37
	ERBC/万元	1.69	1.54	1.41
	EIRR	12.83%	11.86%	11.01%

情境小结

工程项目的经济分析是工程项目经济评价的重要组成部分，它是按资源合理配置的原则，从国民经济的角度，考察耗费的社会资源和对社会的贡献，采用货物的影子价格、影子工资、社会折现率等国民经济评价参数体系，分析、计算项目给国民经济带来的净效益，以评价投资项目的经济合理性。

经济分析的效益包括直接效益和间接效益，费用包括直接费用和间接费用。本学习情境对影子价格的确定进行了详细的介绍，包括具有市场价格的货物的影子价格的确定和不具有市场价格的货物的影子价格，以及由政府调控价格的货物的影子价格的确定，并且对特殊投入物——劳动力、土地和自然资源影子价格的计算进行了简单介绍。

经济分析的参数有社会折现率、影子汇率等，经济分析常用的报表有项目投资经济费用效益流量表、经济费用效益分析投资费用估算调整表、经济费用效益分析经营费用估算调整表等，从报表中可以得出经济分析的评价指标有经济净现值、经济内部收益率，据此可判断投资项目的国民经济是否可行。

习　题

一、单选题

1. 国民经济评价按（　　）的原则，采用影子价格、影子汇率、社会折现率等国民经济评价参数，从国家整体角度考察项目的效益和费用，分析计算项目对国民经济的贡献，评价项目的经济合理性。

A. 影子价格　　B. 影子汇率

C. 合理配置资源　　D. 社会折现率

2. 下列说法不正确的是（　　）。

A. 财务评价是站在项目层次上，以投资者的角度分析项目在财务上的得失；国民经济评价是站在国家和地区的层次上，从全社会的角度分析评价项目对国民经济的费用和效益

B. 财务评价与国民经济评价只需计算项目的直接费用和效益

C. 财务评价采用预测价格，国民经济评价采用影子价格

D. 财务评价分析项目借款偿还能力，国民经济评价只有盈利性分析，没有清偿能力分析

3. 医院提供的医疗服务属于（　　）。

A. 项目的直接费用　　B. 项目的直接效益

C. 项目的间接费用　　D. 项目的间接效益

4. 下列说法中不正确的是（　　）。

A. 项目直接效益大多在财务评价中能够得以反映

B. 间接费用一般在项目财务评价中没有得到反映

C. 间接效益会在财务评价中得到反映

D. 直接费用一般表现为投入项目的各种物料、人工、资金技术及自然资源而带来的社会资源的消耗

5. 下列说法中不正确的是（　　）。

A. 各种税金、补贴和国内银行利息等这些国内不同社会成员之间的相互支付称为“转移支付”

B. 国民经济效益和费用不应包括“转移支付”

C. 工资也是社会内不同成员之间的相互支付，也是“转移”

D. 工资不能衡量劳动力费用

6. 项目使用劳动力，使得劳动力熟练化，由没有特别技术的非熟练劳动力经训练而转变为熟练劳动力，这是项目引起的（　　）。

A. 直接效益　　B. 直接费用　　C. 间接效益　　D. 间接费用

7. 国民经济评价专用价格是（　　）。

A. 固定价格　　B. 时价　　C. 影子价格　　D. 实价

8. 下列选项中外贸货物影子价格的计算公式正确的是（　　）。

A. 直接进口投入物中的影子价格(到厂价)＝到岸价(CIF)×影子汇率＋贸易费用－国内运费

B. 直接进口投入物中的影子价格(到厂价)＝到岸价(CIF)×影子汇率－贸易费用－国内运费

C. 直接出口投入物中的影子价格(出厂价)＝离岸价(FOB)×影子汇率－贸易费用－国内运费

D. 直接出口投入物中的影子价格(出厂价)＝离岸价(FOB)×影子汇率－贸易费用＋国内运费

9. 若到岸价为200欧元，影子汇率为10%，贸易费用为100元，国内运杂费为50元，则直接进口投入物的影子价格应为（　　）。

A. 2150元　　B. 2100元　　C. 2050元　　D. 2000元

10. 当由政府调控价格时，影子价格的测定方法主要有（　　）。

A. 成本分解法　　B. 消费者支付意愿

C. 机会成本　　D. 以上都正确

11. 下列说法中不正确的是（　　）。

A. 分解成本是指某种货物的制造生产所耗费的全部社会资源的价值

B. 分解成本包括各种物料投入及人工、土地等投入

C. 支付意愿是指消费者为获得某种商品或服务所愿意付出的价格

D. 机会成本是指用于项目的某种资源若不用于本项目而用于其他替代机会，在所有其他替代机会中所能获得的最低效益

12. 下列说法中不正确的是（　　）。

A. 当电价作为项目的产出物时，电力的影子价格应当按照电力对于当地经济的边际贡献测定

B. 在铁路运输紧张地区，应当按照被挤占用户的支付意愿定价

C. 当作为项目投入物时，按后备水源的成本分解定价

D. 当作为项目的产出物时，水的影子价格按照恢复水功能的成本定价

13. 根据目前国民经济的运行情况、投资收益水平、资金供求状况等因素的综合分析，我国目前的社会折现率取值为（　　）。

A. 8%　　B. 9%　　C. 10%　　D. 11%

14. 影子汇率换算系数是影子汇率与国家外汇牌价的比值，由国家统一测定和发布。目前，我国的影子汇率换算系数值为（　　）。

A. 1　　B. 1.05　　C. 1.08　　D. 1.15

15. 项目的国民经济评价结果主要是通过编制的（　　）来表述。

A. 国民经济评价报表

B. 根据报表计算的某些评价指标

C. 国民经济评价表和根据报表计算的某些评价指标

D. 以上都不正确

16. 项目国民经济评价只进行（　　）分析。

A. 国民经济盈利能力　　B. 偿债能力

C. 不确定性　　D. 以上都不对

17. 国民经济盈利能力的评价指标是（　　）。

A. 经济内部收益率　　B. 经济净现值

C. 经济内部收益率和经济净现值　　D. 投资回收期

18. （　　）是项目国民经济评价的主要指标。

A. 经济净现值　　B. 经济内部收益率

C. 财务内部收益率　　D. 财务净现值

19. 经济净现值越大，表明项目所带来的以绝对数值表示的经济效益（　　）。

A. 越小　　B. 越大　　C. 没有关系　　D. 都不对

二、多选题

1. 经济分析与财务评价的区别在于（　　）。

A. 两种评价的角度和基本出发点不同

B. 项目的费用和效益的含义和范围划分不同

C. 使用的价格体系不同

D. 财务评价只有盈利性分析，国民经济评价还包括清偿能力分析

E. 使用的基本理论不同

2. 下列说法中不正确的是（　　）。

A. 项目的效益是项目对国民经济所做的贡献

B. 项目的费用是国民经济为项目所提供的资金

C. 效益包括直接效益和间接效益

D. 间接效益不能在直接效益中得到反映

E. 项目的间接效益和间接费用又统称为外部作用

3. 项目的间接效益和间接费用通常要考察的内容是（　　）。

A. 环境影响　　B. 技术扩散效果

C. 乘数效果　　D. 价格影响

E. 技术因素

4. 项目的转移支付主要包括（　　）。

A. 项目向政府缴纳的税费

B. 政府给予项目的补贴

C. 项目向国外银行支付的贷款利息

D. 项目从国内银行获得的存款利息

E. 工资

5. 影子价格是进行项目国民经济评价的专用价格，能够反映（　　）。

A. 项目的投入物和产出物真实的经济价值

B. 市场供求关系

C. 资源稀缺程度

D. 资源合理配置的要求

E. 项目的可行性

6. 影子工资包括（　　）。

A. 劳动力的机会

B. 劳动力转移而引起的新增资源消耗

C. 材料设备的损耗

D. 劳动力的工资收入

E. 设备损耗造成的折旧

7. 在下列选项中，（　　）项目适用于费用效果分析方法进行项目的国民经济效益评价。

A. 医疗卫生保健

B. 交通信号设施

C. 军事设施系统

D. 政府资助的普及教育

E. 文化教育设施

8. 国民经济评价的主要工作包括（　　）。

A. 识别国民经济的费用与效益

B. 测算和选取影子价格

C. 编制国民经济评价报表

D. 计算国民经济评价指标并进行方案比选

E. 预测国民经济增长率

9. 在项目的实际征地费用中，（　　）不属于转移支付的费用。

A. 粮食开发基金

B. 耕地占用税

C. 拆迁费

D. 养老保险费

E. 政府给予的补贴

10. 在下列选项中，（　　）属于国民经济评价参数中的通用参数。

A. 社会折现率

B. 自然资源的影子价格

C. 影子汇率

D. 影子工资

E. 国民经济增长率

11. 在下列各项中，属于出口货物运抵我国出口口岸交货的价格的内容是（　　）。

A. 货物的出厂价　　B. 国内运费

C. 国内出口商的经销费用　　D. 国外运费

E. 手续费

12. 我国尚有部分产品或服务不完全由市场机制决定价格，而是由政府调控价格，在下列选项中，（　　）属于政府调控价格的内容。

A. 政府定价　　B. 指导价

C. 最高限价　　D. 最低限价

E. 宏观调控价

13. 在下列选项中，（　　）属于政府调控价格的产品的影子价格的测定方法。

A. 成本分解法　　B. 收益分解法

C. 消费者支付意愿法　　D. 机会成本法

E. 收益还原法

三、简答题

1. 什么是经济分析？它与财务分析有何异同？

2. 在经济分析中，如何识别项目的效益与费用？

3. 什么是影子价格？如何确定各种投入物和产出物的影子价格？

4. 经济分析中的通用参数有哪些？各参数的含义是什么？

5. 经济评价的基本报表有哪些？评价指标体系有哪些？如何编制经济评价的基本报表？

四、案例分析题

1. 一条原长 26 千米的普通公路的改建有如下两个方案。

方案 A：保持原有线路不变，只是对路基局部加固并重铺路面，一次性投资为 2200 万元。

方案 B：按直线取直，线路缩短为 20 千米并提高等级，安装隔离栅，需要一次性投资 17500 万元。此时，平均车速可以从 40 千米/小时提高到 50 千米/小时，交通事故可从 100 次/年降低到 45 次/年。据统计，每次交通事故的平均费用为 8400 元。

经测算，这段公路每天平均双向交通流量为 5500 辆，其中小客车 1500 辆，大客车 500 辆，货车 3500 辆。这些车辆的行驶费用分别为 0.4 元/千米、0.6 元/千米、0.3 元/千米，车辆的时间节省价值分别为 20 元、75 元、10 元。

以 30 年为计算期，计算期内路面翻修、日常保养、期末余值不计，社会折现率为 8%，试比较两个方案的优劣。

2. 汽车过江原用轮渡，年交通量为 200 万辆，建桥后由于交通方便，估计过桥的年交通流为 300 万辆，过江总费用轮渡为 10 元/辆次（其中：2 元/辆次是轮船公司的利税，8 元/辆次为轮渡和过江者自身的费用），过桥为 6 元/辆次（其中：4 元/辆次为过桥费，2 元/辆次为过桥者自身的费用）。

现从国民经济的角度求建桥投资的最高限额（假定社会贴现率为 12%，桥的使用年限很长）。

3. 某城市为改善交通状况，拟投资建设高架道路项目，项目使用寿命按 50 年计算，需要 20 年大修一次。社会折现率＝8%，建设投资按期初一次性投入，有关项目参数见表 9 - 14，试计算其经济费用现值总额和经济效益现值总额。

表 9 - 14　项目参数

项　目	参　数	项　目	参　数
建设投资/万元	300000	人均节约时间/（小时/人）	0.4
年维修和运行费用/（万元/年）	3000	运行收入/（元/人）	1
每次大修理费/（万元/次）	20000	土地升值/（万元/年）	30000
日均客流量/（万人/天）	20	单位时间价值/（元/小时）	10

学习情境9
在线答题

学情习境10 价值工程

思维导图

- 价值工程
  - 知识要点
    - 价值工程
      - 价值、成本、功能的含义
      - 功能分析、功能评价方法
    - 价值工程对象的选择和资料收集
      - 经验分析法
      - 百分比法
      - 价值指数法
      - ABC分析法
    - 功能分析、整理及评价
      - 功能分析
      - 功能整理
      - 功能评价
    - 方案创新和评价
      - 头脑风暴法
      - 歌顿法
      - 德尔菲法
  - 能力要求
    - 理解价值工程的概念、特点
    - 了解价值工程的分析程序与方法
    - 掌握价值工程对象选择的原则和方法
    - 熟悉情报资料的收集
    - 掌握功能分析、整理及评价
    - 掌握方案创新的方法
    - 熟悉方案创新的评价方法
    - 掌握价值工程应用

情境导读

某厂有三层砖混结构住宅14幢。随着企业的不断发展，职工人数逐年增加，职工住房条件日趋紧张。为改善职工的居住条件，该厂决定在原有住宅区内新建住宅。为了使住宅扩建工程达到投资少、效益高的目的。价值工程小组工作人员认真分析了住宅扩建工程的功能：增加住房户数（F1）、改善居住条件（F2）、增加使用面积（F3）、利用原有土地（F4）、保护原有林木（F5）共5项。经价值工程小组集体讨论，首先认为增加住房户数是最重要的功能，其次改善居住条件与增加使用面积有同等重要的功能，最后利用原有土地与保护原有林木有同等重要的功能。方案甲：在原有基础上加层，工程需投资50万元，工期4个月，可增加住房18户。方案乙：拆除旧住宅，建设新住宅，工程需投资100万元，工期8个月，可增加住房18户。

通过系统的学习后，我们就可以应用价值工程的原理和方法来选择优化设计方案。

10.1 价值工程的概述

观察与思考

在生活中，当人们选购商品时，总是想买到“物美价廉”的商品，即所谓的少花钱、多办事。大家思考一下，生活中的这些小经验和价值工程有哪些联系和区别呢？

10.1.1 价值工程的产生和发展

价值工程是一门新兴的科学管理技术，是降低成本、提高经济效益的一种有效方法。它于20世纪40年代起源于美国。第二次世界大战结束前不久，美国的军事工业发展很快，造成原材料供应紧缺，一些重要的材料很难买到。当时，在美国通用电气公司有位名叫麦尔斯的工程师，他的任务是为该公司寻找和取得军工生产用材料。麦尔斯研究发现，采购某种材料的目的并不在于该材料的本身，而在于材料的功能。在一定条件下，虽然买不到某一种指定的材料，但可以找到具有同样功能的材料来代替，仍然可以满足其使用效果。一次，该公司汽车装配厂急需一种耐火材料——石棉板，当时，这种材料价格很高而且奇缺。他想，只要材料的功能（作用）一样，能不能用一种价格较低的材料代替呢？他开始考虑为什么要用石棉板？其作用是什么？经过调查发现，原来汽车装配中的涂料容易漏洒在地板上，根据美国消防法规定，该类企业作业时地板上必须铺上一层石棉板，以防止发生火灾。麦尔斯弄清这种材料的功能后，找到了一种价格便宜且能满足防火要求的防火纸来代替石棉板。经过试用和检验，美国消防部门通过了这一代用材料。这就是价值工程史上有名的“石棉事件”。

价值工程

麦尔斯从研究代用材料开始，逐渐摸索出一套特殊的工作方法，即把技术设计和经济分析结合起来考虑问题，用技术与经济价值统一对比的标准衡量问题，又进一步把这种分析思想和方法推广到研究产品开发、设计、制造及经营管理等方面，逐渐总结出一套比较系统和科学的方法。1947 年，麦尔斯以《价值分析程序》为题发表了研究成果，这也标志着价值工程正式产生。

价值工程首先在美国得到广泛的重视和应用，由于麦尔斯《价值分析程序》的推广，1955 年，价值工程传入日本后，其与全面质量管理相结合，形成了具有日本特色的管理方法，并取得了极大的成功。我国运用价值工程是从 20 世纪 70 年代末开始的。1984 年，国家经济委员会将价值工程作为 18 种现代化管理方法之一，向全国推广。1987 年，国家标准局颁布了第一个价值工程标准——《价值工程基本术语和一般工作程序》(GB 8223—1987)。

10.1.2 价值工程的概念

价值工程是指通过各相关领域的协作，对所研究对象的功能与费用进行系统分析，不断创新，旨在提高所研究对象价值的思想方法和管理技术。

价值工程是以最低的寿命周期成本，可靠地实现用户所需的功能，着重于产品或作业的功能分析的有组织的活动。价值工程的对象泛指一切为实现功能而发生费用的事物，如产品、工艺、工程、服务或它们的组成部分等。

在价值工程的定义中，涉及价值工程的 3 个基本概念，即价值、功能和寿命周期成本。

1. 价值

价值工程中的“价值”是指分析对象具有的功能与获得该功能和使用该功能的全部费用之比。设对象（产品、系统、服务等）的功能为 F、成本为 C、价值为 V，则价值的计算公式为

$$V=\frac{F}{C} \tag{10-1}$$

价值工程中的价值不同于经济学中的交换价值和使用价值。在经济学中，凝结在产品中的社会必要劳动时间越多，产品在市场上越是供不应求，其交换价值就越大；使用价值是对象能够满足人们某种需要的程度，即功能或效用，功能或效用越大，使用价值就越大。价值工程中的价值是一种比较价值或相对价值的概念，对象的效用或功能越大，成本越低，价值就越大。

在实际价值工程活动中，一般功能（F）、成本（C）和价值（V）都用某种系数表示。

2. 功能

功能是指对象能够满足某种需求的一种属性。如建筑产品中住宅的功能是提供居住空间，建筑物基础的功能是承受荷载等。

功能可解释为功用、作用、效能、用途、目的等。对于一件产品来说，功能就是产品的用途、产品所担负的职能或所起的作用。功能所回答的是“它的作用或用途是什么”。价值工程中，功能含义很广。

对产品来说，是有何效用，如电视机是看节目的等。功能本身必须表达它的有用性。没有用的东西就没有什么价值，也就谈不上价值分析了。以产品来说，人们在市场上购买商品的目的是购买它的功能，而非产品本身的结构。

例如人们买彩电，是因为彩电有“收看彩色电视节目”的功能，而不是买它的集成元件、显像管等元器件。功能是各种事物所共有的属性。价值工程自始至终，都要求围绕用户要求的功能，对事物进行本质的思考。

3. 寿命周期成本

从对象被研究开发、设计制造、用户使用直到报废为止的整个时期，称为对象的寿命周期。对象的寿命周期一般可分为自然寿命和经济寿命。价值工程一般以经济寿命来计算和确定对象的寿命周期。

寿命周期成本是指从对象被研究开发、设计制造、销售使用直到停止使用的经济寿命期间所发生的各项成本费用之和。如图 10.1 所示，产品的寿命周期成本包括生产成本和使用成本两部分。生产成本是产品在研究开发、设计制造、运输施工、安装调试过程中发生的成本；使用成本是用户在使用产品过程中所发生的费用总和，包括产品的维护、保养、管理、能耗等方面的费用。

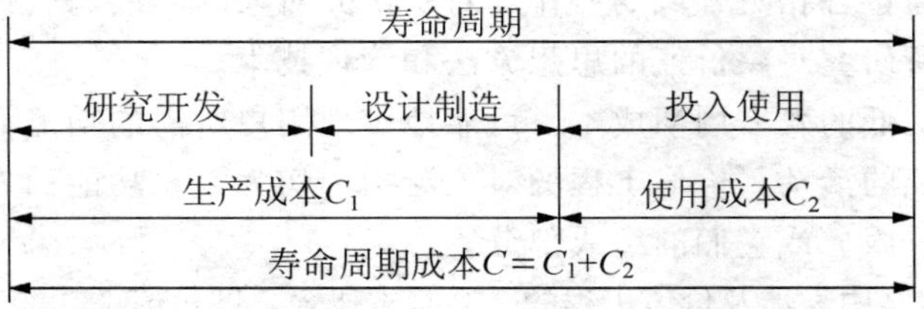

图 10.1　按经济性质划分的项目经济评价指标

寿命周期成本＝生产成本＋使用成本

即

$$C=C_1+C_2 \tag{10-2}$$

产品的寿命周期成本与产品的功能有关。一般而言，产品的生产成本与产品的功能呈正比关系，产品的使用成本与产品的功能呈反比关系，如图 10.2 所示。

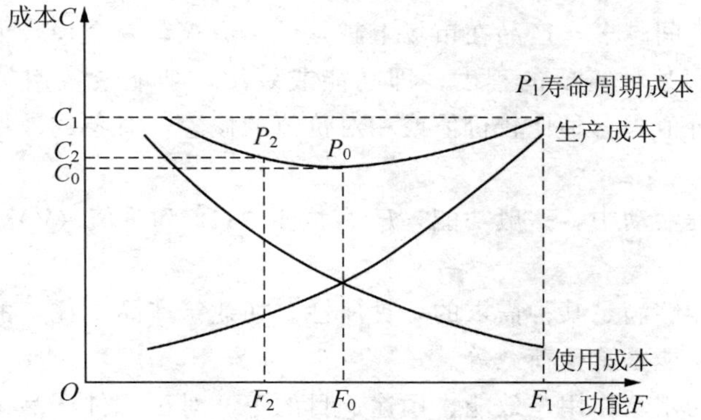

图 10.2　寿命周期成本与功能的关系图

4. 价值工程的理解

价值工程理论虽然是在20世纪中叶提出并不断完善的，但实际上该理论的基础思想早就存在于世。早在我国清朝，郑观应所著《盛世危言·禁烟下》中记载了“本年所收之浆必待隔年出售，气味乃厚。如派人学製，復储一年，则物美价廉，争先乐购”。这个“物美价廉”的成语就基本符合价值工程的理论，“物美”说的就是功能（F）好，形容为“气味乃厚”；“价廉”（C）说的是价格低；“所收之浆”既然“物美价廉”了，百姓就认为有“价值”（V），因而“争先乐购”。

所以说，价值工程理论古人早就告诉我们这个道理了，而美国工程师麦尔斯根据工作需要，使用三个字母的公式把这个道理用数学量化的方式总结并逐步推广到全球，成为现代企业管理理论中最具代表性的成果。

可见“物美价廉”是多数人购买行为的基本准则，几乎天天在用，下面举衣食住行方面的两个案例。

案例一：王某到某餐厅用午餐，在5个套餐组合中选择了3号套餐，除了王某个人喜好起着一定作用，可能“物美价廉”准则也在默默地促使他排除其他4个组合，也就是说他在无意间使用了一次“价值工程”理论的思想，因为他找到了对他而言最有价值的3号套餐。

对于该餐厅的经理而言，同样可以利用价值工程进行系统分析。假设餐厅经理发现3号套餐销售数量很高，而且发现大多数都是类似王某的人群，此时餐厅经理就可以对3号菜单进行价值工程分析，就要研究能不能在口味、数量等条件不变的情况下降低成本？或者能不能价格不变提升口味数量？等等。（研究的途径可以参考后续的“提高价值的途径”）

然后再结合现代营销、消费心理与消费者购买行为模式等方面的理论，研究为什么王某选择3号套餐？王某具备哪些显著特征？餐厅周围或途经餐厅的符合该种特征的人群多不多？王某生活或工作地点到餐厅的距离是多少？还能开发出多少种类似套餐？这样不断进行分析、实施、调整，周而复始。一段时间后，就能使王某类型的人群不断地来餐厅用餐，变成餐厅的忠实客户，3号套餐就变成了餐厅的主打套餐，餐厅的口碑与盈利就会逐步上升，成为周边的知名餐厅。如果你就是该餐厅的经理，你就会变成“具有核心技术”的资深职业经理人。

案例二：精通价值工程的代表人物罗伯特·麦克纳马拉，曾任美国国防部长（1961—1968）和世界银行行长（1968—1981），他是美国历史上的重要人物。20世纪50年代，美国福特汽车公司竞争不过通用汽车公司，面临着失败倒闭的危险，麦克纳马拉组成了一个班子，大力开展价值工程活动。福特在“精明小子麦克纳马拉”的带领下逐渐扭亏为盈时，麦克纳马拉的事业也蒸蒸日上。1960年11月，不到45岁的他成为仅次于福特二世的公司总裁，麦克纳马拉这个“外人”也就成为福特汽车公司第一个非福特家族成员的高层人士。

5周后，同样是新当选的肯尼迪总统邀请麦克纳马拉出任国防部长，他后来曾半开玩笑地回忆道，自己当时连核弹头和旅行车有什么区别都不知道。他对肯尼迪抗议说：“这太荒谬了，我根本不合格。”而对方的回答是：“这世界上也没有训练总统的学校。”为了这份年薪2.5万美元的工作，麦克纳马拉放弃的是在福特公司价值300万美元的股票和期权。在担任美国国防部长时，他又在国防与军工方面大力推广价值工程。

这就是价值工程的魅力所在，可以使用价值工程开发出顾客认为有价值的产品。而且该理论在各行各业中都可以使用，由此可见，价值工程理论可以在现代企业管理中发挥巨大作用。当然，任何一个理论都不是孤立存在并发挥作用的，需要和其他理论相辅相成；一个优秀的职业经理人也不能只会一个价值工程理论，而要做到在熟练运用常见理论的基础上精通价值工程理论与实践，就如同麦克纳马拉一样。

5. 提高价值的途径

根据价值、功能、成本的上述关系，提高价值的途径总体上可以分为两类：一类是以提高功能为主的途径；另一类是以降低成本为主的途径。既提高功能，又降低成本，则是一种理想途径。提高价值的基本途径具体表现在以下 5 个方面，见表 10－1。

表 10－1　提高价值的基本途径

序　号	提高价值的途径	表　达　式	着　重　点
1	功能不变，成本降低	$F/C\downarrow=V\uparrow$	着重于降低成本
2	成本不变，功能提高	$F\uparrow/C=V\uparrow$	着重于提高功能
3	功能提高，成本降低	$F\uparrow/C\downarrow=V\uparrow\uparrow$	理想途径
4	成本略增，功能大幅度提高	$F\uparrow\uparrow/C\uparrow=V\uparrow$	着重于提高功能
5	功能略减，成本大幅度下降	$F\downarrow/C\downarrow\downarrow=V\uparrow$	着重于降低成本

(1) 功能不变，成本降低。

这是开展价值工程活动普遍采用的基本途径，也是企业提高经济效益常用的方法之一。企业生产产品，在保证用户需求功能的前提下，当然是尽量降低成本，以提高企业的经济效益；用户购买产品，在保证所需功能的前提下，也自然是选购价格便宜的产品，以提高用户的资金效益。显然，这一途径多用于对现有产品的工艺改进、材料代用、结构简化等方面，以求在保证产品功能不变的条件下，降低产品的成本。特别需要指出的是，成本的降低应不损害用户所需的功能；否则，将根本违背价值工程活动的目的。

(2) 成本不变，功能提高。

若产品的价格不变，功能提高，就会增强企业产品的竞争能力。用户花同样的钱，买到的是质量和性能更好的产品，必然会扩大企业产品的市场。显然，这是一条企业和用户均会受益的途径。

这种措施对于美学功能在功能系统中占有较大比重的产品，其效果非常明显。如改变颜色、式样、包装等，无须增加成本，却可使功能有显著提高。

(3) 功能提高，成本降低。

随着科学技术的进步，新技术、新材料的不断涌现，特别是价值工程活动的日益深入，人们在改进产品设计、研制更新换代产品时，有所创新、有所突破，既提高了产品的功能，又降低了产品的成本。例如，从计算机的发展历史来看，随着科技的进步，依次经历了电子管、晶体管和集成电路 3 个阶段的发展，其成本越来越低，运算速度却越来越快、体积也越来越小。

(4) 成本略增，功能大幅度提高。

一般而言，提高产品的功能往往会引起产品成本的提高。但是，当功能提高的幅度大于成本提高的幅度时，产品的价值也会提高。在市场竞争日益激烈的今天，企业要想提高市场占有率，增加市场竞争力，就必须不断推出新颖的、多功能的产品或具有“与众不同”功能的产品，用户只要喜欢，哪怕价格稍高一些，也会愿意购买。

(5) 功能略减，成本大幅度下降。

任何一种产品的用户都不会处在一个需求层次上，因此，企业必须生产不同功能档次的产品，以适应各种层次用户的需求。这就意味着为适应某种层次用户的需求，虽然功能略有下降，但价格（成本）却大幅度降低，从而使产品的价值提高了。这样，不仅用户会得到经济实惠，企业也会因薄利多销而取得良好的经济效益。当然，这里需要指出的是，所谓功能略有下降，是以满足用户需求为前提的，并在认真进行功能分析的基础上，确保产品的基本功能或不可缺少的使用功能，剔除不必要的功能，削减过剩的功能，从而使产品成本有较大幅度的下降。

上述5种基本途径，仅是依据价值工程的基本关系式 $V=F/C$，从定性的角度所提出来的一些思路。在价值工程活动中，当具体选择提高价值途径时，则须进一步进行市场调查，依据用户的要求，按照价值分析的重点，针对不同途径的适用特点和企业的实际条件进行具体的选择。

10.1.3 价值工程的工作程序

价值工程已发展成为一门比较完善的管理技术，在实践中已形成了一套科学的实施程序。价值工程的工作程序和步骤主要是选择价值工程对象、收集情报、功能系统分析、功能评价、方案创新和评价、方案试验和提案、活动成果评价，其具体内容如下。

1. 选择价值工程对象

价值工程的主要途径是进行分析，选择对象是在总体中确定功能分析的对象。它是根据企业、市场的需要，从得到效益出发来分析确定的。选择价值工程对象的基本原则如下：在生产经营上有迫切的必要性，在改进功能、降低成本上有取得较大成果的潜力。

2. 收集情报

通过收集情报，可以从情报中得到进行价值工程活动的依据、标准、对比对象，同时可以受到启发、打开思路，深入地发现问题，科学地确定问题所在和问题的性质，以及设想改进的方向、方针和方法。

3. 功能系统分析

功能系统分析也称功能研究，对新产品来讲，也叫功能设计，是价值工程的核心环节。价值工程的活动就是围绕这个核心环节在进行。因为价值工程的目的是为了用最低的寿命周期成本可靠地实现用户所需的必要的功能。所以，价值工程师对产品的分析，首先不是分析产品的结构，而是分析产品的功能，即从传统的对产品结构的分析（研究）转移到对产品功能的分析（研究）。这样，就摆脱了现存结构对设计思路的束缚，为广泛联系科学技术的新成果，找出实现所需功能的最优方案，提供了一种有效的方法。

功能分析包括功能定义、功能分类和功能整理。功能定义是指确定分析对象的功能。功能分类是指确定功能的类型和重要程度，如基本功能和辅助功能，使用功能和美观功能，必要功能和不必要功能等。功能整理是指制作功能系统图，用来表示功能间的“目的”和“手段”的关系，确定和去除不必要的功能。

(1) 功能定义。对功能要给予科学的定义，按类进行整理，理顺功能之间的逻辑关系，为功能分析提供系统资料。

(2) 功能整理。功能整理的目的是为了确切地定义功能、正确地划分功能类别、科学地确定功能系统、发现和提出不必要的功能和不正确的或可以简化的功能。

4. 功能评价

功能评价的目的是为了寻求功能最低的成本。它是用量化手段来描述功能的重要程度和价值，以找出低价值区域，明确实施价值工程的目标、重点和大致的经济效果。功能评价的主要尺度是价值系数，可由功能和费用来求得。此时，要将功能用数字来表示，以此将功能量化，并可确定与功能的重要程度相对应的功能成本。本部分是价值工程的核心内容。

5. 方案创新和评价

为了改进设计，就必须提出创新方案，麦尔斯曾说过，要得到价值高的设计，必须有20～50个可选方案。提出实现某一功能的各种各样的设想，逐步使其完善和具体化，形成若干个在技术上和经济上比较完善的方案。提出改进方案是一个创造的过程，在进行中应注意以下几点。

(1) 要敢于打破框框，不受原设计的束缚，完全根据功能定义来设想实现功能的手段，要从各种不同角度来设想。

(2) 要发动大家参与这一工作，组织不同学科、不同经验的人在一起商讨改进方案，互相启发。

(3) 把不同想法集中，发展成方案，逐步使其完善。在提出设想阶段形成的若干种改进新方案，不可能十分完善，也必然有好有坏。

因此，不但要使方案具体化，还要分析其优缺点，进行评价，最后选出最佳方案。方案评价要从如下两方面进行：一方面要从满足需要、满足要求、保证功能等方面进行评价；另一方面要从降低费用、降低成本等经济方面进行评价。总之，要看是否提高了价值、增加了经济效果。

6. 方案试验和提案

为了确保选用的方案是先进的、可行的，必须对选出的最优方案进行试验。试验的内容包括：方案的规格和条件是否合理、恰当，方案的优缺点是否确切，存在的问题有无进一步解决的措施。最后将选出的方案及有关技术经济资料编写成正式提案。

7. 活动成果评价

在方案实施以后，需要对实施方案的技术、经济、社会效果进行分析总结。

以上价值工程的工作程序和提问见表10-2。

表 10－2　价值工程的工作程序和提问

一般决策程序	价值工程的工作程序			价值工程提问
	基本步骤	详细步骤		
分析问题	确定工作对象	（1）选择价值工程对象		（1）这是什么？
		（2）收集情报		
	功能系统分析	（3）功能系统分析		（2）它的作用是什么？
	功能评价	（4）功能评价		（3）它的成本是什么？
				（4）它的价值是什么？
综合研究	方案创新	（5）方案创新		（5）有其他方法能实现这个功能吗？
方案评价	方案评价	（6）概略评价	（7）方案具体化	（6）新方案的成本是多少？
		（8）详细评价	（9）方案评审	
	方案实施	（10）方案试验和提案		（7）新方案能满足要求吗？
		（11）活动成果评价		

10.2　价值工程对象选择和情报收集

10.2.1　价值工程对象选择的原则和方法

选择价值工程活动的对象，就是要具体确定功能成本分析的产品与零部件。这是决定价值工程活动收效大小的第一个步骤。在一个企业里，并不是对所有产品都要进行价值工程分析，而是要有选择、有重点地进行。这样就可以提高价值工程活动的效果，在工作量相同的情况下，力争取得最好的成效。一般来说，选择价值工程活动的对象，必须遵循一定的原则、运用适当的方法，以保证对象选择得合理。

1. 价值工程对象选择的原则

价值工程是就某个具体对象开展的、有针对性的分析评价和改进，有了对象才有分析的具体内容和目标。价值工程的对象选择过程就是逐步收缩研究范围、寻找目标、确定主攻方向的过程。一般来说，对象的选择有以下几个原则。

（1）与企业生产经营发展相一致的原则。

由于行业、部门不同，环境、条件不同，企业经营目标的侧重点也必然不同。企业可以根据一定时期的主要经营目标，有针对性地选择价值工程的改进对象。通常企业经营目标有如下 9 个方面。

① 对国计民生影响较大的产品。

② 国家计划任务和社会需要较大的产品。

③ 对企业经济效益影响较大的产品。

④ 竞争激烈的产品。

⑤ 能扩大销售量、提高市场占有率的产品。

⑥ 计划延长产品寿命周期的产品。

⑦ 用户意见大、质量有待继续提高的产品。

⑧ 成本高、利润少的产品。

⑨ 出口创汇的产品。

(2) 潜力大、易于提高价值的原则。

对象选择要围绕提高经济效益这个中心，选择价值低、潜力大并和企业人力、设备、技术条件相适应，在预定时间能取得成功的产品或零部件作为价值工程活动对象。具体可以从下列几个方面进行分析和选择。

① 从设计方面看，对结构复杂、性能和技术指标差距大、体积大、质量大的产品进行价值工程活动，可使产品结构、性能、技术水平得到优化，从而提高产品的价值。

② 从生产方面看，对数量多、关键部件、工艺复杂、原材料消耗高、废品率高的产品，特别是对量多、产值比重大的产品，如果把成本降下来，所取得的总的经济效果会比较大。

③ 从市场销售方面看，选择用户意见多、系统配套差、维修能力低、竞争力差、利润率低的，或者选择市场上畅销但竞争激烈的产品。对于新产品、新工艺和寿命周期较长的产品也可以将其列为重点。

④ 从成本方面看，选择成本高于同类产品、成本比重大的，如材料费、管理费、人工费等。推行价值工程就是要降低成本，以最低的寿命周期成本可靠地实现必要功能。

根据以上原则，对生产企业，有以下情况之一者，应优先选择为价值工程的对象。

① 结构复杂或落后的产品。

② 制造工序多或制造方法落后及手工劳动较多的产品。

③ 原材料种类繁多和互换材料较多的产品。

④ 在总成本中所占比重大的产品。

对由各组成部分组成的产品，应优先选择以下部分作为价值工程的对象。

① 造价高的组成部分。

② 占产品成本比重大的组成部分。

③ 数量多的组成部分。

④ 体积或质量大的组成部分。

⑤ 加工工序多的组成部分。

⑥ 废品率高和关键性的组成部分。

2. 价值工程对象选择的方法

价值工程对象选择是逐步缩小研究范围、寻找目标、确定主攻方向的过程。对象选择的方法很多，下面着重介绍 4 种方法，即经验分析法、百分比法、价值指数法和 ABC 分析法。

（1）经验分析法。

经验分析法是根据有丰富实践经验的设计人员、施工人员及企业的专业技术人员和管理人员对产品中存在问题的直接感受，经过主观判断确定价值工程对象的一种方法。

经验分析法是对象选择的定性分析方法，其优点是简便易行、考虑问题综合全面，是目前实践中采用较为普遍的方法。其缺点是缺乏定量分析，在分析人员经验不足时，准确程度会降低，但用于初选阶段是可行的。

（2）百分比法。

百分比法是通过分析各拟选对象对两个或两个以上的技术经济指标影响程度的大小（百分比）来确定价值工程研究对象的方法。下面通过举例予以说明。

应用案例 10－1

某企业有 4 种建筑产品，其成本和利润情况见表 10－3，试用百分比法确定其价值工程的研究对象。

表 10－3　某建筑产品的成本和利润情况

产品名称	A	B	C	D	合　计
成本/万元	100	200	130	140	570
成本比重/%	17.5	35.1	22.8	24.6	100
利润/万元	10	22	10	17	59
利润比重/%	16.9	37.3	16.9	28.9	100

【解】 由表 10－3 可见，产品 C 的成本占总成本的 22.8%，而其利润却只占总利润的 16.9%，成本所占的比重明显高于利润所占的比重，因此，产品 C 应作为价值分析的重点对象。

百分比法的优点是，当企业在一定时期要提高某些经济指标且拟选对象数目不多时，具有较强的针对性和有效性。其缺点是不够系统和全面，有时为了更全面、更综合地选择对象，百分比法可与经验分析法结合使用。

（3）价值指数法。

根据价值的表达式 $V=F/C$，在产品成本已知的基础上，将产品功能定量化，就可以计算出产品价值。在应用该方法选择价值工程的对象时，应当综合考虑价值指数偏离 1 的程度和改善幅度，优先选择 $V<1$ 且改进幅度大的产品或零部件。

价值指数法一般适用于产品功能单一、可计量，产品性能和生产特点可比的系列产品或零部件的价值工程对象选择。

（4）ABC 分析法。

ABC 分析法是根据研究对象对某项目技术经济指标的影响程度和研究对象数量的比例大小两个因素，把所有研究对象划分成主次有别的 A、B、C 三类的方法。通过这种划分，明确关键的少数和一般的多数，准确地选择价值工程对象。

ABC 分析曲线如图 10.3 所示。

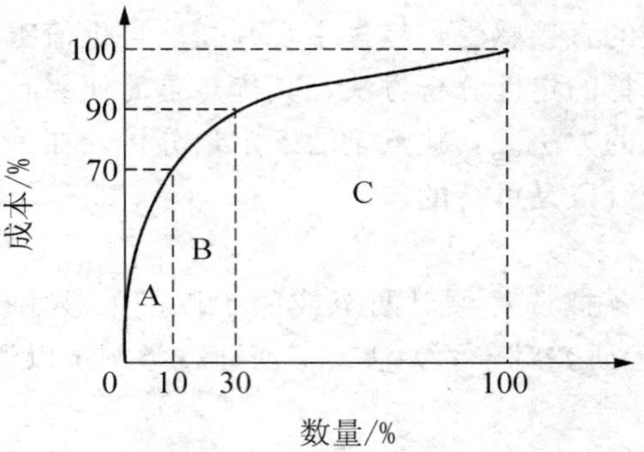

图 10.3　ABC 分析曲线

ABC 分析法的优点是能抓住重点、突出主要矛盾，在对复杂产品的零部件做对象选择时常用它进行主次分类，以便略去次要的多数，抓住关键的少数，从而卓有成效地开展工作。

10.2.2 情报收集

当价值工程活动的对象选定之后，就要进一步开展情报收集工作，这是价值工程不可缺少的重要环节。通过对资料、信息的收集、整理、汇总和分析，人们能够开阔思路、发现差距、掌握依据、开拓创新，使价值工程活动加快速度、提高效率、减少费用、增大收益。因此，情报收集工作，不仅是选择对象的需要，也是整个价值工程活动的基础。

价值工程情报的收集就是以价值工程为主体，对其有关客体的内容通过识别、加工、整理、分析、综合、判断、选择等方式获得有用的资料，并为价值工程活动提供信息服务。

情报是为了达到某种特定目的而收集的，因此要着眼于寻找改进依据，要在庞大的总体系统中找出需要改进的薄弱环节，必须有充分的情报作为依据，如功能分析时需要经济情报，在此基础上才能创造性地运用多种手段，正确地进行对象选择和功能分析。

1. 情报收集的注意事项

(1) 情报收集要广泛，要掌握全面的信息，以便从全局去观察、研究和分析问题，避免得出片面的结论。同时，要确保所收集的信息资料是可靠无误的。错误的信息会导致错误的结论，进而导致错误的决策，这关系到企业的兴衰成败，所以信息要真实可靠。

(2) 收集情报的目的必须明确，力求避免盲目性。目的性就是要解决“专”的问题，即对每个问题都要有深入细致的资料。

(3) 收集情报前，要了解对象和明确范围，只有对对象的功能及寿命周期有足够的了解，才能透过现象弄清本质，与用户的真正要求做比较，从而有效地进行研究分析。

（4）要注意时效性，错过时机则无可挽回，因而信息要及时，才能适应国民经济迅速发展、市场需求瞬息万变、竞争激烈的需要。

2. 情报收集的内容

多数情况下，围绕价值工程的某一课题所需情报的内容不尽一致，但一般来说，要涉及以下几个方面。

（1）用户方面的情报。用户方面的情报对价值改善具有决定性作用，是产品设计的基本依据，主要包括如下内容。

① 用户的基本要求。用户要求产品必备的基本功能及其水平；对产品寿命与可靠性的要求；希望价格降低的幅度及交货时间；对技术服务的具体要求；对产品所产生副作用的最高限度等。

② 用户的基本条件。用户所处的销售地区及其市场阶层；用户的经济条件及购买力水平；用户的文化水平及操作能力；用户的使用环境及维修、保养能力；等等。

（2）销售方面的情报。销售方面的情报对价值改善具有指导性作用，是确定产品设计目标的重要基础，主要包括如下内容。

① 产品方面。产品销售的市场范围及其发展趋势；产品销售数量的演变及其原由；国家需求计划与市场需求预测；产品的技术现状及其发展的可能。

② 竞争方面。主要竞争对手的技术经济现状及其未来的发展趋势；竞争对手的主要特性与问题；名牌产品的优势与特色；各家的产量、销量及售后服务；等等。

（3）技术方面的情报。技术方面的情报对价值改善具有方向性作用，是改进设计的主要来源，主要包括如下内容。

① 科技方面。有关的科研成果及其应用情况；新结构、新材料、新工艺的现状及其发展；标准化的具体要求及其存在的问题；国内外同类产品的开发与研究方向。

② 设计方面。产品设计的主要功能标准与其相关要求；产品的结构原理及零部件配合的先进程度；材料价格、尺寸、精度；产品造型的适时程度及其体积、质量、色泽的发展趋向。

（4）成本方面的情报。成本方面的情报对价值改善具有参考性作用，是确定成本目标的参照系统，主要有如下内容。

① 同类企业成本。同类企业的生产成本、使用成本；主要原材料、能源费用的构成情况及其变化趋势；车间经费、企业管理费等有关资料；产品及其组件等历史资料中的最低成本。

② 供料企业成本。供料企业成本的变动必将引起供应材料价格的变动。具体包括原材料、燃料生产企业的各种成本的现状；各历史时期的发展变化状况；未来发展的趋势与可能。

（5）本企业的情报。本企业的情报主要是指本企业生产经营方面的情报，对价值改善具有条件性作用，是产品开发的可能性依据，主要包括如下内容。

① 经营概况。企业的经营思想、方针、目标；企业的近期发展与长远发展规划；企业的经营品种与相应的产量、质量情况；企业的技术经济指标在同行业中所处的地位与水平等。

② 综合能力。本企业的开发、设计、研究能力；技术经济的总体水平与试制能力；

各有关环节的加工制造能力；通用设备、专业设备、工艺装备情况；质量保证能力、供应运输能力及应变能力等。

(6) 协作企业的情报。协作企业的情报对改善价值具有制约的作用，它是产品开发设计可能性的外界因素，主要包括如下内容。

① 涉及对象。产品开发、设计所涉及的原材料、辅助材料、半成品、外协件的品种、规格、数量、质量及订货的难易程度。

② 企业概况。经常性的供应与协作企业地区分布、距离、交通运输、联络的难易程度；企业的经营管理水平，质量、价格、信誉情况；企业的长远发展趋势与可靠性状况。

另外，情报的内容还应包括国家与社会有关部门方面的情报。如国家的新经济政策，有关产品的优惠政策，国家有关部门的技术政策、能源政策，有关部门的对外贸易、技术引进及环保方面的法令规定等。

10.3 功能分析、整理及评价

10.3.1 功能分析

价值工程旨在提高研究对象的价值，其目的是为了以对象的最低寿命周期成本可靠地实现用户所需功能，以获取最佳的综合效益。显然，要想提高对象的价值，获取最佳的综合效益，必须抓住对象的本质——功能。为此，只有通过对功能进行系统分析，才能加深对功能的理解，探索功能要求，明确功能的性质和相互关系，并使功能数量化，进而对研究对象进行价值评价和成本评价，以利于方案创新。

1. 功能分类

既然功能是满足某种需求的一种属性，那么，凡是满足用户需求的任何一种属性都应属于功能的范畴。功能的概念是广义的，它随着研究对象的不同，可以有多方面的含义，如就一个机构、一项活动来说，其功能可以解释为所具有的特定职能或任务。

(1) 从功能的重要程度角度看，功能可分为基本功能和辅助功能。

① 基本功能。基本功能是与对象的主要目的直接有关的功能，是对象存在的主要理由。一个产品可以有多种功能来满足用户对产品所提出的各种要求，其中能满足用户基本要求的那一部分功能就是产品的基本功能，它是产品存在的基本条件，也是用户购买产品的主要原因。显然，一件产品并不一定只具有一项基本功能。

② 辅助功能。辅助功能是为了更好地实现基本功能服务的功能。辅助功能又称为二次功能，是为了有效地实现基本功能而添加的功能。其作用虽然相对于基本功能是次要的，但它是实现基本功能的重要手段。

由于辅助功能是由设计者附加上去的功能，是可以改变的，所以，应该在确保基本功能实现的前提下，根据需要和可能来增加或剔除辅助功能。从开展价值工程活动本身来说，改进辅助功能既是开展价值工程活动的重要课题，也是降低成本潜力较大的地方。

需要指出的是，随着科学技术的进步和用户需求的变化，基本功能和辅助功能的划分是相对的，有时辅助功能也可以转化为基本功能。

（2）从用户对功能的需求角度看，功能可分为必要功能和不必要功能。

必要功能是为满足用户需求而必须具有的功能，不必要功能是对象所具有的、与满足用户的需求无关的功能。

必要功能包括基本功能与辅助功能，基本功能一定是必要功能，而辅助功能既有必要的部分，也可能包含不必要的部分。不必要功能的产生，可能源于生产厂家的失误，也可能源于用户不同的要求。因此，区分功能必要与否，必须以用户的需求为准绳，而不能凭生产厂家的主观臆断。发现并剔除不必要功能，正是价值工程活动中研究功能的重要目的。当然，功能是否必要，对不同用户来说，有不同的划分标准，因此，在产品设计时，要有明确的市场目标群体才能准确地划分必要功能与不必要功能。

（3）从功能的性质角度看，功能可分为使用功能和美学功能。

① 使用功能。使用功能是对象所具有的与技术经济用途直接有关的功能。凡是从产品使用目的方面所提出的各项特性要求都属于使用功能，也就是产品及其组成部分的实际用途或给用户带来的效用，并体现用户要求效用的程度，如可靠性、安全性、维修性、操作性和有效性等。使用功能是用户最关心的功能。它们往往通过基本功能或辅助功能来实现，如热水瓶的保持水温、手表的显示时间和计时均是使用功能。

确定产品的使用功能不仅要考虑使用目的（用户所要求的效用），而且要考虑使用时间与条件，还要考虑企业的经营方针、生产技术水平及用户的购买能力。只有这样，才能使产品的使用功能既满足用户需求，又符合社会利益（如环境保护等）。

② 美学功能。美学功能是与用户的精神感觉、主观意识有关的功能，如贵重功能、美学功能、外观功能、欣赏功能等。美学功能是在满足用户对使用功能要求的前提下，为了吸引用户，提高竞争能力，在贵重、美学、外观、欣赏等方面所提供的功能，如产品的结构、造型、色彩、数字符号、商标图案、包装装潢等。美学功能多通过辅助功能来实现，但像工艺品、装饰品的美学功能则属于基本功能。

有些产品只要求使用功能，不要求美学功能，如矿产资源、地下管道及其他无须外观要求的产品。有些产品却只要求美学功能，一般不要求使用功能，如工艺品等。但对大多数产品来说，则既有使用功能，又有美学功能，只不过因产品性质、经济发达程度、民族特点、风俗文化的不同，使用功能与美学功能的构成比例不同而已。但随着生产的发展和生活水平的不断提高，美学功能将越来越显示出其重要的作用。

使用功能和美学功能图例

（4）从功能的满足程度角度看，功能可分为不足功能和过剩功能。

不足功能是对象尚未满足用户需求的必要功能，过剩功能是对象所具有的、超过用户需求的必要功能。不足功能既可以表现为产品的整体功能在数量上低于某一确定标准，也可以表现为某些零部件的功能对于产品整体功能的需求，而这些都必然导致产品在使用中表现为功能不足以满足用户的需求。如手表的准确性不够、洗衣机把衣服洗得不够干净、钢笔墨水流出不够均匀等。过剩功能虽然从定性的角度看属于必要功能，但在数量上超过了用户的需求。它既可以表现为产品的整体功能在数量上超过了某一确定标准，也可以表现为某些零部件的功能超出产品整体功能的需求，造成了资源的浪费。

功能是对象满足某种需求的一种属性。也就是说，在价值工程活动中，功能作为一种属性是价值工程对象所固有的性质，是客观存在的。它不随时间、地点、条件和人的主观感受而变化，可以用客观的技术指标来衡量。但作为满足某种需求的一种属性，功能又与需求偏好和特点有关，即与人的主观感受有关。这种主观感受不仅含有心理因素，还含有技术因素、经济因素和其他因素，是这些因素的结合统一，由用户在市场购买时进行评估。因此，功能又是主观的。在对功能进行描述时，是需要建立在充分的市场调查的基础之上的。

功能的客观属性取决于功能载体的客观性，但功能与其载体在概念上应该分开。这是因为用户购买物品时需要的是它的功能，而不是物品本身，只要功能相同，物品是可以替代的，像防火纸替代石棉板那样。由于人们需求的本质是产品的功能，而同一功能具有多个载体，为实现同一功能，也可能有多种手段。所以，功能可以与现有载体或手段相分离，从而可以去寻找替代的新载体或新手段。从开展价值工程活动的实践看，功能载体的替代在价值工程初始阶段多表现为资源（特别是材料）的替代，但随着价值工程活动的深入开展，以功能创新的结构替代原有结构，特别是局部结构功能创新影响产品发生质变的应用实例越来越多。

2. 功能定义

所谓功能定义，是指通过对产品与其各组成部件的逐一解剖而认识它在产品中的具体效用，并用明确简练的语言给予结论上的表述。这一认识与表述的过程就是功能定义。因为无论是产品还是零部件，从现象来说，它们具有作为物品所特有的外形或材质及其所表现的物理性能。而功能定义就是要透过这些表面上的现象找出隐藏在背后的特性，从中抽出本质的东西——功能，并一项一项地加以区别和限定，特别是要把它们的关系搞清楚。显然，功能定义的过程就是将实体结构向功能结构抽象化的过程，即透过现象看本质的过程。

（1）功能定义的方法主要如下。

① 使用功能的定义方法。使用功能大多是以一定的动作行为作用于某一特定的对象。由于动作行为必然以动词来表述，被作用的对象是动词的宾语。因此，对使用功能下定义时，要用动词和名词构成的动宾词组来描述。动宾词组作为功能定义的主要形式，不仅适用于使用功能的定义，还适用于基本功能的定义。

功能定义举例

② 辅助功能的定义方法。辅助功能的定义是对产品基本功能实施过程中的辅助性要求所进行的限定与描述。例如，收音机的基本功能是“发生音响信息”，其辅助功能有音质优美、性能稳定、造型大方、色泽美观等。

③ 美学功能的定义方法。对美学功能下定义，就是对研究对象所具有的外观、特性或艺术水平进行定性地表述。一般情况下，对象的外观、特性或艺术水平用形容词来描述，由此构成一个名词加形容词的陈述与被陈述关系的主谓词组。例如，前述收音机的美学功能造型大方、色泽美观就是这种结构。

（2）在给功能下定义时，必须注意以下几点。

① 抓住功能本质。在给功能下定义时，要围绕用户所要求的功能，对事物进行本质思考。只有这样，才能正确理解产品应具备的功能，才能抓住问题的本质。有些产品之所以给用户提供不必要的功能、过剩功能，或漏掉用户所需要的功能，或功能水平不能满足用户要求等，往往是由于设计者没有从用户的要求出发，真正理解产品应具备的功能而造成的。所以说，能否抓住问题的本质来准确描述功能定义，对价值工程活动的好坏与成败有着重大的影响。

② 表达准确简明。对于产品及其组成部分的功能定义的正确与否，直接关系到以后价值工程活动的成果。因此，必须定性准确，否则，以后在改进产品及组成部分的功能时，就会发生混乱现象。

③ 尽可能定量化。尽可能使用能够测定数量的名词来定义功能，以便于在功能评价和方案创新过程中将功能数量化，以利于价值工程活动中的定量分析。

④ 要考虑实现功能的制约条件。虽然功能定义是从对象的实体中抽象“功能”这一本质的活动，但在进行功能定义时，不能忘记可靠地实现功能所应具备的制约条件。

⑤ 注意功能定义表述的唯一性。在给功能下定义时，对研究对象及其构成要素所具有的功能要一项一项地明确，每一项功能只能有一个定义。当一个构成要素有几项功能时，就要分别逐项下定义。而当几个构成要素同时具有某一项功能时，则这些构成要素的功能定义中都应具有这一功能定义。也就是说，不论是构成要素需要具有几项功能，还是功能需要几个要素同时实现，都要满足某一特定功能必须对应于唯一的确定的功能定义。

10.3.2 功能整理

所谓功能整理，就是在功能定义的基础上，按照功能之间的逻辑关系，把产品构成要素的功能按照一定的关系进行系统的整理与排列，然后绘制功能系统图，以便从局部与整体的相互关系上把握问题，从而达到掌握必要功能和发现不必要功能的目的，并提出改进的办法。

功能整理的工作程序，通常按如下步骤进行。

（1）把功能定义写在小卡片上，每条写一张卡片，这样便于排列、调整和修改。

（2）从基本功能中挑选出一个最基本的功能，也就是最上位的功能（产品的目的），排列在左边。其他卡片按功能的性质，以树枝状结构的形式向右排列。

（3）逐个研究功能之间的关系，也就是找出功能之间的上下位关系。例如，当分析某一个功能时，如果提出一个问题，即为什么需要这个功能？或者是这个功能为了达到什么目的？那么就能找到它的上位功能。要查问它的下位功能，可以提问这个功能是怎样实现的？这样通过回答为什么和怎么样，就能找到上位功能和下位功能。上位功能和下位功能的关系为：上位功能是目的，下位功能是手段。当然，目的和手段的关系是相对的。就某一个功能而言，对它的上位功能来说是手段，对它的下位功能来说却是目的。如图10.4所示为上位功能与下位功能关系图。

（4）功能的并列关系。功能的并列关系是指在功能系统中，在上位功能之后，往往有

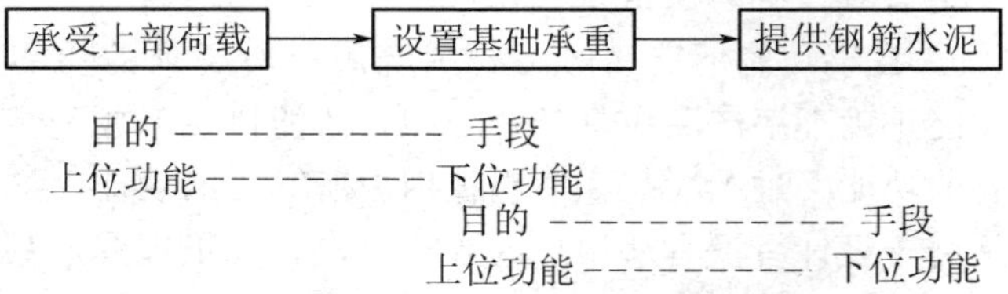

图 10.4　上位功能与下位功能关系图

几个并列的功能存在，这些并列的功能又各自形成一个子系统，构成一个功能区域，称为“功能区”。

(5) 编制功能系统图。根据上面所确定的功能间的上下关系和并列关系，把上位功能排在左边，下位功能排在右边，并列关系功能并列排列。即按其逻辑关系，从整体出发，用图形表示，就形成了功能系统图，如图 10.5 所示。初步形成的功能系统图，必须进一步地检查和验证功能关系是否正确，再经过充分的讨论和严格的审查，最后整理成逻辑严密、结构清晰的功能系统图。

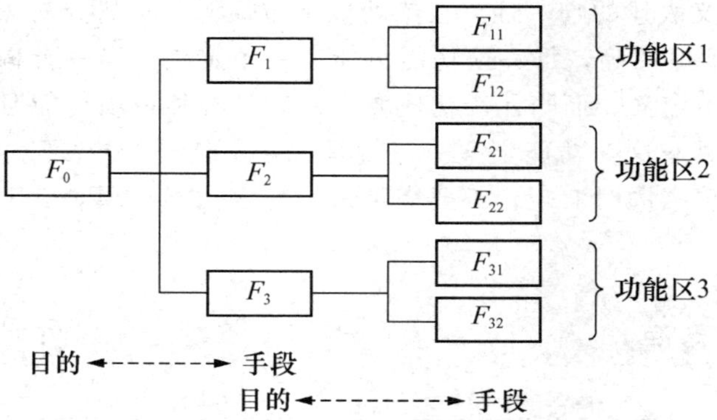

图 10.5　功能系统图

10.3.3　功能评价

1. 功能评价的含义

功能评价是指在功能分析的基础上，根据功能系统图，在同一级的各功能之间，运用一定的科学方法，计算并比较各功能价值的大小，从而寻找功能与成本在量上不匹配的具体改进目标的过程。

2. 功能评价的方法

功能评价的方法可分为两大类：功能系数法与功能成本法。

(1) 功能系数法。

功能系数法又称相对值法，是通过评定各对象功能的重要程度，用功能系数来表示其功能程度的大小，然后将评价对象的功能系数与相对应的成本系数进行比较，得出该评价对象的价值系数，从而确定改进对象，并求出该对象的成本改进期望值。其计算公式为

$$价值系数(V)=\frac{功能系数(FI)}{成本系数(CI)} \tag{10-3}$$

其中，功能系数是指评价对象（如零部件等）功能在整体功能中所占的比率，又称功能评价系数、功能重要性系数等；成本系数是指评价对象的目前成本在全部成本中所占的比率。

功能系数法也包括两大工作内容，即成本系数的计算和功能系数的计算。

① 成本系数的计算。成本系数可按下式计算。

$$成本系数CI_i=\frac{第\ i\ 个评价对象的目前成本}{全部成本} \tag{10-4}$$

② 功能系数的计算。功能系数的计算是一个定性与定量相结合的过程，其主要步骤是评定功能分值。功能系数的计算方法很多，常用的有以下几种。

A. 强制确定法。它又称 FD 法，包括 01 法和 04 法两种方法。它是采用一定的评分规则，采用强制对比打分来评定评价对象功能系数的方法。

a. 01 法。它是将各功能一一对比，重要的得 1 分，不重要的得 0 分，然后为防止功能系数中出现 0 的情况，用各加 1 分的方法进行修正，最后用修正得分除以总得分即为功能系数。其计算过程见表 10－4。

表 10－4　01 法的计算过程

功　能	F_1	F_2	F_3	F_4	F_5	得　分	修正得分	FI_i
F_1	×	0	0	1	1	2	3	0.20
F_2	1	×	1	1	1	4	5	0.33
F_3	1	0	×	1	1	3	4	0.27
F_4	0	0	0	×	0	0	1	0.07
F_5	0	0	0	1	×	1	2	0.13
合　计						10	15	1.00

b. 04 法。它是将各功能一一对比，其规定：很重要的功能因素得 4 分，很不重要的功能因素得 0 分；较重要的功能因素得 3 分，较不重要的功能因素得 1 分；同样重要或基本同样重要时，则两个功能因素各得 2 分。最后，用各功能得分除以功能总得分即为功能系数。

应用案例 10－2

某技术方案具有 5 项基本功能，经有关专家讨论对其功能的重要性达成以下共识：F_2 和 F_3 同样重要，F_4 和 F_5 同样重要，F_1 相对于 F_2 较重要，F_1 相对于 F_4 很重要，F_2 相对于 F_4 较重要，试用 04 法来确定其功能系数。

【解】 依据题意及根据 04 法的基本原理，计算结果见表 10－5。

表 10-5　用 04 法计算功能系数的计算结果

功能	F_1	F_2	F_3	F_4	F_5	得分	FI_i
F_1	×	3	3	4	4	14	0.350
F_2	1	×	2	3	3	9	0.225
F_3	1	2	×	3	3	9	0.225
F_4	0	1	1	×	2	4	0.100
F_5	0	1	1	2	×	4	0.100
合计						40	1.000

强制确定法适用于被评价对象在功能重要程度上的差异不太大，并且评价对象子功能数目不太多的情况。

B. 倍比法。这种方法是利用评价对象之间的相关性进行比较来定出功能系数，令最后一个评价对象得分为 1，按对象之间的相互比值计算各功能的分值，见表 10-6。

表 10-6　用倍比法计算功能系数

功　　能	相对比值	得　　分	FI_i
F_1	$F_1/F_2=2$	9	0.51
F_2	$F_2/F_3=1.5$	4.5	0.26
F_3	$F_3/F_4=3$	3	0.17
F_4		1	0.06
合计		17.5	1.00

③ 价值系数（V）的计算。

根据式（10-3）和式（10-4），即可计算出每一功能的价值系数 V_i。

应用案例 10-3

某产品有 4 项功能，其功能系数已通过表 10-6 的倍比法确定，若产品的全部成本为 1130 元，现实成本见表 10-7，试计算该产品的价值系数。

【解】 该产品的价值系数的计算结果见表 10-7。

表 10-7　价值系数的计算结果

功能 ①	功能系数（FI） ②	现实成本/元 ③	成本系数（CI） ④=③/1130	价值系数（V） ⑤=②/④	功能改进目标 ⑥
F_1	0.51	560	0.496	1.03	
F_2	0.26	300	0.265	0.98	
F_3	0.17	150	0.133	1.28	
F_4	0.06	120	0.106	0.57	√
合计	1.00	1130	1.000		

④ 确定功能改进目标。功能的价值系数计算出来以后，就需要进行分析，进而确定功能改进目标。一般来说，采用功能系数法所计算出的功能价值系数不外乎有以下 3 种结果。

A. $V=1$。此时，评价对象的功能比重与成本比重大致平衡，匹配合理，可以认为功能的目前成本是比较合理的，无需改进。

B. $V<1$。此时，评价对象的成本比重大于其功能比重，表明相对于系统内的其他对象而言，目前成本偏高。应将其列为改进对象，改善方向主要是降低成本。

C. $V>1$。此时，评价对象的成本比重小于其功能比重。出现这种结果的原因可能有 3 个：第一个原因是目前成本偏低，不能满足评价对象实现其应具有的功能的要求，致使对象功能偏低，这种情况应将其列为改进对象，改善方向是增加成本；第二个原因是对象目前具有的功能已经超过了其应该具有的水平，也即存在过剩功能，这种情况也应将其列为改进对象，改善方向是降低功能水平；第三个原因是对象在技术、经济等方面具有某些特殊性，在客观上存在着功能很重要而需要耗费的成本却很少的情况，这种情况一般就不必将其列为改进对象了。

通过价值系数的计算，由表 10－7 可知，应把 F_4 作为功能改进对象。

（2）功能成本法。

功能成本法又称为绝对值法，是通过一定的测算方法，测定实现必要功能所必须消耗的最低成本，同时计算为实现必要功能所耗费的目前成本，经过分析、对比，求得对象的功能价值系数和成本降低期望值，从而确定价值工程的改进对象。其计算公式为

$$\text{功能价值系数}(V)=\frac{\text{功能评价值}(F)}{\text{功能目前成本}(C)} \tag{10-5}$$

式中：功能评价值（F）是指用户要求功能的最低成本，一般又称为目标成本，可通过经验估算和功能的重要系数计算；功能目前成本（C）须根据传统的成本核算资料换算成功能的目前成本；功能价值系数（V）的大小用来确定改进对象。

应用案例 10－4

已知某产品有 4 项功能，各功能的重要性系数、现实成本均已计算出，若目标成本（功能评价值）为 900 元，试求各功能的价值系数。

【解】 各功能的价值系数的计算结果见表 10－8。

表 10－8　各功能的价值系数的计算结果

功能 ①	现实成本(C)/元 ②	功能重要性系数 ③	功能评价值(F) ④＝③×900	价值系数（V） ⑤＝④/②	成本降低期望值 ⑥＝②－④	改善顺序 ⑦
F_1	563	0.52	468	0.83	95	3
F_2	298	0.25	225	0.76	93	2
F_3	153	0.17	153	1.00	0	
F_4	116	0.06	54	0.47	62	1
合计	1130	1.00	900	—	230	

10.4 方案创新与评价

通过功能分析和功能评价，对价值工程对象整体及其各功能的功能价值进行了分析计算和评价，选出了价值低且成本改善期望大的作为重点改进对象。它的实现就要通过方案创新与评价来进行。

10.4.1 方案创新

方案创新是从提高对象的功能价值出发，针对应改进的具体目标，依据已建立的功能系统图和功能目标成本，通过创新性的思维活动，提出各种不同的实现功能方案的过程。

方案创新是价值工程活动成败的关键，主要依赖于创新能力和创新性思维。在价值工程中，常用的方案创新的方法有以下几种。

(1) 头脑风暴法。采用会议的形式，组织对改进对象有较深了解的人员进行讨论、座谈（人数一般为 5～10 人)，最后提出新的方案。

讨论时应遵守以下几条规则。

某广告公司头脑风暴全过程

① 不允许批评别人的设想。

② 欢迎自由奔放地思考，提出尽量多的方案。

③ 欢迎在别人意见的基础上补充和完善。

④ 会议的主持者应思维活跃、知识面广、善于引导，使会议气氛融洽，能使与会者广开思路、畅所欲言。

⑤ 会议应有记录，以便于整理研究。

(2) 哥顿法。这种方法的指导思想是把要研究的问题适当抽象，以利于拓展思路，在研究创新方案时，会议主持人开始并不全部摊开要解决的问题，而是只给大家做一番抽象、笼统的介绍，要求大家提出各种设想，以激发出有价值的改进方案，待讨论到一定程度后，才把中心议题提出来，以做进一步研究。

(3) 德尔菲法。德尔菲法又称专家调查法，是将要研究的方案分解为若干内容，以信函的方式分送各有关专家，使其在互不商量的情况下提出各种建议和设想，待其将方案寄回后，组织者经过整理分析，归纳出若干较合理的方案，再分送给各位专家进行分析研究。如此经过几次反复后专家意见趋向一致，最后形成比较集中的几个方案。

方案创新的方法很多，总的原则是要充分发挥有关人员的聪明才智、集思广益、多提方案，从而为方案评价创造条件。

10.4.2 方案评价

1. 方案评价的步骤

方案评价是在方案创新的基础上对新构思方案的技术、经济和社会等几方面进行的评估，以便选择最佳方案。方案评价分为概略评价和详细评价两个阶段。

(1) 概略评价。

概略评价是对已创造出来的方案从技术、经济和社会3个方面进行初步研究。其目的是为了从众多的方案中进行粗略的筛选，以减少详细评价的工作量，使精力集中于优秀方案的评价。

(2) 详细评价。

所谓方案的详细评价，就是对概略评价所得的比较抽象的方案进行调查和收集信息资料，使其在材料、结构、功能等方面进一步具体化，然后对它们做最后的审查和评价。

在详细评价阶段，对产品或服务的成本究竟是多少，能否可靠地实现必要的功能，都必须得到准确的解答。总之，要证明方案在技术和经济方面是可行的，而且价值必须得到真正的提高。

方案经过评价，淘汰了不能满足要求的方案后，就可从保留的方案中选择技术上先进、经济上合理和社会上有利的最优方案。

不论是概略评价还是详细评价，方案评价的内容都有技术评价、经济评价和社会评价三方面。

① 技术评价。技术评价主要是评价方案实现必要功能的程度，或用户对改进方案的功能的满足程度。技术评价力求把技术指标定量化，以便进行比较选择。技术可行性可以从以下几个方面进行评价：功能的实现程度（性能、质量、寿命等）、可靠性、可维修性、可操作性、安全性、协调性（与环境的协调等）。

② 经济评价。经济评价是从成本与利润两方面进行综合考虑，主要评价成本指标，如费用的节约。同时，也要考虑与经济效果有关的其他指标，如对公众或企业产生的效益、市场情况、销路及竞争企业和竞争产品的情况。

③ 社会评价。社会评价是对方案的社会效果的评价。社会评价主要包括以下几方面内容：方案是否符合国家规划；方案实施资源的利用是否合理；方案实施是否达到国家关于环境保护颁布的有关规定；方案实施是否符合国家、社会的其他要求。

(3) 综合评价。综合评价是指在上述3种评价的基础上，列出具体的评价项目和评分标准，然后进行综合评分，对整个方案做出综合的、整体的评价。在进行综合评价时，要综合考虑各指标因素之间的重要性比重、各方案对评价指标的满足程度，从而判断和选择出最优方案。

方案评价的步骤和内容如图10.6所示。

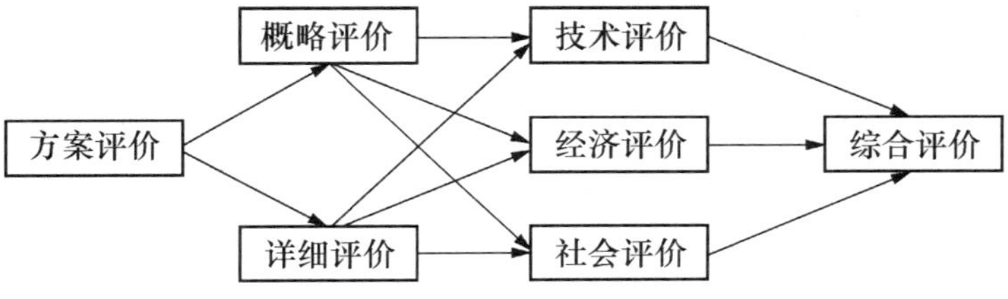

图10.6 方案评价的步骤和内容

2. 方案评价的方法

方案评价的方法可分为定性评价法和定量评分法两类。

(1) 定性评价法。定理评价法又称优缺点评价法，是根据评价项目详细列出各个方案的优缺点，分析其所存在的缺点能否克服，在比较的基础上选出最优方案的一种方法。这种方法简单、灵活而且全面；但是这种方法评价粗糙、缺乏定量依据，容易把一些相近的方案全部排除或难以选择。因而，其一般应与定量分析相结合。

(2) 定量评分法。定量评分法是指用评分法评价每一方案的得分来选择方案的方法。定量评分法有许多具体的操作方法，下面介绍几种。

① 加权评分法（又称 DARE 法）是指根据评价指标重要性程度（W_i）和方案对评价指标的满足程度（S_i）进行综合评价的方法。该方法的具体步骤如下。

第一步，确定重要性系数 W_i。

第二步，确定方案对评价指标的满足程度系数 S_i，即权重。

第三步，确定方案的评分值。其计算公式为

$$A_i = \sum W_i S_i \tag{10-6}$$

式中 A_i——某方案的综合评分值；

W_i——某方案第 i 个评价指标的权重；

S_i——某方案第 i 个评价指标的打分值。

最后，根据 A_i 的数值，选择总评分值最高的方案为最优方案。

② 加法评分法与乘法评分法。这两种方法都是将评价项目按满足程度分为若干等级，最后确定各级评分标准并进行评分。

加法评分法是将各方案的每一个评价指标得分累计相加，以评分值最高者确定为最优方案。

乘法评分法与加法评分法类似，它只是将各方案的每一个评价指标得分累计相乘。由于总分值由乘积确定，所以方案之间分值差距越大，对比越醒目。

情境小结

价值工程作为一种技术与经济相结合的管理技术和思想方法，在我国已得到了较为广泛的应用。本情境通过对价值工程的基本概念、提高价值的途径、应用特点、工作程序与分析方法等的系统阐述，进一步明确了价值工程推广应用的重要意义，并通过案例的形式，介绍了价值工程在实际工程中应用的具体方法。

习　题

一、单选题

1. 价值工程中“价值”的含义是（　　）。

A. 产品的使用价值　　B. 产品的交换价值

C. 产品全寿命时间价值　　D. 产品功能与其全部费用的比较价值

2. 在价值工程中，确定产品价值高的标准是（　　）。

A. 成本低，价格高　　B. 成本低，功能大

C. 成本高，功能大　　D. 成本高，价格高

3. 价值工程的目标是（　　）。

A. 提高产品的价值　　B. 降低产品的成本

C. 提高产品的功能　　D. 降低产品的成本，提高产品的价值

4. 在价值工程中，功能整理的主要任务是（　　）。

A. 选择价值工程的对象　　B. 进行功能分析

C. 建立功能系统图　　D. 选择创新方案

二、多选题

1. 提高产品价值的途径有（　　）。

A. 功能大提高，成本小提高　　B. 功能提高，成本下降

C. 功能下降，成本提高　　D. 功能提高，成本不变

E. 功能小提高，成本大提高

2. 在建设工程中运用价值工程时，提高工程价值的途径有（　　）。

A. 通过采用新方案，既提高产品功能，又降低成本

B. 通过设计优化，在成本不变的前提下，提高产品的功能

C. 施工单位通过严格履行施工合同，提高其社会信誉

D. 在保证建设工程质量和功能的前提下，通过合理的组织管理措施降低成本

E. 适量增加成本，大幅度提高项目的功能和适用性

3. 在价值工程中，方案创新常用的方法包括（　　）等。

A. 头脑风暴法　　B. 哥顿法

C. 德尔菲法　　D. 优缺点列举法

4. 在价值工程中，按用户的需求分类，必要功能有（　　）。

A. 使用功能　　B. 美学功能

C. 基本功能　　D. 重复功能

E. 多余功能

三、案例分析题

某施工单位承接了某项工程的总包施工任务，该工程由A、B、C、D共4项工作组成，施工场地狭小。为了进行成本控制，项目经理部对各项工作进行了分析，其功能成本分析表见表10－9。

表10－9　功能成本分析表

工作	功能评分	预算成本/万元
A	15	650
B	35	1200
C	30	1030
D	20	720
合计	100	3600

工程进展到第 25 周 5 层结构时，公司各职能部门联合对该项目进行突击综合大检查。检查成本时发现：C 工作实际完成预算费用 960 万元，计划完成预算费用 910 万元，实际成本 855 万元，计划成本 801 万元。

检查现场时发现如下情况。

(1) 塔式起重机与临时生活设施共用一个配电箱：无配电箱检查记录。

(2) 塔式起重机由木工班长指挥。

(3) 现场单行消防通道上乱堆材料，仅剩 1 米宽左右通道，端头 20 米×20 米场地堆满大模板。

(4) 脚手架和楼板模板拆除后乱堆乱放，无交底记录。

工程进展到第 28 周 4 层结构拆模后，劳务分包方作业人员直接从窗口向外乱抛垃圾造成施工扬尘，周围居民因受扬尘影响，有的找到项目经理要求停止施工，有的向有关部门投诉。

【问题】

(1) 计算表 10－10 中 A、B、C、D 共 4 项工作的评价系数、成本系数和价值系数(计算结果保留小数点后两位)。

表 10－10　计算结果

工作	功能评分	预算成本/万元	评价（功能）系数	成本系数	价值系数
A	15	650			
B	35	1200			
C	30	1030			
D	20	720			
合计	100	3600			

(2) 在 A、B、C、D 共 4 项工作中，施工单位应首选哪项工作作为降低成本的对象？说明理由。

(3) 计算并分析 C 工作的费用偏差和进度偏差情况。

(4) 根据公司检查现场发现的问题，项目经理部应如何进行整改？

(5) 针对本次扬尘事件，项目经理应如何协调和管理？

学习情境10
在线答题

学情习境 11 项目后评价

思维导图

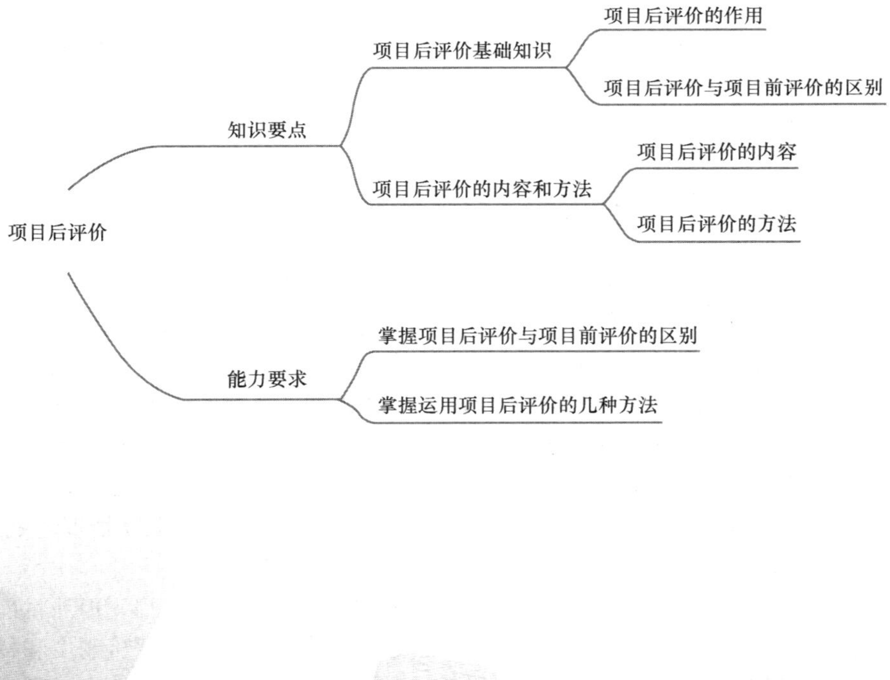

情境导读

可行性研究和项目前评价是在项目建设前进行的，其判断、预测是否正确，项目的实际效益如何，需要在项目竣工投产后根据现实数据资料进行再评估来检验，这种再评估就是项目后评价。项目后评价可以全面总结项目投资管理中的经验教训，并为以后改进项目管理和制订科学的投资计划提供现实依据。

问题：项目后评价应该采取什么方法进行评价?

11.1 项目后评价概述

11.1.1 项目后评价的定义

项目后评价的类型

关于项目后评价的定义，目前国内外理论与实际工作者尚有不同的理解。本书所指的项目后评价是指对项目建成投产后的综合研究，衡量和分析项目的实际情况及其与预测（计划）情况的差距，确定有关项目预测和判断是否正确，并分析其原因，从项目完成过程中汲取经验教训，为今后提高项目投资的决策水平创造条件，并为提高项目投资效益提出切实可行的对策措施。

11.1.2 项目后评价的作用

项目后评价的实施

从以上项目后评价的定义及其在项目管理中的地位可以看出，项目后评价在提高建设项目决策科学化水平、改进项目管理和提高投资效益等方面发挥着极其重要的作用。具体地说，项目后评价的作用主要表现在以下几个方面。

(1) 总结项目管理的经验教训，提高项目管理的水平。由于建设项目管理是一项极其复杂的活动，它涉及银行、计划主管部门，企业物资供应、施工等许多部门，因此项目能否顺利完成关键在于这些部门之间的配合与协调工作做得如何。通过项目后评价，对已经建成项目的实际情况进行分析研究，有利于指导未来项目的管理活动，从而提高项目管理水平。

(2) 提高项目决策的科学化水平。项目前评价是项目投资决策的依据，但项目前评价中所做的预测是否准确，需要项目后评价来检验。通过建立完善的项目后评价制度和科学的方法体系，一方面可以增强项目前评价人员的责任感，提高项目预测的准确性；另一方面可以通过项目后评价的反馈信息，及时纠正项目决策中存在的问题，从而提高未来项目决策的科学化水平。

(3) 为国家投资计划、政策的制定提供依据。项目后评价能够发现宏观投资管理中的不足，国家可以及时地修正某些不适合经济发展的技术经济政策，修订某些已经过时的指标参数；同时，还可根据反馈的信息，合理地确定投资规模和投资流向，协调各产业、各部门之间及其内部的各种比例关系。此外，国家还可以充分地运用法律的、经济的、行政的手段，建立必要的法令法规、各项制度和机构，促进投资管理的良性循环。我国基本建设程序尚缺乏对项目决策和实施效果的反馈环节，而项目后评价刚好弥补了这一弱点，它对我国基本建设程序的完善和健全、改进宏观决策将会起到越来越重要的作用。

（4）为银行部门及时调整信贷政策提供依据。通过开展项目后评价，能及时发现项目建设资金使用中存在的问题，分析研究贷款项目成功或失败的原因，从而为银行部门调整信贷政策提供依据，并确保资金的按期回收。

（5）可以对企业经营管理进行“诊断”，促使项目运营状态的正常化。由于项目后评价是在项目运营阶段进行的，因而可以分析和研究项目投产初期和达产时期的实际情况，比较实际情况与预测情况的偏离程度，探索产生偏差的原因，提出切实可行的措施，从而促使项目运营状态正常化，提高项目的经济效益和社会效益。

11.1.3 项目后评价与项目前评价的区别

（1）在项目建设中所处的阶段不同。项目可行性研究和项目前评价属于项目的前期工作，它决定项目是否可以上马。项目后评价是项目竣工投产并达到设计生产能力后对项目进行的再评价，是项目管理的延伸。

项目后评价的步骤

（2）比较的标准不同。项目可行性研究和项目前评价依据定额标准、国家参数来衡量建设项目的必要性、合理性和可行性。项目后评价主要是直接与项目前评价的预测情况或其他同类项目进行对比，检测项目的实际情况与预测情况的差距，并分析其原因，进而提出改进措施。

（3）在投资决策中的作用不同。项目可行性研究和项目前评价直接作用于项目决策，项目前评价的结论是项目取舍的依据。项目后评价则间接作用于项目投资决策，是投资决策的信息反馈。通过项目后评价反映出项目建设过程和投产阶段（乃至正常生产时期）出现的系列问题，将各类信息反馈到投资决策部门，从而提高未来项目决策科学化的水平。

（4）分析研究的内容不同。项目可行性研究和项目前评价分析研究的主要内容是项目建设条件、设计方案、实施计划及经济社会效果。项目后评价分析研究的主要内容除了对项目前评价的内容进行再评价外，还包括对项目决策、项目实施效率等进行评价及对项目实际运营状况进行较深入的分析。

11.2 项目后评价的内容和方法

11.2.1 项目后评价的内容

一般项目后评价的内容包括技术、经济、环境、社会和发展5个方面。建设项目后评价要针对建设项目的特点，结合项目投资主体的实际情况，兼顾项目所在地区、社会和国家利益，以项目目标、过程、效益、持续性评估为主。对有环境影响的建设项目，应根据项目的规模、国家或省级环保部门出具的评价意见，以项目建设前后对环境影响的相关数据作为评估内容。

1. 目标评估

目标评估就是通过项目实际产生的一些经济、技术指标与项目决策时确定的目标进行比较，检查项目是否达到预期目标或达到目标的程度，从而判断项目是否成功。

(1) 与前期确定的立项条件、决策依据、决策程序比较是否发生偏差。

(2) 检查项目实际工艺技术、产生的经济效益指标是否达到预期目标或达到目标的程度等。

(3) 投资使用情况评估。投资使用情况评估是指将项目原定的预算和资金投入计划同实际发生的投资进行对比分析，找出发生变化的原因及其影响。

2. 过程评估

项目的过程评估是指对项目的各个环节进行回顾和检查，对项目的实施效率做出评价。过程评估包括对勘察设计、设备采购、工程建设施工、竣工验收和生产准备工作等的评估，主要内容如下。

(1) 对施工准备、招标投标、工程进度、工程质量、工程造价、工程监理的评估。

(2) 对各种合同执行情况的评估。

(3) 对项目设计能力和实际能力的验证。

(4) 对工程技术经济指标的分析。

(5) 对项目的生产管理和生产条件的分析。

(6) 对项目的经营效益的分析。

(7) 对生产和销售情况、原材料和燃料供应情况、资源综合利用情况、生产能力的利用情况等的评估。

3. 效益评估

效益是衡量项目成功与否的关键因素。效益评估包括项目的财务评价和国民经济评价。财务评价是指在国家现行财税制度和价格体系下，从项目投资者的角度，根据项目后评价时点以前各年实际发生的投入产出数据及这些数据重新预测得出的项目计算期内未来各年将要发生的数据，综合考察项目实际或更接近于实际的财务盈利能力状况，据此判断项目在财务意义上的成功与失败，并与项目前评价相比较，找出产生重大变化的原因，总结经验教训。国民经济评价是指从国家整体角度考察项目的费用和效益，采用影子价格、影子工资、影子汇率和社会折现率等参数对项目后评价时点以后项目计算期未来各年度预测的财务费用与财务效益进行调整，计算项目对国民经济的净贡献，据此判断项目的经济合理性。

效益评估中选用的数据要求具有真实性、客观性和准确性，包括建设单位提供的项目投资报表、竣工决算表、竣工验收报告和生产单位提供的各年年终会计报表等，主要内容如下：项目的盈利能力分析和偿还能力分析；财务实际成果与预期目标的对比分析；财务状况的前景与措施分析；应考虑财务参数变化和物价上涨因素所带来的影响，分析财务效益实现程度，并寻找产生差异的原因。

4. 持续性评估

持续性评估就是对项目在未来运营中实现既定目标及持续发挥效益的可能性进行预测性分析，即项目完成之后项目的既定目标是否还可以持续、项目是否可以顺利地持续实施、项目业主是否愿意并可以依靠自己的能力持续实现既定的目标。

项目的持续性评估从政府政策、管理组织和社会群众的参与、财务、技术、社会文化、环境和生态及外部因素等各个方面来评估分析项目在物质、经济和社会等方面的持续性，并指出保持项目持续性的条件和要求。

持续性评估是对项目是否持续发挥投资效益、企业发展潜力和进行内涵性改造的前景等进行分析评估，做出判断，提出项目持续发挥效益须具备的内外部条件和需要采取的措施。

5. 影响评估

影响评估是对项目建成投产后对国家、项目所在地区的经济、社会和环境所产生的实际影响所进行的评估，据此判断项目决策宗旨是否实现，重点分析项目对整个社会发展的影响。影响评估的内容包括经济、科技进步、环境、社会影响等方面。

（1）项目经济影响评估主要分析和评估项目对地区、行业、部门和国家的宏观经济影响（如对国民经济结构的影响、对提高宏观经济效益及对国民经济长远发展的影响），并对项目所用国内资源的价值进行测算，为在宏观上判断项目资源利用的合理程度提供依据；同时，分析项目对地区、行业、部门和国家的经济发展所产生的重要作用和长远影响。

项目后评价的内容变迁

（2）项目科技进步影响评估主要分析和评估项目对国家、部门和地区的技术进步的推动作用，以及项目所选技术本身的先进性和适用性；分析和评估项目采用的工艺技术或者引进的技术装备的先进性及其与国内外同类技术装备进行对比；并对本部门、本地区技术进步的作用和取得的潜在效益进行分析和评估。

项目后评价报告

（3）项目环境影响评估主要分析和评估项目对地区环境质量的影响、对自然资源的保护和利用的影响、对生态平衡的影响等。

项目环境影响评估主要是对照项目前评价时批准的《环境影响报告书》，重新审查项目对环境产生的实际影响，审查项目环境管理的决策、规定、规范和参数的可靠性和实际效果。项目环境影响评估主要包括项目的污染源控制、区域的环境质量、自然资源的利用、区域的生态平衡和环境管理能力共5个方面的内容。

项目后评价成果应用

（4）项目社会影响评估主要分析和评估项目对居民生活条件和生活质量的影响、对就业的影响、对当地基础设施建设和未来发展的影响等。

6. 管理水平评估

管理水平评估是指对项目实施全过程各阶段管理者的工作水平做出评估，主要内容如下。

（1）他们是否能有效地管理项目的各项工作。

（2）他们是否与政策机构和其他组织建立了必要的联系。

（3）人才和资源是否使用得当。

(4) 他们是否有较强的责任感等。

项目后评价评审小组

11.2.2 项目后评价的方法

现阶段企业对建设项目尚没有规范、完整地开展项目后评价工作，一般在选择项目后评价方法时，采用对比分析法和成功度分析法；在选取项目后评价指标时，采取定量与定性相结合的指标，循序渐进，逐步探索、总结出适合建设项目后评价的方法和指标体系。

目前，在国内外项目后评价实践中，总体上采用定量分析与定性分析相结合的方法，在此提出以下三种方法供大家参考：对比分析法、逻辑框架分析法（LFA）和成功度分析法。

1. 对比分析法

对比分析法是项目后评价的基本方法，它包括前后对比法与有无对比法。

(1) 前后对比法。

将项目实施前与项目建成后的实际情况加以对比，测定该项目的效益和影响。在项目后评价中是将项目前期阶段，即项目可行性研究与项目前评价阶段所预测的建设成果、规划目标和投入产出、效果和影响与项目建成投产后的实际情况相比较，从中找出存在的差别及原因。

项目建成后对各指标以原预测指标数值为基准，评定实际实现指标数值。变化和差距等于实际实现指标数值减去原预测指标数值。

(2) 有无对比法。

有无对比法是指将投资项目的建设及投产后的实际效果和影响，同如果没有这个项目可能发生的情况进行对比分析。由于项目所在地区的影响不仅是项目本身所带来的作用，而且还有项目以外的许多其他因素的作用。因此，这种对比的重点是要分清这些影响中项目的作用和项目以外的其他因素的作用，评估项目的增量效益和社会机会成本。

项目的有无对比既不是前后对比，也不是项目实际效果与预测效果之比，而是项目实际效果与若无此项目实际或可能产生的效果的对比，如图 11.1 所示。

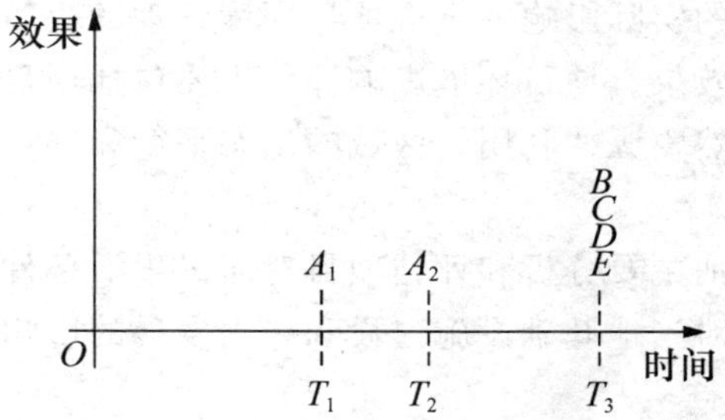

图 11.1 项目有无对比法示意图

A_1——项目开工；A_2——项目完工；B——项目实施效果；C——项目实施前的预测效果；D——无项目实施效果；E——无项目，外部条件与开工时间相同；T_1——项目开工时间；T_2——项目完工时间；T_3——项目后评价时间

项目后评价中的效益评估任务就是剔除那些项目因素，对归因于项目的效果加以正确的定义和度量。由于无项目时可能发生的情况往往无法确定地描述，因此项目后评价中只能用一些方法去近似地度量项目的作用。理想的做法是在该受益地区之外，找一个类似项目区的“对照区”进行比较和评价。

项目的效益和影响评价要分析的数据和资料包括项目实施前的情况、项目实施前的预测效果、项目的实际效果、无项目时可能实现的效果、无项目时的实际效果等。

知识链接

有无对比法举例

为了缓和公路运输的拥挤状况，拟新建一条公路。旧公路每千米汽车的交通费为 7 元，而新公路的交通费为 10 元。这时，有无对比并不是将 7 元与 10 元对比。因为如果只有旧公路的存在，道路车辆将越来越拥挤，交通费可能逐渐上涨。到公路建成投入运行时，可能已经上涨到20 元。此时，应用有无对比法应该把 20 元和 10 元对比。过了 10 年后，旧公路的交通费上涨到 30 元，新公路满负荷运行，交通费保持 10 元不变，那么 10 年后的利益对比应该是 30 元和 10 元对比。在这种情况下，采用前后对比法将会把利益评价得过低。

2. 逻辑框架分析法

逻辑框架分析法（Logical Framework Approach，LFA）是美国国际开发署在 1970 年开发并使用的一种设计、计划和评价的工具，用于项目的规划、实施、监督和评价。目前，已有 2/3 的国际组织把逻辑框架分析法作为援助项目的计划管理和项目后评价的主要方法。逻辑框架是一种综合和系统地研究和分析问题的思维框架，有助于对关键因素和问题做出系统的、合乎逻辑的分析。它主要应用问题树、目标树和规划矩阵 3 种辅助工具，帮助分析人员理清项目中的因果关系、目标-手段关系和外部制约条件。

（1）逻辑框架分析法是一种概念化论述项目的方法，即用一张简单的框图来清晰地分析一个复杂项目的内涵和关系，使之更易理解。逻辑框架分析法是将几个内容相关、必须同步考虑的动态因素组合起来，通过分析其间的关系，从设计策划到目的、目标等方面来评价一项活动或工作。逻辑框架分析法为项目计划者和评价者提供一种分析框架，用以确定工作的范围和任务，并对项目目标和达到目标所需的手段进行逻辑关系的分析。逻辑框架由 4×4 的模式组成，横行代表项目目标的层次，包括达到这些目标所需要的方法（垂直逻辑）；竖行代表如何验证这些目标是否达到（水平逻辑），见表 11－1。

表 11－1　逻辑框架分析法模式

层次描述	客观验证指标	验证方法	重要外部条件
目标	目标指标	检测和监督的手段和方法	实现目标的主要条件
目的	目的指标	检测和监督的手段和方法	实现目的的主要条件
产出	产出物定量指标	检测和监督的手段和方法	实现产出的主要条件
投入	投入物定量指标	检测和监督的手段和方法	落实投入的主要条件

逻辑框架分析法通过对项目设计的清晰描述，更清楚地了解项目的目的和内容，从而

改进和完善项目的决策立项、项目准备和评估程序。逻辑框架分析法立足于项目的发展和变化，由于要获取理想的成果，因此必须在成本-效果分析中进行多方案比较。

(2) 逻辑框架分析法的逻辑关系。逻辑框架分析法把目标及因果关系划分为4个层次，即目标、目的、产出和投入。目标通常是指宏观计划、规划、政策和方针等。目的是指项目的直接效果和作用，一般应考虑项目为受益目标群带来社会和经济等方面的成果和作用。产出即项目的建设内容或投入的产出物，一般要提供项目可计量的直接结果。投入是指项目的实施过程及内容，主要包括资源的投入量和时间等。垂直逻辑用于分析项目计划做什么。弄清项目手段与结果之间的关系，确定项目本身和项目所在地的社会、物质、政治环境中的不确定因素。由于逻辑框架分析法能更明确地阐述项目设计者的意图，分析各评价层次间的因果关系，明确描述项目后评价与其他项目阶段的联系，并适应不同层次的管理需要，所以目前已成为国内外项目后评价的主要方法。

(3) 项目后评价的逻辑框架。项目后评价的主要任务之一是分析评价项目目标的实现程度，以确定项目的成败。项目后评价通过应用逻辑框架分析法来分析项目原定的预期目标、各种目标的层次、目标实现的程度及原因，用以评价其效果、作用和影响。

与项目计划的逻辑框架分析法不同，项目后评价逻辑框架分析法的客观验证指标一般应反映出项目实际完成情况及其与原预测指标的变化或差别。因此，在编制项目后评价的逻辑框架分析法之前，应设立一张指标对比表，以求找出在逻辑框架分析法应填写的主要内容，见表11-2。

采用逻辑框架分析法进行项目后评价时，可根据项目后评价的特点和项目特征在表格格式和内容上做一些调整，以适应不同评价的要求。逻辑框架分析法一般可用来进行目标评价、项目成败的原因分析、项目可持续评价等。

表11-2 项目后评价逻辑框架分析法指标对比表

逻辑层次	原预测指标	实际预测指标	变化和差距
宏观目标和影响			
效果和作用			
产出			
投入			

知识链接

逻辑框架分析法的使用

【项目概况】

以天津市北运河综合治理工程项目作为实际案例，说明逻辑框架分析法在项目后评价中的应用。天津海河流域总面积达264617km^2，上游支流繁多。北运河是海河干流中的一条多功能河道，河道全长15.017km，流经市内3区。其主要功能是分泄永定河洪水和输送滦河水入海河。长期以来，两岸大量密集的民房、企业厂房、临时建筑物等占压河道滩地和堤坝，生活、工业和建筑垃圾随意堆弃，造成水质污染、环境恶化，河道主槽宽度狭窄，实际过流能力仅为原设计流量的1/8左右，严重影响河道行洪能力，对全市人民生命财产安全构成很大威胁。北运河综合治理工程自2000年12月正式开工，至2001年9月底顺利完工并投入使用，总投资约为4.7亿元。

该工程主要内容如下。

(1) 建设堤坝、清理河道、清运垃圾、拆除河滩违章建筑物，实现河道行洪$400m^3/s$的标准，以满足防汛和引滦输水要求。

(2) 沿岸环境治理，绿化堤岸、新建4座沿河主题公园，形成城市自然和人文景观。

(3) 完善交通设施、建设沿岸道路、新建3座桥梁、一座橡胶坝和船闸。北运河综合治理工程集防洪、供水、环保、旅游、景观、交通等多功能为一体，是具有社会、经济及环境综合效益的工程。

【项目背景分析】

通过调查研究，充分了解项目实施前的现状，明确项目要解决的主要问题，分析这些问题产生的原因和造成的影响，阐述项目实施的必要性。分析中可采用问题树的分析方法。项目背景问题树分析图如图11.2所示。

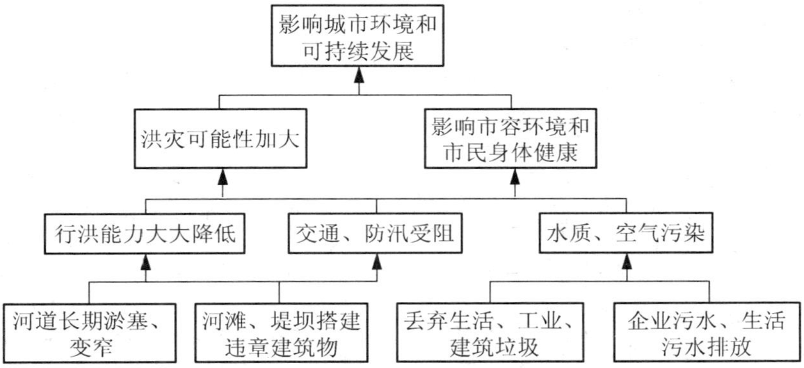

图11.2 项目背景问题树分析图

【项目目标分析】

项目目标分析是在问题树分析的基础上，确定项目的“核心问题”，即必须对北运河进行综合治理，才能解决防洪和污染问题，为城市可持续发展创造良好环境。通过项目目标分析提出项目要实现的直接目的和宏观目标。项目目标分析是用来表述在问题解决后将达到的状态，并拟定解决问题的方法。项目目标分析树形图如图11.3所示。

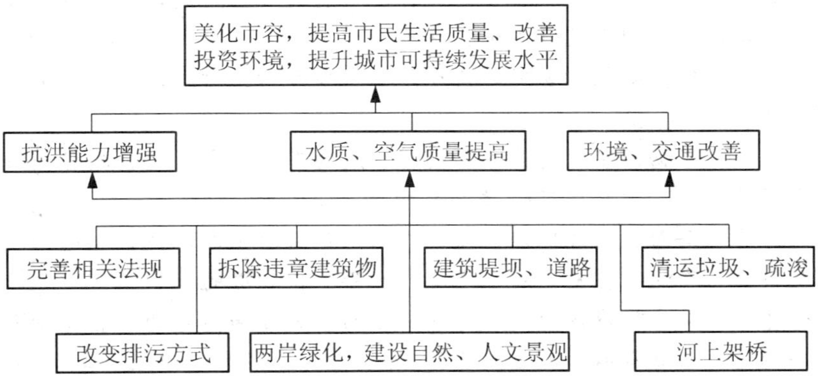

图11.3 项目目标分析树形图

【项目利益群体分析】

在北运河工程综合治理工程项目的实施中，受影响的利益群体包括政府有关部门、邻近居民、沿河企业及拆迁户等。由于各方所处地位和角色不同，所受的直接影响和获益不同，需要进行全面分析。该项目利益群体分析的内容见表11-3。

表11-3　项目利益群体分析的内容

利益群体	特　　征	利益与期望	关键因素	项目实施与结果
政府部门	与城市的社会、经济、环境密切相关，政府部门积极促成项目实施	市容、交通、投资环境改善，饮水质量提高，抗灾能力提升，管理工作变得有序	建立专门管理机构，做好项目建设准备，加强建成后沿河设施的维护工作	市建设主管部门、沿河各区政府部门组成联合工作机构，对各利益群体采取相应措施，做好开工前的各项准备工作
邻近居民	对居住地的空气、水域、交通、绿化等生活环境的改善，持欢迎态度	居住地空气清新、水质清澈、环境优美、交通便利、生活质量提高	提高居民素质，改变乱倒垃圾、污水的陋习	完善法规制度，加强监督管理，做好宣传教育，增强环保意识
沿河企业	必须增设或改善生产污水处理方式，希望政府予以支持	增加资金投入，治理“三废”	资金支持，监督检查企业违规向河道排污	做好宣传工作，加强巡视，及时发现问题，加大处罚力度
拆迁户	居住地拆迁，要求政府给予补偿，改善住房条件	搬入理想新居，增加居住面积	在和谐气氛下，及时迁出现居住住房	区、街道组成专门机构，做好说服工作，并给予一定的经济补偿

【项目后评价逻辑框架】

北运河工程项目后评价的内容主要有工程的过程评价、国民经济评价、财务评价、环境评价、社会评价、可持续性评价、综合评价等。

(1) 工程的过程评价。对工程实施的全过程进行评价，包括立项决策、勘测设计、建设施工、运营共4个阶段。从工程项目的目标、功能及实施角度，对项目的质量、完成程度、保证措施及建设程序的规范性等进行评价。

(2) 国民经济评价。从相对宏观的角度评价该项目对天津市的社会经济发展产生的影响和所做的贡献。

(3) 财务评价。根据国家现行价格和财税制度的有关规定，分析测算项目直接发生的财务费用和取得的效益，判断项目的财务可行性和合理性。

(4) 环境评价。全面、系统地评价项目投入运用后对生态环境产生的影响，包括项目对周围地区及城市的影响，特别是对水资源、人群、植物群的影响。

(5) 社会评价。主要评价该项目与群众利益的相关性和项目的社会影响与效益，以及该项目对社会稳定、社会发展及社会环境的贡献。

(6) 可持续性评价。评价该项目是否具备持续实现工程项目的目标和持续发挥项目的条件；该项目的经验是否可以作为同类水利工程建设项目的借鉴。

(7) 综合评价。归纳项目的全部内容、全过程及全部影响因素，对项目的成功度做出综合评价。在全面评价的基础上，对整个建设项目提出建设性的意见。

综上所述，以社会评价为例，阐述该项目后评价中逻辑框架分析法的应用。

社会评价重点如下：深入分析北运河工程对社会稳定、社会发展、社会环境的影响。工程项目提高了天津市的防灾减灾能力，完善了基础设施，改善了生态环境，提高了人民生活质量，促进了社会的安定团结。同时，对于塑造大都市的文明形象、促进工农业生产发展也产生了积极的影响。工程项目得到全体市民的支持，发挥了很好的社会效益。北运河工程项目的社会评价逻辑框架分析表，见表11-4。

表11-4　北运河工程项目的社会评价逻辑框架分析表

项目结构	指　　标	检验方法	达到指标的条件
项目目标： 把天津市建设成现代国际大都市，促进社会经济发展，提高市民生活水平	(1) 大大改善两岸生态环境 (2) 促进周围商业、交通、文化、教育事业的发展 (3) 沿河各社区人与自然和谐共处 (4) 增加就业机会	(1) 对比基线调查资料 (2) 统计资料	(1) 国际对该工程建设的重视和支持 (2) 市委、市政府把此项工程列为为民办的重要实事
项目目的： 北运河经过综合治理，具有防洪、供水、环保、旅游、景观、交通等功能	(1) 过流能力由工程实施前的 $50m^3/s$ 提高到 $100m^3/s$，可基本免受洪灾损失 (2) 脏乱臭河变成河水清澈、风景秀丽的旅游胜地 (3) 提高城市供水能力	(1) 项目竣工验收报告 (2) 对移民和北运河两岸居民的访问	(1) 工程及时竣工 (2) 工程质量达标 (3) 移民满意，能较好地适应新环境
项目产出： (1) 垃圾清理 (2) 河道整治 (3) 基础设施建设，包括堤防、道路、桥梁等 (4) 两岸的绿化带	(1) 90万平方米的绿化带 (2) 清除垃圾35万立方米 (3) 修建河道堤防、挡水墙一座，桥梁3座 (4) 总拆迁面积达到32.8万平方米	(1) 工程监理报告 (2) 项目竣工验收报告 (3) 现场实地考察	(1) 建设单位组织管理得力 (2) 工程资金到位 (3) 施工队伍精心施工 (4) 监理公司严格监理
项目投入： (1) 资金 (2) 工程技术专家 (3) 政府部门 (4) 各种施工机械设备	(1) 总投资4.7亿元 (2) 沿河3个区政府拆迁指挥部门	(1) 工程进度报告 (2) 资金拨付清单 (3) 工程监理报告 (4) 项目统计资料	(1) 资金落实 (2) 沿河3个区委、区政府的大力支持

3. 成功度分析法

成功度分析法也就是通常所称的打分方法。成功度分析是依靠评价专家或专家组的经验，综合项目后评价指标的评价结果，对项目的成功程度做出定性的结论。成功度分析是以逻辑框架分析法的项目目标的实现程度和经济效益分析的评价结论为基础，以项目的目标和效益为核心所进行的全面系统的评价。

(1) 项目成功度的标准。项目评价的成功度可分为5个等级，具体见表11－5。

表11－5　项目成功度等级标准表

等　级	内　　容	指　　标
1	完全成功	项目的各项目标已经全面实现或超过；对成本而言，项目取得了巨大的效益和影响
2	成功 (A)	项目的各项目标已经全面实现或超过；对成本而言，项目取得了预期的效益和影响
3	部分成功 (B)	项目实现了原定的部分目标；对成本而言，项目取得了一定的效益和影响
4	不成功 (C)	项目实现的目标非常有限；对成本而言，项目几乎没有产生正效益和影响
5	失败 (D)	项目的目标是不现实的，无法实现；对项目成本而言，项目不得不终止

(2) 项目成功度的测定步骤和方法。项目成功度表包括项目实施评价指标重要性和成功度。在评价具体项目的成功度时，评价人员首先根据具体项目的类型和特点，确定各评价指标的相关重要程度。把它们分为“重要”“次重要”“不重要”三类，在表中第二栏里(相关重要性)填注。然后，再测定各项指标的成功度，采用打分制，即按评定标准分别用A、B、C、D表示。通过指标重要性分析和单项成功度的综合，可得到整个项目的总成功度指标，也用A、B、C、D表示，填在表的最底下一行。在具体操作时，项目评价组成员每人填好一张表后，对各项指标的等级进行内部讨论，或经过必要的数据处理，形成评价组的项目成功度表，再把结论写入评价报告。

对于上述三种方法的应用，由于其内容、要求及比较的重点不同，因此在具体进行项目后评价时，会面临方法的选择问题，若选择不当，势必会影响项目后评价的质量。由此可见，在进行项目后评价时，正确选择项目后评价方法极为重要。

应用案例11－1

案例——北京某小区项目后评价

1. 项目简介

作为北京南城配套最完善的生活区，方庄的道路交通、餐饮娱乐、商场购物等配套设施已经十分完善。十余年发展达成的成熟生活圈及得天独厚的自然景观环境使方庄成为适宜居住的一流生活区域。蒲黄榆路、方庄路两条主要干道直接贯穿了南二环和南三环，蒲芳路、芳古路、芳群路，加上地铁5号线及二环、三环等构成了方庄地区畅通的交通网络。此外，龙潭湖公园、天坛公园、北京游乐园、方庄体育公园等使方庄成为备受青睐的亮点。

该项目以其卓越的建筑品质与科技产品创新获得北京市十大创新楼盘的美誉。该项目不仅有以“北京开发”品牌为依托的园林居室，更有明珠般的内在品质与风范。

2. 项目的规划设计

（1）占地面积：3万平方米。

（2）总建筑面积：11万平方米。

（3）容积率：3.5。

（4）绿化率：33％。

（5）建筑设计：由三栋塔板式住宅和一栋6层纯板式住宅组成。地上25～30层、地下3层。其中，地下一层为住宅设备用房及自行车库，地下二层为普通车库和少量设备用房，地下三层为非燃烧品库房及五级人防隐蔽室。住宅为全现浇剪力墙结构。外装修四层以下为干挂花岗岩，四层以上为外涂高档涂料，所有外窗及封闭阳台均采用断桥铝合金中空玻璃保温窗。户内初装，一层大厅及电梯厅和公共走廊为花岗岩地砖铺地，标准层电梯厅及走廊为高档地砖铺地，墙面为耐擦洗涂料。顶棚为石膏板吊顶。

3. 项目实施过程后评价

（1）项目策划后评价。

早在1999年6月公司就已经关注该地块，并对该区域进行了认真的市场调查和分析，对宏观环境的把握、微观环境的调查都比较准确、清晰，用数据说明问题，简洁、说服力强。从实施效果来看，由于进行了大量的市场调查和认真的分析，项目的定位比较客观和准确。地块的环境分析通过统计资料、消费者拦截调查、周边项目的售价分析，做出了较为深刻的论证。但总的来说，经营实践证明，该项目对弥补方庄地区高档项目的不足、促进地区经济发展、满足消费者的需要起到了积极作用，该决策是完全正确的。

（2）项目规划设计评价。

项目设计从2000年1月开始启动，经历了前期勘察，楼盘考察，概念方案设计招标，方案设计优化，方案设计报建，初步设计深化报建，施工图设计，施工、销售过程中的优化调整，景观方案设计，施工图设计，外装饰工程的方案设计，施工图设计，灯饰工程的设计等，主要设计工作于2000年年底完成。该项目设计主要的优点如下。

① 平面布局相对合理，基本能满足各功能的需求。

② 外立面设计颇具特色。

③ 景观设计别具一格。

④ 结构设计、消防设计的控制较好，即使项目存在很多变更，但并未改变结构、消防的原设计。设计频繁变更的主要原因如下。

a. 在设计工程中，缺乏与各部门之间的沟通，设计管理有待改善。

b. 由于户型组合等的调整，导致设计变更频繁，影响施工进度；由于欠缺经验，导致设计中考虑因素不够全面，造成一些工程返工。

c. 设计深度不够，就急于开工上马，在合同条款上没有进行严格控制。

(3) 项目施工评价。

① 项目成本控制评价。该项目在成本控制上，由于编制概预算的人员经验丰富，并聘请专业的成本顾问公司，估算比较合理、准确，对各项成本指标的控制是比较严格的，加上开发公司派专人监督项目成本，实行项目成本层层负责制，大大提高了成本控制的力度和深度。

② 工程质量评价。该项目从2000年12月开工建设至2003年6月通过竣工验收，工程质量目标完成较好，施工质量好，没有出现较大的质量问题。工程中甲方和监理方有效对施工单位质量管理体系实施状况进行了监控，监督检查在工序施工过程中的施工人员、施工机械设备、材料、施工方法及工艺或操作状态，以保证符合质量的要求。开发商、监理方和施工方都认真做好了施工过程中的检查验收工作，对于各工序的产出品和重要部位，先由施工单位按规定自检，自检合格后，向监理工程师提交质量验收通知单，经监理工程师确认合格后，才进入下一道工序。严格控制材料质量，对工程材料、混凝土试块、砂浆试块、受力钢筋等实行取样送检制度。在施工过程中，涉及材料配合比、不同材料的混合拌制作业，施工人员和监理工程师认真做好相关的质量控制工作。该项目紧挨交通主干线，施工方案的选择必须考虑尽量减少对交通运输的干扰，缩短混凝土在途中运输的时间，最大限度地减少噪声对居民的影响，施工中必须强化安全意识、精心施工、一丝不苟，该项目没有发生重大安全质量事故，工程优良率达到了92%以上。

4. 项目营销推广及招商情况评价

该项目从营销和招商效果来看是比较成功的，该项目截至2004年6月30日住宅销售515套，占可售住宅的98%；地下车库销售车位144，占可售车位的66%。本文成稿时，该项目营业收入为61618.58万元，其中住宅营业收入为60181.00万元，车库营业收入为1437.58万元；预计余房及车库营业收入为1739万元，其中住宅6套收入为1100万元（原价1120万元的90%），车位71个，收入639万元（原价710万元的90%）；预计该项目总营业收入为63358万元，住宅销售均价6886元/平方米。该项目共有住宅524套，其中两居室151套，占总套数的29%；三居室271套，占总套数的52%；四居室102套，占总套数的19%。

5. 项目营运评价

项目采用统一的营销推广、统一的物业管理模式，策划、建立、经营在统一的组织体系下运作，注重客户的选择权，为顾客提供一站式服务。公司为了反复提升企业品牌、增强融资能力、扩大企业现金流，由专业的物业管理公司对商业的日常运作提供保洁服务、绿化维护、安全及交通管理、车辆及场地管理、设备养护、公用设备设施养护、商业事务管理、档案及数据的管理、智能化的服务等，把质量责任作为各个环节的重点，遵循职责分明、线条清晰、信息流畅和高效的原则，各岗位的人员设置应遵循精简、高效的原则，并对物业管理人员进行了培训，保证了管理工作高效、有序的运作，为实现物业的增值、保值提供了保证。

6. 项目效益评价

(1) 项目财务评价。

2001年，项目刚开始销售，处在项目预热阶段，尽管采取了很多促销手段，但实际销售额还是比预计销售额低4%。2002年，项目凭借前期的预热，实际销售额和预计销售额基本相当。2003年，项目进入准现房阶段，伴随着房价的上涨，实际销售额比预计销售额高出26.1%。项目财务前评价、后评价主要技术经济指标对照表和项目历年现金流量表分别见表11-6和表11-7。

表11-6　项目财务前评价、后评价主要技术经济指标对照表　　单位：万元

序号	项目名称	预测值	实际值	实际值与预测值偏差的绝对值	实际值与预测值偏差的相对值
1	营业收入	56092	60181	4089	7.3%
2	税利总额	5067	6033	966	19.1%
3	净利润	3399	4048	649	19.1%

表11-7　项目历年现金流量表　　单位：万元

序　号	项　　目	年　　份			
		2000	2001	2002	2003
1	现金流入		15387	22091	22703
1.1	营业收入		15387	22091	22703
2	现金流出	13426	8434	9869	15881
2.1	土地费用	11280			
2.2	前期工程款	2146			
2.3	建安工程费		7588	8654	6608
2.4	配套设施费				1831
2.5	政府规费				
2.6	开发间接费用				4361
2.7	不可预见费				1832
2.8	税金及附加		846	1215	1249
2.9	经营成本				
2.10	所得税	0	2852	4434	2251
3	所得税前净现金	-13426	8645	13437	6822
4	所得税后净现金	-13426	5793	9003	4571

(2) 项目社会经济效益评价。

该项目的建成填补了方庄小区缺少中高档小区的空白，对带动周边经济的发展起到了一定的促进作用。为该项目服务的物业公司，聘用了100多名员工，为缓和失业做出了贡献。项目的运营带动了周边餐饮、娱乐、零售等服务业的发展。

7. 项目影响评价

该项目处于城市主干道旁边，受到严重的尾气和噪声污染，在建设过程中，大量运用环保材料，隔声、防污效果明显。该项目在规划中以人为本，注重与周边环境相结合的原

则，合理组织交通体系，该项目的建成具有良好的环境效益。

8. 项目的经验教训

(1) 充分的市场调研、正确的选址、较为准确的定位、恰当的策划决策、充裕的资金，保证了项目的顺利实施。

(2) 在项目的执行管理上，要明确各个部门及各个岗位的权、职、利，加强各个部门及其员工的沟通与协调，从而使运作更加规范；应特别注重设计的协调，尽量减少设计变更所带来的工期的延长和费用的增加。

(3) 在成本控制上，开发公司结合实际合理运用材料，并采用项目成本负责制的方式，极大地为公司节省了成本，这一点确保了项目的投资控制在限制范围内。

(4) 在项目的营销推广中，根据销售情况，及时反馈客户信息，处处本着以顾客为本的精神，尽量满足客户的合理化要求，是项目销售较好的一个原因。

(5) 物业管理公司提前介入，充分做好接受物业管理的准备，对隐蔽工程也认真做好记录，为日后的维修做到心中有数。

情境小结

项目后评价是指项目投资完成以后，对项目立项的目的、实施的过程、取得的效益、产生的作用、造成的影响进行系统、客观的分析，从而判断建设项目预期目标实现程度的一种评价方法。与项目前评价相比，它在项目所处阶段、标准、投资决策中的作用、内容及实施上存在着很大的差异。项目后评价包括了技术、经济、环境、社会和发展5个方面内容的评价，要针对不同的建设项目，结合实际情况，以目标、过程、效益、持续性等评估为主，主要采用的方法有对比分析法、逻辑框架分析法和成功度分析法三种。

习　题

一、单选题

1. 项目评估是（　　）。

A. 对于项目管理过程的例行审计

B. 一种项目控制形式

C. 一系列可能项目中选择可行的项目

D. 一种对项目团队成员进行员工评估的专门形式

2. 在我国可以把（　　）视为项目后评价的准备阶段。

A. 项目交接　　B. 项目竣工验收　　C. 项目审计　　D. 项目竣工决算

3. 下列关于有无对比法的解释正确的是（　　）。

A. 将项目实际发生的情况与若无项目可能发生的情况进行对比

B. 将项目实施之前与项目实施之后的情况加以对比

C. 将项目可行性研究时与项目后评价时的情况加以对比

D. 以上均正确

4. 关于项目后评价与项目前评价说法不正确的是（　　）。

A. 项目前评价的目的是分析确定项目是否可以立项和实施，是站在项目的起点

B. 项目后评价是为了总结经验教训，改进和完善未来的项目决策和管理

C. 项目前评价的判别标准是投资者要求获得的收益率

D. 项目后评价的判别标准是对项目前评价结论的评价，所以主要采用敏感性分析

5. 项目后评价的作用是（　　）。

A. 它是项目实施工作的保障　　B. 它是项目投资决策的保障

C. 它是实现项目可持续发展的需要　　D. 它是确保国家利益的一种手段

6. 我国项目后评价的阶段不包括（　　）。

A. 项目自评阶段　　B. 专家组所做的复查

C. 正式后评价阶段　　D. 成果反馈阶段

7. 在项目后评价中，（　　）是评定项目立项时原定目的和目标的实现程度。

A. 项目目标后评价　　B. 项目实施过程后评价

C. 项目效益后评价　　D. 项目持续性后评价

8. 项目影响后评价不包括（　　）。

A. 经济影响　　B. 环境影响　　C. 社会影响　　D. 机构发展

9. 下面关于项目的自我评价与竣工验收的说法不正确的是（　　）。

A. 项目自我评价是从项目业主或项目主管部门的角度对项目的实施进行全面总结，为开展项目独立后评价做准备工作

B. 项目竣工验收侧重在项目工程的质量、进度和造价方面

C. 项目自我评价侧重在项目效益和影响方面

D. 项目竣工验收是为项目后评价服务，需要全面总结项目的执行、效益、作用和影响，为其他项目提供可以借鉴的经验教训

10. 国际通用的项目后评价方法不包括（　　）。

A. 统计预测法　　B. 对比分析法　　C. 逻辑框架分析法　D. 概率分析法

11. 项目后评价中主要的预测方法是（　　）。

A. 参照对比法　　B. 专家调查预测法

C. 对比预测法　　D. 项目今后效益预测法

12. 项目后评价对比法的关键是（　　）。

A. 投入的代价和产生的效果口径一致

B. 有无对比对象

C. 有无对比标准

D. 时差性

13. 大部分国际组织把（　　）作为援助项目的计划、管理和评价的主要方法。

A. 统计预测法　　B. 逻辑框架分析法

C. 利益群体分析法　　D. 综合评价法

14. 在项目成功度评价方法中，评价成功度的等级不包括（　　）。

A. 成功的　　B. 部分成功的　　C. 不成功的　　D. 不确定的

二、多选题

1. 项目后评价的意义是（　　）。

A. 确定项目预期目标是否达到，主要效益指标是否实现

B. 查找项目成败的原因，总结经验教训

C. 及时有效反馈信息，提高未来新项目的管理水平

D. 为项目投入运营中出现的问题提出改进意见和建议，达到提高投资效益的目的

E. 为可行性研究提供依据

2. 根据评价时间的不同，项目后评价可分为（　　）。

A. 可行性论证　　B. 跟踪评价

C. 实施效果评价　　D. 影响评价

E. 持续性评价

3. 项目后评价的内容有（　　）。

A. 项目竣工验收　　B. 项目审计

C. 项目效益后评价　　D. 项目管理后评价

E. 影响评估

4. 项目效益后评价包括（　　）。

A. 经济效益评价　　B. 环境影响评价

C. 社会影响评价　　D. 可持续性评价

E. 影响评估

5. 项目后评价的常用方法有（　　）。

A. 统计预测法　　B. 有无对比法

C. 逻辑框架分析法　　D. 定性与定量相结合法

E. 前后对比法

6. 项目在下面哪些情况发生时要被终止？（　　）

A. 项目的目标已经实现

B. 项目的环境与计划时的环境相比发生变化

C. 项目所需的资源被分配给其他项目

D. 项目被无限期地延长

E. 项目资金不到位

三、简答题

1. 项目前评价与项目后评价的区别是什么？

2. 项目后评价的主要内容是什么？

3. 项目后评价的作用是什么？

4. 描述项目后评价的常用方法有哪些。

四、案例分析题

某船厂10万吨级修船坞项目

1. 项目背景

某船厂扩建修船坞工程项目，扩建项目对原有企业产生了什么样的作用和影响是这类

项目后评价的重点之一。对于此类项目的评价可采用多种方法，主要可采用有无对比法，以便准确地分析评价项目的效益及其对整个企业的影响。

2. 项目概况

修船坞项目地处船厂东侧边区，项目业主是中国船舶工业总公司某船厂，位于新港经济开发区。项目的提出主要是满足对外开放及外贸发展的要求，建设一座10万吨级修船坞，项目总投资为19832万元。修船坞项目设计任务书批复的内容如下：新建10万吨级修船坞一座，修船码头，修栖船体加工场、变电所、空压站等公用设施，新增起重机等修船设备及其他相关工程。项目建成后的生产纲领为年修1万～10万吨级船舶62艘。

3. 项目实施和经营情况

(1) 项目进度。

原国家计委1990年9月批准项目建议书，1991年10月批准设计任务书。1991年12月中国船舶工业总公司批准初步设计。1992年6月正式开工，1995年3月建成投产，1997年6月通过国家竣工验收。修船坞项目建设工期2年8个月，比计划工期提前约4个月。

(2) 工程技术和项目实施。

修船坞项目的准备和实施基本按国家规定的程序执行，工程设计符合规范要求，技术合理，设计和施工采用了多项较先进的技术。在项目实施过程中，项目业主狠抓管理，积极推行工程监理，保证了工程质量和工程的顺利实施。修船坞工程竣工验收报告的批复认定，修船坞水工建筑、绿化及大型非标设备安装工程质量优良，其余为合格。项目的工程设计总体是好的，但设计管理上也存在一些问题，如投资概算、预算资料不能及时到位，项目竣工图没有系统整理等。修船坞项目实际总投资36351万元，项目固定资产为35492万元，其中国家经营性资金12100万元，建行贷款12200万元，工厂自筹11192万元。

(3) 项目经营。

修船坞工程建成后市场状况良好，尤其是大型外轮修理市场比可行性研究的分析更为广阔。1995年4月投产后，全年修船39艘，营业收入7560万元。1996年修船64艘，营业收入14838万元，提前达到预期生产目标。各项经济指标均超过立项时的原定指标，经营状况良好。

4. 项目的主要变化及原因分析

(1) 工程地质勘探问题。

修船坞项目工程地质勘探问题主要表现在所需填砂的来源变化和土质变化。初始设计时，考虑用船坞的航道中的砂，但是由于当时未对航道与调度区详细探测，使用的是20世纪70年代的资料，导致实际挖填量多了60万立方米，增加了近一倍。实际开挖中还遇到少量花岗岩，需要水下炸礁、清礁，导致工程量大幅增加，增加投资1400万元。工程前期勘察工作不充分是问题产生的主要原因。

(2) 机械设备配置变化。

初始设计时，为了将投资规模控制在2亿元以内，人为地砍掉了实际生产中需要的高空作业车、坞壁作业车等部分机械设备，但试投产实践证明，因设备配套不足导致实际修船效率非常低，难以达到设计生产能力的要求。为此，企业不得不在项目建成后再提出补足这部分设备的投资要求。按1991年不变价测算，设计时需增加2800万元投资即可。由此可以看出，用砍掉必要的建设内容的方法来维持一个人为的投资规模的管理办法是不可取的。

(3) 增加下坞公路。

初始设计时，未考虑下坞公路的建设，后经考察发现，下坞公路对于方便作业、降低修船成本有积极作用，因此在施工过程中临时变更设计，增加下坞公路并比船坞主体先行完工。虽然增加了一些投资，但由于船坞施工方法得以改进，方便了大型施工机械、施工材料等的运输，为船坞的提前竣工创造了条件；在船坞投资后又为各种车辆上下坞底提供了便利条件，利于降低修船成本。该项目增设下坞公路是适宜的。

(4) 投资变化。

与 1991 年批准的项目初设总概算 19832 万元相比，1997 年竣工决算的项目总投资为 36351 万元。扣除固定资产投资方向调节税，投资增幅 78.7%，主要原因如下：初步设计的工程概算不佳，主要是因为概算计算偏紧，项目概算少算了 3200 万元，约占总增资额的 19%；设计变更和工程量变化，增加工程量增加投资 3400 万元，约占总增资额的 21%；建设期利息增加约 1199 万元，约占总增资额的 7%；国家、行业和地方收费定额标准增加 2500 万元，约占总增资额 15%；材料物价上涨增加 5400 万元，约占总增资额的 33%。

【问题】

根据项目后评价的方法（对比分析法、逻辑框架分析法、成功度分析法）对此项目进行项目后评价，并阐述这三种方法的适用性，同时根据自己的实践经验，对此项目提出合理的建议。

学习情境11
在线答题

附录 复利系数表

$i=1\%$

年限 n/年	一次支付终值系数 (F/P, i, n)	一次支付现值系数 (P/F, i, n)	等额支付终值系数 (F/A, i, n)	等额支付偿债基金系数 (A/F, i, n)	等额支付资金回收系数 (A/P, i, n)	等额支付现值系数 (P/A, i, n)
1	1.0100	0.9901	1.0000	1.0000	1.0100	0.9901
2	1.0201	0.9803	2.0100	0.4975	0.5075	1.9704
3	1.0303	0.9706	3.0301	0.3300	0.3400	2.9410
4	1.0406	0.9610	4.0604	0.2463	0.2563	3.9020
5	1.0510	0.9515	5.1010	0.1960	0.2060	4.8534
6	1.0615	0.9420	6.1520	0.1625	0.1725	5.7955
7	1.0712	0.9327	7.2135	0.1386	0.1486	6.7282
8	1.0829	0.9235	8.2857	0.1207	0.1307	7.6517
9	1.0937	0.9143	9.3685	0.1067	0.1167	8.5660
10	1.1046	0.9053	10.4622	0.0956	0.1056	9.4713
11	1.1157	0.8963	11.5668	0.0865	0.0965	10.3676
12	1.1268	0.8874	12.6825	0.0788	0.0888	11.2551
13	1.1381	0.8787	13.8093	0.0724	0.0824	12.1337
14	1.1495	0.8700	14.9474	0.0669	0.0769	13.0037
15	1.1610	0.8613	16.0969	0.0621	0.0721	13.8651
16	1.1726	0.8528	17.2579	0.0579	0.0679	14.7179
17	1.1843	0.8444	18.4304	0.0543	0.0643	15.5623
18	1.1961	0.8360	19.6147	0.0510	0.0610	16.3983
19	1.2081	0.8277	20.8109	0.0481	0.0581	17.2260
20	1.2202	0.8195	22.0190	0.0454	0.0554	18.0456
21	1.2324	0.8114	23.2392	0.0430	0.0530	18.8570
22	1.2447	0.8034	24.4716	0.0409	0.0509	19.6604
23	1.2572	0.7954	25.7163	0.0389	0.0489	20.4558
24	1.2697	0.7876	26.9735	0.0371	0.0471	21.2434
25	1.2824	0.7798	28.2432	0.0354	0.0454	22.0232
26	1.2953	0.7720	29.5256	0.0339	0.0439	22.7952
27	1.3082	0.7644	30.8209	0.0324	0.0424	23.5596
28	1.3213	0.7568	32.1291	0.0311	0.0411	24.3164
29	1.3345	0.7493	33.4504	0.0299	0.0399	25.0658
30	1.3478	0.7419	34.7849	0.0287	0.0387	25.8077

$i=2\%$

年限 n/年	一次支付终值系数 (F/P, i, n)	一次支付现值系数 (P/F, i, n)	等额支付终值系数 (F/A, i, n)	等额支付偿债基金系数 (A/F, i, n)	等额支付资金回收系数 (A/P, i, n)	等额支付现值系数 (P/A, i, n)
1	1.0200	0.9804	1.0000	1.0000	1.0200	0.9804
2	1.0404	0.9612	2.0200	0.4950	0.5150	1.9416
3	1.0612	0.9423	3.0604	0.3268	0.3468	2.8839
4	1.0824	0.9238	4.1216	0.2426	0.2626	3.8077
5	1.1041	0.9057	5.2040	0.1922	0.2122	4.7135
6	1.1262	0.8880	6.3081	0.1585	0.1785	5.6014
7	1.1487	0.8706	7.4343	0.1345	0.1545	6.4720
8	1.1717	0.8535	8.5830	0.1165	0.1365	7.3255
9	1.1951	0.8368	9.7546	0.1025	0.1225	8.1622
10	1.2190	0.8203	10.9497	0.0913	0.1113	8.9826
11	1.2434	0.8043	12.1687	0.0822	0.1022	9.7868
12	1.2682	0.7885	13.4121	0.0746	0.0946	10.5753
13	1.2936	0.7730	14.6803	0.0681	0.0881	11.3484
14	1.3195	0.7579	15.9739	0.0626	0.0826	12.1062
15	1.3459	0.7430	17.2934	0.0587	0.0778	12.8493
16	1.3728	0.7284	18.6393	0.0537	0.0737	13.5777
17	1.4002	0.7142	20.0121	0.0500	0.0700	14.2919
18	1.4282	0.7002	21.4123	0.0467	0.0667	14.9920
19	1.4568	0.6864	22.8406	0.0438	0.0638	15.6785
20	1.4859	0.6730	24.2974	0.0412	0.0612	16.3514
21	1.5157	0.6598	25.7833	0.0388	0.0588	17.0112
22	1.5460	0.6468	27.2990	0.0366	0.0566	17.6580
23	1.5769	0.6342	28.8450	0.0347	0.0547	18.2922
24	1.6084	0.6217	30.4219	0.0329	0.0529	18.9139
25	1.6406	0.6095	32.0303	0.0312	0.0512	19.5235
26	1.6734	0.5976	33.6709	0.0297	0.0497	20.1210
27	1.7069	0.5859	35.3443	0.0283	0.0483	20.7069
28	1.7410	0.5744	37.0512	0.0270	0.0470	21.2813
29	1.7758	0.5631	38.7922	0.0258	0.0458	21.8444
30	1.8114	0.5521	40.5681	0.0246	0.0446	22.3965

$i=3\%$

年限 n/年	一次支付终值系数 $(F/P,\ i,\ n)$	一次支付现值系数 $(P/F,\ i,\ n)$	等额支付终值系数 $(F/A,\ i,\ n)$	等额支付偿债基金系数 $(A/F,\ i,\ n)$	等额支付资金回收系数 $(A/P,\ i,\ n)$	等额支付现值系数 $(P/A,\ i,\ n)$
1	1.0300	0.9709	1.0000	1.0000	1.0300	0.9709
2	1.0609	0.9426	2.0300	0.4926	0.5226	1.9135
3	1.0927	0.9151	3.0909	0.3235	0.3535	2.8286
4	1.1255	0.8885	4.1836	0.2390	0.2690	3.7171
5	1.1593	0.8626	5.3091	0.1884	0.2184	4.5797
6	1.1941	0.8375	6.4684	0.1546	0.1846	5.4172
7	1.2299	0.8131	7.6625	0.1305	0.1605	6.2303
8	1.2668	0.7894	8.8923	0.1125	0.1425	7.0197
9	1.3048	0.7664	10.1591	0.0984	0.1284	7.7861
10	1.3439	0.7441	11.4639	0.0872	0.1172	8.5302
11	1.3842	0.7224	12.8078	0.0781	0.1081	9.2526
12	1.4258	0.7014	14.1920	0.0705	0.1005	9.9540
13	1.4685	0.6810	15.6178	0.0640	0.0940	10.6350
14	1.5126	0.6611	17.0863	0.0585	0.0885	11.2961
15	1.5580	0.6419	18.5989	0.0538	0.0838	11.9379
16	1.6047	0.6232	20.1569	0.0496	0.0796	12.5611
17	1.6528	0.6050	21.7616	0.0460	0.0760	13.1661
18	1.7024	0.5874	23.4144	0.0427	0.0727	13.7535
19	1.7535	0.5703	25.1169	0.0398	0.0698	14.3238
20	1.8061	0.5537	26.8704	0.0372	0.0672	14.8775
21	1.8603	0.5375	28.6765	0.0349	0.0649	15.4150
22	1.9161	0.5219	30.5368	0.0327	0.0627	15.9369
23	1.9736	0.5067	32.4529	0.0308	0.0608	16.4436
24	2.0328	0.4919	34.4265	0.0290	0.0590	16.9355
25	2.0938	0.4776	36.4593	0.0274	0.0574	17.4131
26	2.1566	0.4637	38.5530	0.0259	0.0559	17.8768
27	2.2213	0.4502	40.7096	0.0246	0.0546	18.3270
28	2.2879	0.4371	42.9309	0.0233	0.0533	18.7641
29	2.3566	0.4243	45.2189	0.0221	0.0521	19.1885
30	2.4273	0.4120	47.5754	0.0210	0.0510	19.6004

$i=4\%$

年限 n/年	一次支付终值系数 $(F/P, i, n)$	一次支付现值系数 $(P/F, i, n)$	等额支付终值系数 $(F/A, i, n)$	等额支付偿债基金系数 $(A/F, i, n)$	等额支付资金回收系数 $(A/P, i, n)$	等额支付现值系数 $(P/A, i, n)$
1	1.0400	0.9615	1.0000	1.0000	1.0400	0.9615
2	1.0816	0.9246	2.0400	0.4902	0.5302	1.8861
3	1.1249	0.8890	3.1216	0.3203	0.3603	2.7751
4	1.1699	0.8548	4.2465	0.2355	0.2755	3.6299
5	1.2167	0.8219	5.4163	0.1846	0.2246	4.4518
6	1.2653	0.7903	6.6330	0.1508	0.1908	5.2421
7	1.3159	0.7599	7.8983	0.1266	0.1666	6.0021
8	1.3686	0.7307	9.2142	0.1085	0.1485	6.7327
9	1.4233	0.7026	10.5828	0.0945	0.1345	7.4353
10	1.4802	0.6756	12.0061	0.0833	0.1233	8.1109
11	1.5395	0.6496	13.4864	0.0741	0.1141	8.7605
12	1.6010	0.6246	15.0258	0.0666	0.1066	9.3851
13	1.6651	0.6006	16.6268	0.0601	0.1001	9.9856
14	1.7317	0.5775	18.2919	0.0547	0.0947	10.5631
15	1.8009	0.5553	20.0236	0.0499	0.0899	11.1184
16	1.8730	0.5339	21.8245	0.0458	0.0858	11.6523
17	1.9479	0.5134	23.6975	0.0422	0.0822	12.1657
18	2.0258	0.4936	25.6454	0.0390	0.0790	12.6593
19	2.1068	0.4746	27.6712	0.0361	0.0761	13.1339
20	2.1911	0.4564	29.7781	0.0336	0.0736	13.5903
21	2.2788	0.4388	31.9692	0.0313	0.0713	14.0292
22	2.3699	0.4220	34.2480	0.0292	0.0692	14.4511
23	2.4647	0.4057	36.6179	0.0273	0.0673	14.8568
24	2.5633	0.3901	39.0826	0.0256	0.0656	15.2470
25	2.6658	0.3751	41.6459	0.0240	0.0640	15.6221
26	2.7725	0.3607	44.3117	0.0226	0.0626	15.9828
27	2.8834	0.3468	47.0842	0.0212	0.0612	16.3296
28	2.9987	0.3335	49.9676	0.0200	0.0600	16.6631
29	3.1187	0.3207	52.9663	0.0189	0.0589	16.9837
30	3.2434	0.3083	56.0849	0.0178	0.0578	17.2920

i=5%

年限 *n*/年	一次支付终值系数 (*F/P*, *i*, *n*)	一次支付现值系数 (*P/F*, *i*, *n*)	等额支付终值系数 (*F/A*, *i*, *n*)	等额支付偿债基金系数 (*A/F*, *i*, *n*)	等额支付资金回收系数 (*A/P*, *i*, *n*)	等额支付现值系数 (*P/A*, *i*, *n*)
1	1.0500	0.9524	1.0000	1.0000	1.0500	0.9524
2	1.1025	0.9070	2.0500	0.4878	0.5378	1.8594
3	1.1576	0.8638	3.1525	0.3172	0.3672	2.7232
4	1.2155	0.8227	4.3101	0.2320	0.2820	3.5460
5	1.2763	0.7835	5.5256	0.1810	0.2310	4.3295
6	1.3401	0.7462	6.8019	0.1470	0.1970	5.0757
7	1.4071	0.7107	8.1420	0.1228	0.1728	5.7864
8	1.4775	0.6768	9.5491	0.1047	0.1547	6.4632
9	1.5513	0.6446	11.0266	0.0907	0.1407	7.1078
10	1.6289	0.6139	12.5779	0.0795	0.1295	7.7217
11	1.7103	0.5847	14.2068	0.0704	0.1204	8.3064
12	1.7959	0.5568	15.9171	0.0628	0.1128	8.8633
13	1.8856	0.5303	17.7130	0.0565	0.1065	9.3936
14	1.9799	0.5051	19.5986	0.0510	0.1010	9.8986
15	2.0789	0.4810	21.5786	0.0463	0.0963	10.3797
16	2.1829	0.4581	23.6575	0.0423	0.0923	10.8378
17	2.2920	0.4363	25.8404	0.0387	0.0887	11.2741
18	2.4066	0.4155	28.1324	0.0355	0.0855	11.6896
19	2.5270	0.3957	30.5390	0.0327	0.0827	12.0853
20	2.6533	0.3769	33.0660	0.0302	0.0802	12.4622
21	2.7860	0.3589	35.7193	0.0280	0.0780	12.8212
22	2.9253	0.3418	38.5052	0.0260	0.0760	13.1630
23	3.0715	0.3256	41.4305	0.0241	0.0741	13.4886
24	3.2251	0.3101	44.5020	0.0225	0.0725	13.7986
25	3.3864	0.2953	47.7271	0.0210	0.0710	14.0939
26	3.5557	0.2812	51.1135	0.0196	0.0696	14.3752
27	3.7335	0.2678	54.6691	0.0183	0.0683	14.6430
28	3.9201	0.2551	58.4026	0.0171	0.0671	14.8981
29	4.1161	0.2429	62.3227	0.0160	0.0660	15.1411
30	4.3219	0.2314	66.4388	0.0151	0.0651	15.3725

$i=6\%$

年限 n/年	一次支付终值系数 (F/P, i, n)	一次支付现值系数 (P/F, i, n)	等额支付终值系数 (F/A, i, n)	等额支付偿债基金系数 (A/F, i, n)	等额支付资金回收系数 (A/P, i, n)	等额支付现值系数 (P/A, i, n)
1	1.0600	0.9434	1.0000	1.0000	1.0600	0.9434
2	1.1236	0.8900	2.0600	0.4854	0.5454	1.8334
3	1.1910	0.8396	3.1836	0.3141	0.3741	2.6730
4	1.2625	0.7921	4.3746	0.2286	0.2886	3.4651
5	1.3382	0.7473	5.6371	0.1774	0.2374	4.2124
6	1.4185	0.7050	6.9753	0.1434	0.2034	4.9173
7	1.5036	0.6651	8.3938	0.1191	0.1791	5.5824
8	1.5938	0.6274	9.8975	0.1010	0.1610	6.2098
9	1.6895	0.5919	11.4913	0.0870	0.1470	6.8017
10	1.7908	0.5584	13.1808	0.0759	0.1359	7.3601
11	1.8983	0.5268	14.9716	0.0668	0.1268	7.8869
12	2.0122	0.4970	16.8699	0.0593	0.1193	8.3838
13	2.1329	0.4688	18.8821	0.0530	0.1130	8.8527
14	2.2609	0.4423	21.0151	0.0476	0.1076	9.2950
15	2.3966	0.4173	23.2760	0.0430	0.1030	9.7122
16	2.5404	0.3936	25.6725	0.0390	0.0990	10.1059
17	2.6928	0.3714	28.2129	0.0354	0.0954	10.4773
18	2.8543	0.3503	30.9057	0.0324	0.0924	10.8276
19	3.0256	0.3305	33.7600	0.0296	0.0896	11.1581
20	3.2071	0.3118	36.7856	0.0272	0.0872	11.4699
21	3.3996	0.2942	39.9927	0.0250	0.0850	11.7641
22	3.6035	0.2775	43.3923	0.0230	0.0830	12.0416
23	3.8197	0.2618	46.9958	0.0213	0.0813	12.3034
24	4.0489	0.2470	50.8156	0.0197	0.0797	12.5504
25	4.2919	0.2330	54.8645	0.0182	0.0782	12.7834
26	4.5494	0.2198	59.1564	0.0169	0.0769	13.0032
27	4.8223	0.2074	63.7058	0.0157	0.0757	13.2105
28	5.1117	0.1956	68.5281	0.0146	0.0746	13.4062
29	5.4184	0.1846	73.6398	0.0136	0.0736	13.5907
30	5.7435	0.1741	79.0582	0.0126	0.0726	13.7648

$i=7\%$

年限 n/年	一次支付终值系数 $(F/P, i, n)$	一次支付现值系数 $(P/F, i, n)$	等额支付终值系数 $(F/A, i, n)$	等额支付偿债基金系数 $(A/F, i, n)$	等额支付资金回收系数 $(A/P, i, n)$	等额支付现值系数 $(P/A, i, n)$
1	1.0700	0.9346	1.0000	1.0000	1.0700	0.9346
2	1.1449	0.8734	2.0700	0.4831	0.5531	1.8080
3	1.2250	0.8163	3.2149	0.3111	0.3811	2.6243
4	1.3108	0.7629	4.4399	0.2252	0.2952	3.3872
5	1.4026	0.7130	5.7507	0.1739	0.2439	4.1002
6	1.5007	0.6663	7.1533	0.1398	0.2098	4.7665
7	1.6058	0.6227	8.6540	0.1156	0.1856	5.3893
8	1.7182	0.5820	10.2598	0.0975	0.1675	5.9713
9	1.8385	0.5439	11.9780	0.0835	0.1535	6.5152
10	1.9672	0.5083	13.8164	0.0724	0.1424	7.0236
11	2.1049	0.4751	15.7836	0.0634	0.1334	7.4987
12	2.2522	0.4440	17.8885	0.0559	0.1259	7.9427
13	2.4098	0.4150	20.1406	0.0497	0.1197	8.3577
14	2.5785	0.3878	22.5505	0.0443	0.1143	8.7455
15	2.7590	0.3624	25.1290	0.0398	0.1098	9.1079
16	2.9522	0.3387	27.8881	0.0359	0.1059	9.4466
17	3.1588	0.3166	30.8402	0.0324	0.1024	9.7632
18	3.3799	0.2959	33.9990	0.0294	0.0994	10.0591
19	3.6165	0.2765	37.3790	0.0268	0.0968	10.3356
20	3.8697	0.2584	40.9955	0.0244	0.0944	10.5940
21	4.1406	0.2415	44.8652	0.0223	0.0923	10.8355
22	4.4304	0.2257	49.0057	0.0204	0.0904	11.0612
23	4.7405	0.2109	53.4361	0.0187	0.0887	11.2722
24	5.0724	0.1971	58.1767	0.0172	0.0872	11.4693
25	5.4274	0.1842	63.2490	0.0158	0.0858	11.6536
26	5.8074	0.1722	68.6765	0.0146	0.0846	11.8258
27	6.2139	0.1609	74.4838	0.0134	0.0834	11.9867
28	6.6488	0.1504	80.6977	0.0124	0.0824	12.1371
29	7.1143	0.1406	87.3465	0.0114	0.0814	12.2777
30	7.6123	0.1314	94.4608	0.0106	0.0806	12.4090

$i=8\%$

年限 n/年	一次支付终值系数 (F/P, i, n)	一次支付现值系数 (P/F, i, n)	等额支付终值系数 (F/A, i, n)	等额支付偿债基金系数 (A/F, i, n)	等额支付资金回收系数 (A/P, i, n)	等额支付现值系数 (P/A, i, n)
1	1.0800	0.9259	1.0000	1.0000	1.0800	0.9259
2	1.1664	0.8573	2.0800	0.4808	0.5608	1.7833
3	1.2597	0.7938	3.2464	0.3080	0.3880	2.5771
4	1.3605	0.7350	4.5061	0.2219	0.3019	3.3121
5	1.4693	0.6806	5.8666	0.1705	0.2505	3.9927
6	1.5869	0.6302	7.3359	0.1363	0.2163	4.6229
7	1.7138	0.5835	8.9228	0.1121	0.1921	5.2064
8	1.8509	0.5403	10.6366	0.0940	0.1740	5.7466
9	1.9990	0.5002	12.4876	0.0801	0.1601	6.2469
10	2.1589	0.4632	14.4866	0.0690	0.1490	6.7101
11	2.3316	0.4289	16.6455	0.0601	0.1401	7.1390
12	2.5182	0.3971	18.9771	0.0527	0.1327	7.5361
13	2.7196	0.3677	21.4953	0.0465	0.1265	7.9038
14	2.9372	0.3405	24.2149	0.0413	0.1213	8.2442
15	3.1722	0.3152	27.1521	0.0368	0.1168	8.5595
16	3.4259	0.2919	30.3243	0.0330	0.1130	8.8514
17	3.7000	0.2703	33.7502	0.0296	0.1096	9.1216
18	3.9960	0.2502	37.4502	0.0267	0.1067	9.3719
19	4.3157	0.2317	41.4463	0.0241	0.1041	9.6036
20	4.6610	0.2145	45.7620	0.0219	0.1019	9.8181
21	5.0338	0.1987	50.4229	0.0198	0.0998	10.0168
22	5.4365	0.1839	55.4568	0.0180	0.0980	10.2007
23	5.8715	0.1703	60.8933	0.0164	0.0964	10.3711
24	6.3412	0.1577	66.7648	0.0150	0.0950	10.5288
25	6.8485	0.1460	73.1059	0.0137	0.0937	10.6748
26	7.3964	0.1352	79.9544	0.0125	0.0925	10.8100
27	7.9881	0.1252	87.3508	0.0114	0.0914	10.9352
28	8.6271	0.1159	95.3388	0.0105	0.0905	11.0511
29	9.3173	0.1073	103.9659	0.0096	0.0896	11.1584
30	10.0627	0.0994	113.2832	0.0088	0.0888	11.2578

$i=9\%$

年限 n/年	一次支付终值系数 $(F/P, i, n)$	一次支付现值系数 $(P/F, i, n)$	等额支付终值系数 $(F/A, i, n)$	等额支付偿债基金系数 $(A/F, i, n)$	等额支付资金回收系数 $(A/P, i, n)$	等额支付现值系数 $(P/A, i, n)$
1	1.0900	0.9174	1.0000	1.0000	1.0900	0.9174
2	1.1881	0.8417	2.0900	0.4785	0.5685	1.7591
3	1.2950	0.7722	3.2781	0.3051	0.3951	2.5313
4	1.4116	0.7084	4.5731	0.2187	0.3087	3.2397
5	1.5386	0.6499	5.9847	0.1671	0.2571	3.8897
6	1.6771	0.5963	7.5233	0.1329	0.2229	4.4859
7	1.8280	0.5470	9.2004	0.1087	0.1987	5.0330
8	1.9926	0.5019	11.0285	0.0907	0.1807	5.5348
9	2.1719	0.4604	13.0210	0.0768	0.1668	5.9952
10	2.3674	0.4224	15.1929	0.0658	0.1558	6.4177
11	2.5804	0.3875	17.5603	0.0569	0.1469	6.8052
12	2.8127	0.3555	20.1407	0.0497	0.1397	7.1607
13	3.0658	0.3262	22.9534	0.0436	0.1336	7.4869
14	3.3417	0.2992	26.0192	0.0384	0.1284	7.7862
15	3.6425	0.2745	29.3609	0.0341	0.1241	8.0607
16	3.9703	0.2519	33.0034	0.0303	0.1203	8.3126
17	4.3276	0.2311	36.9737	0.0270	0.1170	8.5436
18	4.7171	0.2120	41.3013	0.0242	0.1142	8.7556
19	5.1417	0.1945	46.0185	0.0217	0.1117	8.9501
20	5.6044	0.1784	51.1610	0.0195	0.1095	9.1285
21	6.1088	0.1637	56.7645	0.0176	0.1076	9.2922
22	6.6586	0.1502	62.8733	0.0159	0.1059	9.4424
23	7.2579	0.1378	69.5319	0.0144	0.1044	9.5802
24	7.9111	0.1264	76.7898	0.0130	0.1030	9.7066
25	8.6231	0.1160	84.7009	0.0118	0.1018	9.8226
26	9.3992	0.1064	93.3240	0.0107	0.1007	9.9290
27	10.2451	0.0976	102.7231	0.0097	0.0997	10.0266
28	11.1671	0.0895	112.9682	0.0089	0.0989	10.1161
29	12.1722	0.0822	124.1354	0.0081	0.0981	10.1983
30	13.2677	0.0754	136.3075	0.0073	0.0973	10.2737

$i=10\%$

年限 n/年	一次支付终值系数 $(F/P, i, n)$	一次支付现值系数 $(P/F, i, n)$	等额支付终值系数 $(F/A, i, n)$	等额支付偿债基金系数 $(A/F, i, n)$	等额支付资金回收系数 $(A/P, i, n)$	等额支付现值系数 $(P/A, i, n)$
1	1.1000	0.9091	1.0000	1.0000	1.1000	0.9091
2	1.2100	0.8264	2.1000	0.4762	0.5762	1.7355
3	1.3310	0.7513	3.3100	0.3021	0.4021	2.4869
4	1.4641	0.6830	4.6410	0.2155	0.3155	3.1699
5	1.6105	0.6209	6.1051	0.1638	0.2638	3.7908
6	1.7716	0.5645	7.7156	0.1296	0.2296	4.3553
7	1.9487	0.5132	9.4872	0.1054	0.2054	4.8684
8	2.1436	0.4665	11.4359	0.0874	0.1874	5.3349
9	2.3579	0.4241	13.5795	0.0736	0.1736	5.7590
10	2.5937	0.3855	15.9374	0.0627	0.1627	6.1446
11	2.8531	0.3505	18.5312	0.0540	0.1540	6.4951
12	3.1384	0.3186	21.3843	0.0468	0.1468	6.8137
13	3.4523	0.2897	24.5227	0.0408	0.1408	7.1034
14	3.7975	0.2633	27.9750	0.0357	0.1357	7.3667
15	4.1772	0.2394	31.7725	0.0315	0.1315	7.6061
16	4.5950	0.2176	35.9497	0.0278	0.1278	7.8237
17	5.0545	0.1978	40.5447	0.0247	0.1247	8.0216
18	5.5599	0.1799	45.5992	0.0219	0.1219	8.2014
19	6.1159	0.1635	51.1591	0.0195	0.1195	8.3649
20	6.7275	0.1486	57.2750	0.0175	0.1175	8.5136
21	7.4002	0.1351	64.0025	0.0156	0.1156	8.6487
22	8.1403	0.1228	71.4027	0.0140	0.1140	8.7715
23	8.9543	0.1117	79.5430	0.0126	0.1126	8.8832
24	9.8497	0.1015	88.4973	0.0113	0.1113	8.9847
25	10.8347	0.0923	98.3471	0.0102	0.1102	9.0770
26	11.9182	0.0839	109.1818	0.0092	0.1092	9.1609
27	13.1100	0.0763	121.0999	0.0083	0.1083	9.2372
28	14.4210	0.0693	134.2099	0.0075	0.1075	9.3066
29	15.8631	0.0630	148.6309	0.0067	0.1067	9.3696
30	17.4494	0.0573	164.4940	0.0061	0.1061	9.4269

i=12%

年限 n/年	一次支付终值系数 (F/P, i, n)	一次支付现值系数 (P/F, i, n)	等额支付终值系数 (F/A, i, n)	等额支付偿债基金系数 (A/F, i, n)	等额支付资金回收系数 (A/P, i, n)	等额支付现值系数 (P/A, i, n)
1	1.1200	0.8929	1.0000	1.0000	1.1200	0.8929
2	1.2544	0.7972	2.1200	0.4717	0.5917	1.6901
3	1.4049	0.7118	3.3744	0.2963	0.4163	2.4018
4	1.5735	0.6355	4.7793	0.2092	0.3292	3.0373
5	1.7623	0.5674	6.3528	0.1574	0.2774	3.6048
6	1.9738	0.5066	8.1152	0.1232	0.2432	4.1114
7	2.2107	0.4523	10.0890	0.0991	0.2191	4.5638
8	2.4760	0.4039	12.2997	0.0813	0.2013	4.9676
9	2.7731	0.3606	14.7757	0.0677	0.1877	5.3282
10	3.1058	0.3220	17.5487	0.0570	0.1770	5.6502
11	3.4785	0.2875	20.6546	0.0484	0.1684	5.9377
12	3.8960	0.2567	24.1331	0.0414	0.1614	6.1944
13	4.3635	0.2292	28.0291	0.0357	0.1557	6.4235
14	4.8871	0.2046	32.3926	0.0309	0.1509	6.6282
15	5.4736	0.1827	37.2797	0.0268	0.1468	6.8109
16	6.1304	0.1631	42.7533	0.0234	0.1434	6.9740
17	6.8660	0.1456	48.8837	0.0205	0.1405	7.1196
18	7.6900	0.1300	55.7497	0.0179	0.1379	7.2497
19	8.6128	0.1161	63.4397	0.0158	0.1358	7.3658
20	9.6463	0.1037	72.0524	0.0139	0.1339	7.4694
21	10.8038	0.0926	81.6987	0.0122	0.1322	7.5620
22	12.1003	0.0826	92.5026	0.0108	0.1308	7.6446
23	13.5523	0.0738	104.6029	0.0096	0.1296	7.7184
24	15.1786	0.0659	118.1552	0.0085	0.1285	7.7843
25	17.0001	0.0588	133.3339	0.0075	0.1275	7.8431
26	19.0401	0.0525	150.3339	0.0067	0.1267	7.8957
27	21.3249	0.0469	169.3740	0.0059	0.1259	7.9426
28	23.8839	0.0419	190.6989	0.0052	0.1252	7.9844
29	26.7499	0.0374	214.5828	0.0047	0.1247	8.0218
30	29.9599	0.0334	241.3327	0.0041	0.1241	8.0552

$i=15\%$

年限 n/年	一次支付终值系数 $(F/P, i, n)$	一次支付现值系数 $(P/F, i, n)$	等额支付终值系数 $(F/A, i, n)$	等额支付偿债基金系数 $(A/F, i, n)$	等额支付资金回收系数 $(A/P, i, n)$	等额支付现值系数 $(P/A, i, n)$
1	1.1500	0.8696	1.0000	1.0000	1.1500	0.8696
2	1.3225	0.7561	2.1500	0.4651	0.6151	1.6257
3	1.5209	0.6575	3.4725	0.2880	0.4380	2.2832
4	1.7490	0.5718	4.9934	0.2003	0.3503	2.8550
5	2.0114	0.4972	6.7424	0.1483	0.2983	3.3522
6	2.3131	0.4323	8.7537	0.1142	0.2642	3.7845
7	2.6600	0.3759	11.0668	0.0904	0.2404	4.1604
8	3.0590	0.3269	13.7268	0.0729	0.2229	4.4873
9	3.5179	0.2843	16.7858	0.0596	0.2096	4.7716
10	4.0456	0.2472	20.3037	0.0493	0.1993	5.0188
11	4.6524	0.2149	24.3493	0.0411	0.1911	5.2337
12	5.3503	0.1869	29.0017	0.0345	0.1845	5.4206
13	6.1528	0.1625	34.3519	0.0291	0.1791	5.5831
14	7.0757	0.1413	40.5047	0.0247	0.1747	5.7245
15	8.1371	0.1229	47.5804	0.0210	0.1710	5.8474
16	9.3576	0.1069	55.7175	0.0179	0.1679	5.9542
17	10.7613	0.0929	65.0751	0.0154	0.1654	6.0472
18	12.3755	0.0808	75.8364	0.0132	0.1632	6.1280
19	14.2318	0.0703	88.2118	0.0113	0.1613	6.1982
20	16.3665	0.0611	102.4436	0.0098	0.1598	6.2593
21	18.8215	0.0531	118.8101	0.0084	0.1584	6.3125
22	21.6447	0.0462	137.6316	0.0073	0.1573	6.3587
23	24.8915	0.0402	159.2764	0.0063	0.1563	6.3988
24	28.6252	0.0349	184.1678	0.0054	0.1554	6.4338
25	32.9190	0.0304	212.7930	0.0047	0.1547	6.4641
26	37.8568	0.0264	245.7120	0.0041	0.1541	6.4906
27	43.5353	0.0230	283.5688	00035	0.1535	6.5135
28	50.0656	0.0200	327.1041	0.0031	0.1531	6.5335
29	57.5755	0.0174	377.1697	0.0027	0.1527	6.5509
30	66.2118	0.0151	434.7451	0.0023	0.1523	6.5660

$i=18\%$

年限 n/年	一次支付终值系数 $(F/P, i, n)$	一次支付现值系数 $(P/F, i, n)$	等额支付终值系数 $(F/A, i, n)$	等额支付偿债基金系数 $(A/F, i, n)$	等额支付资金回收系数 $(A/P, i, n)$	等额支付现值系数 $(P/A, i, n)$
1	1.1800	0.8475	1.0000	1.0000	1.1800	0.8475
2	1.3924	0.7182	2.1800	0.4587	0.6387	1.5656
3	1.6430	0.6086	3.5724	0.2799	0.4599	2.1743
4	1.9388	0.5158	5.2154	0.1917	0.3717	2.6901
5	2.2878	0.4371	7.1542	0.1398	0.3198	3.1272
6	2.6996	0.3704	9.4420	0.1059	0.2859	3.4976
7	3.1855	0.3139	12.1415	0.0824	0.2624	3.8115
8	3.7589	0.2660	15.3270	0.0652	0.2452	4.0776
9	4.4355	0.2255	19.0859	0.0524	0.2324	4.3030
10	5.2338	0.1911	23.5213	0.0425	0.2225	4.4941
11	6.1759	0.1619	28.7551	0.0348	0.2148	4.6560
12	7.2876	0.1372	34.9311	0.0286	0.2086	4.7932
13	8.5994	0.1163	42.2187	0.0237	0.2037	4.9095
14	10.1472	0.0985	50.8180	0.0197	0.1997	5.0081
15	11.9737	0.0835	60.9653	0.0164	0.1964	5.0916
16	14.1290	0.0708	72.9390	0.0137	0.1937	5.1624
17	16.6722	0.0600	87.0680	0.0115	0.1915	5.2223
18	19.6733	0.0508	103.7403	0.0096	0.1896	5.2732
19	23.2144	0.0431	123.4135	0.0081	0.1881	5.3162
20	27.3930	0.0365	146.6280	0.0068	0.1868	5.3527
21	32.3238	0.0309	174.0210	0.0057	0.1857	5.3837
22	38.1421	0.0262	206.3448	0.0048	0.1848	5.4099
23	45.0076	0.0222	244.4868	0.0041	0.1841	5.4321
24	53.1090	0.0188	289.4945	0.0035	0.1835	5.4509
25	62.6686	0.0160	342.6035	0.0029	0.1829	5.4669
26	73.9490	0.0135	405.2721	0.0025	0.1825	5.4804
27	87.2598	0.0115	479.2211	0.0021	0.1821	5.4919
28	102.9666	0.0097	566.4809	0.0018	0.1818	5.5016
29	121.5005	0.0082	669.4475	0.0015	0.1815	5.5098
30	143.3706	0.0070	790.9480	0.0013	0.1813	5.5168

$i=20\%$

年限 n/年	一次支付终值系数 (F/P, i, n)	一次支付现值系数 (P/F, i, n)	等额支付终值系数 (F/A, i, n)	等额支付偿债基金系数 (A/F, i, n)	等额支付资金回收系数 (A/P, i, n)	等额支付现值系数 (P/A, i, n)
1	1.2000	0.8333	1.0000	1.0000	1.2000	0.8333
2	1.4400	0.6944	2.2000	0.4545	0.6545	1.5278
3	1.7280	0.5787	3.6400	0.2747	0.4747	2.1065
4	2.0736	0.4823	5.3680	0.1863	0.3863	2.5887
5	2.4883	0.4019	7.4416	0.1344	0.3344	2.9906
6	2.9860	0.3349	9.9299	0.1007	0.3007	3.3255
7	3.5832	0.2791	12.9159	0.0774	0.2774	3.6046
8	4.2998	0.2326	16.4991	0.0606	0.2606	3.8372
9	5.1598	0.1938	20.7989	0.0481	0.2481	4.0310
10	6.1917	0.1615	25.9587	0.0385	0.2385	4.1925
11	7.4301	0.1346	32.1504	0.0311	0.2311	4.3271
12	8.9161	0.1122	39.5805	0.0253	0.2253	4.4392
13	10.6993	0.0935	48.4966	0.0206	0.2206	4.5327
14	12.8392	0.0779	59.1959	0.0169	0.2169	4.6106
15	15.4070	0.0649	72.0351	0.0139	0.2139	4.6755
16	18.4884	0.0541	87.4421	0.0114	0.2114	4.7296
17	22.1861	0.0451	105.9306	0.0094	0.2094	4.7746
18	26.6233	0.0376	128.1167	0.0078	0.2078	4.8122
19	31.9480	0.0313	154.7400	0.0065	0.2065	4.8435
20	38.3376	0.0261	186.6880	0.0054	0.2054	4.8696
21	46.0051	0.0217	225.0256	0.0044	0.2044	4.8913
22	55.2061	0.0181	271.0307	0.0037	0.2037	4.9094
23	66.2474	0.0151	326.2369	0.0031	0.2031	4.9245
24	79.4968	0.0126	392.4842	0.0025	0.2025	4.9371
25	95.3962	0.0105	471.9811	0.0021	0.2021	4.9476
26	114.4755	0.0087	567.3773	0.0018	0.2018	4.9563
27	137.3706	0.0073	681.8528	0.0015	0.2015	4.9636
28	164.8447	0.0061	819.2233	0.0012	0.2012	4.9697
29	197.8136	0.0051	984.0680	0.0010	0.2010	4.9747
30	237.3763	0.0042	1181.8816	0.0008	0.2008	4.9789

$i=25\%$

年限 n/年	一次支付终值系数 $(F/P, i, n)$	一次支付现值系数 $(P/F, i, n)$	等额支付终值系数 $(F/A, i, n)$	等额支付偿债基金系数 $(A/F, i, n)$	等额支付资金回收系数 $(A/P, i, n)$	等额支付现值系数 $(P/A, i, n)$
1	1.2500	0.8000	1.0000	1.0000	1.2500	0.8000
2	1.5625	0.6400	2.2500	0.4444	0.6944	1.4400
3	1.9531	0.5120	3.8125	0.2623	0.5123	1.9520
4	2.4414	0.4096	5.7656	0.1734	0.4234	2.3616
5	3.0518	0.3277	8.2070	0.1218	0.3718	2.6893
6	3.8147	0.2621	11.2588	0.0888	0.3388	2.9514
7	4.7684	0.2097	15.0735	0.0663	0.3163	3.1611
8	5.9605	0.1678	19.8419	0.0504	0.3004	3.3289
9	7.4506	0.1342	25.8023	0.0388	0.2888	3.4631
10	9.3132	0.1074	33.2529	0.0301	0.2801	3.5705
11	11.6415	0.0859	42.5661	0.0235	0.2735	3.6564
12	14.5519	0.0687	54.2077	0.0184	0.2684	3.7251
13	18.1899	0.0550	68.7596	0.0145	0.2645	3.7801
14	22.7374	0.0440	86.9495	0.0115	0.2615	3.8241
15	28.4217	0.0352	109.6868	0.0091	0.2591	3.8593
16	35.5271	0.0281	138.1085	0.0072	0.2572	3.8874
17	44.4089	0.0225	173.6357	0.0058	0.2558	3.9099
18	55.5112	0.0180	218.0446	0.0046	0.2546	3.9279
19	69.3889	0.0144	273.5558	0.0037	0.2537	3.9424
20	86.7362	0.0115	342.9447	0.0029	0.2529	3.9539
21	108.4202	0.0092	429.6809	0.0023	0.2523	3.9631
22	135.5253	0.0074	538.1011	0.0019	0.2519	3.9705
23	169.4066	0.0059	673.6264	0.0015	0.2515	3.9764
24	211.7582	0.0047	843.0329	0.0012	0.2512	3.9811
25	264.6978	0.0038	1054.7912	0.0009	0.2509	3.9849
26	330.8722	0.0030	1319.4890	0.0008	0.2508	3.9879
27	413.5903	0.0024	1650.3612	0.0006	0.2506	3.9903
28	516.9879	0.0019	2063.9515	0.0005	0.2505	3.9923
29	646.2349	0.0015	2580.9394	0.0004	0.2504	3.9938
30	807.7936	0.0012	3227.1743	0.0003	0.2503	3.9950

$i=30\%$

年限 n/年	一次支付终值系数 (F/P, i, n)	一次支付现值系数 (P/F, i, n)	等额支付终值系数 (F/A, i, n)	等额支付偿债基金系数 (A/F, i, n)	等额支付资金回收系数 (A/P, i, n)	等额支付现值系数 (P/A, i, n)
1	1.3000	0.7692	1.0000	1.0000	1.3000	0.7692
2	1.6900	0.5918	2.3000	0.4348	0.7348	1.3609
3	2.1970	0.4552	3.9900	0.2506	0.5506	1.8161
4	2.8561	0.3501	6.1870	0.1616	0.4616	2.1662
5	3.7129	0.2693	9.0431	0.1106	0.4106	2.4356
6	4.8268	0.2072	12.7560	0.0784	0.3784	2.6427
7	6.2749	0.1594	17.5828	0.0569	0.3569	2.8021
8	8.1573	0.1226	23.8577	0.0419	0.3419	2.9247
9	10.6045	0.0943	32.0150	0.0312	0.3312	3.0190
10	13.7858	0.0725	42.6195	0.0235	0.3235	3.0915
11	17.9216	0.0558	56.4053	0.0177	0.3177	3.1473
12	23.2981	0.0429	74.3270	0.0135	0.3135	3.1903
13	30.2875	0.0330	97.6250	0.0102	0.3102	3.2233
14	39.3738	0.0254	127.9125	0.0078	0.3078	3.2487
15	51.1859	0.0195	167.2863	0.0060	0.3060	3.2682
16	66.5417	0.0150	218.4722	0.0046	0.3046	3.2832
17	86.5042	0.0116	285.0139	0.0035	0.3035	3.2948
18	112.4554	0.0089	371.5180	0.0027	0.3027	3.3037
19	146.1920	0.0068	483.9734	0.0021	0.3021	3.3105
20	190.0496	0.0053	630.1655	0.0016	0.3016	3.3158
21	247.0645	0.0040	820.2151	0.0012	0.3012	3.3198
22	321.1839	0.0031	1067.2796	0.0009	0.3009	3.3230
23	417.5391	0.0024	1388.4635	0.0007	0.3007	3.3254
24	542.8008	0.0018	1806.0026	0.0006	0.3006	3.3272
25	705.6410	0.0014	2348.8033	0.0004	0.3004	3.3286
26	917.3333	0.0011	3054.4443	0.0003	0.3003	3.3297
27	1192.5333	0.0008	3971.7776	0.0003	0.3003	3.3305
28	1550.2933	0.0006	5164.3109	0.0002	0.3002	3.3312
29	2015.3813	0.0005	6714.6042	0.0001	0.3001	3.3317
30	2619.9956	0.0004	8729.9855	0.0001	0.3001	3.3321

$i=40\%$

年限 n/年	一次支付终值系数 $(F/P, i, n)$	一次支付现值系数 $(P/F, i, n)$	等额支付终值系数 $(F/A, i, n)$	等额支付偿债基金系数 $(A/F, i, n)$	等额支付资金回收系数 $(A/P, i, n)$	等额支付现值系数 $(P/A, i, n)$
1	1.4000	0.7143	1.0000	1.0000	1.4000	0.7143
2	1.9600	0.5102	2.4000	0.4167	0.8167	1.2245
3	2.7440	0.3644	4.3600	0.2294	0.6294	1.5889
4	3.8416	0.2603	7.1040	0.1408	0.5408	1.8492
5	5.3782	0.1859	10.9456	0.0914	0.4914	2.0352
6	7.5295	0.1328	16.3238	0.0613	0.4613	2.1680
7	10.5414	0.0949	23.8534	0.0419	0.4419	2.2628
8	14.7579	0.0678	34.3947	0.0291	0.4291	2.3306
9	20.6610	0.0484	49.1526	0.0203	0.4203	2.3790
10	28.9255	0.0346	69.8137	0.0143	0.4143	2.4136
11	40.4957	0.0247	98.7391	0.0101	0.4101	2.4383
12	56.6939	0.0176	139.2348	0.0072	0.4072	2.4559
13	79.3715	0.0126	195.9287	0.0051	0.4051	2.4685
14	111.1201	0.0090	275.3002	0.0036	0.4036	2.4775
15	155.5681	0.0064	386.4202	0.0026	0.4026	2.4839
16	217.7953	0.0046	541.9883	0.0018	0.4018	2.4885
17	304.9135	0.0033	759.7837	0.0013	0.4013	2.4918
18	426.8789	0.0023	1064.6971	0.0009	0.4009	2.4941
19	597.6304	0.0017	1491.5760	0.0007	0.4007	2.4958
20	836.6826	0.0012	2089.2064	0.0005	0.4005	2.4970
21	1171.3556	0.0009	2925.8889	0.0003	0.4003	2.4979
22	1639.8978	0.0006	4097.2445	0.0002	0.4002	2.4985
23	2295.8569	0.0004	5737.1423	0.0002	0.4002	2.4989
24	3214.1997	0.0003	8032.9993	0.0001	0.4001	2.4992
25	4499.8796	0.0002	11247.1990	0.0001	0.4001	2.4994
26	6299.8314	0.0002	15747.0785	0.0001	0.4001	2.4996
27	8819.7640	0.0001	22046.9099	0.0000	0.4000	2.4997
28	12347.6696	0.0001	30866.6739	0.0000	0.4000	2.4998
29	17286.7374	0.0001	43214.3435	0.0000	0.4000	2.4999
30	24201.4324	0.0000	60501.0809	0.0000	0.4000	2.4999

参考文献

陈自然，2017. 工程经济教与学［M］. 2 版. 北京：北京理工大学出版社.

胡六星，赵小娥，2014. 建筑工程经济［M］. 2 版. 北京：北京大学出版社.

李红艳，朱九龙，2018. 工程经济学［M］. 2 版. 北京：北京师范大学出版社.

鹿雁慧，王铁，宋晓惠，2013. 工程经济学［M］. 2 版. 北京：北京理工大学出版社.

罗曲云，2013. 项目决策分析与评价［M］. 北京：中国计划出版社.

倪蓉，曹明东，2012. 工程经济学［M］. 北京：化学工业出版社.

帕克，2012. 工程经济学：第 5 版［M］. 邵颖红，译. 北京：中国人民大学出版社.

全国一级建造师执业资格考试用书编写委员会，2019. 建设工程经济［M］. 北京：中国建筑工业出版社.

全国造价工程师执业资格考试培训教材编审委员会，2017. 建设工程造价案例分析：2017 年版［M］. 8 版. 北京：中国城市出版社.

邵颖红，黄渝祥，邢爱芳，等，2015. 工程经济学［M］. 5 版. 上海：同济大学出版社.

魏法杰，王玉灵，郑筠，2013. 工程经济学［M］. 2 版. 北京：电子工业出版社.

项勇，徐姣姣，卢立宇，2018. 工程经济学［M］. 3 版. 北京：机械工业出版社.

张宁宁，查丽娟，2018. 建筑工程经济［M］. 3 版. 北京：北京大学出版社.

章喆，胡育，2010. 建筑工程经济［M］. 郑州：黄河水利出版社.